JN213662

詳解

FASFブックス

リース会計基準

企業会計基準委員会事務局
公益財団法人 財務会計基準機構［編］

ASBJ

中央経済社

〈著者紹介〉

村瀬　進吾（むらせ　しんご）　企業会計基準委員会　ディレクター

飯野　友里（いいの　ゆり）　企業会計基準委員会　専門研究員

福江　東晶（ふくえ　もとあき）企業会計基準委員会　専門研究員

松下　　洋（まつした　ひろし）企業会計基準委員会　専門研究員

発刊にあたって

本書は，企業会計基準委員会（ASBJ）が2024年９月に公表した，新しいリース会計基準等について解説するものである。

従前のリース会計基準等は，公表当時は国際的な会計基準と整合するものとなっていたが，2016年に国際会計基準審議会（IASB）及び米国財務会計基準審議会（FASB）がそれぞれリース会計基準を改訂したことから，我が国のリース会計基準との差異が生じることとなった。

リースに関する国際的な会計基準の開発の過程で，国内の関係者からさまざまな意見が聞かれ，また，IASBとFASBとで異なる会計モデルが採用されることになったことから，ASBJでは新しいリース会計基準等の開発に着手するかどうか，また，着手することとした場合にIASBとFASBの会計モデルのいずれを採用するのかについて，慎重に検討を行った。この結果，借手のすべてのリースについて資産及び負債を計上する会計基準の開発に着手することとし，IASBの会計モデルとの整合性を図ることとした。

開発にあたっての基本的な方針として，当初，IASBが公表したIFRS第16号「リース」のすべての定めを取り入れるのではなく，主要な定めの内容のみを取り入れることにより，簡素で利便性が高いものとすることとし，2023年５月に公表した公開草案はこの基本的な方針に沿った提案を行った。しかし，公開草案に対しては，定めの内容は詳細に記した方が利便性が高いとの意見が多く寄せられ，その結果，最終的に公表された新しいリース会計基準等は公開草案に比べて詳細な定めが含まれている。

2027年４月１日以後開始する事業年度より新しいリース会計基準等の適用が始まるため，現在，多くの企業で準備作業が進められていると思われ，その一助となるように，新しいリース会計基準等を解説する本書を発刊することとした。本書が，財務諸表の作成者，利用者，監査人のみならず，これから会計を学ぼうとする方々の参考になることを祈念する。

最後に，新しいリース会計基準等の開発に関して，志半ばで2021年11月に亡くなられた小賀坂敦・前ASBJ委員長の貢献を記さずにはいられない。前委員長の貢献なくして，新しいリース会計基準等は考えられない。

2025年２月

企業会計基準委員会　委員長
川　西　　安　喜

はしがき

国際的な会計基準において，借手のすべてのリースについて資産及び負債を計上することとなったことを踏まえ，会計基準の改訂に向けた検討に着手するか否かの検討を行った上で，企業会計基準委員会（ASBJ）は，2019年３月に新しいリース会計基準等の開発に着手することとした。

我が国において，リースは多くの業種において多様な局面で活用されていることを踏まえ，会計基準の開発において，IFRS第16号との整合性を図りつつ，国際的な比較可能性を大きく損なわせない範囲で代替的な取扱いを定める又は経過的な措置を定めるといった実務に配慮した方策を検討することを基本的な方針とした。この基本的な方針に基づいて，我が国の利害関係者から寄せられた意見について時間をかけて慎重に検討を行い，2023年５月に公開草案を公表した。

公開草案に対しては，多くのコメント・レター（45通（団体等32通，個人13通））が寄せられた。ASBJは，寄せられた個々のコメントについて分析を行い，適用範囲の見直し，会計処理等の選択肢の追加，取扱いの明確化及び設例の見直し等の対応を行った上で，2024年９月にリース会計基準等の最終基準を公表した。一連の開発プロセスにおいて，利害関係者の皆様から多くの貴重なコメントを頂いており，会計基準の開発に関する重要なインプットとして活用させて頂いた。この場をお借りして，会計基準の開発に関与された利害関係者の皆様に感謝を申し上げる。

ASBJとしての成果物は最終化されたリース会計基準等の原文であり，会計基準等の適用においてはこちらの原文に立ち返って会計処理等の検討をして頂くことになる。ただし，最終化されたリース会計基準等に関する理解が深まるように，本書では，できるだけ多く図表を加えつつ，基準開発に携わった

ASBJのスタッフが解説を行っている。解説を読むにあたっては，適宜，原文をご参照頂きたい。なお，ASBJスタッフによる解説は，基準の公表後，限られた時間の中で書き記したものであり，また，文中の意見にわたる部分については，個人の意見であって，ASBJの公式見解でないことを申し添える。

最後に，本書の出版に際しては，中央経済社の坂部秀治氏に多大なご尽力を頂いた。この場をお借りして厚く御礼申し上げる。

2025年２月

企業会計基準委員会　副委員長
リース会計専門委員会　専門委員長
紙　谷　　孝　雄

目　次

《資料》

コラム

【IFRS第16号との関係】

【旧リース会計基準等からの変更点】

「IFRS第16号との関係」のコラムは，IFRS第16号の定めをリース会計基準等にそのまま取り入れていないものやIFRS第16号では設けられていないがリース会計基準等に定めを置いているもののうち主なものを取り上げて解説しており，リース会計基準等とIFRS第16号との間の差異のすべてを取り上げているものではない。

「旧リース会計基準等からの変更点」のコラムは，リース会計基準等において旧リース会計基準等から変更した点のうち留意すべき点を取り上げて解説しており，リース会計基準等における旧リース会計基準等からの改正点のすべてを取り上げているものではない。

凡　例

本書において引用した組織，会計基準等については，以下の略称を用いて表記している。なお，会計基準等については，2025年１月末時点で公表されているものに基づいている。

1　組　織

略　称	正式名称
ASBJ	企業会計基準委員会
FASB	米国財務会計基準審議会
IASB	国際会計基準審議会
JICPA	日本公認会計士協会

2　会計基準等

(1)　日本基準

① ASBJが公表している会計基準等

略　称	正式名称
リース会計基準	企業会計基準第34号「リースに関する会計基準」
リース適用指針	企業会計基準適用指針第33号「リースに関する会計基準の適用指針」
リース会計基準等	リース会計基準及びリース適用指針
旧リース会計基準	企業会計基準第13号「リース取引に関する会計基準」
旧リース適用指針	企業会計基準適用指針第16号「リース取引に関する会計基準の適用指針」
旧リース会計基準等	旧リース会計基準及び旧リース適用指針
1993年リース取引会計基準	「リース取引に係る会計基準」（企業会計審議会第一部会　1993年６月）
減損会計基準	「固定資産の減損に係る会計基準」（企業会計審議会　2002年８月）
金融商品会計基準	企業会計基準第10号「金融商品に関する会計基準」
金融商品実務指針	移管指針第９号「金融商品会計に関する実務指針」

資産除去債務会計基準	企業会計基準第18号「資産除去債務に関する会計基準」
資産除去債務適用指針	企業会計基準適用指針第21号「資産除去債務に関する会計基準の適用指針」
企業会計基準第24号	企業会計基準第24号「会計方針の開示，会計上の変更及び誤謬の訂正に関する会計基準」
収益認識会計基準	企業会計基準第29号「収益認識に関する会計基準」
収益認識適用指針	企業会計基準適用指針第30号「収益認識に関する会計基準の適用指針」
実務対応報告第35号	実務対応報告第35号「公共施設等運営事業における運営権者の会計処理等に関する実務上の取扱い」
移管指針の適用	移管指針「移管指針の適用」

② JICPAから公表されている実務指針

略　称	正式名称
監査保証実務指針第90号	監査・保証実務委員会実務指針第90号「特別目的会社を利用した取引に関する監査上の留意点についてのQ&A」
業種別委員会実務指針第19号	業種別委員会実務指針第19号「リース業における金融商品会計基準適用に関する当面の会計上及び監査上の取扱い」

(2) 国際財務報告基準（IFRS）

略　称	正式名称
IFRS	国際財務報告基準
IFRS第１号	IFRS第１号「国際財務報告基準の初度適用」
IFRS第15号	IFRS第15号「顧客との契約から生じる収益」
IFRS第16号	IFRS第16号「リース」
旧IAS第17号	IAS第17号「リース」

(3) 米国会計基準（FASB Accounting Standards Codification（FASBによる会計基準のコード化体系））

略　称	正式名称
Topic 606	Topic 606「顧客との契約から生じる収益」
Topic 842	Topic 842「リース」

I

リース会計基準等の公表

1 公表又は改正した会計基準等の概要

ASBJは，2024年９月に，リース会計基準等を公表し，また，併せて関連する５つの企業会計基準，７つの企業会計基準適用指針，１つの実務対応報告及び５つの移管指針（移管指針の適用を含む。）を改正（以下「関連する改正企業会計基準等」という。）した。

なお，リース会計基準等の公表により，監査保証実務指針第90号や業種別委員会実務指針第19号等の関連するJICPAの実務指針等も改正が行われている。

2 公表の経緯

IASBは，2016年１月にIFRS第16号を公表し，FASBは，同年２月にTopic 842を公表した。

IFRS第16号とTopic 842とでは，借手の会計処理に関して，主に費用配分の方法が異なるものの，原資産の引渡しにより借手に支配が移転した使用権部分に係る資産（使用権資産）と当該移転に伴う負債（リース負債）を計上する使用権モデルにより，オペレーティング・リースも含むすべてのリースについて資産及び負債を計上することとしている。

IFRS第16号及びTopic 842の公表により，これらの国際的な会計基準と我が国のリース会計基準とは，特に負債の認識において違いが生じることとなり，国際的な比較において議論となる可能性があった。ASBJは，2016年８月に公表した中期運営方針において日本基準を国際的に整合性のあるものとするための取組みに関する今後の検討課題の１つとしてリースに関する会計基準を取り上げることとし，2018年６月から我が国における会計基準の改訂に向けた検討に着手するか否かの検討を開始した。

当該検討を行うにあたり，財務諸表作成者及び財務諸表利用者から幅広く意見を聴取したところ，借手のすべてのリースについて資産及び負債を計上することへの懸念として，会計上の考え方，適用の困難さ，適用上のコスト等に関する意見が聞かれた。

一方，借手のすべてのリースについて資産及び負債を計上する会計基準の開発に対する次のニーズが識別された。

⑴　国際的な会計基準との整合性を図ることは財務諸表間の比較可能性を高めることにつながると考えられること

⑵　すべてのリースについて資産及び負債を計上することに財務諸表利用者のニーズがあること

⑶　重要なオペレーティング・リースについて旧リース会計基準で定めていた賃貸借処理に準じた会計処理を継続することは，重要な負債が財務諸表本表に計上されていないことの指摘を国際的に受ける可能性があり，我が国の資本市場及び我が国の企業の財務報告に対する信頼性に関するリスクが大きいものと考えられること

これらの議論を踏まえた結果，上記⑴から⑶のニーズはいずれも重視すべきものと考えられ，2019年３月に借手のすべてのリースについて資産及び負債を計上する会計基準の開発に着手することとし，検討を行った。その後，2023年５月に企業会計基準公開草案第73号「リースに関する会計基準（案）」及び企業会計基準適用指針公開草案第73号「リースに関する会計基準の適用指針（案）」並びに関連する会計基準等の改正案を公表して広く意見を求めた。ASBJは，これらの公開草案に寄せられた意見を踏まえて検討を行い，公開草案の内容を一部修正した上で，リース会計基準等及び関連する改正企業会計基

準等を公表した（リース会計基準BC７項からBC11項，図表Ⅰ参照）。

図表Ⅰ　国際的な会計基準の公表とリース会計基準の公表の経緯

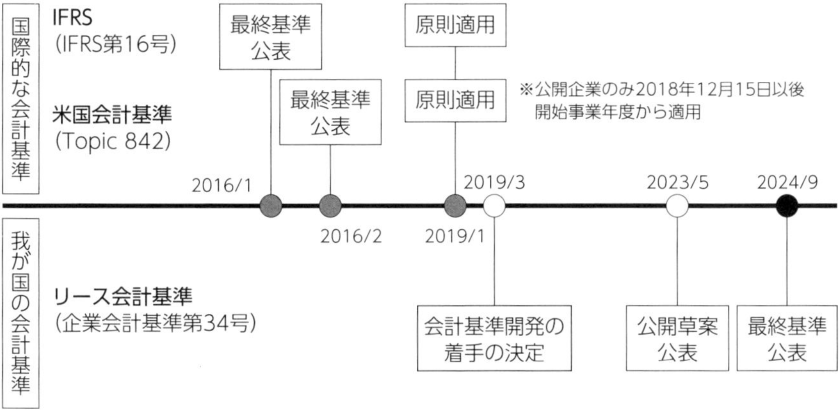

3　開発にあたっての基本的な方針

ASBJは，借手のすべてのリースについて資産及び負債を計上するリースに関する会計基準の開発にあたって，次の基本的な方針を定めた（リース会計基準BC13項）。

(1)　借手の費用配分の方法については，IFRS第16号との整合性を図る。

(2)　国際的な比較可能性を大きく損なわせない範囲で代替的な取扱いを定める，又は，経過的な措置を定めるなど，実務に配慮した方策を検討する。

また，貸手の会計処理については，IFRS第16号及びTopic 842ともに抜本的な改正が行われていないため，収益認識会計基準との整合性を図る点並びにリースの定義及びリースの識別を除き，基本的に，旧リース会計基準等の定めを踏襲することとした（リース会計基準BC13項）。

ここで，上記(1)の借手の会計処理に関してIFRS第16号と整合性を図る程度については，次の点を考慮した上で，IFRS第16号のすべての定めを取り入れるのではなく，主要な定めの内容のみを取り入れることにより，簡素で利便性が高く，かつ，IFRS任意適用企業がIFRS第16号の定めを個別財務諸表に用いても，基本的に修正が不要となる会計基準とすることとした（リース会計基準BC13項及びリース適用指針BC４項)。

- 主要な定めの内容のみを取り入れる場合であっても，企業は，当該内容に基づいて判断を行い，企業の経済実態を表す会計処理を行うことができると考えられる。また，我が国の会計基準を適用するにあたって，取り入れた主要な定めの内容のみに基づいて判断を行うことで足りるため，IFRS第16号におけるガイダンスや解釈等を参照する実務上の負担が生じないと考えられる。
- 一方，各企業における判断が必要となることにより，財務諸表作成コスト及び監査コストは，相対的に大きくなる可能性がある。

この開発方針は，取り入れなかった項目についてもIFRS第16号と同じ適用結果となることを意図するものではなく，取り入れた主要な定めの内容に基づき判断が行われることを意図するものである。したがって，適切な会計処理は，IFRS第16号における詳細な定めに基づき会計処理を行った結果に限定されないこととなる（リース適用指針BC４項)。

また，この開発方針により，リース会計基準等の本文において主要な定めの内容として取り入れない項目については，IFRS第16号の設例の内容もリース適用指針の設例に取り入れないこととした（リース適用指針BC５項)。

4 ■ 別途の対応

審議の過程では，リース会計基準等の実務への適用を行う過程でリース会計基準等の開発時に想定していなかった事態が生じ得るのではないかとの意見が聞かれた。このため，収益認識会計基準の公表時における対応（収益認識会計基準第96項）と同様に，リース会計基準等の実務への適用を検討する過程で，リース会計基準等における定めが明確であるものの，これに従った処理を行うことが実務上著しく困難な状況が市場関係者により識別され，その旨ASBJに提起された場合には，公開の審議により，別途の対応を図ることの要否をASBJにおいて判断することとした（リース会計基準BC12項）。

Ⅱ

範　　囲

1　リース会計基準等の適用範囲

リース会計基準等は，次の(1)から(3)に該当する場合を除き，リースに関する会計処理及び開示に適用する（リース会計基準第３項）。

(1)　実務対応報告第35号の範囲に含まれる運営権者による公共施設等運営権の取得

(2)　収益認識会計基準の範囲に含まれる貸手による知的財産のライセンスの供与。ただし，製造又は販売以外を事業とする貸手は，当該貸手による知的財産のライセンスの供与についてリース会計基準等を適用することができる。

(3)　鉱物，石油，天然ガス及び類似の非再生型資源を探査する又は使用する権利の取得

無形固定資産のリースについては，上記(2)の貸手の取扱いを除き，リース会計基準等を適用しないことができる（リース会計基準第４項）。なお，借地権は有形固定資産である土地に関する使用権資産として取り扱っているため，借手において，借地権は，無形固定資産のリースには該当せず，リース会計基準等の適用範囲に含まれる（リース適用指針BC７項）。

リース会計基準等の適用範囲を図示すると，図表Ⅱのようになる。

なお，企業会計原則 第三 貸借対照表原則 四（一）Ｂにおいては，地上権は無形固定資産に属するものとされているが，借地権の設定に係る権利金等に関する開示についてはリース適用指針を優先して適用することとしている（リー

ス適用指針BC 6 項)。

図表Ⅱ　リース会計基準等の適用範囲

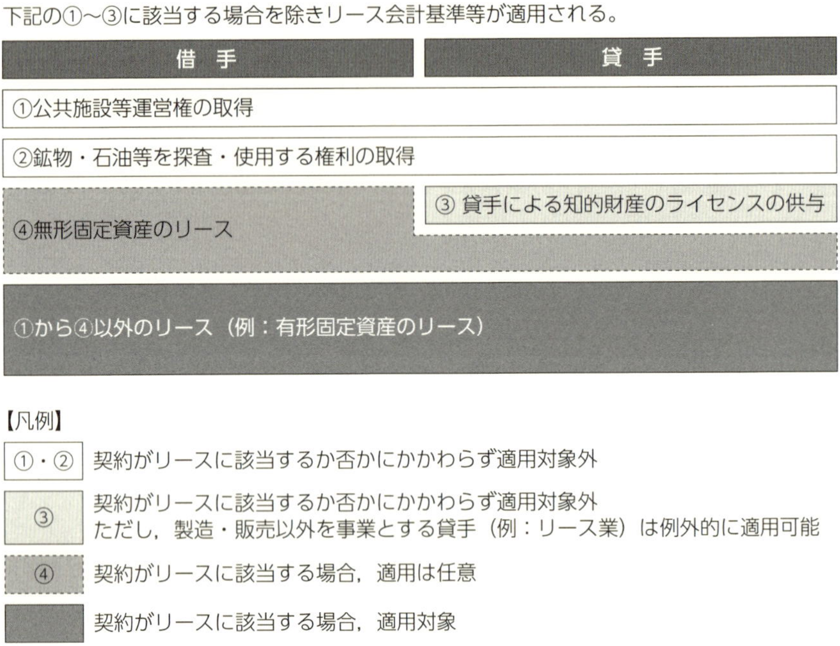
下記の①～③に該当する場合を除きリース会計基準等が適用される。
借　手
貸　手
①公共施設等運営権の取得
②鉱物・石油等を探査・使用する権利の取得
③ 貸手による知的財産のライセンスの供与
④無形固定資産のリース
①から④以外のリース（例：有形固定資産のリース）
【凡例】
①・②
契約がリースに該当するか否かにかかわらず適用対象外
③
契約がリースに該当するか否かにかかわらず適用対象外
ただし，製造・販売以外を事業とする貸手（例：リース業）は例外的に適用可能
④
契約がリースに該当する場合，適用は任意
契約がリースに該当する場合，適用対象

2　他の会計基準等との関係

(1)　公共施設等運営権の取得

上記 1.(1)の実務対応報告第35号の範囲に含まれる公共施設等運営事業における運営権者による公共施設等運営権の取得については，リース会計基準等では当該運営権の構成要素にリースが含まれるかどうかにかかわらず，リース会計基準等の範囲に含めないこととした。これは，実務対応報告第35号において，

当該運営権を分割せずに一括して会計処理を行うこととしており（実務対応報告第35号第29項），当該運営権の構成要素についてリースに該当するかどうかの検討を行わないこととするためである（リース会計基準BC15項）。

⑵ 貸手による知的財産のライセンスの供与

上記1.⑵の貸手によるリースのうち収益認識会計基準の範囲に含まれる貸手による知的財産のライセンスの供与については，IFRS第16号と同様に，リース会計基準等の範囲に含めないこととした。これは，収益認識適用指針は，知的財産のライセンスにはソフトウェアのライセンスが含まれるとしており（収益認識適用指針第143項），収益認識会計基準の範囲に含まれるソフトウェアのライセンスの供与には収益認識会計基準を適用することとするためである（リース会計基準BC16項）。

ただし，リースを主たる事業としている企業のように製造又は販売以外を事業とする貸手においては，リースがソフトウェアの機能を顧客に提供するために利用されておらず専ら金融取引として利息相当額を稼得するために利用されていると考えられることを踏まえると，収益認識会計基準の適用範囲に含まれる貸手による知的財産のライセンスの供与を区分し，収益認識会計基準に従って会計処理を行うことの有用性は乏しいと考えられるため，貸手による知的財産のライセンスの供与についてリース会計基準等を適用することを認めることとした（リース会計基準BC17項）。

⑶ 鉱物，石油，天然ガス及び類似の非再生型資源を探査する又は使用する権利の取得

上記1.⑶の鉱物，石油，天然ガス及び類似の非再生型資源を探査する又は使用する権利の取得については，借手の会計処理について基本的に国際的な会計基準との整合性を図っているため，リース会計基準等の範囲から除くことと

した。当該権利には，探査にあたって土地等を使用する権利は含まれるが，資源を探査するために使用する機械装置等（例えば，掘削設備）の個々の資産は含まれず，当該個々の資産がリースに該当するか否かは，リースの定義（Ⅲ. 1.「リース会計基準等で定めている用語の定義」参照）及びリースの識別（Ⅳ. 1.(1)「リースの識別の判断」参照）の定めに従って判断することになる（リース会計基準BC19項）。

(4) 無形固定資産のリース

貸手によるその他の無形固定資産のリースについては，IFRS第16号ではその適用を任意とする定めはないものの，その他の無形固定資産のリースが広範に行われているようには見受けられなかったため，また，旧リース会計基準等における会計処理を変更する必要がないようにするため，リース会計基準等の適用を任意とした。

また，借手によるリースのうち，無形固定資産のリースについては，借手によるソフトウェアのリースが旧リース会計基準等に基づいて会計処理されている実務を変更する必要がないようにするとともに，無形資産のリースに適用することを要求されていないIFRS第16号との整合性を図るため，リース会計基準等の適用を任意とした（リース会計基準BC18項）。

3 個別財務諸表への適用

リース会計基準等を連結財務諸表のみに適用すべきか，連結財務諸表と個別財務諸表の両方に適用すべきかを検討するため，次の項目について審議を行った。

(1) 国際的な比較可能性

(2) 関連諸法規等（法人税法，分配規制，自己資本比率規制，民法（賃貸

借）及び法人企業統計）との利害調整

⑶　中小規模の企業における適用上のコスト

⑷　連結財務諸表と個別財務諸表で異なる会計処理を定める影響

ここで，我が国においては歴史的に連結財務諸表が個別財務諸表の積み上げとして捉えられており，また，投資家の意思決定の有用性について，連結財務諸表と個別財務諸表で異なる説明をすることは難しく，同じ経済実態に対し，連結財務諸表と個別財務諸表とで異なる考えに基づく会計処理を求める会計基準を開発することは適切ではないとの考えに基づき，従来から，原則として，会計基準は連結財務諸表と個別財務諸表の両方に同様に適用されるものとして開発してきている。また，ASBJが2022年８月に公表した中期運営方針は，開発する会計基準を連結財務諸表と個別財務諸表の両方に同様に適用することが原則であることを示した上で，個々の会計基準の開発においては，特に個別財務諸表において関連諸法規等の利害調整に関係するためにその原則に従うべきではない事象が識別されるかどうかを検討することを示している。

公開草案を公表する前の審議の過程において，従来からの基準開発に対する基本的な考え方及び方針を覆すに値する事情が存在するかどうかという観点から個別財務諸表における会計処理についての検討を行った。審議の結果，リース会計基準等の適用に関する懸念の多くは，個別財務諸表固有の論点ではないと考えられ，連結財務諸表と個別財務諸表の会計処理は同一であるべきとする基本的な考え方及び方針を覆すに値する事情は存在しないと判断した。

この点，公開草案に寄せられたコメントの中には，上記⑴から⑷の項目に関連し，リース会計基準等を連結財務諸表と個別財務諸表の両方に適用することを懸念する意見があったが，当該懸念に対して再度検討を重ねた結果，公開草案の提案を変更する結論には至らなかった（リース会計基準BC20項及びBC21項）。

4 ■ 適用が終了となる会計基準等

リース会計基準等の適用により，次の企業会計基準，企業会計基準適用指針，実務対応報告及び移管指針に従って会計処理されている取引についてはこれらの会計基準等の適用を終了する（リース会計基準第59項）。

- 旧リース会計基準
- 旧リース適用指針
- 実務対応報告第31号「リース手法を活用した先端設備等投資支援スキームにおける借手の会計処理等に関する実務上の取扱い」
- 移管指針第３号「連結財務諸表におけるリース取引の会計処理に関する実務指針」

Ⅲ

用語の定義

1 リース会計基準等で定めている用語の定義

(1) 用語の定義

リース会計基準等では，図表Ⅲ-1のとおり用語を定義している（リース会計基準第５項から第24項及びリース適用指針第４項⑴から⑿）。

図表Ⅲ-1 リース会計基準等で定めている用語の定義（50音順）

用　語	用語の定義
①オペレーティング・リース（リース会計基準第14項）	ファイナンス・リース以外のリース
②貸手（リース会計基準第８項）	リースにおいて原資産を使用する権利を一定期間にわたり対価と交換に提供する企業
③貸手のリース期間（リース会計基準第16項）	貸手が選択した次のいずれかの期間 a．借手のリース期間と同様の方法により決定した期間 b．借手が原資産を使用する権利を有する解約不能期間（事実上解約不能と認められる期間を含む。）にリースが置かれている状況からみて借手が再リースする意思が明らかな場合の再リース期間を加えた期間

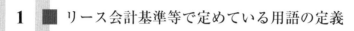

用　語	用語の定義
④貸手のリース料（リース会計基準第23項）	借手が貸手のリース期間中に原資産を使用する権利に関して行う貸手に対する支払であり，リースにおいて合意された使用料（残価保証がある場合は，残価保証額を含む。） 貸手のリース料には，契約におけるリースを構成しない部分に配分する対価は含まれない。また，貸手のリース料には，将来の業績等により変動する使用料は含まれない。
⑤借手（リース会計基準第７項）	リースにおいて原資産を使用する権利を一定期間にわたり対価と交換に獲得する企業
⑥借手の固定リース料（リース会計基準第20項）	借手が借手のリース期間中に原資産を使用する権利に関して行う貸手に対する支払であり，借手の変動リース料以外のもの
⑦借手の変動リース料（リース会計基準第21項）	借手が借手のリース期間中に原資産を使用する権利に関して行う貸手に対する支払のうち，リース開始日後に発生する事象又は状況の変化（時の経過を除く。）により変動する部分 借手の変動リース料は，指数又はレートに応じて決まる借手の変動リース料とそれ以外の借手の変動リース料により構成される。
⑧借手のリース期間（リース会計基準第15項）	借手が原資産を使用する権利を有する解約不能期間に，次のａ及びｂの両方を加えた期間 ａ．借手が行使することが合理的に確実であるリースの延長オプションの対象期間 ｂ．借手が行使しないことが合理的に確実であるリースの解約オプションの対象期間

用　語	用語の定義
⑨借手のリース料（リース会計基準第19項）	借手が借手のリース期間中に原資産を使用する権利に関して行う貸手に対する支払であり，次のもので構成される。 ａ．借手の固定リース料 ｂ．指数又はレートに応じて決まる借手の変動リース料 ｃ．残価保証に係る借手による支払見込額 ｄ．借手が行使することが合理的に確実である購入オプションの行使価額 ｅ．リースの解約に対する違約金の借手による支払額（借手のリース期間に借手による解約オプションの行使を反映している場合） 借手のリース料には，契約におけるリースを構成しない部分に配分する対価は含まれない。ただし，借手がリースを構成する部分とリースを構成しない部分とを分けずに，リースを構成する部分と関連するリースを構成しない部分とを合わせてリースを構成する部分として会計処理を行う場合を除く。
⑩旧借地権（リース適用指針第４項⑹）	借地借家法（平成３年法律第90号）附則第２条の規定による廃止前の借地法（以下「借地法」という。）の規定により設定された借地権
⑪契約（リース会計基準第５項）	法的な強制力のある権利及び義務を生じさせる複数の当事者間における取決め 契約には，書面，口頭，取引慣行等が含まれる。
⑫原資産（リース会計基準第９項）	リースの対象となる資産で，貸手によって借手に当該資産を使用する権利が移転されているもの
⑬再リース期間（リース会計基準第17項）	再リースに関する取決めにおける再リースに係るリース期間
⑭サブリース取引（リース適用指針第４項⑿）	原資産が借手から第三者にさらにリース（以下「サブリース」という。）され，当初の貸手と借手との間のリースが依然として有効である取引 以下，当初の貸手と借手との間のリースを「ヘッドリース」，ヘッドリースにおける借手を「中間的な貸手」という。

用　語	用語の定義
⑮残価保証（リース会計基準第22項）	リース終了時に，原資産の価値が契約上取り決めた保証価額に満たない場合，その不足額について貸手と関連のない者が貸手に対して支払う義務を課せられる条件 貸手と関連のない者には，借手及び借手と関連のある当事者並びに借手以外の第三者が含まれる。
⑯借地権（リース適用指針第４項⑶）	建物の所有を目的とする地上権又は土地の賃借権（借地法第１条及び借地借家法第２条第１号）
⑰借地権者（リース適用指針第４項⑷）	借地権を有する者
⑱借地権設定者（リース適用指針第４項⑸）	借地権者に対して借地権を設定している者
⑲借地権の設定に係る権利金等（リース適用指針第４項⑼）	借地権の設定において借地権者である借手が借地権設定者である貸手に支払った権利金，及び借手と貸手との間で借地契約を締結するにあたり当該貸手が第三者と借地契約を締結していた場合に，当該借手が当該第三者に対して支払う借地権の譲渡対価
⑳使用期間（リース適用指針第４項⑴）	資産が顧客との契約を履行するために使用される期間（非連続の期間を含む。）
㉑使用権資産（リース会計基準第10項）	借手が原資産をリース期間にわたり使用する権利を表す資産
㉒所有権移転外ファイナンス・リース（リース会計基準第13項）	所有権移転ファイナンス・リース以外のファイナンス・リース
㉓所有権移転ファイナンス・リース（リース会計基準第12項）	契約上の諸条件に照らして原資産の所有権が借手に移転すると認められるファイナンス・リース
㉔セール・アンド・リースバック取引（リース適用指針第４項⑾）	売手である借手が資産を買手である貸手に譲渡し，売手である借手が買手である貸手から当該資産をリース（以下「リースバック」という。）する取引
㉕短期リース（リース適用指針第４項⑵）	リース開始日において，借手のリース期間が12か月以内であり，購入オプションを含まないリース
㉖定期借地権（リース適用指針第４項⑻）	借地借家法第22条第１項，第23条第１項及び第２項又は第24条第１項の規定による定めのある借地権

用　語	用語の定義
㉗ファイナンス・リース（リース会計基準第11項）	契約期間の中途において当該契約を解除することができないリース又はこれに準ずるリースで，借手が，原資産からもたらされる経済的利益を実質的に享受することができ，かつ，当該原資産の使用に伴って生じるコストを実質的に負担することとなるリース
㉘普通借地権（リース適用指針第４項⑺）	定期借地権以外の借地権（旧借地権を除く。）
㉙リース（リース会計基準第６項）	原資産を使用する権利を一定期間にわたり対価と交換に移転する契約又は契約の一部分
㉚リース開始日（リース会計基準第18項）	貸手が，借手による原資産の使用を可能にする日
㉛リースの契約条件の変更（リース会計基準第24項）	リースの当初の契約条件の一部ではなかったリースの範囲又はリースの対価の変更（例えば，１つ以上の原資産を追加若しくは解約することによる原資産を使用する権利の追加若しくは解約，又は，契約期間の延長若しくは短縮）
㉜リースの契約条件の変更の発効日（リース適用指針第４項⑽）	契約の両方の当事者がリースの契約条件の変更に合意した日

⑵　用語の定義に関する補足

以下では，上記の用語のうちいくつかについて説明を補足する。

①　貸手のリース料

「貸手のリース料」（図表Ⅲ-１④参照）に将来の業績等により変動する使用料が含まれないとしているのは，旧リース適用指針では，リース料が将来の一定の指標（売上高等）により変動するリース取引などが取り扱われていなかったことを受けて，当該取扱いを踏襲することを意図したものである。したがって，貸手においては，市場における賃料の変動を反映するように当事者間の協議をもって見直されることが契約条件で定められているリース料（図表Ⅴ-３

参照）は，将来の業績等により変動する使用料に含まれず，貸手のリース料に含まれると考えられる（リース会計基準BC29項）。

② 契　約

「契約」（図表Ⅲ-1⑪参照）の用語については，契約が口頭によるものや取引慣行による場合においても法的な拘束力があることを前提としたものであることを明確化するため，収益認識会計基準における「契約」（収益認識会計基準第5項及び第20項）と同様の定義としている（リース会計基準BC23項）。

ここで，複数の契約は，区分して会計処理を行うか単一の契約として会計処理を行うかにより結果が異なる場合がある。そのため，それぞれのリースにおける収益及び費用の金額及び時期を適切に計上するため，複数の契約を結合し，単一の契約とみなして処理することが必要となる場合がある。このような場合として，例えば，同一の相手方と同時又はほぼ同時に締結した複数の契約について，価格に相互依存関係が存在する場合や同一の商業上の目的で締結されている場合等が考えられる（リース会計基準BC24項）。

③ 再リース期間

「再リース期間」（図表Ⅲ-1⑬参照）における再リースに関し，我が国の再リースの一般的な特徴は，再リースに関する条項が当初の契約において明示されており，経済的耐用年数を考慮した解約不能期間経過後において，当初の月額リース料程度の年間リース料により行われる1年間のリースであることが挙げられる（リース会計基準BC27項）。

④ ファイナンス・リース

「ファイナンス・リース」（図表Ⅲ-1㉗参照）の定義における契約期間の中途において当該契約を解除することができないリースに準ずるリースとは，法的形式上は解約可能であるとしても，解約に際し相当の違約金を支払わなければならない等の理由から，事実上解約不能と認められるリースをいう。また，借手が，原資産からもたらされる経済的利益を実質的に享受するとは，当該原資産を自己所有するとするならば得られると期待されるほとんどすべての経済的利益を享受することをいい，当該原資産の使用に伴って生じるコストを実質的に負担するとは，当該原資産の取得価額相当額，維持管理等の費用，陳腐化によるリスク等のほとんどすべてのコストを負担することをいう（リース会計基準BC26項）。

⑤　リース

「リース」（図表Ⅲ－1㉙参照）の定義に関する定めは，借手が貸借対照表に計上する資産及び負債の範囲を決定するものであることから，国際的な会計基準との整合性を確保するため，IFRS第16号におけるリースの定義をIFRS第16号の主要な定めとしてリース会計基準等に取り入れることとした（リース会計基準BC25項）。

【IFRS第16号との関係】

用語の定義

リース会計基準等では，IFRS第16号における借手に関する用語の定義のうち，リース会計基準等に関連のあるものはリース会計基準等の用語の定義に含めている。また，貸手に関する用語の定義については，旧リース会計基準等における定義を基本的に踏襲している（リース会計基準BC22項）。

2 ■ その他の用語の説明

リース会計基準等及び本書において略称で用いられている用語のうち主なものは，図表Ⅲ-2のとおりである。

図表Ⅲ-2 その他の用語の説明（50音順）

用　語	用語の定義
IFRS任意適用企業	IFRSを任意適用して連結財務諸表を作成している企業
維持管理費用相当額	原資産の維持管理に伴う固定資産税，保険料等の諸費用
受取リース料	各期に受け取る貸手のリース料
解約不能期間に再リース期間を加えて決定する方法	借手が原資産を使用する権利を有する解約不能期間（事実上解約不能と認められる期間を含む。）にリースが置かれている状況からみて借手が再リースする意思が明らかな場合の再リース期間を加えた期間（図表Ⅲ-1③b参照）
解約不能のリース	契約期間の中途において当該契約を解除することができないリース又はこれに準ずるリース
貸手の計算利子率	貸手のリース料の現在価値と見積残存価額の現在価値の合計額が，当該原資産の現金購入価額又は借手に対する現金販売価額と等しくなるような利率
借手の追加借入利子率	借手の追加借入に適用されると合理的に見積られる利率
規定損害金	リースの解約に際して支払う相当の違約金
契約期間	契約に定められた期間
修正遡及法	適用初年度の期首より前に新たな会計方針を遡及適用した場合の適用初年度の累積的影響額を適用初年度の期首の利益剰余金に加減し，当該期首残高から新たな会計方針を適用する方法

用　語	用語の定義
独立第三者間取引における使用権資産のリース料	サブリースを実行するために必要な知識を持つ自発的な独立第三者の当事者が行うと想定した場合のリース料（当該リース料の算定にあたっては，サブリースがヘッドリースのリース期間の残存期間にわたって行われるものと仮定する。）
フルペイアウトのリース	借手が，原資産からもたらされる経済的利益を実質的に享受することができ，かつ，当該原資産の使用に伴って生じるコストを実質的に負担することとなるリース
見積残存価額	貸手のリース期間終了時に見積られる残存価額で残価保証額以外の額
リース料債権	将来のリース料を収受する権利
割安購入選択権	借手に対してリース契約上，契約期間終了後又は契約期間の中途で，名目的価額又はその行使時点の原資産の価額に比して著しく有利な価額で買い取る権利

ここで，「顧客」及び「サプライヤー」という用語について補足しておく。リースの識別の判断などにおいて「借手」及び「貸手」の用語ではなく「顧客」及び「サプライヤー」という用語を使用しているのは，リースの識別の判断の段階は契約がリースを含むか否かを判断する段階であり，契約がリースを含まない場合があるためである。リースを含む場合には，それぞれ「借手」及び「貸手」に該当することになる（リース適用指針BC９項）。

Ⅳ

リースの識別・リース期間

1 リースの識別

⑴ リースの識別の判断

① 契約にリースが含まれるか否かの判断

「リース」とは，原資産を使用する権利を一定期間にわたり対価と交換に移転する契約又は契約の一部分である（リース会計基準第６項，Ⅲ.１.「リース会計基準等で定めている用語の定義」参照）。契約の締結時に，契約の当事者は，当該契約がリースを含むか否かを判断する（リース会計基準第25項）。

当該判断にあたり，契約が特定された資産の使用を支配する権利を一定期間にわたり対価と交換に移転する場合，当該契約はリースを含む（リース会計基準第26項）。具体的には，特定された資産の使用期間全体を通じて，次のａ及びｂのいずれも満たす場合，当該契約の一方の当事者（サプライヤー）から当該契約の他方の当事者（顧客）に，当該資産の使用を支配する権利が移転している（リース適用指針第５項）。

ａ．顧客が，特定された資産の使用から生じる経済的利益のほとんどすべてを享受する権利を有している。

ｂ．顧客が，特定された資産の使用を指図する権利を有している。

ここで，契約にリースが含まれるかどうかを判断する上では，リース会計基準における契約の定義（Ⅲ.１.「リース会計基準等で定めている用語の定義」参照）に従い，関連する法律上の枠組みも含め個々の取引の契約の実態を踏まえて判断されるものと考えられる。

図表Ⅳ－１では，リースの識別に関するイメージを示している。

なお，契約期間中は，契約条件が変更されない限り，契約がリースを含むか否かの判断を見直さない（リース会計基準第27項）。

図表Ⅳ－１　リースの識別の判断

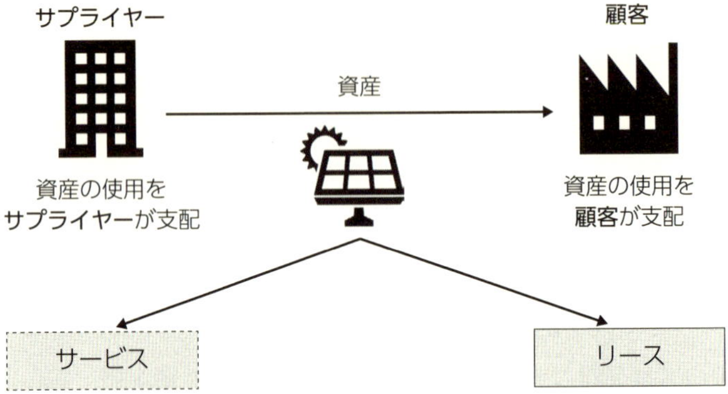

② 特定された資産

資産は，通常は契約に明記されることにより特定される。ただし，資産が契約に明記されている場合であっても，サプライヤーが当該資産を代替する実質的な権利を有する場合や，顧客が使用することができる資産が物理的に別個のものではなく資産の稼働能力の一部分である場合には，当該資産は特定された資産に該当しない（リース適用指針第６項及び第７項）。

a．サプライヤーが資産を代替する実質的な権利を有する場合

サプライヤーが資産を代替する実質的な権利を有する場合とは，次の(i)及び(ii)のいずれも満たす場合である（リース適用指針第６項）。

(i) サプライヤーが使用期間全体を通じて当該資産を他の資産に代替する実質上の能力を有している。

(ii) サプライヤーにおいて，当該資産を他の資産に代替することからもたら

される経済的利益が，代替することから生じるコストを上回ると見込まれるため，当該資産を代替する権利の行使によりサプライヤーが経済的利益を享受する。

このような例として，顧客はサプライヤーが資産を入れ替えることを妨げることができず，かつ，サプライヤーが代替資産を容易に利用可能であるか又は合理的な期間内に調達できる場合が挙げられる（リース適用指針BC11項）。

以下では，資産を代替する実質的な権利の判断に関し，リース適用指針の［設例３－１］及び［設例３－２］を取り上げて解説する。

設例１　特定された資産
（資産を他の資産に代替する権利が実質的である場合）

（リース適用指針［設例３－１］を一部修正して作成）

前提条件

１．A社（顧客）は，３年間にわたり，自社の商品を販売するために空港内の搭乗エリアにある区画を使用する契約を，空港運営会社であるB社（サプライヤー）と締結した。

　A社が使用できる面積及び割り当てられた区画は，契約で指定されている。

２．空港内には，契約に定める区画の仕様を満たす利用可能な多くの区画が存在する。

　B社は，A社に割り当てた区画を使用期間中いつでも変更する権利を有する。

　B社は状況変化に対応するようにA社に割り当てた区画を変更することで，空港内の搭乗エリアにおける区画を最も有効に利用でき，経済的利益を得ることとなる。

３．A社は，容易に移動可能な売店（A社が所有）を使用する必要がある。

　A社に割り当てた区画の変更に関連するB社が負担するコストは限定的である（区画変更によるB社の経済的利益はコストを上回る。）。

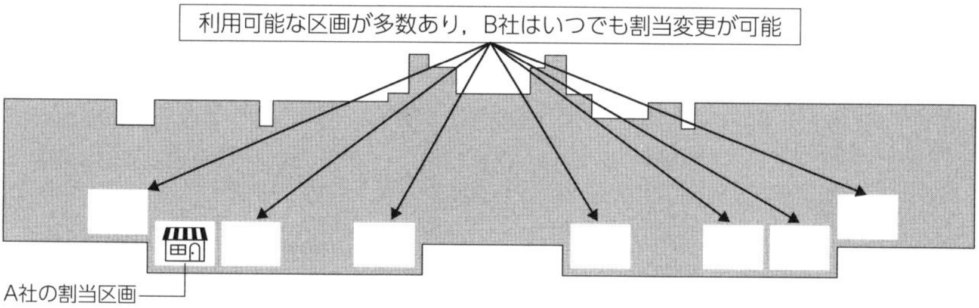

資産が特定されているかどうかの判断

A社が使用できる面積及び割り当てられた区画は契約で明記されているが，サプライヤーであるB社はA社に割り当てた区画を変更する権利を有するため，B社が資産を代替する実質的な権利を有しているかどうかを判断する必要がある。

資産を代替する実質的な権利に関する要件	要件に該当するかの判断	要件に該当するかの判断の理由
①サプライヤーが使用期間全体を通じて資産を他の資産に代替する実質上の能力を有するかどうか	該当する	空港内の搭乗エリアには契約に定められた仕様を満たす多くの区画が存在しており，B社は，A社の承認なしにA社が使用する区画をいつでも契約に定められた仕様を満たす他の区画に変更する権利を有しているため（前提条件2）
②サプライヤーが資産を代替する権利の行使により経済的利益を享受するかどうか	該当する	B社は区画の入替えを行うことで，コストを上回る経済的利益を享受すると見込まれるため（前提条件3）

以上から，表の①及び②のいずれの要件も満たすため，A社及びB社は契約において資産は特定されていないと判断した。

設例2 特定された資産（資産を他の資産に代替する権利が実質的でない場合）

（リース適用指針［設例3-2］を一部修正して作成）

前提条件

1．A社（顧客）は，5年間にわたり，不動産物件の小売エリア内にある区画Xを使用する契約を，不動産物件の所有者であるB社（サプライヤー）と締結した。
　A社が使用できる面積，区画の仕様及び割り当てられた区画は，契約で指定されている。
2．B社は，A社に対して割り当てた区画Xを使用期間中いつでも変更する権利を有しているが，B社は契約で定められた面積及び仕様を満たす区画を提供し，A社の移転から生じるコストを全額負担する必要がある。
3．B社が移転コストを上回る経済的利益を享受することができるのは，B社が新たな大口テナントと小売エリア内の区画を使用する契約を締結したときのみであり，

Ａ社との契約時点において，このような状況が生じる可能性は高くないことが見込まれる。
4．Ａ社は，使用期間全体を通じて区画Xの使用を指図する権利を有しており，かつ，区画Xを独占的に使用することができる。

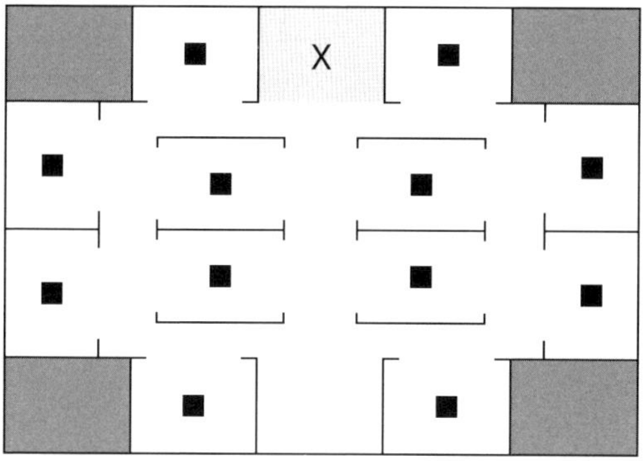

Ｂ社はＡ社への割当区画Xを使用期間中いつでも変更する権利を有するが，契約で定められた面積及び仕様を満たす他の区画（上図のXを除く■）を提供しＡ社の移転コストを全額負担する。

資産が特定されているかどうかの判断

Ａ社が使用可能な区画及び面積は契約で明記されているが，サプライヤーであるＢ社はＡ社に割り当てた区画を変更する権利を有するため，Ｂ社が資産を代替する実質的な権利を有しているかどうかを判断する必要がある。

資産を代替する実質的な権利に関する要件	要件に該当するかの判断	要件に該当するかの判断の理由
①サプライヤーが使用期間全体を通じて資産を他の資産に代替する実質上の能力を有するかどうか	該当する	B社は，A社が使用する区画をいつでも契約に定められた仕様を満たす他の区画に変更する権利を有しているため（前提条件２）

②サプライヤーが資産を代替する権利の行使により経済的利益を享受するかどうか	該当しない	B社が区画の入替えから生じるコストを上回る経済的利益を享受することができるのは，B社が新たな大口テナントと小売エリア内の区画を使用する契約を締結したときのみであり，その状況の生じる可能性は高くないことが見込まれることから，A社に割り当てた区画を他の区画に代替することからもたらされる経済的利益が代替することから生じるコストを上回ることは見込まれないため（前提条件３）

以上から，表の①の要件は満たすが，②の要件は満たさないため，A社及びB社は契約において資産は特定されていると判断した。

b．顧客が使用することができる資産が物理的に別個のものではない場合

前述のとおり，顧客が使用することができる資産が物理的に別個のものではなく資産の稼働能力の一部分である場合には，当該資産は特定された資産に該当しない。ただし，顧客が使用することができる資産の稼働能力が，当該資産の稼働能力のほとんどすべてであることにより，顧客が当該資産の使用から生じる経済的利益のほとんどすべてを享受する権利を有している場合は，当該資産の稼働能力部分は特定された資産に該当する（リース適用指針第７項）。

稼働能力部分が特定された資産に該当するのかどうかの判断に関して，リース適用指針の［設例４］にガスの貯蔵タンクの設例を設けている。例えば，顧客が指定された貯蔵タンクの容量の70％を使用することができ，容量の70％が物理的に別個のものではない場合には，特定された資産に該当しないと考えられる。一方，指定された貯蔵タンクが物理的に別個ではない場合であっても容量の99.9％（ほとんどすべて）が使用できる場合は，特定された資産に該当すると考えられる（図表Ⅳ-２参照）。

図表Ⅳ-2　ガスの貯蔵タンクの設例

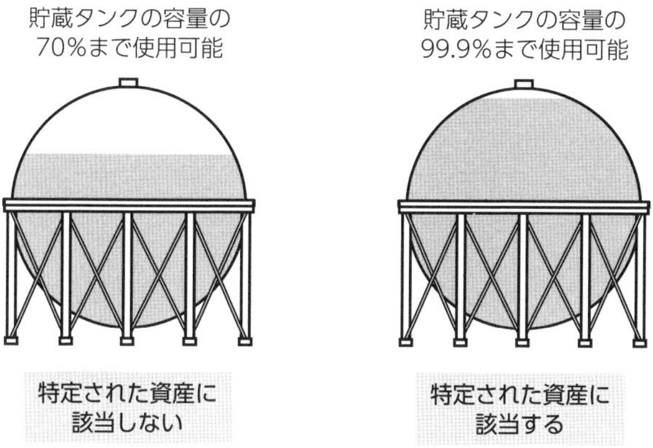

③　使用を指図する権利

顧客は，次のａ又はｂのいずれかの場合にのみ，使用期間全体を通じて特定された資産の使用を指図する権利を有している（リース適用指針第８項）。

ａ．顧客が使用期間全体を通じて使用から得られる経済的利益に影響を与える資産の使用方法を指図する権利を有している場合

ｂ．使用から得られる経済的利益に影響を与える資産の使用方法に係る決定が事前になされており，かつ，次の(i)又は(ii)のいずれかである場合

(i)　使用期間全体を通じて顧客のみが，資産を稼働する権利を有している又は第三者に指図することにより資産を稼働させる権利を有している。

(ii)　顧客が使用期間全体を通じた資産の使用方法を事前に決定するように，資産を設計している。

顧客が使用期間全体を通じて特定された資産の使用を指図する権利を有しているか否かの判断を行うにあたっては，使用期間全体を通じて使用から得られる経済的利益に影響を与える資産の使用方法に係る意思決定を考慮する。当該意思決定は，資産の性質及び契約の条件に応じて，契約によって異なると考えられる（リース適用指針BC13項）。

以下では，使用を指図する権利に関し，リース適用指針の［設例６-１］及び［設例６-３］を取り上げて解説する。

設例３ 使用を指図する権利（使用方法が契約で定められており，顧客が資産の使用を指図する権利を有していない場合）

（リース適用指針［設例６-１］を一部修正して作成）

前提条件

1．Ａ社（顧客）は，Ｂ社（サプライヤー）と，Ｂ社が所有する発電所が産出する電力のすべてを３年間にわたり購入する契約を締結した。
2．Ｂ社は，業界において認められた事業慣行に従い，日々発電所を稼働し，維持管理を行う。
3．契約上，使用期間全体を通じた当該発電所の使用方法（産出する電力の量及び時期）が定められており，緊急の状況などの特別な状況がなければ使用方法を変更することはできない。
4．Ａ社は発電所の設計に関与していない。
5．発電所は，特定された資産である。

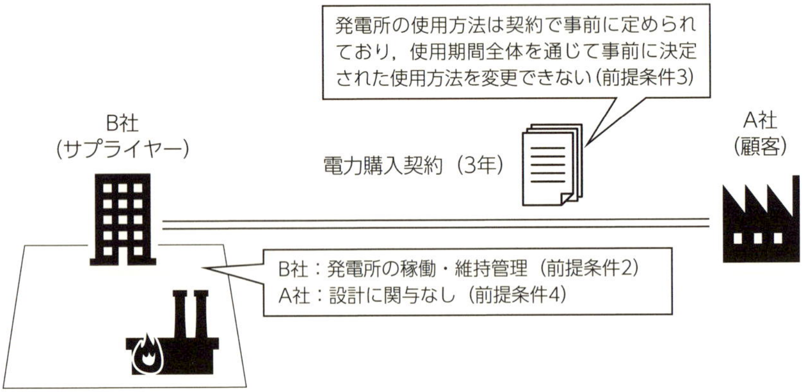

契約にリースを含むかどうかの判断

前提条件をフローチャート（リース適用指針［設例１］を一部修正して作成）に当てはめると，以下のようになる。

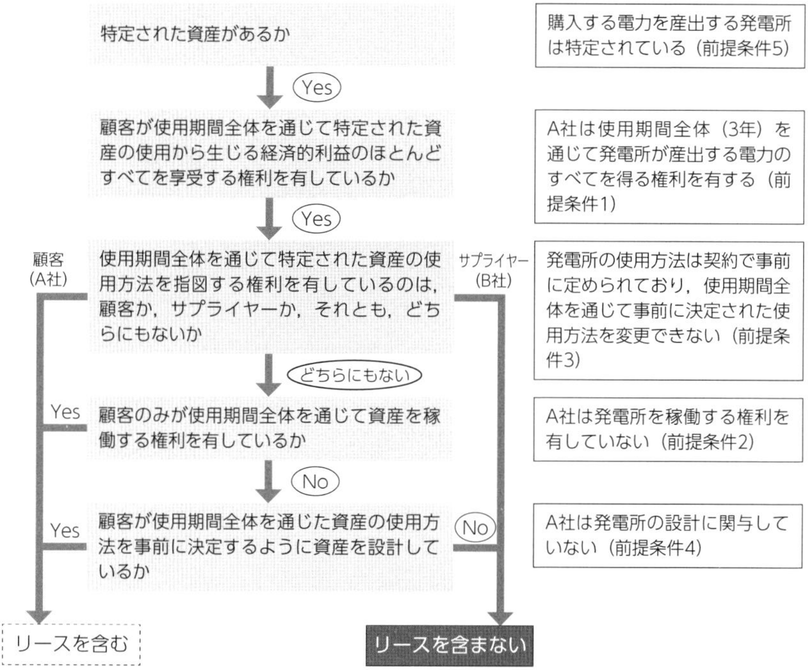

上のフローチャートでの判定のとおり，資産は特定されているが，特定された資産の使用を支配する権利がB社からA社に移転していないため，A社及びB社は契約にリースが含まれていないと判断した。

設例4　使用を指図する権利（使用方法が設計によって事前に決定されており，顧客が資産の使用を指図する権利を有している場合）

（リース適用指針［設例6-3］を一部修正して作成）

前提条件

1．A社（顧客）は，B社（サプライヤー）と，B社が新設する太陽光ファームが産出する電力のすべてを20年間にわたり購入する契約を締結した。
2．A社は，太陽光ファームを設計した。
3．B社は，A社の仕様に合わせて太陽光ファームを建設し，建設後に太陽光ファームの稼働及び維持管理を行う責任を有している。

4．太陽光ファームの使用方法（電力を産出するかどうか，産出する電力の量及び時期）は，太陽光ファームの設計により決定されている。
5．太陽光ファームは，特定された資産である。

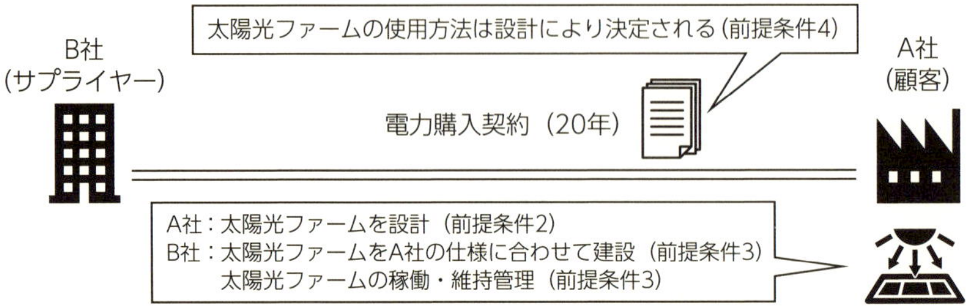

契約にリースを含むかどうかの判断

前提条件をフローチャート（リース適用指針［設例1］を一部修正して作成）に当てはめると，以下のようになる。

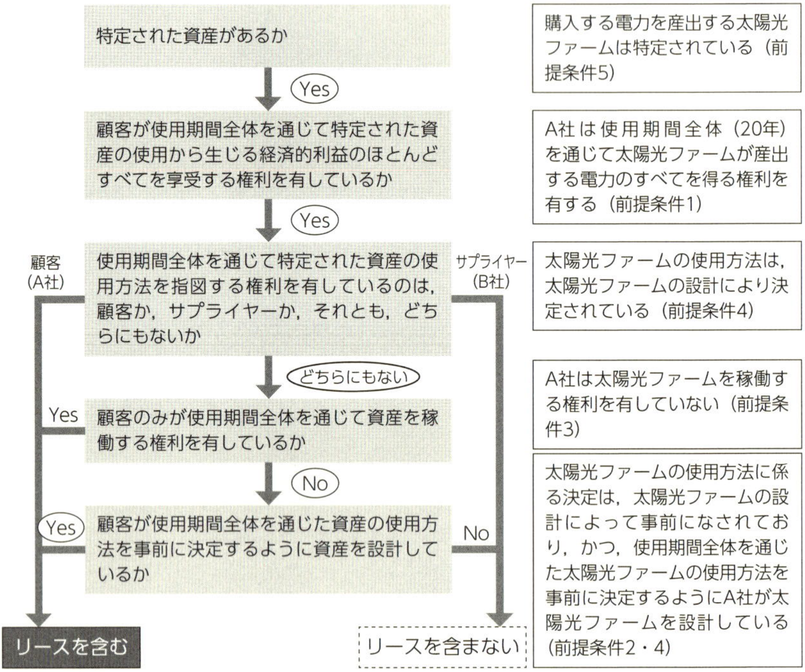

上のフローチャートでの判定のとおり，資産は特定されており，かつ特定された資産の使用を支配する権利がＢ社からＡ社に移転しているため，Ａ社及びＢ社は契約にリースが含まれていると判断した。

【IFRS第16号との関係】

リースの識別に関する定め

リースの識別に関する定めは，リースの定義に関する定めと合わせて，借手が貸借対照表に計上する資産及び負債の範囲を決定するものであることから，基本的にIFRS第16号の定めと整合的なものとすることとした。ただし，次の点については，「開発にあたっての基本的な方針」を踏まえ，リース会計基準等に取り入れていない。

- IFRS第16号のリースの識別に関する細則的なガイダンスや設例
- 資産が契約に明記されない場合でも黙示的に定められることによって特定され得るとの定め
- サプライヤーが資産を代替する実質的な権利に関するIFRS第16号の詳細な定め
- 使用期間全体を通じて使用から得られる経済的利益に影響を与える資産の使用方法に係る意思決定に関しての具体的な例示

細則的なガイダンスや設例

IFRS第16号のリースの識別に関する細則的なガイダンスや設例については，国際的な比較可能性が大きく損なわれるか否かを主要な判断基準として，取捨選択してリース会計基準等に取り入れることとした。また，設例については，リース会計基準等（設例を除く。）において個々に定めていない事項を設例において示すこととならないよう，リース会計基準等（設例を除く。）における定めと同程度の内容となる形でIFRS第16号の設例をリース適用指針の設例に取り入れることとした（リース会計基準BC30項）。

資産が契約に明記されない場合の取扱い

資産が契約に明記されない場合でも黙示的に定められることによって

特定され得るとのIFRS第16号の定めについては，顧客が資産の使用から生じる経済的利益のほとんどすべてを享受する権利を有し，かつ，顧客が当該資産の使用を指図する権利を有している場合には，資産が契約に明記されていなくとも事実と状況によりリースが含まれることが明らかであるときがあり，このときにはリースの識別に関する適切な判断がなされると考えられるため，リース会計基準等には取り入れていない。反対に，リースが含まれていないことが明らかな場合にまでリースの識別の判断を行う必要はないと考えられる（リース適用指針BC10項）。

サプライヤーが資産を代替する実質的な権利に関するガイダンス

サプライヤーが資産を代替する実質的な権利に関して，IFRS第16号では詳細な定めがあるが，当該定めをリース会計基準等に取り入れなくとも，各企業が判断に基づいて経済実態を表す会計処理を行うことができると考えられるため，リース会計基準等に当該定めを取り入れないこととした（リース適用指針BC11項）。

資産の使用方法に係る意思決定に関しての具体的な例示

使用期間全体を通じて使用から得られる経済的利益に影響を与える資産の使用方法に係る意思決定は，資産の性質及び契約の条件に応じて契約によって異なると考えられる。当該意思決定に関してIFRS第16号では具体的な例示があるが，IFRS第16号の基準の本文では，資産の使用方法及び使用目的に係る意思決定は資産の性質及び契約の条件に応じて契約によって異なる可能性が高いと定められているのに対し，これらの例示を示すことで資産の使用方法及び使用目的が限定的に解釈される可能性があるため，リース会計基準等に当該例示を取り入れないこととした（リース適用指針BC13項）。

(2)　リースを構成する部分とリースを構成しない部分の区分

①　契約にリースを構成する部分とリースを構成しない部分がある場合の区分に関する取扱い

a．原則的な取扱い

借手及び貸手は，リースを含む契約（すなわち，契約にリースを構成する部分とリースを構成しない部分がある場合）について，原則として，リースを構成する部分とリースを構成しない部分とに分けて会計処理を行う（リース会計基準第28項及びリース適用指針第９項）。

旧リース会計基準等からの変更点

役務提供相当額の取扱い

旧リース適用指針において通常の保守等の役務提供相当額として取り扱ってきた金額は，リース会計基準等においては，リースを構成しない部分に含まれることになると考えられる（リース適用指針BC16項）。

b．借手の例外的な取扱い

借手は，リースを構成する部分とリースを構成しない部分とを分けずに，リースを構成する部分と関連するリースを構成しない部分とを合わせてリースを構成する部分として会計処理を行うことを選択することができる。この例外的な会計処理は，次の(i)又は(ii)のいずれかの単位で選択できる（リース会計基準第29項）。

(i)　対応する原資産を自ら所有していたと仮定した場合に貸借対照表において表示するであろう科目ごと

(ii)　性質及び企業の営業における用途が類似する原資産のグループごと

また，連結財務諸表においては，個別財務諸表において行った例外的な会計処理の選択を見直さないことができる（リース会計基準第30項）。

なお，リースを構成する部分と当該リースに関連するリースを構成しない部分とを合わせてリースを構成しない部分として会計処理を行うことは認めていない（リース会計基準BC33項）。

c．貸手の例外的な取扱い

リースを含む契約についてリースを構成しない部分が収益認識会計基準の適用対象であって，かつ，次の(i)及び(ii)のいずれも満たす場合には，貸手は，契約ごとにリースを構成する部分と関連するリースを構成しない部分とを合わせて取り扱うことができる（リース適用指針第14項）。

(i) リースを構成する部分と関連するリースを構成しない部分の収益の計上の時期及びパターンが同じである。

(ii) リースを構成する部分がオペレーティング・リースに分類される。

この場合，リースを構成する部分がリースを含む契約の主たる部分であるかどうかに応じて，リースを構成する部分と関連するリースを構成しない部分とを分けずに合わせてリースを構成する部分としてオペレーティング・リースに係る会計処理を行うか，又は，収益認識会計基準に従って単一の履行義務として会計処理を行うことになる（リース適用指針第15項）。

この取扱いは，次の点を考慮し，適用上のコストと複雑性の低減を図る観点から米国会計基準を参考として定めたものである（リース適用指針BC25項）。

- リースを構成する部分と関連するリースを構成しない部分の収益の計上の時期及びパターンが同じである場合には，双方を分けて会計処理を行ったときの収益の計上額と双方を分けずに会計処理を行ったときの収益の計上額は変わらないと考えられる。
- 貸手においてリースを構成する部分とリースを構成しない部分とを合わせて取り扱い，会計処理を行うこととしても情報の有用性が大きく損なわれないと考えられる。

②　リースを構成する部分とリースを構成しない部分を区分する場合の会計処理

a．借　　手

借手は，契約におけるリースを構成する部分についてリース会計基準等に定める方法に従って会計処理を行い，契約におけるリースを構成しない部分について該当する他の会計基準等に従って会計処理を行う（リース適用指針第10項）。

また，借手は，契約における対価の金額について，リースを構成する部分とリースを構成しない部分とに配分するにあたって，それぞれの部分の独立価格の比率に基づいて配分する。このとき，契約における対価の中に，借手に財又はサービスを移転しない活動及びコストについて借手が支払う金額が含まれる場合，当該金額を契約における対価から控除せず，当該金額を契約における対価の一部としてリースを構成する部分とリースを構成しない部分とに配分する（リース適用指針第11項及びBC18項）。図表Ⅳ-3では，この配分方法のイメージを図示している。

図表Ⅳ-3　借手に財又はサービスを移転しない活動及びコストを含む契約対価を独立価格の比率で配分する方法のイメージ（借手）

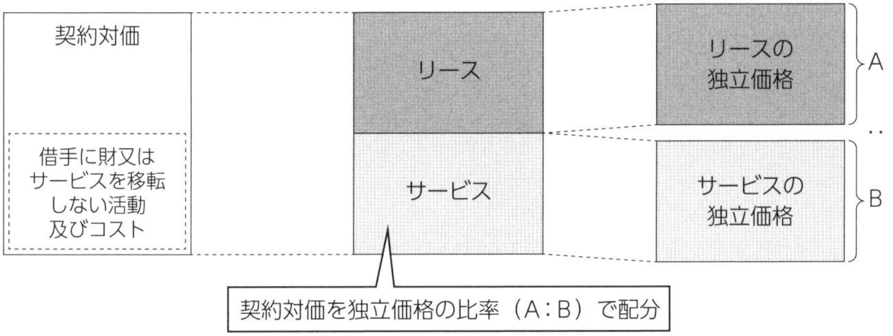

b．貸　　手

貸手は，契約におけるリースを構成する部分についてリース会計基準等に定める方法によりファイナンス・リース又はオペレーティング・リースの会計処理を行い，契約におけるリースを構成しない部分について，該当する他の会計基準等に従って会計処理を行う（リース適用指針第12項）。

貸手は，契約における対価の金額について，リースを構成する部分とリースを構成しない部分とに配分するにあたって，それぞれの部分の独立販売価格の比率に基づいて配分する。このとき，契約における対価の中に，借手に財又はサービスを移転しない活動及びコストについて借手が支払う金額，あるいは，維持管理費用相当額（原資産の維持管理に伴う固定資産税，保険料等の諸費用）が含まれる場合，当該配分にあたって，次の(i)又は(ii)のいずれかの方法により会計処理を行う（リース適用指針第13項）。

(i)　契約における対価の中に借手に財又はサービスを移転しない活動及びコストについて借手が支払う金額が含まれる場合に，当該金額を契約における対価の一部としてリースを構成する部分とリースを構成しない部分とに配分する方法

(ii)　契約における対価の中に維持管理費用相当額が含まれる場合に，当該維持管理費用相当額を契約における対価から控除し収益に計上する，又は貸手の固定資産税，保険料等の費用の控除額として処理する方法

ただし，上記(ii)の方法を選択する場合において，維持管理費用相当額がリースを構成する部分の金額に対する割合に重要性が乏しいときは，当該維持管理費用相当額についてリースを構成する部分の金額に含めることができる。

旧リース会計基準等からの変更点

貸手におけるリースを構成する部分とリースを構成しない部分の区分に関する取扱い

旧リース適用指針は，典型的なリース，すなわち役務提供相当額のリース料に占める割合が低いものを対象としていたが，リース会計基準等は，役務提供相当額のリース料に占める割合にかかわらず，リースを含む契約におけるリースを適用範囲とするため，旧リース適用指針の適用時よりも，リース会計基準等の適用対象となる契約に役務提供等が含まれるケースが増加する可能性があると考えられる。この

ため，リース会計基準等では，IFRS第16号と整合的に，貸手についても，原則として，リースを構成する部分とリースを構成しない部分とに分けて会計処理を行うこととした（リース会計基準第28項及びリース適用指針BC22項）。

旧リース会計基準等からの変更点

維持管理費用相当額を契約対価から控除する取扱い

審議の過程で，借手に関して，旧リース適用指針における維持管理費用相当額を原則としてリース料総額から控除する取扱いを維持すべきとの意見が聞かれたが，次の理由により引き継いでいない（リース適用指針BC19項からBC21項）。

- 旧リース適用指針において，維持管理費用相当額をリース料総額から控除する理由として当該金額をリース料総額に含めることによりリースの分類に影響を及ぼす可能性があったことが挙げられていたが，リース会計基準等においては，借手については，リースの分類を廃止している。
- リース料に含まれる固定資産税や保険料等の金額が借手に示されることは通常は想定されないため，借手がこれらの金額を算定することは困難であると考えられる。この点，リース会計基準等では，使用権資産の計上の対象となるリースはオペレーティング・リース等も含まれていることから，企業がすべてのリースについて一貫して維持管理費用相当額を算定し控除することは困難であると考えられる。

一方，貸手に関しては，借手と異なりリースの分類を行っており，固定資産税や保険料等の金額を把握していることを踏まえ，旧リース適用指針における維持管理費用相当額の取扱いを踏襲し，前述(ii)の方法も選択できることとした（リース適用指針BC23項）。

図表Ⅳ-4では，契約における対価の中に，借手に財又はサービスを移転しない活動及びコストについて借手が支払う金額が含まれる場合に当該金額を契約における対価の一部として配分する方法のイメージを図示している。また，図表Ⅳ-5では，維持管理費用相当額を契約における対価から控除する方法のイメージを図示している。

図表Ⅳ-4　借手に財又はサービスを移転しない活動及びコスト等を含む契約対価を独立販売価格の比率で配分する方法のイメージ（貸手）

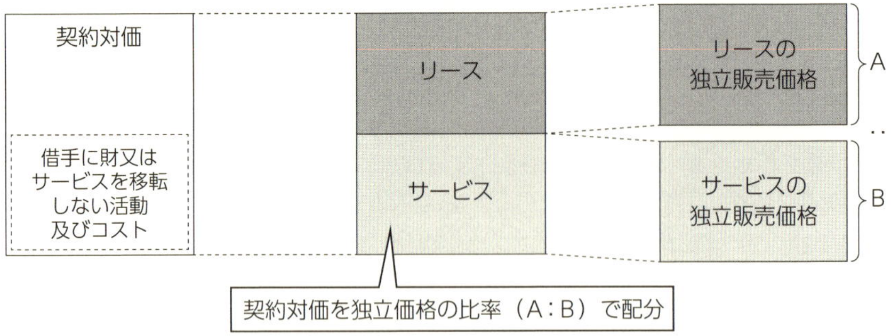

図表Ⅳ-5　維持管理費用相当額を契約における対価から控除する方法のイメージ（貸手）

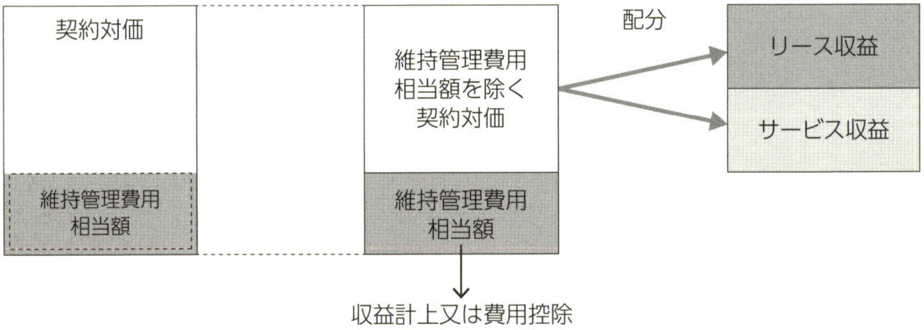

c．借手に財又はサービスを移転しない活動及びコストと維持管理費用との関係

旧リース適用指針では，借手が負担するリース料の中に含まれる固定資産税，保険料等の諸費用を「維持管理費用相当額」として定めていた。

一方，借手に財又はサービスを移転しない活動及びコストには，固定資産税及び保険料のほか，例えば，契約締結のために貸手に生じる事務コストの借手への請求等，借手に財又はサービスを移転しない活動に係る借手への請求が含まれると考えられる。

「借手に財又はサービスを移転しない活動及びコスト」と「維持管理費用相当額」の範囲は一致することが多いと考えられるが，「借手に財又はサービスを移転しない活動及びコスト」は，借手に財又はサービスを移転するかどうかを評価する定めである一方，「維持管理費用相当額」は借手に財又はサービスを移転するかどうかの評価を求めない点で，「維持管理費用相当額」と「借手に財又はサービスを移転しない活動及びコスト」の範囲は異なる可能性があると考えられる（リース適用指針BC15項）。

d．独立販売価格と独立価格

貸手における対価の配分は，収益認識会計基準との整合性を図るものであることから，「独立販売価格」は，財又はサービスを独立して企業が顧客に販売する場合の価格（収益認識会計基準第９項）を参照する（リース適用指針BC22項）。

一方，借手は，リースを構成する部分とリースを構成しない部分の独立価格の比率について，貸手又は類似のサプライヤーが当該構成部分又は類似の構成部分について企業に個々に請求するであろう価格に基づいて算定する。借手においてリースを構成する部分とリースを構成しない部分の独立価格が明らかでない場合，借手は，観察可能な情報を最大限に利用して，独立価格を合理的な方法で見積る（リース適用指針BC17項）。

e．独立したリースの構成部分

契約には，複数のリースを構成する部分が含まれる場合がある。原資産を使用する権利は，次の(ⅰ)及び(ⅱ)の要件のいずれも満たす場合，独立したリースを構成する部分である（リース適用指針第16項）。

(ⅰ)　当該原資産の使用から単独で借手が経済的利益を享受することができること，又は，当該原資産と借手が容易に利用できる他の資源を組み合わせて借手が経済的利益を享受することができること

(ⅱ)　当該原資産の契約の中の他の原資産への依存性又は相互関連性が高くな

いこと

リース会計基準等では，次の点を考慮して，独立したリースの構成部分の判定に関する定めをIFRS第16号の主要な定めとして取り入れることとした（リース適用指針BC26項）。

- 貸手が機器とソフトウェアのリースを同時に行う場合，すなわち，機器のリースと知的財産のライセンスの供与を同時に行う場合の会計単位の判断が困難である。
- 少額リースに関する簡便的な取扱いにおいて，「新品時の原資産の価値が少額であるリース」の簡便的な取扱いを選択するときの「リース１件ごと」の判断（Ⅴ.２.⑷④「新品時の原資産の価値が少額であるリース」参照）が不明瞭である。

この独立したリースの構成部分の定めは，収益認識会計基準第34項における履行義務の識別に関する別個の財又はサービスの定めと整合的なものである。

この点，貸手による知的財産のライセンスの供与が機器のリースとは別個の財又はサービス（収益認識会計基準第32項及び第34項）に該当する場合，当該知的財産のライセンスの供与については，適用範囲に関する貸手による知的財産のライセンスの例外（Ⅱ.１.「リース会計基準等の適用範囲」参照）を適用する場合を除き，収益認識会計基準を適用し会計処理を行うことになると考えられる。これに対し，貸手による知的財産のライセンスの供与が機器のリースとは別個の財又はサービスに該当しない場合，リース会計基準等の範囲に含まれると考えられる。この場合，独立したリースの構成部分の要件を満たさないときは，当該知的財産のライセンスの供与について機器のリースに含めて会計処理を行うことになると考えられる（リース適用指針BC27項）。

2 リース期間

(1) 借手のリース期間

① 借手のリース期間の決定方法

借手は，借手のリース期間について，借手が原資産を使用する権利を有する解約不能期間に，次の両方の期間を加えて決定する（リース会計基準第31項及びリース適用指針第17項）。

- 借手が行使することが合理的に確実であるリースの延長オプションの対象期間
- 借手が行使しないことが合理的に確実であるリースの解約オプションの対象期間

借手のみがリースを解約する権利を有している場合，当該権利は借手が利用可能なオプションとして，借手は借手のリース期間を決定するにあたってこれを考慮する。一方，貸手のみがリースを解約する権利を有している場合，当該期間は，借手の解約不能期間に含まれる。

a．延長オプション又は解約オプションの行使可能性の評価にあたっての考慮要因

借手は，借手が延長オプションを行使すること又は解約オプションを行使しないことが合理的に確実であるかどうかを判定するにあたって，経済的インセンティブを生じさせる要因を考慮する。これには，例えば，次の要因が含まれる（リース適用指針第17項）。

(i) 延長オプション又は解約オプションの対象期間に係る契約条件（リース料，違約金，残価保証，購入オプションなど）

(ii) 大幅な賃借設備の改良の有無

(iii) リースの解約に関連して生じるコスト

⒤ 企業の事業内容に照らした原資産の重要性

(v) 延長オプション又は解約オプションの行使条件

上記(ii)の「大幅な賃借設備の改良の有無」について，賃借設備の改良が借手のリース期間の判断に影響を与える「大幅な賃借設備の改良」に該当するか否かは，例えば，賃借設備の改良の金額，移設の可否，資産を除去するための金額等の事実及び状況に基づく総合的な判断が必要になると考えられる（リース適用指針BC34項⑵①）。

また，上記(v)の「延長オプション又は解約オプションの行使条件」について，例えば，オプションの行使条件が借手にとって有利である場合には，経済的インセンティブが生じ得ると考えられる（リース適用指針BC32項）。

借手のリース期間の決定方法を図示すると，図表Ⅳ-6のようになる。

図表Ⅳ-6　借手のリース期間の決定方法

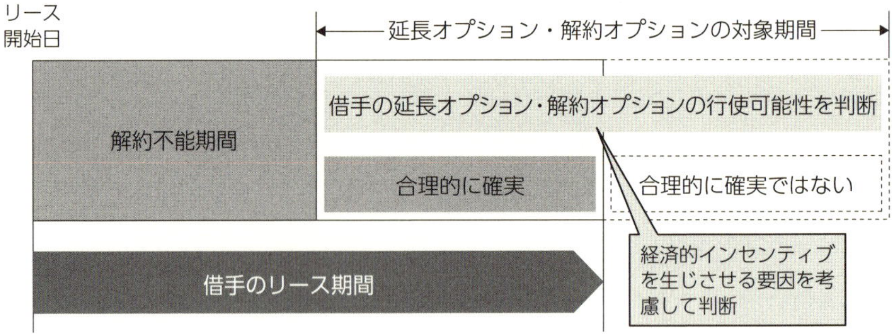

b．借手のリース期間に延長オプション及び解約オプションの対象期間を含めている背景

IFRS第16号の開発の過程では，解約不能期間を超えて延長する権利又はリースの期間の終了前に解約する権利をリース期間に含めるべきかどうかの議論において，一部の利害関係者から，将来のオプションの期間中に行われる支払は，当該オプションが行使されるまでは負債の定義を満たさないため，リース期間を解約不能期間に限定すべきとする考え方が示された。この点，IFRS第16号では，次の理由から，オプションの対象期間をリース期間に反映することとしたとされている（リース会計基準BC34項）。

- 2年の延長オプションが付いた3年のリースは，経済的に3年の解約不能リースと同様の場合もあれば，5年の解約不能リースと同様の場合もある。オプションが付いたリースは，オプションが付いていないリースと全く同じとはならない。
- リースの延長オプション又は解約オプションはリースの経済実態に影響を与えるため，リース期間を決定する際にはオプションの対象となる期間の一部を含める必要がある。借手が延長オプションを行使することを見込んでいる場合，当該オプションの対象期間をリース期間に反映する方が，リースの経済実態をより忠実に表現することになる。
- オプションをリース期間の決定で考慮することにより，例えば，借手にオプションを行使する明らかな経済的インセンティブが存在する場合に，当該オプションの対象期間をリース期間から除外することによってリース負債を貸借対照表から不適切に除外するリスクを軽減できる。

また，IFRS第16号では，次の理由から，借手が延長オプションを行使すること又は解約オプションを行使しないことが「合理的に確実」である範囲でオプションの対象期間をリース期間に含めることを決定したとされている（リース会計基準BC35項）。

- 原資産を使用する期間についての企業の合理的な見積りをリース期間に反映することが有用な情報を提供する。
- 借手によるオプションの行使について，重大な経済的インセンティブを有しているオプションの対象期間をリース期間に含めるアプローチも考えられる。当該アプローチでは，行使が見込まれることだけでは（行使する経済的インセンティブがなければ）十分ではないため，経営者の見積り又は意図だけに基づく閾値よりも客観的な閾値を設けることになり，他のアプローチでは適用が複雑になるという懸念に対処することができる。しかし，利害関係者から，「重大な経済的インセンティブ」の閾値が「合理的に確実」の閾値と同様であるのならば，旧IAS第17号における用語を維持すべきとの意見が聞かれたため，「合理的に確実」の閾値を維持する。

リース会計基準等では，これらのIFRS第16号の開発時の議論を踏まえて，次の理由から，借手のリース期間について，IFRS第16号における定めと整合的に，借手が原資産を使用する権利を有する解約不能期間に，借手が行使することが合理的に確実であるリースの延長オプションの対象期間及び借手が行使しないことが合理的に確実であるリースの解約オプションの対象期間を加えて決定することとした（リース会計基準BC36項）。

- 存在するオプションの対象期間について，企業の合理的な判断に基づき資産及び負債を計上することが，財務諸表利用者にとって有用な情報をもたらすものと考えられる。
- 借手のリース期間をIFRS第16号と整合させない場合，国際的な比較可能性が大きく損なわれる懸念がある。

c．経営者の意図や見込みと借手のリース期間の決定との関係

前述ａのとおり，延長オプション又は解約オプションの対象期間に関しては，リース開始日において，借手が延長オプションを行使する可能性又は解約オプションを行使しない可能性についてａ(i)からａ(v)に例示したような経済的インセンティブを生じさせる要因を考慮した上で，借手のリース期間を決定することになる。したがって，借手のリース期間は，経営者の意図や見込みのみに基づく年数ではなく，借手が行使する経済的インセンティブを生じさせる要因に焦点を当てて決定される。例えば，借手が原資産を使用する期間が超長期となる可能性があると見込まれる場合であっても，借手のリース期間は必ずしもその超長期の期間となるわけではないと考えられる。借手のリース期間は，借手が延長オプションを行使する経済的インセンティブを有し，当該延長オプションを行使することが合理的に確実であるかどうかの判断の結果によることになると考えられる（リース適用指針BC30項）。

d．リースの解約不能期間の長さと借手のリース期間の決定との関係

借手のリース期間終了後の代替資産の調達に要するコストを考慮すると，リースの解約不能期間が短いほど，借手が延長オプションを行使する可能性又は解約オプションを行使しない可能性が高くなる場合があると考えられる。他方で，リースの解約不能期間が十分に長い場合には，借手が延長オプションを行使する可能性又は解約オプションを行使しない可能性が低くなる場合があると考えられる（リース適用指針BC31項）。

e．過去の慣行及び経済的理由と借手のリース期間の決定との関係

借手が特定の種類の資産を通常使用してきた過去の慣行及び経済的理由が，借手のオプションの行使可能性を評価する上で有用な情報を提供する可能性がある。ただし，一概に過去の慣行に重きを置いてオプションの行使可能性を判断することを要求するものではなく，将来の見積りに焦点を当てる必要がある。合理的に確実であるかどうかの判断は，諸要因を総合的に勘案して行うことに留意する必要がある（リース適用指針BC33項）。

f．借手のリース期間とリース物件における附属設備の耐用年数との関係

借手のリース期間とリース物件における附属設備の耐用年数は，相互に影響を及ぼす可能性があるが，それぞれの決定における判断及びその閾値は異なるため，借手のリース期間とリース物件における附属設備の耐用年数は，必ずしも整合しない場合があると考えられる。一方，リース物件における附属設備について，借手のリース期間中の除去及び借手のリース期間後の使用を見込んでいない場合，当該附属設備の耐用年数が借手のリース期間と整合する場合もあると考えられる（リース適用指針BC34項⑵②）。

②　「合理的に確実」の閾値

審議の過程では，借手のリース期間に含める延長オプション又は解約オプションの行使可能性に関する「合理的に確実」の表現については，直訳的で判断を難しくしているため，他の表現を用いるべきとの意見が聞かれた。

この点，これまでの我が国の会計基準における既存の表現を用いることも検討したが，必ずしも蓋然性に関する表現が整理されていない面があり，また，これまでの我が国の会計基準における既存の蓋然性に関する表現を用いると，かえって，当該表現が用いられている会計基準等において，“reasonably certain”と同程度の閾値を示すとの誤解が生じる懸念がある。したがって，IFRS第16号における蓋然性を取り入れていることを明らかにするために，リース会計基準等では，「合理的に確実」という表現を用いることとした（リース会計基準BC37項）。

なお，「合理的に確実」は，蓋然性が相当程度高いことを示している。この点，IFRS第16号には「合理的に確実」に関する具体的な閾値の記載はないが，Topic 842の結論の根拠では，「合理的に確実」が高い閾値であることを記載した上で，米国会計基準の文脈として，発生する可能性の方が発生しない可能性より高いこと（more likely than not）よりは高いが，ほぼ確実（virtually certain）よりは低いであろうことが記載されている（リース適用指針BC29項）。

③　普通借地契約及び普通借家契約における借手のリース期間の設例

ａ．設例による解説

審議の過程で普通借地契約及び普通借家契約について借手のリース期間を判断することに困難が伴うとの懸念が聞かれたことに対応し，実務上の判断に資するように，リース適用指針の［設例８］において普通借地契約及び普通借家契約における借手のリース期間の設例を示している。

本書では，このうち，［設例８-２］，［設例８-３］及び［設例８-５］を取り上げて解説する。

設例５　延長オプションを行使することが合理的に確実である場合⑴

（リース適用指針［設例８-２］を一部修正して作成）

前提条件

1．Ａ社（借手）は，X事業の店舗として使用するため，Ｂ社（貸手）が保有する建物の店舗用スペースについて，Ｂ社と賃貸借契約（普通借家契約）を締結した。この契約はリースに該当する。
2．賃貸借契約の契約期間は１年であり，Ａ社は１年間の途中で契約を解約することはできない。Ａ社は，１年が経過した後は，更新時の市場レートの賃料で契約を毎年更新することができる。延長オプションの行使条件は付されておらず，延長オプションの対象期間に係るその他の契約条件については特に設定されていない。
3．Ａ社は，リース開始日において当該店舗に対して重要な建物附属設備を設置した。Ａ社は，建物附属設備の物理的使用可能期間を10年と見積っている。
4．Ａ社のX事業では，営業上の観点から定期的なリニューアルを必要としており，概ね５年で建物附属設備の一部について入替えのための除却と追加コストが発生する。
5．この店舗は戦略的に重要な店舗ではなく，損益の状況によっては撤退することがあり得る。

経済的インセンティブを生じさせる要因を考慮した検討

経済的インセンティブを生じさせる要因	前提条件に基づく経済的インセンティブの要因の検討	考慮すべき経済的インセンティブを生じさせる要因
延長・解約オプションの対象期間に係る契約条件	前提条件２より，市場レートの賃料で契約を毎年更新することができる。 また，延長オプションの対象期間に係るその他の契約条件は特にない。	市場レートの賃料で契約を更新することができ，延長オプションの対象期間に係るその他の契約条件は特にないため，経済的インセンティブの観点から特に考慮すべきものはない。
大幅な賃借設備の改良の有無 リースの解約に関連して生じるコスト	前提条件３より，店舗に重要な建物附属設備を設置している。 前提条件４より，営業上の観点から定期的なリニューアル	店舗に重要な建物附属設備を設置している状況において早期に延長オプションを行使しない場合には重要な建物附属設備が除却されるため，延長

	を必要としており，概ね５年で建物附属設備の一部について入替えのための除却と追加コストが発生する。	オプションを行使する経済的インセンティブがある（要因A）。 店舗の損益状況によってはリニューアルを行ってまで延長オプションを行使しない可能性がある（要因B）。
企業の事業内容に照らした原資産の重要性	前提条件５より，店舗は戦略的に重要な店舗ではなく，損益の状況によっては撤退することがあり得る。	企業の事業内容に照らした原資産の重要性は必ずしも高くない（要因C）。
延長・解約オプションの行使条件	前提条件２より，延長オプションの行使条件は付されていない。	延長オプションの行使条件は付されていないため，経済的インセンティブの観点から特に考慮すべきものはない。

自社のビジネスモデルに基づき現実的に想定し得るシナリオについての検討

想定し得るシナリオ	考慮すべき経済的インセンティブを生じさせる要因	延長オプションの行使可能性に関するA社の判断
シナリオ１ ５年経過時点まで延長オプションを行使する。	要因Ａより，店舗に重要な建物附属設備を設置している状況において早期に延長オプションを行使しない場合には重要な建物附属設備が除却されるため，延長オプションを行使する経済的インセンティブがある。	店舗に重要な建物附属設備を設置している状況において早期に延長オプションを行使しない場合には建物附属設備が除却されるため，A社は，解約不能期間の経過後，店舗のリニューアルを行う前までの期間（５年間）については，延長オプションを行使する可能性は合理的に確実よりも高いと判断した。
シナリオ２ 10年経過時点まで延長オプションを行使する。	要因Ｂより，店舗の損益状況によってはリニューアルを行ってまで延長オプションを行使しない可能性がある。 要因Ｃより，企業の事業内容に照らした原資産の重要性は必ずしも高くない。	５年経過後に店舗のリニューアルを行い追加コストが必要となるが，この店舗は戦略的に重要な店舗ではなく企業の事業内容に照らした原資産の重要性は必ずしも高くない状況において店舗のリニューアルを行ってまで

		延長オプションを行使するかどうかは当該店舗の損益の状況次第であることから，A社は，シナリオ２の10年経過時点まで延長オプションを行使する可能性は，シナリオ１の５年経過時点まで延長オプションを行使する可能性よりも相対的に低く，合理的に確実よりも低いと判断した。

借手のリース期間の決定

自社のビジネスモデルに基づき現実的に想定し得るシナリオについて検討した結果，A社は，借手のリース期間を５年と決定した。これを図示すると，次のとおりである。

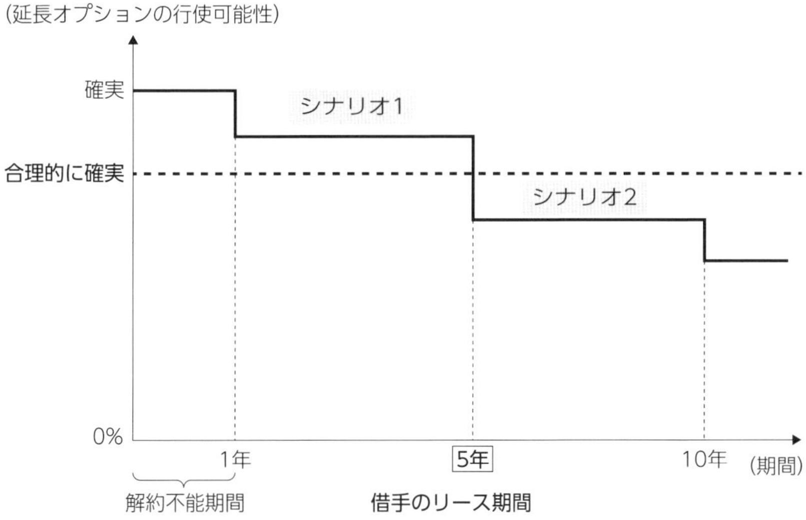

設例6 延長オプションを行使することが合理的に確実である場合⑵

（リース適用指針［設例8-3］を一部修正して作成）

前提条件

1．設例5の前提条件1と同一の前提条件とする。
2．設例5の前提条件2と同一の前提条件とする。
3．A社は，リース開始日においてこの店舗を戦略的に重要な店舗の1つと位置付けており，他の店舗に比べて多額の投資を行い重要な建物附属設備を設置した。A社は，建物附属設備の物理的使用可能期間を10年と見積っている。また，この店舗での営業を10年目以後も継続する場合には，改めて同様の建物附属設備の設置が必要となる。
4．A社のX事業では，営業上の観点から定期的なリニューアルを必要としており，概ね5年で建物附属設備の一部について入替えのための除却と追加コストが発生する。
5．この店舗の立地は現在のA社のX事業にとって最良と考えられるため，A社は戦略的に重要な店舗の1つとして営業することを想定しており，店舗の損益の状況のみで撤退の判断は行わないとしている。

経済的インセンティブを生じさせる要因を考慮した検討

経済的インセンティブを生じさせる要因	前提条件に基づく経済的インセンティブの要因の検討	考慮すべき経済的インセンティブを生じさせる要因
延長・解約オプションの対象期間に係る契約条件	前提条件2より，市場レートの賃料で契約を毎年更新することができる。 また，延長オプションの対象期間に係るその他の契約条件は特にない。	設例5と同様，特に考慮すべきものはない。
大幅な賃借設備の改良の有無 リースの解約に関連して生じるコスト	前提条件3より，戦略的に重要な店舗の1つと位置付けており，他の店舗に比べて多額の投資を行い重要な建物附属設備を設置した。 また，この店舗での営業を10年目以後も継続する場合には，改めて同様の建物附属	戦略的に重要な店舗の1つと位置付けており，他の店舗に比べて多額の投資を行い重要な建物附属設備を設置しているため大幅な賃借設備の改良を行っている。この状況において延長オプションを行使しない場合には建物附属設備が

大幅な賃借設備の改良の有無	設備の設置が必要となる。 前提条件４より，営業上の観点から定期的なリニューアルを必要としており，概ね５年で建物附属設備の一部について入替えのための除却と追加コストが発生する。	除却されるため，延長オプションを行使する経済的インセンティブがある（要因D）。 この店舗での営業を10年目以後も継続する場合には，改めて同様の建物附属設備の設置が必要となる（要因E）。 定期的なリニューアル（概ね５年）で建物附属設備の一部について入替えのための除却と追加コストが発生するため，経済的インセンティブの観点から延長オプションを行使しない可能性がある（要因F）。
リースの解約に関連して生じるコスト		
企業の事業内容に照らした原資産の重要性	前提条件５より，店舗の立地がX事業にとって最良であり，戦略的に重要な店舗の１つとして営業することを想定していることに加え，損益の状況のみで撤退の判断を行わないとしている。	戦略的に重要な店舗として営業することを想定していることに加え，損益の状況のみで撤退の判断を行わないため，企業の事業内容に照らした原資産の重要性は高い（要因G）。
延長・解約オプションの行使条件	前提条件２より，延長オプションの行使条件は付されていない。	設例５と同様，特に考慮すべきものはない。

自社のビジネスモデルに基づき現実的に想定し得るシナリオについての検討

想定し得るシナリオ	考慮すべき経済的インセンティブを生じさせる要因	延長オプションの行使可能性に関するA社の判断
シナリオ１ ５年経過時点まで延長オプションを行使する。	要因Dより，戦略的に重要な店舗の１つと位置付けており，他の店舗に比べて多額の投資を行い重要な建物附属設備を設置しているため大幅な賃借設備の改良を行っている。 上記に加え，要因Gより，損益の状況のみで撤退の判断を行わ	この店舗を戦略的に重要な店舗の１つと位置付けており，他の店舗に比べて多額の投資を行い重要な建物附属設備を設置している状況において早期に延長オプションを行使しない場合には，他の店舗よりも大規模に建物附属設備が除却されることとなる

	ないため，企業の事業内容に照らした原資産の重要性は高い。	こと，また，この店舗は損益の状況のみで撤退の判断を行わない戦略的に重要な店舗の１つであることから，A社は，解約不能期間の経過後，店舗のリニューアルを行う前までの期間（５年間）については，延長オプションを行使する可能性は合理的に確実よりも高いと判断した。
シナリオ２ 10年経過時点まで延長オプションを行使する。	シナリオ１と同様の要因 (要因D及び要因G)	最初の５年間については，シナリオ１のとおりであるとA社は判断した。 さらにその後５年間が経過するまでの期間については，経済的インセンティブの観点から考慮すべきものは特にないことから，A社は，重要な建物附属設備の物理的使用可能期間である10年まで延長オプションを行使する可能性は合理的に確実よりも高いと判断した。
シナリオ３ 20年経過時点まで延長オプションを行使する。	要因Ｅより，店舗での営業を10年目以後も継続する場合には，改めて同様の建物附属設備の設置が必要となる。	この店舗は損益の状況のみで撤退の判断を行わない戦略的に重要な店舗で原資産の重要性はあるが，建物附属設備の物理的使用可能期間の10年目以後も店舗の営業を継続する場合には，全面的に建物附属設備を再設置することが必要となる。全面的な建物附属設備の再設置を行ってまで延長オプションを行使するかどうかは再設置に要する金額やその時点の経済状況などによるため，A社は，20年経過時点まで延長オプションを行使する可能性は，シナリオ２において10年経過時点まで延長オプ

		ションを行使する可能性よりも相対的に低く，合理的に確実よりも低いと判断した。

借手のリース期間の決定

自社のビジネスモデルに基づき現実的に想定し得るシナリオについて検討した結果，Ａ社は，借手のリース期間を10年と決定した。これを図示すると，次のとおりである。

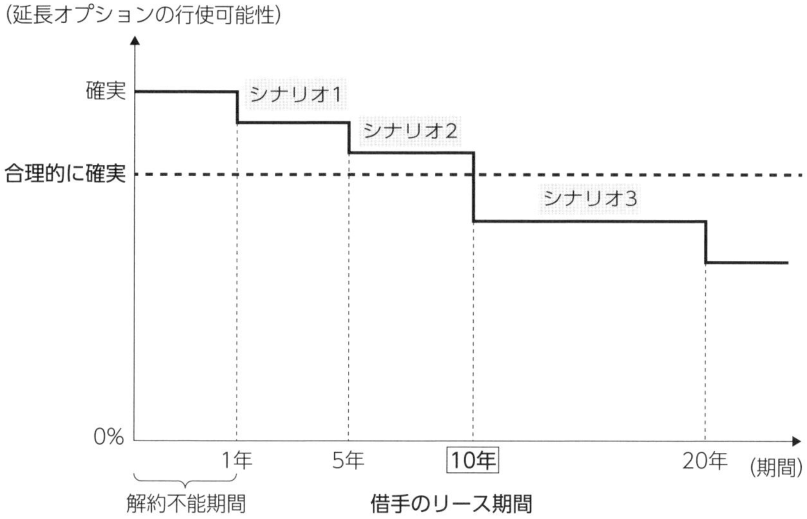

設例７　経済的インセンティブとして考慮すべきものが特にない場合

（リース適用指針［設例８-５］を一部修正して作成）

前提条件

1．Ａ社（借手）は，Ｂ社（貸手）とオフィス（建物）の賃貸借契約（普通借家契約）を締結した。この契約はリースに該当する。
2．賃貸借契約の契約期間は５年であり，Ａ社は５年間の途中で契約を解約することはできない。Ａ社は，５年が経過した後は，更新時の市場レートの賃料で契約を更新することができる。また，延長オプションの行使条件は付されておらず，延長オプションの対象期間に係るその他の契約条件は特に設定されていない。
3．A社は，オフィスに対して重要な建物附属設備の設置は行わない。
4．オフィスの立地は，現在のA社の事業に適しているものの，他に代替する立地を探すことも可能である。A社は，過去に他の立地においてオフィスを10年間賃借していた経験を有する。

経済的インセンティブを生じさせる要因を考慮した検討

経済的インセンティブを生じさせる要因	前提条件に基づく経済的インセンティブの要因の検討	考慮すべき経済的インセンティブを生じさせる要因
延長・解約オプションの対象期間に係る契約条件	前提条件2より，市場レートの賃料で契約を毎年更新することができる。 また，延長オプションの対象期間に係るその他の契約条件は特にない。	設例5と同様，特に考慮すべきものはない。
大幅な賃借設備の改良の有無	前提条件3より，重要な建物附属設備の設置は行わない。	重要な建物附属設備の設置は行わないことから，特に考慮すべきものはない。
リースの解約に関連して生じるコスト		
企業の事業内容に照らした原資産の重要性	前提条件4より，オフィスの立地は現在のA社の事業に適しているものの，他に代替する立地を探すことが可能である。	他に代替する立地を探すことが可能であることから，企業の事業内容に照らした原資産の重要性は高くない。
延長・解約オプションの行使条件	前提条件2より，賃貸借契約には延長オプションの行使条件は付されていない。	設例5と同様，特に考慮すべきものはない。

借手のリース期間の決定

前提条件4より，A社は過去に他の立地においてオフィスを10年間賃借していた経験があるが，他に代替する立地を探すことが可能である状況も踏まえ，将来の見積りに焦点を当てると経済的インセンティブを生じさせる要因として考慮すべきものが特にないため，A社は，解約不能期間である５年を超えてリースの延長オプションを行使する可能性は合理的に確実より低いと判断した。以上から，A社は，借手のリース期間を５年と決定した。これを図示すると，次のとおりである。

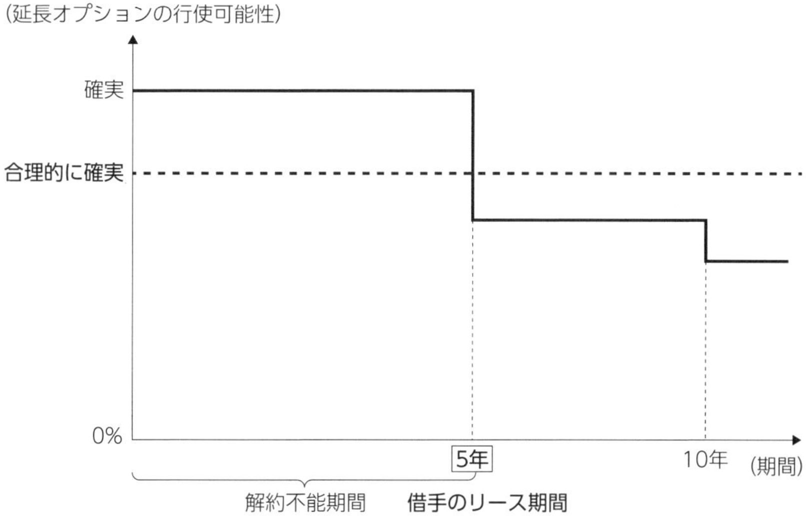

b．設例を利用するにあたっての留意点

設例５と設例６を比較すると，企業のビジネスモデルに基づく店舗の位置付けが変化しただけでも，延長オプションや解約オプションの行使可能性の判断に影響を与える経済的インセンティブを生じさせる要因も異なることになり，ひいては，借手のリース期間の決定も異なり得ることがみて取れる。

リース適用指針の［設例８］（本書の設例５から設例７を含む。）は，解約不能期間の判断，経済的インセンティブの分析，シナリオ，借手のリース期間の判断等については，借手のリース期間の決定に至る思考プロセスや借手のリース期間の判断のための手掛かりの例示であり，前提条件や企業のビジネスモデルが異なる場合には結論も異なり得ること，また，実務においては，企業の状況に応じて個々に判断を行うことになることに留意する必要があると考えられる。

なお，各設例は，リース会計基準等における借手のリース期間の判断に資するために示すものであり，借地借家法等の法的解釈を示すものではない。

⑵ 貸手のリース期間

貸手は，貸手のリース期間について，次の①又は②のいずれかの方法を選択して決定する（リース会計基準第32項）。

① 借手のリース期間と同様に決定する方法

② 解約不能期間に再リース期間を加えて決定する方法（図表Ⅳ-7参照）

図表Ⅳ-7 解約不能期間に再リース期間を加えて決定する方法

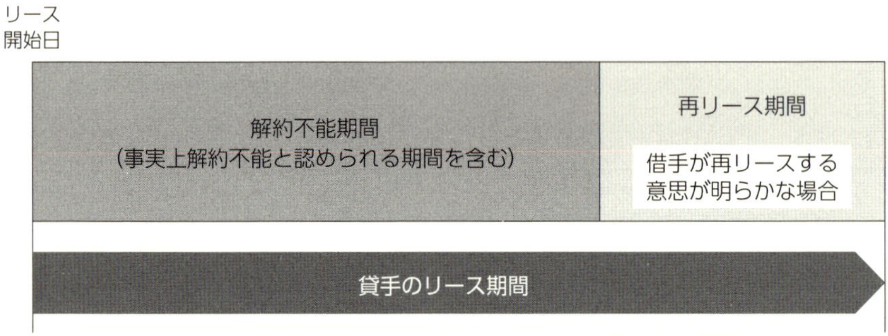

【IFRS第16号との関係】

貸手のリース期間

国際的な会計基準においては，貸手のリース期間について，借手のリース期間と共通の定めとなっている。審議の過程では，貸手のリース期間について借手のリース期間と同様にすることを検討したが，次の理由から，継続して適用することを条件として，「借手のリース期間と同様に決定する方法」と旧リース会計基準等のリース期間の定めを踏襲した「解約不能期間に再リース期間を加えて決定する方法」のいずれも認めることとした（リース会計基準BC38項）。

- リース会計基準等は，主として借手の会計処理について改正を行うものであり，貸手は，借手による延長オプション又は解約オプションの行使可能性が合理的に確実か否かを評価することが困難であると考えられること
- 借手による延長オプション又は解約オプションの行使可能性が合理的に確実か否かを評価することができる場合に借手のリース期間と同様に決定することを妨げる特段の理由がなく，また，借手のリース期間と同様に決定する方法を認めることにより，国際的な会計基準との整合性が図られると考えられること

V

借手における会計処理

1　借手における費用配分の基本的な考え方

借手のリースの費用配分の方法として，IFRS第16号では，すべてのリースを借手に対する金融の提供と捉え使用権資産に係る減価償却費及びリース負債に係る金利費用を別個に認識する単一の会計処理モデル（以下「単一の会計処理モデル」という。）が採用されている。

これに対して，Topic 842では，オペレーティング・リースの借手が取得する権利及び義務は，残存する資産に対する権利及びエクスポージャーを有さず，オペレーティング・リースを均等なリース料と引換えにリース期間にわたって原資産に毎期均等にアクセスする経済的便益を享受するものと捉えて，従前と同様にファイナンス・リース（減価償却費と金利費用を別個に認識する。）とオペレーティング・リース（通常，均等な単一のリース費用を認識する。）に区分する２区分の会計処理モデル（以下「２区分の会計処理モデル」という。）が採用されている。

この点，リース会計基準等では，すべてのリースを使用権の取得として捉えて使用権資産を貸借対照表に計上するとともに，借手のリースの費用配分の方法については，リースがファイナンス・リースであるかオペレーティング・リースであるかにかかわらず，使用権資産に係る減価償却費及びリース負債に係る利息相当額を計上するIFRS第16号と同様の単一の会計処理モデルによることとした（図表Ｖ-１参照）。この結論に至った理由として，次のことを考慮している（リース会計基準BC39項）。

- 2007年８月にASBJとIASBとの間で，「会計基準のコンバージェンスの加速化に向けた取組みへの合意」（東京合意）が公表された後は，米国会計基準を参考としながらも，基本的にはIFRSと整合性を図ってきたこれまでの経緯を踏まえると，米国会計基準の考え方を採用した方がより我が国の実態に合うことが識別されない限り，基本的にはIFRSと整合性を図ることになるものと考えられること
- IFRS任意適用企業を中心として，IFRS第16号と整合性を図るべきとの意見が多くなっていること
- 財務諸表利用者による分析においてリース費用を減価償却費と利息相当額に配分する損益計算書の調整が不要となる点，及びリース負債を現在価値で計上することと整合的に損益計算書で利息相当額が計上される点で，単一の会計処理モデルの方が財務諸表利用者のニーズに適うと考えられること
- オペレーティング・リースの経済実態との整合性の観点からは，単一の

図表Ｖ-１　単一の会計処理モデルと２区分の会計処理モデルにおける費用配分のイメージ

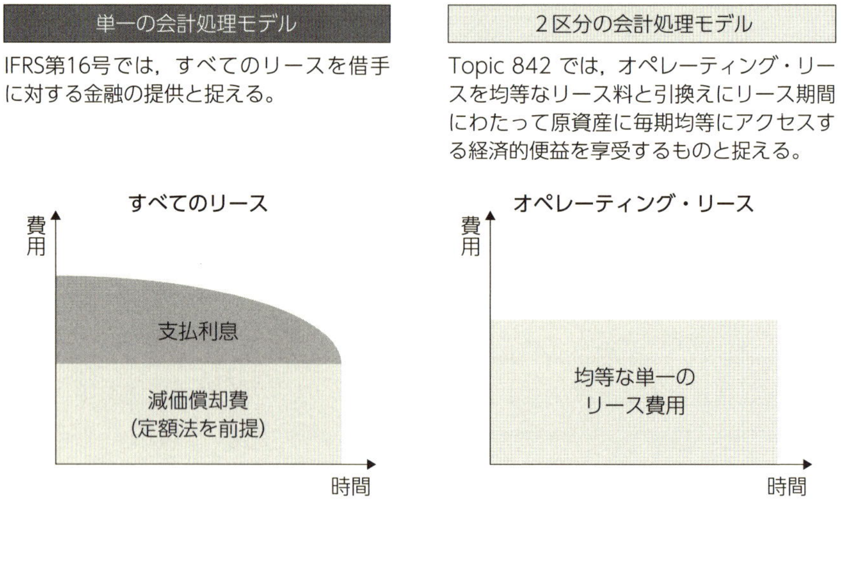

単一の会計処理モデル
IFRS第16号では，すべてのリースを借手に対する金融の提供と捉える。
すべてのリース
費用
支払利息
減価償却費
(定額法を前提)
時間
２区分の会計処理モデル
Topic 842 では，オペレーティング・リースを均等なリース料と引換えにリース期間にわたって原資産に毎期均等にアクセスする経済的便益を享受するものと捉える。
オペレーティング・リース
費用
均等な単一の
リース費用
時間

会計処理モデルと２区分の会計処理モデルのいずれが適切かについて，優劣はつけられないものと考えられること

● 単一の会計処理モデルを採用した場合と２区分の会計処理モデルを採用した場合を比較したとき，いずれの場合に適用上のコストが小さいかどうかについて，多様な意見が聞かれたこと

2 ■ リース開始日の使用権資産及びリース負債の計上額

(1) 使用権資産及びリース負債の計上額

借手は，リース開始日，すなわち，貸手が借手による原資産の利用を可能にする日に，原則として，リース開始日において未払である借手のリース料からこれに含まれている利息相当額の合理的な見積額を控除し，現在価値により算定された額によりリース負債を計上する（リース会計基準第33項及び第34項）。また，当該リース負債にリース開始日までに支払った借手のリース料，付随費用及び資産除去債務に対応する除去費用を加算し，受け取ったリース・インセンティブを控除した額により使用権資産を計上する（リース会計基準第33項）。リース開始日の使用権資産及びリース負債の計上額を図示すると，図表Ⅴ-２のとおりである。

図表Ⅴ-2　リース開始日の使用権資産及びリース負債の計上額

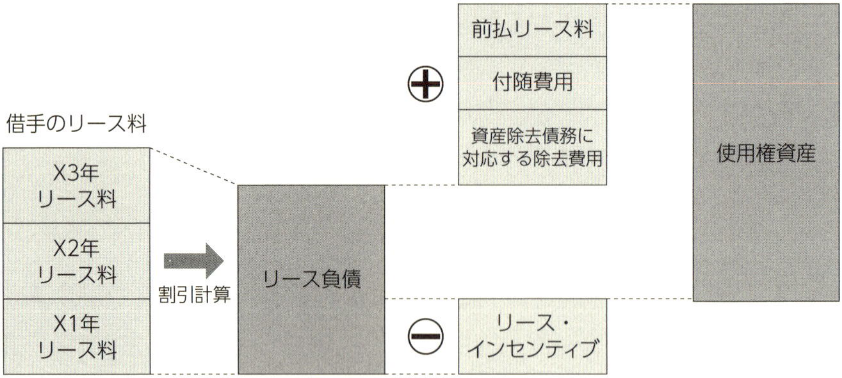

旧リース会計基準等からの変更点

使用権資産の計上額

旧リース適用指針では，リース債務の評価の側面だけでなくリース資産の評価の側面も合わせて考慮し，リース資産の計上額についてリース料総額の割引現在価値と貸手の購入価額又は借手の見積現金購入価額のいずれか低い額によるとしていた。

一方，リース会計基準等では，ファイナンス・リースに限らず，借手のすべてのリースについて資産及び負債を計上することを求めることとしたため，使用権資産の計上額については，旧リース適用指針における貸手の購入価額又は借手の見積現金購入価額と比較を行う方法を踏襲せず，借手のリース料の現在価値を基礎として算定するIFRS第16号と整合的な定めとしている（リース適用指針BC36項）。

⑵　借手のリース料

①　借手のリース料を構成するもの

借手のリース料は，借手が借手のリース期間中に原資産を使用する権利に関して行う貸手に対する支払であり，次のａからｅのもので構成される（リース会計基準第35項）。

ａ．借手の固定リース料

b．指数又はレートに応じて決まる借手の変動リース料

c．残価保証に係る借手による支払見込額

d．借手が行使することが合理的に確実である購入オプションの行使価額

e．リースの解約に対する違約金の借手による支払額（借手のリース期間に借手による解約オプションの行使を反映している場合）

以下では，上記bからeについてその内容を解説する。

② 指数又はレートに応じて決まる借手の変動リース料

a．原則的な取扱い

借手の変動リース料には，将来の一定の指標に連動して支払額が変動するものがある。具体的には次のものが考えられる（リース会計基準BC41項，図表V-3参照）。

(i) 指数又はレートに応じて決まる借手の変動リース料

(ii) 原資産から得られる借手の業績に連動して支払額が変動するリース料

(iii) 原資産の使用に連動して支払額が変動するリース料

これらのうち，上記(i)の指数又はレートに応じて決まる借手の変動リース料をリース負債の計上額に含めることとしているのは，当該変動リース料は借手の将来の活動に左右されないものであり，将来におけるリース料の金額に不確実性があるとしても借手はリース料を支払う義務を回避することができず，負債の定義を満たすことから，IFRS第16号においてリース負債の計上額に含められていることを考慮したためである（リース会計基準BC42項）。

借手は，当該変動リース料について，リース開始日に借手のリース期間にわたりリース開始日現在の指数又はレートに基づきリース料を算定する（リース適用指針第25項）。これは，指数又はレートの将来の変動を見積ることにより生じるコスト及び国際的な比較可能性を考慮し，IFRS第16号と整合的な取扱いとしたものである（リース適用指針BC46項）。

なお，借手の変動リース料には，例えば，リース開始日においては原資産の使用に連動するがリース開始日後のある時点で変動可能性が解消され，残りの

図表V-3　変動リース料の例

変動リース料の種類	変動リース料の例
指数又はレートに応じて決まる借手の変動リース料	● 消費者物価指数の変動に連動するリース料 ● 市場における賃料の変動を反映するように当事者間の協議をもって見直されることが契約条件で定められているリース料（リース適用指針第24項）
原資産から得られる借手の業績に連動して支払額が変動するリース料	テナント等の原資産を利用することで得られた売上高の所定の割合を基礎とすると定めているようなリース料
原資産の使用に連動して支払額が変動するリース料	原資産の使用量が所定の値を超えた場合に，追加のリース料が生じるようなリース料

借手のリース期間について支払が固定化されるようなリース料のように，形式上は一定の指標に連動して変動する可能性があるが実質的には支払が不可避であるもの又は変動可能性が解消されて支払額が固定化されるものがある。当該リース料の経済実態は借手の固定リース料と変わらないことから，借手の固定リース料と同様にリース負債の計上額に含めることとなる（リース会計基準BC43項）。

b．例外的な取扱い

借手が指数又はレートに応じて決まる借手の変動リース料について，合理的な根拠をもって当該指数又はレートの将来の変動を見積ることができる場合，リース料が参照する当該指数又はレートの将来の変動を見積り，当該見積られた指数又はレートに基づきリース料及びリース負債を算定することを，リースごとにリース開始日に選択することができる例外的な取扱いを認めている（リース適用指針第26項）。

なお，当該例外的な取扱いを選択する場合，次の点に留意する必要がある（リース適用指針BC49項）。

● 決算日ごとに参照する指数又はレートの将来の変動を見積り，当該見積られた指数又はレートに基づきリース料及びリース負債を見直す必要がある（6.⑶③「指数又はレートに応じて決まる借手の変動リース料」参照）。

● 当該取扱いを選択した旨及びその内容を「会計方針に関する情報」として注記し，また，当該取扱いを選択したリースに係るリース負債の金額を注記する（Ⅷ.3.⑵「会計方針に関する情報」及びⅧ.3.⑶①a「注記事項に関する定め」参照）。

【IFRS第16号との関係】

指数又はレートに応じて決まる借手の変動リース料

指数又はレートに応じて決まる借手の変動リース料の例外的な取扱いはIFRS第16号に置かれていないものの，当該変動リース料が参照する指数又はレートについては，必ずしも借手である企業の活動に左右されるものではなく，比較的客観的なものであることから，参照する指数又はレートの将来の変動を見積るための十分な情報が入手できる場合や，参照する指数又はレートの将来の変動を見積るためのマクロ経済情報が容易に利用可能である場合も存在すると考えられる。これらを踏まえ，リース会計基準等においては，合理的な根拠をもって指数又はレートの将来の変動を見積ることができることを条件に，リース料が参照する指数又はレートの将来の変動を見積り，当該見積られた指数又はレートに基づきリース料及びリース負債を算定することを，リースごとにリース開始日に選択することを認めることとした（リース適用指針BC47項からBC49項）。

③　残価保証に係る借手による支払見込額

上記①cの「残価保証に係る借手による支払見込額」について，残価保証に関して借手が支払うと見込む金額を借手のリース料に含めている（リース会計基準BC44項）。

旧リース会計基準等からの変更点

残価保証に係る借手による支払見込額

旧リース適用指針では，所有権移転外ファイナンス・リース取引のリース料において残価保証額を含めていたが，リース会計基準等では，借手のリース料の定義を「借手が借手のリース期間中に原資産を使用する権利に関して行う貸手に対する支払」としてIFRS第16号と整合させているため，残価保証に関して借手が支払うと見込む金額を借手のリース料に含めている（リース会計基準BC44項）。

④　借手が行使することが合理的に確実である購入オプションの行使価額

上記①ｄの「借手が行使することが合理的に確実である購入オプションの行使価額」について，借手のリース期間の判断と整合的に借手が行使することが合理的に確実である購入オプションの行使価額をリース負債に含めている（リース会計基準BC45項）。

旧リース会計基準等からの変更点

購入オプションの行使価額の取扱い

旧リース適用指針では，割安購入選択権（所有権移転ファイナンス・リース取引のリース料において，借手に対してリース契約上，リース期間終了後又はリース期間の中途で，名目的価額又はその行使時点の原資産の価額に比して著しく有利な価額で買い取る権利）が与えられている場合の行使価額を含めていたが，リース会計基準等では，IFRS第16号において購入オプションは実質的にリース期間を延長する最終的なオプションと考えられるため，借手のリース期間を延長するオプションと同じ方法でリース負債に含めるべきであると考えたとされていることを踏まえ，借手のリース期間の判断と整合的に借手が行使することが合理的に確実である購入オプションの行使価額をリース負債に含めている（リース会計基準BC45項）。

なお，貸手においては，開発にあたっての基本的な方針に基づき，貸手のリース料の取扱いについて旧リース適用指針の取扱いを維持しているため，割安購入選択権の行使価額を貸手のリース料及び受取リース料に含めることとしている（Ⅵ．4.⑶①「基本となる会計処理」参照）。

⑤　リースの解約に対する違約金の借手による支払額

上記①eの借手のリース期間に借手による解約オプションの行使を反映している場合の「リースの解約に対する違約金の借手による支払額」について，リース会計基準等では，借手が行使しないことが合理的に確実であるリースの解約オプションの対象期間を借手のリース期間に加えることとしている。このため，借手のリース料についても，借手のリース期間に借手による解約オプションの行使が反映されている場合には，リースの解約に対する違約金の借手による支払額を借手のリース料に含めている（リース会計基準BC46項）。

⑶　短期リースに関する簡便的な取扱い

①　短期リースの定義

「短期リース」とは，リース開始日において，借手のリース期間が12か月以内であり，購入オプションを含まないリースをいう（リース適用指針第4項⑵，Ⅲ.1.「リース会計基準等で定めている用語の定義」参照）。短期リースのイメージは，図表V-4のとおりである。

図表V-4　短期リースのイメージ図

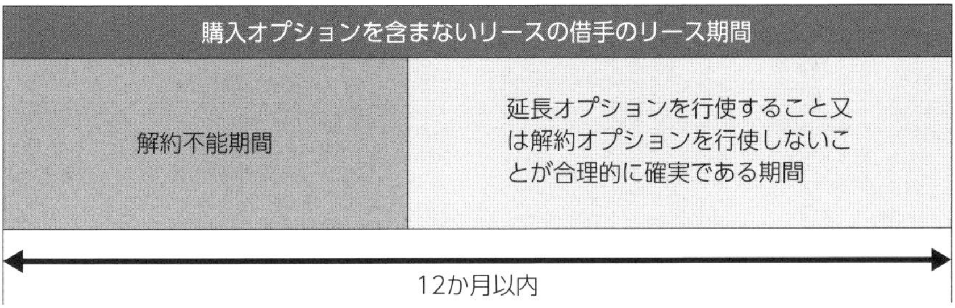

②　短期リースに係る会計処理

借手は，短期リースについて，リース開始日に使用権資産及びリース負債を計上せず，借手のリース料を借手のリース期間にわたって原則として定額法により費用として計上することができる（リース適用指針第20項）。

この取扱いを適用する単位として，借手は，次のａ又はｂを選択することができる（リース適用指針第20項）。

ａ．対応する原資産を自ら所有していたと仮定した場合に貸借対照表において表示するであろう科目ごと

ｂ．性質及び企業の営業における用途が類似する原資産のグループごと

連結財務諸表においては，個別財務諸表において上記ａ又はｂごとに行ったこの選択を見直さないことができる（リース適用指針第21項）。

短期リースについては，旧リース適用指針及びIFRS第16号のいずれにおいても簡便的な取扱いが認められていることから，リース適用指針においても，簡便的な取扱いを認めることとした（リース適用指針BC38項）。

⑷　少額リースに関する簡便的な取扱い

①　少額リースに係る会計処理

次のａとｂのいずれかを満たす場合，借手は，リース開始日に使用権資産及びリース負債を計上せず，借手のリース料を借手のリース期間にわたって原則として定額法により費用として計上することができる。なお，ｂについては(ⅰ)又は(ⅱ)のいずれかを選択できるものとし，選択した方法を首尾一貫して適用する（リース適用指針第22項）。

ａ．重要性が乏しい減価償却資産について，購入時に費用処理する方法が採用されている場合で，借手のリース料が当該基準額以下のリース（以下「重要性が乏しい減価償却資産に係る基準額以下のリース」という。）

ｂ．次の(ⅰ)又は(ⅱ)を満たすリース

(ⅰ)　企業の事業内容に照らして重要性の乏しいリースで，かつ，リース契約１件当たりの金額に重要性が乏しいリース（以下「リース契約１件当たりの金額に重要性が乏しいリース」という。）

(ii)　新品時の原資産の価値が少額であるリース

上記の少額リースの取扱いを比較すると，図表Ⅴ-5のとおりとなる。

②　重要性が乏しい減価償却資産に係る基準額以下のリース

上記①ａの「重要性が乏しい減価償却資産に係る基準額以下のリース」については，通常の固定資産の取得でも購入時に費用処理される少額なものであり，重要性が乏しい場合が多いことから，簡便的な取扱いを認めている。

重要性が乏しい減価償却資産に係る基準額以下のリースに簡便的な取扱いを適用する場合，この基準額は，通常取引される単位ごとに適用し，リース契約に複数の単位の原資産が含まれる場合，当該契約に含まれる原資産の単位ごとに適用することができる。

また，借手のリース料には原資産の取得価額のほかに利息相当額が含まれているため，その基準額は当該企業が減価償却資産の処理について採用している基準額より利息相当額だけ高めに設定することができる（リース適用指針第22項(1)及びBC39項）。

③　リース契約１件当たりの金額に重要性が乏しいリース

上記①ｂ(i)の「リース契約１件当たりの金額に重要性が乏しいリース」は，旧リース適用指針において定められていたリース契約１件当たりのリース料総額が300万円以下であるかどうかにより判定する方法を踏襲することを目的として取り入れたものである。

この方法を適用するにあたり，次の取扱いを認めている（リース適用指針第22項(2)①，第23項及びBC43項）。

- １つのリース契約に科目の異なる有形固定資産又は無形固定資産が含まれているときは，異なる科目ごとに，その合計金額により判定することができる。
- リース契約１件当たりの金額の算定の基礎となる対象期間は，原則として借手のリース期間とするが，当該借手のリース期間に代えて，契約期間とすることができる。

- リース契約１件当たりの金額の算定にあたり維持管理費用相当額の合理的見積額を控除することができる。
- リース契約１件ごとにこの方法を適用するか否かを選択することは想定しておらず，リース契約１件当たりの金額を判定する際に複数の契約を結合する（Ⅲ.１.⑵②「契約」参照）ことまでは想定していない。

ここで，リース契約１件当たりの金額の算定の基礎となる対象期間を契約期間とする例外を認めているのは，延長オプション及び解約オプションの対象期間の見積りに関する適用上のコストが軽減されること，また，当該取扱いを認めたとしても企業の事業内容に照らして重要であるリースについては使用権資産及びリース負債が計上されることを考慮したためである（リース適用指針BC44項）。

④　新品時の原資産の価値が少額であるリース

上記①ｂ(ii)の「新品時の原資産の価値が少額であるリース」は，IFRS第16号と同様の方法を認めることを目的として取り入れたものである。

この方法を適用するにあたり，リース１件ごとにこの方法を適用するか否かを選択できる（リース適用指針第22項⑵②）。このリース１件ごとは，独立したリースを構成する部分（Ⅳ.１.⑵②ｅ「独立したリースの構成部分」参照）であるかどうかで判断する（リース適用指針BC26項）。

また，新品時の原資産の価値が少額であるリースは，IFRS第16号の結論の根拠で示されているIFRS第16号の開発当時の2015年において新品時に５千米ドル以下程度の価値の原資産のリースを念頭に置いている（リース適用指針BC45項）。

図表Ⅴ-5　少額リースの取扱いの比較

	重要性が乏しい減価償却資産に係る基準額以下のリース	リース契約1件当たりの金額に重要性が乏しいリース	新品時の原資産の価値が少額であるリース
原則的な適用の単位	通常取引される単位	リース契約単位	リース単位
基準額	重要性が乏しい減価償却資産に係る基準額以下	リース契約1件当たりの金額が300万円以下	新品時の原資産の価値が2015年当時で5千米ドル以下程度

【IFRS第16号との関係】

少額リース

旧リース適用指針では，企業の事業内容に照らして重要性の乏しいリースで，リース契約１件当たりのリース料総額が300万円以下のリースについて，簡便的な取扱いを認めていた。一方，IFRS第16号の結論の根拠では，IFRS第16号の開発当時の2015年において新品時に５千米ドル以下程度の価値の原資産を念頭に置いて，リース１件ごとに簡便的な取扱いを選択適用することができるとの考え方が示されている。この点，旧リース適用指針における300万円以下のリースに関する簡便的な取扱いと，IFRS第16号における簡便的な取扱いを比較した場合，適用単位の定め方，数値及び条件が異なるため，どちらの取扱いが広範であるかは一概にはいえないと考えられる。

旧リース適用指針における300万円以下のリースに関する簡便的な取扱いを適用している企業においては，これを継続することを認めることにより，追加的な負担を減らすことができると考えられる。一方，IFRS任意適用企業においては，IFRS第16号における簡便的な取扱いを認めることにより，「IFRS第16号の定めを個別財務諸表に用いても，基本的に修正が不要となる」ことを目指す方針と整合することになると考えられる。このように，これらの簡便的な取扱いについては優劣がつけがたいと考えられる。

これらを踏まえ，リース適用指針では，リース契約１件当たりの金額に重要性が乏しいリースと新品時の原資産の価値が少額であるリースに関する簡便的な取扱いのいずれかを選択適用することを認めることとした（リース適用指針BC41項及びBC42項）。

⑸ リース負債に含めない借手の変動リース料

上記⑵②「指数又はレートに応じて決まる借手の変動リース料」で説明しているとおり，将来の一定の指標に連動して支払額が変動するものとして次のものが考えられる（リース会計基準BC41項）。

① 指数又はレートに応じて決まる借手の変動リース料

② 原資産から得られる借手の業績に連動して支払額が変動するリース料

③ 原資産の使用に連動して支払額が変動するリース料

これらのうち，上記②の原資産から得られる借手の業績に連動して支払額が変動するリース料及び上記③の原資産の使用に連動して支払額が変動するリース料については，次の理由によりリース負債の計上額に含めないこととした（リース会計基準BC42項）。

● IFRS第16号においては，借手の将来の活動を通じてリース料を支払う義務を回避することができることから，リース料の支払が要求される将来の事象が生じるまでは負債の定義を満たさないとの考え方もあるため，リース負債の計上額に含められていないとされていること
● これらの変動リース料が本来的に負債として認識すべきものかどうか国際的に十分なコンセンサスが得られていない状況にあること
● 国際的な比較可能性の観点を考慮したこと

これらの変動するリース料の例は，図表Ⅴ-３を参照されたい。

また，上記①の指数又はレートに応じて決まる借手の変動リース料を含む借手の変動リース料の取扱いを要約すると，図表Ⅴ-６のとおりとなる。

図表Ⅴ-6　借手の変動リース料の取扱い

区　分	借手の変動リース料の種類	会計処理
借手のリース料に含めるもの	指数又はレートに応じて決まる変動リース料	使用権資産に計上 原則 ● リース開始日現在の指数又はレートに基づきリース料を算定 例外 ● リース料が参照する指数又はレートの将来の変動を見積り，当該見積られた指数又はレートに基づきリース料及びリース負債を算定することができる（リースごとにリース開始日に選択）。
借手のリース料に含めないもの	● 原資産から得られる借手の業績に連動して支払額が変動するリース料 ● 原資産の使用に連動して支払額が変動するリース料	変動リース料の発生時に損益に計上

⑹　資産除去債務

前述⑴「使用権資産及びリース負債の計上額」で説明したとおり，借手は，使用権資産の算定にあたって，リース負債に資産除去債務に対応する除去費用を加算する（リース会計基準第33項）。すなわち，資産除去債務を負債として計上する場合の関連する有形固定資産が使用権資産であるとき，資産除去債務会計基準第７項に従って当該負債の計上額と同額を当該使用権資産の帳簿価額に加えることになる（リース適用指針第28項）。

これは，資産除去債務会計基準では，「資産除去債務に対応する除去費用は，資産除去債務を負債として計上した時に，当該負債の計上額と同額を，関連する有形固定資産の帳簿価額に加える。」と定めており，また，「有形固定資産には，財務諸表等規則において有形固定資産に区分される資産のほか，それに準じる有形の資産も含む。」としているためである（リース適用指針BC58項）。

(7) 現在価値の算定に用いる割引率

借手がリース負債の現在価値の算定のために用いる割引率は，次の①又は②とする（リース適用指針第37項）。

① 貸手の計算利子率を知り得る場合，当該利率による。

② 貸手の計算利子率を知り得ない場合，借手の追加借入に適用されると合理的に見積られる利率（借手の追加借入利子率）による。

当該割引率の取扱いを図示すると，図表Ⅴ-7のとおりとなる。

図表Ⅴ-7 借手が現在価値の算定に用いる割引率

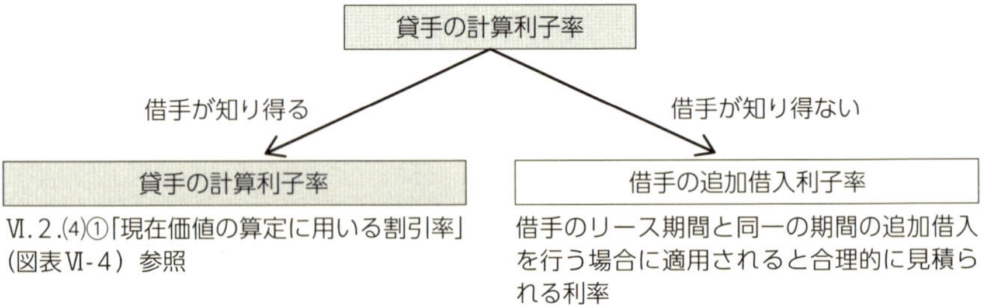

借手の追加借入利子率として，次のような利率が挙げられる（リース適用指針BC66項）。

a．借手のリース期間と同一の期間におけるスワップレートに借手の信用スプレッドを加味した利率

b．新規長期借入金等の利率（借手のリース期間と同一の期間の借入を行う場合に適用される利率を用いる。）

(i) 契約時点の利率

(ii) 契約が行われた月の月初又は月末の利率

(iii)　契約が行われた月の平均利率
(iv)　契約が行われた半期の平均利率

3　利息相当額の各期への配分

(1)　リース負債の計上後の会計処理

借手のリース料は，原則として，利息相当額部分とリース負債の元本返済額部分とに区分計算し，前者は支払利息として会計処理を行い，後者はリース負債の元本返済として会計処理を行う。借手のリース期間にわたる利息相当額の総額は，リース開始日における借手のリース料とリース負債の計上額との差額になる（リース適用指針第38項）。

(2)　利息相当額の会計処理

①　原則的な会計処理

利息相当額については，借手のリース期間にわたり，原則として，利息法により配分する。また，利息法においては，各期の利息相当額をリース負債の未返済元本残高に一定の利率を乗じて算定する（リース会計基準第36項及びリース適用指針第39項）。

利息相当額を利息法により各期に配分するのは，借手については，すべてのリースについて使用権資産に係る減価償却費及びリース負債に係る利息相当額を計上するIFRS第16号と同様の単一の会計処理モデルを採用しているためである（リース適用指針BC67項，1.「借手における費用配分の基本的な考え方」参照）。

② 重要性が乏しい場合の取扱い

使用権資産総額に重要性が乏しいと認められる場合は，利息相当額については，図表Ⅴ-8のいずれかの方法を適用することができる（リース適用指針第40項）。

図表Ⅴ-8 利息相当額に重要性が乏しい場合の会計処理方法

	利子込法	定額法
会計処理方法	借手のリース料から利息相当額の合理的な見積額を控除しない方法（リース適用指針第40項⑴）	利息相当額の総額を借手のリース期間中の各期に定額法により配分する方法（リース適用指針第40項⑵）
補足説明	使用権資産及びリース負債は，借手のリース料をもって計上し，支払利息は計上せず，減価償却費のみ計上する。	—

使用権資産総額に重要性が乏しいと認められる場合とは，未経過の借手のリース料の期末残高が当該期末残高，有形固定資産及び無形固定資産の期末残高の合計額に占める割合が10パーセント未満である場合をいう（リース適用指針第41項，図表Ⅴ-9参照）。

図表Ⅴ-9 重要性の判定式

$$\frac{\text{未経過の借手のリース料の期末残高}}{\text{未経過の借手のリース料の期末残高}+\text{有形固定資産・無形固定資産の期末残高}} < 10\%$$

ここで，上記の判定に未経過の借手のリース料を使用しているのは，割引計算により使用権資産を求める煩雑さを避けるためである。また，無形固定資産を判断基準に加えているのは，無形固定資産のリースへの会計基準の適用は任意としているものの，無形固定資産のリースを会計基準の範囲に含めているためである（リース適用指針BC68項）。

使用権資産総額に重要性が乏しいかどうかを判断する割合を算定するにあたっては，次のことを考慮する（リース適用指針BC68項）。

● 短期リース又は少額リースに関する簡便的な取扱いによりリース開始日に使用権資産及びリース負債を計上せず借手のリース料を借手のリース期間にわたって原則として定額法により費用として計上することとしたものや，利息相当額を利息法により各期に配分している使用権資産に係るものがある場合，これらについては未経過の借手のリース料の期末残高から除く。

● 有形固定資産及び無形固定資産の期末残高について未経過の借手のリース料の期末残高と二重になる場合，未経過の借手のリース料，有形固定資産及び無形固定資産の期末残高の合計額の算定上，二重にならないように調整を行う。

なお，連結財務諸表においては，上記の判定を，連結財務諸表の数値を基礎として見直すことができる。見直した結果，個別財務諸表の結果の修正を行う場合，連結修正仕訳で修正を行う（リース適用指針第42項）。

利子込法や定額法は，旧リース適用指針では所有権移転外ファイナンス・リース取引のみについて認めていたが，リース適用指針においては，これらの対象範囲は，これまでオペレーティング・リース取引に分類されていたリース及びこれまで所有権移転ファイナンス・リース取引に分類されていたリースにまで拡大することになる。このため，リース会計基準等が適用された場合は，重要性の判断に関する判定結果が異なる場合もあると考えられる。

また，審議の過程では，重要性の判断基準をリースの種類ごとに設けてはどうかとの意見が聞かれたが，企業全体に対する影響に基づいて簡便的な取扱いを適用することの可否を判断すべきであることや借手の費用配分に単一の会計処理モデルを提案していることとの整合性から，リースの種類によって重要性の判断基準を分けていない（リース適用指針BC70項）。

【IFRS第16号との関係】

利息相当額に重要性が乏しい場合の簡便的な取扱い

利息相当額の会計処理に関する使用権資産総額に重要性が乏しいと認められる場合の簡便的な取扱いはIFRS第16号では定められていないが，実務の追加的な負担を軽減することを目的として旧リース適用指針に定められていたものであり，実務において浸透していることから，リース適用指針においても，これらの簡便的な取扱いを踏襲することとした(リース適用指針BC69項)。

なお，IFRS第16号の認識及び測定の要求事項を適用することの影響が財務諸表に対して重要性がない場合には，借手は当該要求事項の適用を要求されないというIFRS第16号の結論の根拠における記載については，一般的な重要性はすべての取引に適用されると考えられ，リース会計基準等の適用においても，各企業において重要性を判断し会計処理が定められるものと考えられることから，リース会計基準等に同様の内容の記載を行っていない。

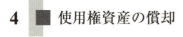

4 ■ 使用権資産の償却

(1) 使用権資産に係る減価償却費の算定

使用権資産の償却については，契約上の諸条件に照らして原資産の所有権が借手に移転すると認められるリースに該当するか否かによって，異なる定めを置いている。

まず，契約上の諸条件に照らして原資産の所有権が借手に移転すると認められるリースは原資産の取得と同様と考えられるため，当該リースに係る使用権資産の減価償却費は，原資産を自ら所有していたと仮定した場合に適用する減価償却方法と同一の方法により算定する。この場合の耐用年数は，経済的使用可能予測期間とし，残存価額は合理的な見積額とする（リース会計基準第37項及びBC47項）。

また，契約上の諸条件に照らして原資産の所有権が借手に移転すると認められるリース以外のリースは原資産の取得とは異なる性質を有するため，当該リースに係る使用権資産の減価償却費は，定額法等の減価償却方法の中から企業の実態に応じたものを選択適用した方法により算定する（原資産を自ら所有していたと仮定した場合に適用する減価償却方法と異なる償却方法を選択することができる。）。また，当該リースは原資産の取得とは異なり原資産を使用できる期間がリース期間に限定されるという特徴があるため，原則として，借手のリース期間を耐用年数とし，残存価額をゼロとする。ただし，実態に応じて借手のリース期間より短い使用権資産の耐用年数により減価償却費を算定することを妨げるものではないと考えられる（リース会計基準第38項及びBC47項）。

これらの取扱いを要約すると，図表V-10のとおりとなる。

図表V-10　使用権資産に係る減価償却費の算定

リースの種類	契約上の諸条件に照らして原資産の所有権が借手に移転すると認められるリース	契約上の諸条件に照らして原資産の所有権が借手に移転すると認められるリース以外のリース
減価償却方法	原資産を自ら所有していたと仮定した場合に適用する方法と同一の方法	定額法等の方法のうち実態に応じた方法
耐用年数	経済的使用可能予測期間	借手のリース期間（実態に応じた耐用年数とすることは妨げられていない。）
残存価額	合理的な見積額	ゼロ

(2) 契約上の諸条件に照らして原資産の所有権が借手に移転すると認められるリース

契約上の諸条件に照らして原資産の所有権が借手に移転すると認められるリースとは，図表Ⅴ-11のいずれかに該当するものをいう（リース適用指針第43項）。

図表Ⅴ-11　原資産の所有権が借手に移転すると認められるリースの要件

類　型	要　件
所有権移転条項のある場合	契約期間終了後又は契約期間の中途で，原資産の所有権が借手に移転することとされているリース
購入オプションの行使が合理的に確実である場合	契約期間終了後又は契約期間の中途で，借手による購入オプションの行使が合理的に確実であるリース
特別仕様の原資産の場合	原資産が，借手の用途等に合わせて特別の仕様により製作又は建設されたものであって，当該原資産の返還後，貸手が第三者に再びリース又は売却することが困難であるため，その使用可能期間を通じて借手によってのみ使用されることが明らかなリース

旧リース会計基準等からの変更点

原資産の所有権の移転の判断における購入オプションの取扱い

契約上の諸条件に照らして原資産の所有権が借手に移転すると認められるリースに該当するか否かの定めについては，基本的に旧リース適用指針における所有権移転ファイナンス・リース取引に該当するか否かの定めを踏襲している。ただし，リース適用指針では，購入オプションについては，「割安購入選択権の行使が確実に予想される場合」から，「購入オプションの行使が合理的に確実である場合」に変更している（リース適用指針BC71項）。

なお，貸手においては，開発にあたっての基本的な方針に基づき，リースの分類について旧リース適用指針の取扱いを維持しているため，割安購入選択権の行使が確実に予想されることを要件としている（Ⅵ.3.「ファイナンス・リースの分類」参照）。

【IFRS第16号との関係】

原資産が特別仕様のリースに関する減価償却方法

使用権資産の償却にあたり，原資産が特別仕様であって，その使用可能期間を通じて借手によってのみ使用されるか否かを考慮することについては，IFRS第16号では設けられていない定めであるが，原資産が特別仕様であり使用可能期間を通じて借手によってのみ使用されることが明らかであるリースは，原資産を自ら所有する場合と同様の期間にわたって使用されるものであるため，旧リース適用指針における定めを踏襲し，原資産を自ら所有していたと仮定した場合に適用する減価償却方法と同一の方法とすることとした（リース適用指針BC71項）。

5　リースの契約条件の変更

(1)　リースの契約条件の変更時の取扱い

借手は，リースの契約条件の変更が生じた場合，次の①又は②のいずれかを行う（リース会計基準第39項）。

①　変更前のリースとは独立したリースとしての会計処理

②　リース負債の計上額の見直し

ただし，リースの契約条件の変更に複数の要素がある場合，これらの両方を行うことがある。

(2)　変更前のリースとは独立したリースとしての会計処理

リースの契約条件の変更が次の①及び②のいずれも満たす場合，借手は，当該リースの契約条件の変更を独立したリースとして取り扱い，当該独立したリースのリース開始日に，リースの契約条件の変更の内容に基づくリース負債を計上し，当該リース負債にリース開始日までに支払った借手のリース料，付随費用等を加減した額により使用権資産を計上する（リース適用指針第44項）。

① 1つ以上の原資産を追加することにより，原資産を使用する権利が追加され，リースの範囲が拡大されること

② 借手のリース料が，範囲が拡大した部分に対する独立価格に特定の契約の状況に基づく適切な調整を加えた金額分だけ増額されること

リースの契約条件の変更が上記①及び②の要件をいずれも満たす場合，実質的に変更前のリースとは独立したリースが生じるものと考えられる。この場合，変更前のリース開始日の会計処理と同様に，借手は，当該リースの契約条件の変更を独立したリースとして取り扱い，当該独立したリースのリース開始日に，リースの契約条件の変更の内容に基づくリース負債を計上し，当該リース負債にリース開始日までに支払った借手のリース料，付随費用等を加減した額により使用権資産を計上する（リース適用指針BC73項）。

ここで，契約期間のみが延長されるリースの契約条件の変更は，原資産の追加に該当しないため，上記①の要件を満たさないと考えられる。また，上記②の要件における「特定の契約の状況に基づく適切な調整」は，例えば，類似の資産を顧客にリースする際に生じる販売費を貸手が負担する必要がない場合に借手に値引きを行うとき，独立価格を値引額について調整することが考えられる（リース適用指針BC73項）。

⑶ リース負債の計上額の見直し

借手は，リースの契約条件の変更のうち，独立したリースとしての会計処理が行われないリースの契約条件の変更について，リースの契約条件の変更の発効日に，図表Ⅴ-12の会計処理を行う（リース適用指針第45項）。

図表V-12　リースの契約条件の変更を伴うリース負債の計上額の見直し

リース負債	使用権資産
変更後の条件を反映した借手のリース期間を決定し，変更後の条件を反映した借手のリース料の現在価値まで修正する。	使用権資産について，次のことを行うことにより，左記のリース負債の見直しに対応する会計処理を行う。 リースの範囲が縮小される場合 リースの一部又は全部の解約を反映するように使用権資産の帳簿価額を減額する。このとき，使用権資産の減少額とリース負債の修正額とに差額が生じた場合は，当該差額を損益に計上する。 その他のリースの契約条件の変更 リース負債の修正額に相当する金額を使用権資産に加減する。

①　リースの範囲が縮小される場合の会計処理

独立したリースとして会計処理されないリースの契約条件の変更のうち，リースの範囲が縮小されるものについては，リースの契約条件の変更前のリースの一部又は全部を解約するものと考えられる。したがって，借手は，リースの契約条件の変更の発効日において，変更後の条件を反映してリース負債を修正し，また，リースの一部又は全部の解約を反映するように使用権資産の帳簿価額を減額し，使用権資産の減少額とリース負債の修正額とに差額が生じた場合，当該差額を損益に計上する（リース適用指針第45項(1)及び(2)①）。

このようなリースの契約条件の変更には，例えば，不動産の賃貸借契約においてリースの対象となる面積が縮小される場合や契約期間が短縮される場合等が含まれると考えられる（リース適用指針BC74項)。

②　リースの範囲が縮小されるもの以外の場合の会計処理

独立したリースとして会計処理されないリースの契約条件の変更のうち，リースの範囲が縮小されるもの以外のものについては，変更前のリースは解約されておらず，借手は引き続き，リースの契約条件の変更前のリースにおいて特定されていた原資産を使用する権利を有するものと考えられる。したがって，借手は，リースの契約条件の変更の発効日において，変更後の条件を反映してリース負債を修正し，リース負債の修正額に相当する金額を使用権資産に加減することにより，変更前のリースを修正する会計処理を行う（リース適用指針第45項(1)及び(2)②）。

このようなリースの契約条件の変更には，例えば，リース料の単価のみが変更される場合や契約期間が延長される場合等が含まれると考えられる（リース適用指針BC75項）。

(4) 変更前のリースとは独立したリースとしての会計処理及びリース負債の計上額の見直しの両方の会計処理を行う場合

前述(2)の変更前のリースとは独立したリースとしての会計処理及び前述(3)のリース負債の計上額の見直しの両方を行うことがある場合の例としては，不動産の賃貸借契約において，独立価格であるリース料によりリースの対象となる面積を追加すると同時に，既存のリースの対象となる面積について契約期間を短縮する場合が考えられる。この場合，前者について独立したリースとして会計処理を行い，後者についてリース負債の計上額の見直しを行う（リース会計基準BC49項）。

(5) リースの条件変更の会計処理に関する判定

リースの条件変更の会計処理に関する判定をフローチャートにより図示すると，図表V-13のようになると考えられる。

図表V-13　リースの条件変更の会計処理に関するフローチャート

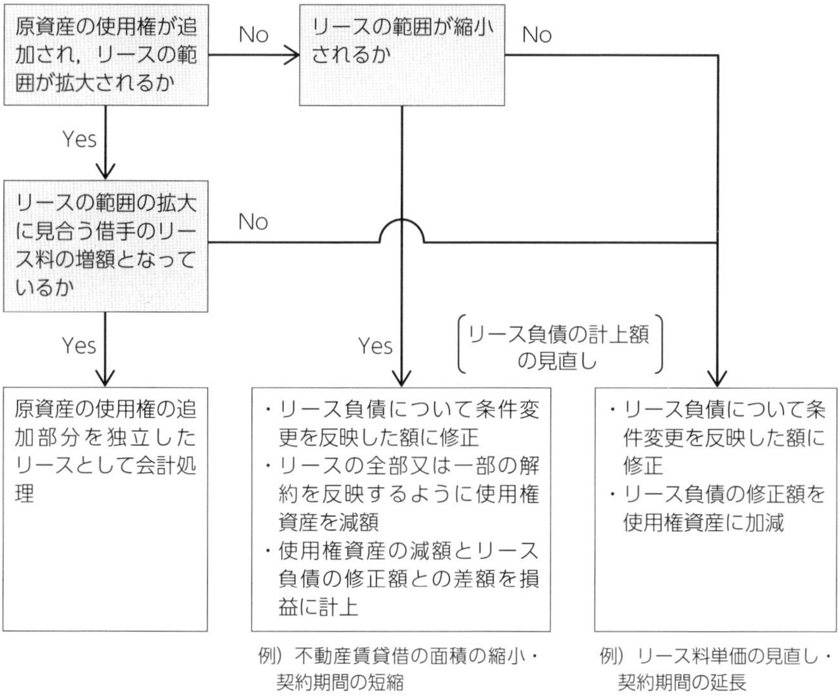

以下では，上記(4)の例とは異なるが，リースの範囲の拡大と縮小の両方が生じる場合について，リース適用指針の［設例15-3］を取り上げて解説する。

設例8 リースの契約条件の変更（リースの範囲の拡大と縮小の両方が生じる場合）

（リース適用指針［設例15-３］を一部修正して作成）

前提条件

当初の契約条件	1．A社（借手）は，2,000㎡の事務所スペースに係る，不動産賃貸借契約をB社（貸手）と締結した。当該契約はリースに該当する。 2．リース開始日　X1年4月1日 3．借手のリース期間　10年 4．リース料年額　100百万円（支払：毎年３月末） 5．X５年度末の当初の契約条件における使用権資産の残高は368百万円，リース負債の残高は421百万円
契約条件の変更	6．X６年４月１日に，A社とB社は，契約条件を次のように変更することに合意する。 ⑴　X６年４月１日から1,500㎡の事務所スペースを追加する。 ⑵　合計3,500㎡に係る年間リース料を150百万円とする。リース料は，毎年３月末に支払う。 ⑶　対応するリース料の増額は，範囲が拡大した部分に対する独立価格に特定の契約の状況に基づく適切な調整を加えた金額分だけ増額しているものではない。 ⑷　契約期間を10年から８年に短縮する。
適用する割引率	7．A社の追加借入利子率 ⑴　リース開始日：年６％ ⑵　リースの契約条件の変更の発効日：年７％ 8．A社は，次の割引率を使用する。 ⑴　契約期間の短縮によるリースの範囲の縮小について変更前の割引率（年６％）を使用し，その後，変更後の割引率を使用してリース負債の修正を行う。 ⑵　事務所スペースの追加によるリースの範囲の拡大について変更後の割引率（年７％）を使用する。

リースの契約条件の変更の会計処理の判定

前提条件６の変更は，リースの契約条件の変更に該当し，変更前の事務所スペースに係る契約期間の短縮によるリースの範囲の縮小（条件変更X）と，事務所スペースの追加によるリースの範囲の拡大（条件変更Y）の両方を生じさせるものである。したがって，A社は，これらのリースの契約条件の変更に関して，リースの範囲の縮小とリースの範囲の拡大のそれぞれについて別個に会計処理を行う。

契約条件の変更
X 変更前の事務所スペースに係る契約期間の短縮（10年→8年）
Y 事務所スペースの追加（2,000㎡→3,500㎡）

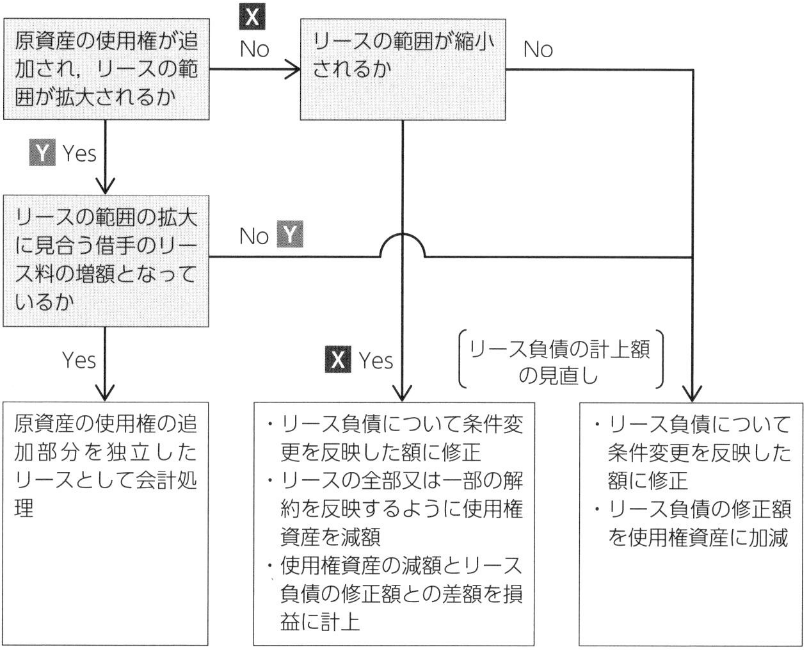

(1)　リースの範囲の縮小（条件変更X）

変更前の2,000㎡の事務所スペースに係る契約期間が短縮される変更は，リースの範囲が縮小されるものである。したがって，変更後の条件を反映してリース負債を修正し，リースの一部の解約を反映するように使用権資産の帳簿価額を減額する。また，使用権資産の減少額とリース負債の修正額との差額を損益に計上する。

(2)　リースの範囲の拡大（条件変更Y）

追加の1,500㎡の事務所スペースに係る変更は，１つ以上の原資産の追加により原資産を使用する権利が追加され，リースの範囲が拡大されているものの，対応するリース料の増額は，範囲が拡大した部分に対する独立価格に特定の契約の状況に基づく適切な調整を加えた金額分だけ増額しているものではない。したがって，追加の1,500㎡の事務所スペースに係る変更について独立したリースとして会計処理せず，リース負債の計上額を見直し，リース負債の修正額に相当する金額を使用権資産に加減する。

会計処理

⑴　リースの範囲の縮小（条件変更X）

①　使用権資産の減額

契約期間の短縮の年数分に見合う使用権資産の減額：条件変更前の使用権資産の帳簿価額368百万円×40％（２年/５年）＝147百万円（契約期間短縮後の使用権資産：221百万円）

②　リース負債の減額

契約期間の短縮による借手のリース料の減額分を反映したリース負債の減額：条件変更前のリース負債の帳簿価額421百万円－減額後のリース負債267百万円（＊１）＝154百万円

（＊１）契約期間の短縮によるリースの範囲の縮小に対応したリース負債（変更前の年間リース料100百万円の変更後の残りの借手リース期間３年分を変更前の割引率の年６％で割り引いた現在価値）：267百万円

③　使用権資産の減少額とリース負債の減少額との差額の損益計上

損益計上額：②リース負債の減少額154百万円－①使用権資産147百万円＝７百万円

④　割引率の変更（前提条件８.⑴）によるリース負債の計上額の修正及び使用権資産の計上額の修正

リース負債及び使用権資産の減額：契約期間短縮後のリース負債（割引率変更前）267百万円（＊１）－契約期間短縮後のリース負債（割引率変更後）262百万円（＊２）＝５百万円

（＊２）変更前の年間リース料100百万円の変更後の残りの借手のリース期間３年分を変更後の割引率の年７％で割り引いた現在価値：262百万円

修正後のリース負債：262百万円（＊２）

修正後の使用権資産：契約期間短縮後の使用権資産221百万円－５百万円＝216

百万円

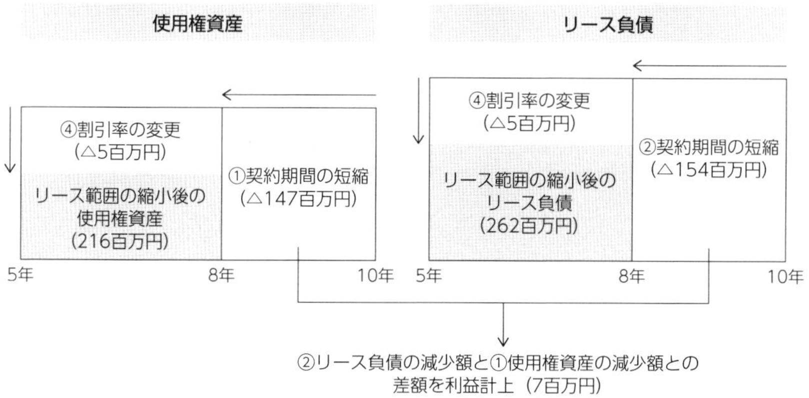

前述の会計処理を仕訳にすると，次のとおりとなる。

（単位：百万円）

（借）	リース負債	154	（貸）	使用権資産	147
				利益	7
（借）	リース負債	5	（貸）	使用権資産	5

⑵　リースの範囲の拡大（条件変更Y）

追加の事務所スペースに係る年間リース料50百万円（150百万円－100百万円）の3年分を変更後の割引率（前提条件8.⑵）の年7％で割り引いた現在価値（131百万円）を使用権資産及びリース負債にそれぞれ加算する。

加算後の使用権資産：216百万円＋131百万円＝347百万円

加算後のリース負債：262百万円＋131百万円＝393百万円

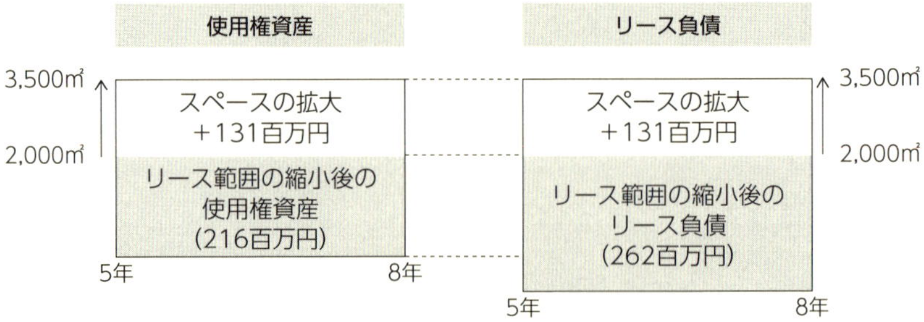

前述の会計処理を仕訳にすると，次のとおりとなる。

（単位：百万円）

（借）使用権資産	131	（貸）リース負債	131

【IFRS第16号との関係】

リースの契約条件の変更に使用する割引率

リースの契約条件の変更に関連して，IFRS第16号は，状況ごとに使用する割引率（変更前の割引率又は変更後の割引率）を定めているが，リース会計基準等では，次の理由から定めないこととした（リース適用指針BC76項）。

- IFRS第16号の定めは，使用する割引率について状況ごとに詳細な会計処理を定めるものである。主要な定めの内容のみを取り入れることにより，簡素で利便性が高い会計基準を開発するという方針を考慮した場合，IFRS第16号の割引率に関する定めをリース適用指針に取り入れないことが，当該開発方針と整合する。
- リース適用指針では，使用権資産総額に重要性が乏しいと認められる場合に借手のリース料から利息相当額の合理的な見積額を控除しない方法（3.⑵②「重要性が乏しい場合の取扱い」参照）も認めており，IFRS第16号よりも幅広い割引の取扱いを認めていることと整合する。

なお，リースの範囲の縮小に該当する条件変更の場合，通常，リース負債の計上時の割引率を用いることになると考えられる。

6 ■ リースの契約条件の変更を伴わないリース負債の見直し

(1) リースの契約条件の変更を伴わないリース負債の見直しの取扱い

借手は，リースの契約条件の変更が生じていない場合で，次の①又は②のいずれかに該当するときには，リース負債の計上額の見直しを行う（リース会計基準第40項）。

① 借手のリース期間に変更がある場合

② 借手のリース期間に変更がなく借手のリース料に変更がある場合

旧リース適用指針では，リースの契約条件の変更を伴わないリース負債の見直しに相当する取扱いを定めていなかったが，リース適用指針では，当該取扱いを明確にするために，IFRS第16号におけるリース負債の見直しに関する取扱いをIFRS第16号における主要な定めとしてリース適用指針に取り入れることとしている（リース適用指針BC77項）。

【IFRS第16号との関係】

リースの契約条件の変更を伴わないリース負債の見直しに使用する割引率

リースの契約条件の変更を伴わないリース負債の見直しに関連して，IFRS第16号は，状況ごとに使用する割引率（変更前の割引率又は変更後の割引率）を定めているが，リース会計基準等では，リースの契約条件の変更に使用する割引率と同様の理由から定めないこととした（リース適用指針BC79項）。

⑵　借手のリース期間に変更がある場合

①　借手のリース期間に変更がある場合の会計処理

借手は，リースの契約条件の変更が生じていない場合で，次のａ及びｂをいずれも満たす重要な事象又は重要な状況が生じたときに，延長オプションを行使すること又は解約オプションを行使しないことが合理的に確実であるかどうかについて見直し，借手のリース期間を変更し，リース負債の計上額の見直しを行う（リース会計基準第41項）。

ａ．借手の統制下にあること

ｂ．延長オプションを行使すること又は解約オプションを行使しないことが合理的に確実であるかどうかの借手の決定に影響を与えること

また，借手は，リースの契約条件の変更が生じていない場合で，借手の解約不能期間に変更が生じた結果（後述④参照），借手のリース期間を変更するときには，リース負債の計上額の見直しを行う（リース会計基準第42項）。

具体的には，借手は，上記の重要な事象又は重要な状況が生じた日にリース負債について当該事象の内容を反映した借手のリース料の現在価値まで修正し，当該リース負債の修正額に相当する金額を使用権資産に加減する。ただし，使用権資産の帳簿価額をゼロまで減額してもなお，リース負債の測定の減額がある場合には，残額を損益に計上する（リース適用指針第46項）。

②　延長オプション又は解約オプションの行使可能性の見直しの時期

上記①ａの「借手の統制下にある」という要件を設けたのは，借手が市場動向による事象又は状況の変化に対応して，延長オプションを行使すること又は解約オプションを行使しないことが合理的に確実であるかどうかについて見直すことを要しないようにするためである（リース会計基準BC51項）。

③　重要な事象又は重要な状況の例

上記①の重要な事象又は重要な状況として，例えば，次のようなものが挙げ

られる（リース会計基準BC51項）。

a．リース開始日に予想されていなかった大幅な賃借設備の改良で，延長オプション，解約オプション又は購入オプションが行使可能となる時点で借手が重大な経済的利益を有すると見込まれるもの

b．リース開始日に予想されていなかった原資産の大幅な改変

c．過去に決定した借手のリース期間の終了後の期間に係る原資産のサブリースの契約締結

d．延長オプションを行使すること又は解約オプションを行使しないことに直接的に関連する以下のような借手の事業上の決定

- 原資産と組み合わせて使用する資産のリースの延長の決定
- 原資産の代替となる資産の処分の決定
- 使用権資産を利用している事業単位の処分の決定

④　解約不能期間の変更

借手の解約不能期間は，例えば，過去に借手のリース期間の決定に含めていなかった延長オプションを借手が行使する場合等に変更が生じる（リース会計基準BC52項）。

⑶　借手のリース期間に変更がなく借手のリース料に変更がある場合

①　借手のリース期間に変更がなく借手のリース料に変更がある場合の会計処理

借手は，リースの契約条件の変更が生じていない場合で，借手のリース期間に変更がなく借手のリース料に変更がある場合，該当する事象が生じた日にリース負債について当該事象の内容を反映した借手のリース料の現在価値まで修正し，当該リース負債の修正額に相当する金額を使用権資産に加減する。ただし，使用権資産の帳簿価額をゼロまで減額してもなお，リース負債の測定の減額がある場合には，残額を損益に計上する（リース適用指針第46項）。

②　借手のリース料に変更がある状況の例

リースの契約条件や借手のリース期間に変更がなく借手のリース料に変更がある状況として，例えば，次のようなものが挙げられる（リース適用指針第47項）。

a．原資産を購入するオプションの行使についての判定に変更がある場合

b．残価保証に基づく支払見込額に変動がある場合

c．指数又はレートに応じて決まる借手の変動リース料に変動がある場合

この点，上記ａの借手が原資産を購入するオプションを行使することが合理的に確実であるかどうかの見直しについては，延長オプションを行使すること又は解約オプションを行使しないことが合理的に確実であるかどうかの見直しと同様，前述⑵①ａ及びｂに記載した重要な事象及び重要な状況が生じたときにリース負債の計上額の見直しを行うことになると考えられる（リース適用指針BC78項）。

③　指数又はレートに応じて決まる借手の変動リース料

借手は，上記②ｃの「指数又はレートに応じて決まる借手の変動リース料に変動がある場合」には，当該指数又はレートが変動し，そのことにより，今後支払うリース料に変動が生じたときにのみ，残りの借手のリース期間にわたり，変動後の指数又はレートに基づきリース料及びリース負債を修正し，リース負債の修正額に相当する金額を使用権資産に加減する（リース適用指針第48項）。

これに対して，借手がリース料の参照する指数又はレートの将来の変動を見積り，当該見積られた指数又はレートに基づきリース料及びリース負債を算定している場合（２.⑵②ｂ「例外的な取扱い」参照）には，借手は，決算日ごとに参照する指数又はレートの将来の変動を見積り，当該見積られた指数又はレートに基づきリース料及びリース負債を修正し，リース負債の修正額に相当する金額を使用権資産に加減する（リース適用指針第49項）。

7　■ 短期リースに係る借手のリース期間の変更

借手は，短期リースに関する簡便的な取扱い（2.(3)「短期リースに関する簡便的な取扱い」参照）を適用していたリースについて，借手のリース期間に変更がある場合で，変更前の借手のリース期間の終了時点から変更後の借手のリース期間の終了時点までが12か月以内であるときは，次の(1)又は(2)のいずれかの方法を選択することができる（リース適用指針第50項）。

(1)　変更後のリースについて短期リースとして取り扱う方法

(2)　変更後のリースのうち，借手のリース期間の変更時点から変更後の借手のリース期間の終了時点までが12か月以内である場合のみ，短期リースとして取り扱う方法

このような場合には，例えば，当初の契約条件に含まれている延長オプションの対象期間を借手のリース期間に含めないことを決定していた場合に，当該延長オプションを行使したとき等が含まれる（リース適用指針BC80項）。

この取扱いを適用する単位として，短期リースに関する簡便的な取扱いと同様，借手は，次のａ又はｂを選択することができる（リース適用指針第50項）。

ａ．対応する原資産を自ら所有していたと仮定した場合に貸借対照表において表示するであろう科目ごと

ｂ．性質及び企業の営業における用途が類似する原資産のグループごと

8　■ 借手のリース期間に含まれない再リース

借手は，次の(1)又は(2)のいずれかの場合，再リースを当初のリースとは独立したリースとして会計処理を行うことができる（リース適用指針第52項）。

(1)　リース開始日に再リース期間を借手のリース期間に含めていない（Ⅳ.2.(1)①「借手のリース期間の決定方法」参照）。

⑵ 直近のリースの契約条件の変更の発効日に再リース期間を借手のリース期間に含めていない（5.⑴「リースの契約条件の変更時の取扱い」参照）。

我が国の再リースの一般的な特徴は，再リースに関する条項が当初の契約において明示されており，経済的耐用年数を考慮した解約不能期間経過後において，当初の月額リース料程度の年間リース料により行われる1年間のリースであることが挙げられる（Ⅲ.1.⑵③「再リース期間」参照）。このように再リース期間は1年以内とするのが通常であり，再リース料も少額であるのが一般的であることから，旧リース適用指針では，再リース期間をリース資産の耐用年数に含めない場合の再リース料は，原則として，発生時の費用として処理する取扱いを定めていた。この点，再リースは我が国固有の商慣習であり，リース適用指針では，財務諸表作成者の追加的な負担を軽減する観点から，当該取扱いを引き続き設けることとした（リース適用指針BC81項）。

なお，再リースに該当するかどうかは，通常は明確であると考えられるが，判断を要する場合もあると考えられる。当該再リースの特徴は貸手の再リースにおいても同様である。また，この取扱いを採用しない場合，借手においては，再リース期間は延長オプションの対象期間に含まれると考えられる（リース適用指針BC81項）。加えて，リース開始日において再リースすることが合理的に確実でない場合に，その後，再リースを行うことを決定したときに1年を超えて借手のリース期間を延長することが合理的に確実であるような場合には，Ⅳ.2.⑴①「借手のリース期間の決定方法」に従って借手のリース期間を決定することになるものと考えられる。

Ⅵ

貸手における会計処理

1 開発にあたっての基本的な方針

貸手の会計処理については，収益認識会計基準との整合性を図る点並びにリースの定義及びリースの識別を除き，基本的に旧リース会計基準等の定めを踏襲している（リース会計基準BC53項）。

2 リースの分類

(1) リースの分類の方法

貸手におけるリースは，ファイナンス・リースとオペレーティング・リースとに分類した上で（リース会計基準第43項），ファイナンス・リースについてはさらに所有権移転ファイナンス・リースと所有権移転外ファイナンス・リースとに分類し，これらの分類に応じて会計処理を行う（リース会計基準第44項，図表Ⅵ－1参照）。

図表Ⅵ－1　貸手におけるリースの分類

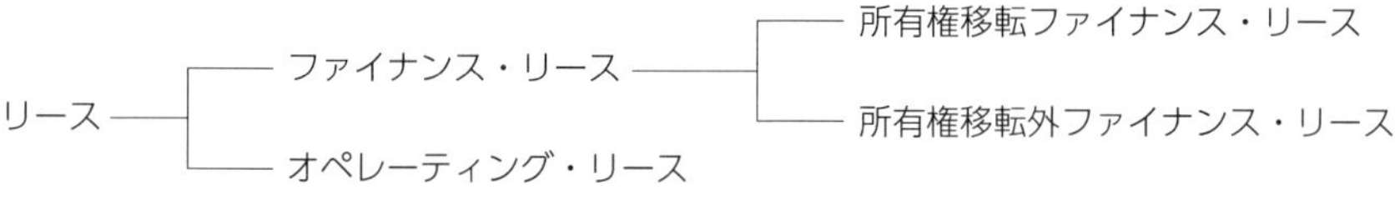

これは，前述1.「開発にあたっての基本的な方針」を踏まえ，旧リース会計基準等の取扱いを基本的に変更していないためである（リース会計基準BC54項及びリース適用指針BC98項）。

⑵ ファイナンス・リース

ファイナンス・リースとは，図表Ⅵ-2のいずれも満たすリースをいう（リース会計基準第11項及びリース適用指針第59項，Ⅲ.1.⑵④「ファインナンス・リース」参照）。

図表Ⅵ-2 ファイナンス・リースの要件

解約不能のリース	フルペイアウトのリース
契約期間の中途において当該契約を解除することができないリース又はこれに準ずるリース	借手が，原資産からもたらされる経済的利益を実質的に享受することができ，かつ，当該原資産の使用に伴って生じるコストを実質的に負担することとなるリース

① 解約不能のリース

解約不能のリースに関して，法的形式上は解約可能であるとしても，事実上解約不能と認められるリースについては，解約不能のリースに準ずるリースとして取り扱う。

ここで，「解約不能」とは，契約期間の定めがあることを前提としている。この契約期間は，実務上，「拘束期間」，「賃貸借期間」等のさまざまな文言で表現されている。また，解約可能であることが明記されていなければ解約不能として取り扱われるわけではなく，事実上解約不能であるかどうかは，契約条項の内容，商慣習等を勘案し契約の実態に応じ判断されることになると考えられる。このような取引に該当するものとしては，リースの条件により，例えば，次のようなものが考えられる（リース適用指針第60項及びBC99項）。

- 解約時に，未経過の契約期間に係るリース料の概ね全額を，規定損害金（違約金）として支払うこととされているリース
- 解約時に，未経過の契約期間に係るリース料から，借手の負担に帰属しない未経過の契約期間に係る利息等として，一定の算式により算出した額を差し引いたものの概ね全額を，規定損害金として支払うこととされているリース

②　フルペイアウトのリース

フルペイアウトのリースに関して，「原資産からもたらされる経済的利益を実質的に享受する」場合とは，当該原資産を自己所有するとするならば得られると期待されるほとんどすべての経済的利益を享受する場合をいい，また，「当該原資産の使用に伴って生じるコストを実質的に負担する」場合とは，当該原資産の取得価額相当額，維持管理等の費用，陳腐化によるリスク等のほとんどすべてのコストを負担する場合をいう（リース適用指針第61項）。

借手が原資産の使用に伴って生じるコスト（当該原資産の取得価額相当額，維持管理等の費用，陳腐化によるリスク等）を実質的に負担する場合，借手は原資産からもたらされる経済的利益を実質的に享受することになると推定できる。同様に，借手が原資産からもたらされる経済的利益を実質的に享受することができる場合には，通常，借手は原資産の使用に伴って生じるコストを負担することになると推定できる。リース会計基準等におけるファイナンス・リースの判定基準については，このような「フルペイアウト」の考え方が前提となっている（リース適用指針BC100項）。

⑶　具体的な判定基準

リースがファイナンス・リースに該当するかどうかについては，ファイナンス・リースの要件（図表Ⅵ-２参照）をその経済的実質に基づいて判断すべきものであるが，図表Ⅵ-３のいずれかに該当する場合には，ファイナンス・

リースと判定される（リース適用指針第62項）。

図表Ⅵ－3　ファイナンス・リースの判定基準

現在価値基準	経済的耐用年数基準
貸手のリース料の現在価値が，原資産の現金購入価額の概ね90パーセント以上であること	貸手のリース期間が，原資産の経済的耐用年数の概ね75パーセント以上であること（ただし，原資産の特性，経済的耐用年数の長さ，原資産の中古市場の存在等を勘案すると，現在価値基準の判定結果が90パーセントを大きく下回ることが明らかな場合を除く。）

①　現在価値基準

現在価値基準を適用する場合の貸手のリース料の現在価値は推定額であるが，当該現在価値が原資産の現金購入価額の概ね90パーセント以上の場合，借手が当該原資産の取得価額相当額，維持管理等の費用等ほとんどすべてのコストを負担することになり，したがって，ほとんどすべての経済的利益を享受するものと推定できるため，当該リースはファイナンス・リースと判定する（リース適用指針BC102項）。

②　経済的耐用年数基準

経済的耐用年数基準を適用する場合の原資産の経済的耐用年数は，物理的使用可能期間ではなく経済的使用可能予測期間に見合った年数による。経済的耐用年数基準に該当するリースは，通常，借手が原資産からもたらされるほとんどすべての経済的利益を享受することができ，したがって，ほとんどすべてのコストを負担するものと推定できるため，当該リースはファイナンス・リースと判定する（リース適用指針BC103項）。

図表Ⅵ－3における経済的耐用年数基準のただし書きにあるように，貸手のリース期間が経済的耐用年数の概ね75パーセント以上であっても借手が原資産に係るほとんどすべてのコストを負担しないことが明らかな場合，現在価値基準のみにより判定を行う（リース適用指針第63項）。

リース適用指針では，現在価値基準がフルペイアウトの判定を行う原則的な基準であると考えているが，現在価値の計算をすべてのリースについて行うことは実務上極めて煩雑と考えられるところから，簡便法としての経済的耐用年数基準を設けている。リースの実態から判断すると，貸手のリース期間が経済的耐用年数の概ね75パーセント以上である場合，借手がその原資産からもたらされる経済的利益を実質的に享受すると考えられることが多い。

しかし，原資産の特性，経済的耐用年数の長さ，原資産の中古市場の存在等により，借手が原資産に係るほとんどすべてのコストを負担することにはならない場合もあるとの指摘があり，そのような場合には原則的な基準である現在価値基準により判定を行うものとしている。

なお，現在価値基準と経済的耐用年数基準の具体的数値として，それぞれの基準において「概ね90パーセント以上」又は「概ね75パーセント以上」としているのは，現在価値基準の判定に見積りの要素が多いためであり，例えば，それぞれの数値が88パーセント又は73パーセントといった場合でも実質的にフルペイアウトと考えられる場合には，ファイナンス・リースと判定されることになる（リース適用指針BC104項）。

(4) 現在価値基準の判定における取扱い

① 現在価値の算定に用いる割引率

現在価値の算定を行うにあたっては，貸手の計算利子率，すなわち，貸手のリース料の現在価値と見積残存価額の現在価値の合計額が，当該原資産の現金購入価額又は借手に対する現金販売価額と等しくなるような利率を用いる（リース適用指針第66項，図表Ⅵ-4参照）。

図表Ⅵ-4　貸手の計算利子率

以下のようになる利率

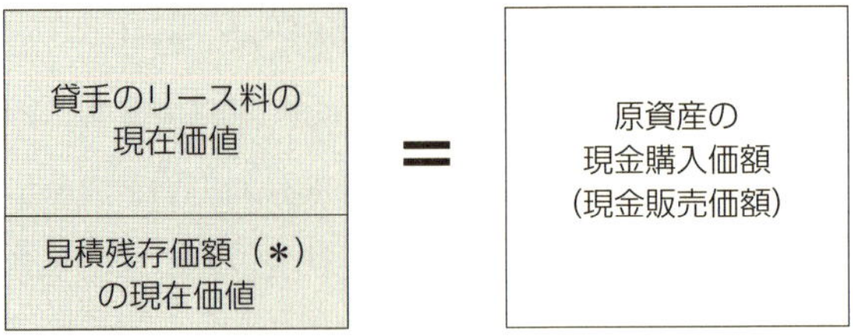

（*）貸手のリース期間終了時に見積られる残存価額で残価保証額以外の額

【IFRS第16号との関係】

貸手の計算利子率

貸手の計算利子率については，旧リース適用指針の定めを踏襲している。IFRS第16号のリースの計算利子率は，リース料の現在価値と無保証残存価値の現在価値の合計額が，原資産の公正価値と貸手の当初直接コストの合計額と等しくなる利子率であり，リース適用指針における貸手の計算利子率とIFRS第16号におけるリースの計算利子率とは主に貸手の当初直接コストを考慮しない点が異なる（リース適用指針BC106項）。

②　残価保証の取扱い

リースに残価保証が含まれる場合，貸手は，残価保証額を貸手のリース料に含める。貸手においては，借手以外の第三者による残価保証額も貸手のリース料に含める（リース適用指針第64項）。

③　製造又は販売を事業とする貸手等の取扱い

製造又は販売を事業とする貸手が当該事業の一環で行うリース又は貸手が事業の一環以外で行うリースにおいては，現在価値基準の判定における現金購入価額は貸手の製作価額や現金購入価額によらず，当該原資産の借手に対する現金販売価額を用いる（リース適用指針第65項）。

④　契約が多数の原資産から構成される場合の取扱い

1つの契約が多数の原資産から構成されているような場合，個々の原資産ごとに現在価値基準の判定を行わずに契約全体で判定を行うことも認められる（リース適用指針BC105項）。

⑤　連結財務諸表における判定

連結財務諸表において現在価値基準の判定を行う場合，必要に応じて，親会社における貸手のリース料及び連結子会社における貸手のリース料を合算した金額に基づき判定を行う。ただし，重要性が乏しい場合には，親会社及び連結子会社の個別財務諸表における結果の修正を要しない（リース適用指針第67項）。

(5)　経済的耐用年数基準の判定における取扱い

①　経済的耐用年数

経済的耐用年数基準の判定に用いられる「経済的耐用年数」は，物理的使用可能期間ではなく経済的使用可能予測期間に見合った年数による。この「経済的耐用年数」は，これまでの取扱いと同様に，企業の状況に照らし，不合理と認められる事情のない限り，法人税法に定められた耐用年数を用いて判定を行うことも認められると考えられる（JICPA 監査・保証実務委員会実務指針第81号「減価償却に関する当面の監査上の取扱い」第24項）（リース適用指針BC107項）。

②　契約が多数の原資産から構成される場合の取扱い

1つの契約が多数の原資産から構成されているような場合，個々の原資産ごとに経済的耐用年数基準の判定を行わずにすべての原資産の加重平均耐用年数により判定を行うことも認められると考えられる（リース適用指針BC107項）。

⑹ 不動産に係るリースの取扱い

① 不動産リースの分類

土地，建物等の不動産のリースについても，ファイナンス・リースに該当するか，オペレーティング・リースに該当するかを判定する。ただし，土地については，後述の所有権移転ファイナンス・リースの分類の要件（図表Ⅵ-５参照）のうち，「所有権移転条項のある場合」又は「借手に割安購入選択権がありその行使が確実に予想される場合」のいずれかに該当する場合を除き，オペレーティング・リースに該当するものと推定する（リース適用指針第68項）。

これは，土地の経済的耐用年数は無限であるため，これらのファイナンス・リースの分類の要件のうち，「所有権移転条項のある場合」又は「借手に割安購入選択権がありその行使が確実に予想される場合」の要件のいずれかに該当する場合を除いては，通常，フルペイアウトのリースに該当しないと考えられることによる（リース適用指針BC108項）。

また，土地と建物等を一括したリース（契約上，建物賃貸借契約とされているものも含む。）は，原則として，貸手のリース料を合理的な方法で土地に係る部分と建物等に係る部分に分割した上で，建物等について，現在価値基準の判定を行う（リース適用指針第69項）。

② 貸手のリース料の土地及び建物等への分割方法

不動産リースの分類を行う際，貸手のリース料を土地に係る部分と建物等に係る部分に合理的に分割する方法としては次のａ又はｂの方法が考えられ，このうち最も実態に合った方法を採用する。

ａ．賃貸借契約書等で，適切な土地の賃料が明示されている場合には，貸手のリース料から土地の賃料を差し引いた額を，建物等のリース料とする。

b．貸手のリース料から土地の合理的な見積賃料を差し引いた額を，建物等のリース料とみなす。合理的な見積賃料には，近隣の水準などを用いることが考えられる。

なお，土地及び建物を一括でサブリースする場合に当該土地と建物がそれぞれ独立したリースを構成する部分（Ⅳ.１.⑵②ｅ「独立したリースの構成部分」参照）に該当しないときは，中間的な貸手は，リースの分類及び会計処理のために，貸手のリース料を土地に係る部分と建物に係る部分とに必ずしも分割することを要しないと考えられる（リース適用指針BC109項）。

3　ファイナンス・リースの分類

貸手は，ファイナンス・リースについて，所有権移転ファイナンス・リースと所有権移転外ファイナンス・リースとに分類する（リース会計基準第44項）。

具体的には，ファイナンス・リースと判定されたもののうち，図表Ⅵ-５の

図表Ⅵ-５　所有権移転ファイナンス・リースの分類の要件

類　型	要　件
所有権移転条項のある場合	契約上，契約期間終了後又は契約期間の中途で，原資産の所有権が借手に移転することとされているリース
借手に割安購入選択権がありその行使が確実に予想される場合	契約上，借手に対して，契約期間終了後又は契約期間の中途で，名目的価額又はその行使時点の原資産の価額に比して著しく有利な価額で買い取る権利（割安購入選択権）が与えられており，その行使が確実に予想されるリース
特別仕様の原資産の場合	原資産が，借手の用途等に合わせて特別の仕様により製作又は建設されたもの（注）であって，当該原資産の返還後，貸手が第三者に再びリース又は売却することが困難であるため，その使用可能期間を通じて借手によってのみ使用されることが明らかなリース

（注）専用性の高い機械装置等以外に特別仕様の建物等の不動産も含まれる（リース適用指針BC110項）。

いずれかに該当する場合，所有権移転ファイナンス・リースに分類し，いずれにも該当しない場合，所有権移転外ファイナンス・リースに分類する（リース適用指針第70項）。

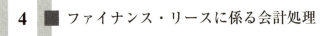

所有権移転外ファイナンス・リースについては，旧リース会計基準等における考え方と同様に，次の点で，所有権移転ファイナンス・リースと異なる性質を有するため，それぞれ異なる会計処理を定めている（リース会計基準BC55項）。

- 経済的には原資産の売買及び融資と類似の性格を有する一方，法的には賃貸借の性格を有し，また，役務提供が組み込まれる場合が多く，複合的な性格を有する。
- 原資産の耐用年数とリース期間は異なる場合が多く，また，原資産の返還が行われるため，原資産そのものの売買というよりは，使用する権利の売買の性格を有する。
- 借手が資産の使用に必要なコスト（原資産の取得価額，金利相当額，維持管理費用相当額，役務提供相当額など）を，通常，契約期間にわたる定額のキャッシュ・フローとして確定する。

4 ファイナンス・リースに係る会計処理

(1) ファイナンス・リースに係る会計処理の概要

貸手は，ファイナンス・リースについて，通常の売買取引に係る方法に準じた会計処理を行う（リース会計基準第45項）。すなわち，リース開始日（貸手が借手による原資産の利用を可能にする日）に，所有権移転ファイナンス・リースについてはリース債権として，所有権移転外ファイナンス・リースについてはリース投資資産として計上する（リース会計基準第46項）。

また，貸手における利息相当額については，貸手のリース期間にわたり，原則として，利息法により配分する。当該利息相当額の総額は，貸手のリース料及び見積残存価額（貸手のリース期間終了時に見積られる残存価額で残価保証額以外の額）の合計額から，これに対応する原資産の取得価額を控除することによって算定する（リース会計基準第47項）。

旧リース会計基準等では，ファイナンス・リース取引のリース物件の売買と類似する性格に着目し，貸手のファイナンス・リース取引の会計処理が定められていたと考えられる。リース会計基準等では，貸手の会計処理について，同様の観点から旧リース会計基準等における貸手のファイナンス・リース取引に係る会計処理の定めを踏襲している（リース会計基準BC62項）。

また，リース適用指針では，ファイナンス・リースの会計処理についてさらに具体的に定めている。この点，基本的に旧リース適用指針の定めを踏襲する一方，収益認識会計基準との整合性を図ることとしている（リース適用指針BC111項）。

以下では，所有権移転外ファイナンス・リースと所有権移転ファイナンス・リースのそれぞれの会計処理について解説する。

⑵　所有権移転外ファイナンス・リース

①　基本となる会計処理

リース適用指針では，貸手が事業の一環で行うリースかどうか，また，貸手が事業の一環で行うリースの場合には，貸手が製造又は販売を事業としているかどうかにより異なる会計処理を定めている（図表Ⅵ-6参照）。

図表Ⅵ-6　貸手におけるファイナンス・リースに係る会計処理の類型

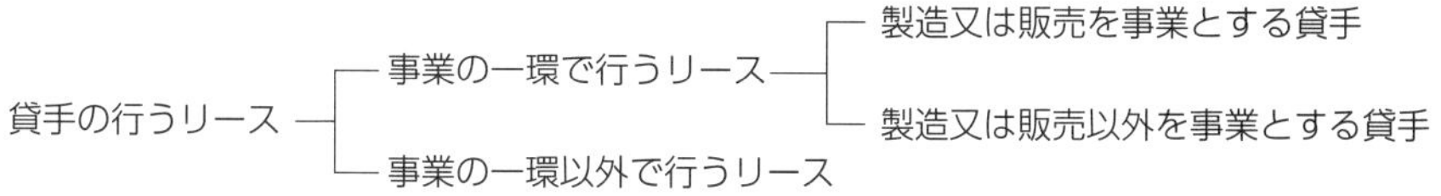

a．貸手が当該事業の一環で行うリースに係る会計処理

貸手として行ったリースが所有権移転外ファイナンス・リースと判定される場合，貸手は，事業の一環で行うリースについて取引実態に応じ，次の(i)又は(ii)のいずれかに応じて，後述ｂ又はｃの会計処理を行う（リース適用指針第71項）。

(i)　製造又は販売を事業とする貸手が当該事業の一環で行うリース

(ii)　製造又は販売以外を事業とする貸手が当該事業の一環で行うリース

b．製造又は販売を事業とする貸手が当該事業の一環で行うリースに係る会計処理

製造又は販売を事業とする貸手が当該事業の一環で行うリースについては，図表Ⅵ-7のとおり会計処理を行う（リース適用指針第71項(1)）。

図表Ⅵ-7　製造又は販売を事業とする貸手が当該事業の一環で行うリースの会計処理

時期	会計処理
リース開始日（注）	●　貸手のリース料からこれに含まれている利息相当額を控除した金額で売上高を計上し，同額でリース投資資産を計上する。 ●　原資産の帳簿価額により売上原価を計上する。原資産を借手の使用に供するために支払う付随費用がある場合，当該付随費用を売上原価に含める。
リース開始日後	受取リース料を利息相当額とリース投資資産の元本回収とに区分し，前者を各期の損益として処理し，後者をリース投資資産の元本回収額として会計処理を行う。

（注）売上高と売上原価の差額（以下「販売益相当額」という。）が貸手のリース料に占める割合に重要性が乏しい場合は，原資産の帳簿価額（付随費用がある場合はこれを含める。）をもって売上高及び売上原価とし，販売益相当額を利息相当額に含めて処理することができる。

旧リース会計基準等からの変更点

製造又は販売を事業とする貸手が当該事業の一環で行うリース

製造又は販売を事業とする貸手が当該事業の一環で行うリースは，主として製造業，卸売業等を営む企業が製品又は商品を販売する手法として行うリースを想定している。当該リースは，製品又は商品の販売とは必ずしも同一ではないが，両者の経済的実質は，取引の対象となる資産を使用する権利が移転される点で類似している。このようなリースについては，原資産の引渡時に貸手は売上高を計上し同時に販売益相当額を計上することが，収益認識会計基準における収益認識の時期に関する取扱いと整合的になるものと考えられる。したがって，リース適用指針では，製造又は販売を事業とする貸手が当該事業の一環で行うリースについては，旧リース適用指針で定められていた販売益相当額を繰り延べて会計処理を行う方法は踏襲せず，リース開始日に貸手のリース料からこれに含まれている利息相当額を控除した金額で売上高を計上し，原資産の帳簿価額により売上原価を計上することとした。

また，利息相当額の取扱いについても，収益認識会計基準における重要な金融要素に関する取扱いと整合的になるように，原則として，リース開始日に貸手のリース料からこれに含まれている利息相当額を控除した金額で売上高を計上し，受取リース料のうち当該利息相当額を各期の損益として，処理することとした。ただし，当該処理が煩雑になる場合があることを考慮して，旧リース適用指針で認めていた売上高と売上原価の差額である販売益相当額が貸手のリース料に占める割合に重要性が乏しい場合に当該販売益相当額を利息相当額に含めて処理する簡便的な取扱いについては，踏襲することとした（リース適用指針BC114項）。

c．製造又は販売以外を事業とする貸手が当該事業の一環で行うリース

製造又は販売以外を事業とする貸手が当該事業の一環で行うリースについては，図表Ⅵ－８のとおり会計処理を行う（リース適用指針第71項(2)）。

製造又は販売以外を事業とする貸手が当該事業の一環で行うリースに係る会計処理については，リース取引が有する複合的な性格の中でも，金融的な側面に着目し，リース料総額とリース物件の現金購入価額の差額を受取利息相当額として取り扱い，リース期間にわたり各期へ配分するという旧リース適用指針で定められていた会計処理を基本的に踏襲している（リース適用指針BC115項）。

図表Ⅵ-8　製造又は販売以外を事業とする貸手が当該事業の一環で行うリースの会計処理

時　期	会計処理
リース開始日	原資産の現金購入価額（原資産を借手の使用に供するために支払う付随費用がある場合は，これを含める。）により，リース投資資産を計上する。
リース開始日後	上記ｂ「製造又は販売を事業とする貸手が当該事業の一環で行うリース」と同様とする。

ｄ．貸手が事業の一環以外で行うリース

貸手が事業の一環以外で行うリースについて，当該リースが所有権移転外ファイナンス・リースと判定される場合，貸手は，図表Ⅵ-９のとおり会計処理を行う（リース適用指針第72項）。

図表Ⅵ-9　貸手が事業の一環以外で行うリースの会計処理

時　期	会計処理
リース開始日（注）	●　貸手のリース料からこれに含まれている利息相当額を控除した金額と原資産の帳簿価額との差額を売却損益として計上し，貸手のリース料からこれに含まれている利息相当額を控除した金額でリース投資資産を計上する。 ●　原資産を借手の使用に供するために支払う付随費用がある場合，当該付随費用を含めて売却損益に計上する。
リース開始日後	上記ｂ「製造又は販売を事業とする貸手が当該事業の一環で行うリース」と同様とする。

（注）売却損益が貸手のリース料に占める割合に重要性が乏しい場合は，当該売却損益を利息相当額に含めて処理することができる。

貸手が事業の一環以外で行うリースとして，例えば，貸手が主たる事業の一環以外で行う不動産を原資産とするファイナンス・リースのように，原資産の取得日とリース開始日が近接しないことにより原資産の帳簿価額と借手に対する現金販売価額との差があるリースが挙げられる。このようなリースにおいては，原資産の帳簿価額と借手に対する現金販売価額の差額である販売益相当額

は，製造又は販売を事業とする貸手が当該事業の一環で行うリースと同様，リースの開始日に損益として計上する（リース適用指針BC116項）。

旧リース会計基準等からの変更点

リース適用指針で廃止した貸手の会計処理の方法

旧リース適用指針では，ファイナンス・リース取引の会計処理について，次の３つの方法を定めていた（リース適用指針BC112項）。

- リース取引開始日に売上高と売上原価を計上する方法
- リース料受取時に売上高と売上原価を計上する方法
- 売上高を計上せずに利息相当額を各期へ配分する方法

リース適用指針では，このうち２つ目の「リース料受取時に売上高と売上原価を計上する方法」については，収益認識会計基準において対価の受取時にその受取額で収益を計上することが認められなくなったことを契機としてリースに関する収益の計上方法を見直した結果，廃止することとした（リース適用指針BC117項）。

②　利息相当額の各期への配分

利息相当額の総額を貸手のリース期間中の各期に配分する方法は，原則として，利息法による。この場合に用いる利率は，図表Ⅵ-４の貸手の計算利子率とする（リース会計基準第47項及びリース適用指針第73項）。

図表Ⅵ-10　重要性の判定式

$$\frac{\text{未経過の貸手のリース料の期末残高}+\text{見積残存価額の期末残高}}{\text{未経過の貸手のリース料の期末残高}+\text{見積残存価額の期末残高}+\text{営業債権の期末残高}}<10\%$$

ただし，リースを主たる事業としていない企業は，貸手としてのリースに重要性が乏しいと認められる場合，利息法によらず，利息相当額の総額を貸手のリース期間中の各期に定額で配分することができる（リース適用指針第74項）。

「貸手としてのリースに重要性が乏しいと認められる場合」とは，未経過の貸手のリース料及び見積残存価額の合計額の期末残高が当該期末残高及び営業債権の期末残高の合計額に占める割合が10パーセント未満である場合をいう（リース適用指針第75項，図表Ⅵ-10参照）。

当該簡便的な取扱いを適用する貸手としてのリースに重要性が乏しいかどうかを判断する割合を算定するにあたっては，次のことを考慮する（リース適用指針BC119項）。

● 利息相当額を利息法により各期に配分しているリースに係るものがある場合，これを未経過の貸手のリース料及び見積残存価額の合計額の期末残高から除く。
● 営業債権の期末残高について未経過の貸手のリース料の期末残高と二重になる場合，未経過の貸手のリース料及び営業債権の期末残高の合計額の算定上，二重にならないように調整を行う。
● 営業債権には，契約資産（収益認識会計基準第10項）が含まれる。

なお，連結財務諸表においては，上記の判定を，連結財務諸表の数値を基礎として見直すことができる。見直した結果，個別財務諸表の結果の修正を行う場合，連結修正仕訳で修正を行う（リース適用指針第75項）。

所有権移転外ファイナンス・リースの場合，その金融的な側面に着目すると所有権移転ファイナンス・リースと同様に利息法により受取利息相当額を配分することが整合的であり，また，貸手の原価の大半が資金調達コストである場合には，その費用配分処理と整合的な処理となる。したがって，所有権移転外ファイナンス・リースについても，受取利息相当額を利息法で配分することを原則的な取扱いとしている。しかしながら，旧リース適用指針では，リースを主たる事業としていない企業による所有権移転外ファイナンス・リース取引について，すべての収益配分が各期の投資額に対して一定の利益率になるようにされているわけではないものとして，重要性が乏しく，一定の要件を満たした場合には，定額法による受取利息相当額の配分を簡便的な取扱いとして認めていた。リース適用指針では，当該簡便的な取扱いを認めることでリース会計基準等の適用によるコストの増加に対応できること，また，貸手の会計処理については基本的に旧リース適用指針を踏襲していることから，当該簡便的な取扱いを踏襲することとした（リース適用指針BC119項）。

③　リース期間終了時及び再リースの処理

貸手のリース期間の終了により，借手から原資産の返却を受けた場合，貸手は当該原資産を見積残存価額でリース投資資産からその後の保有目的に応じ貯蔵品又は固定資産等に振り替える。当該原資産を処分した場合，処分価額と帳簿価額との差額を処分損益に計上する。

貸手が再リース期間を貸手のリース期間に含めない場合の再リース料は，その発生時に収益に計上する。この場合，リース投資資産は，貸手のリース期間の終了により固定資産に振り替え，当該固定資産について，再リース開始時点の見積再リース期間にわたり減価償却を行う。この場合の固定資産の取得価額は，リース投資資産から振り替えた金額とする（リース適用指針第76項）。

④　中途解約の処理

リースが中途解約された場合に受け取る規定損害金については，損益計算書上，当該規定損害金と中途解約時のリース投資資産残高（中途解約時点での見積残存価額控除後）との差額を損益として計上する（リース適用指針第77項）。

(3)　所有権移転ファイナンス・リース

①　基本となる会計処理

貸手の行ったリースが所有権移転ファイナンス・リースと判定される場合の基本となる会計処理は，所有権移転外ファイナンス・リースと同様とする。この場合，「リース投資資産」は「リース債権」と読み替える。また，割安購入選択権がある場合，当該割安購入選択権の行使価額を貸手のリース料及び受取リース料に含める（リース適用指針第78項）。

② 利息相当額の各期への配分

利息相当額の各期への配分は，原則として利息法による（リース適用指針第79項）。この場合に用いる利率は，図表Ⅵ－４の貸手の計算利子率とする。

この点，所有権移転ファイナンス・リースは，原資産の売却とリース債権の回収取引と考えられるため，各期のリース債権残高に対して一定の利益率になるように利息法により受取利息相当額を配分することとしている（リース適用指針BC118項）。

③ 再リースの処理

貸手が再リース期間を貸手のリース期間に含めない場合の再リース料は，その発生時に収益に計上する（リース適用指針第80項）。

④ 中途解約の処理

リースが中途解約された場合に受け取る規定損害金については，損益計算書上，当該規定損害金と中途解約時のリース債権残高との差額を損益として計上する（リース適用指針第81項）。

⑷ リース債権及びリース投資資産に関する金融商品会計基準の適用

① リース債権及びリース投資資産の性格

所有権移転ファイナンス・リースの場合，貸手は，借手からのリース料と割安購入選択権の行使価額で回収するが，所有権移転外ファイナンス・リースの場合はリース料と見積残存価額の価値により回収を図る点で差異がある。この差異を踏まえ，所有権移転ファイナンス・リースで生じる資産はリース債権に計上し，所有権移転外ファイナンス・リースで生じる資産はリース投資資産に計上する。この場合のリース投資資産は，将来のリース料を収受する権利と見積残存価額から構成される複合的な資産である（リース会計基準BC56項）。

②　リース債権及びリース投資資産に係る貸倒引当金

リース債権は金融商品と考えられ，また，リース投資資産のうち将来のリース料を収受する権利に係る部分については，金融商品的な性格を有すると考えられる。したがって，これらについては，貸倒見積高の算定等において，金融商品会計基準の定めに従う（リース会計基準BC57項）。

5　オペレーティング・リースに係る会計処理

⑴　会計処理の概要

貸手は，オペレーティング・リースについて，通常の賃貸借取引に係る方法に準じた会計処理を行う（リース会計基準第48項）。具体的には，貸手は，オペレーティング・リースによる貸手のリース料について，貸手のリース期間にわたり原則として定額法で計上する。

ただし，貸手が貸手のリース期間について，解約不能期間に再リース期間を加えて決定する方法を選択する場合（Ⅳ.2.⑵「貸手のリース期間」参照）に当該貸手のリース期間に無償賃貸期間が含まれるときは，貸手は，契約期間における使用料の総額（ただし，将来の業績等により変動する使用料を除く。）について契約期間にわたり計上する（リース適用指針第82項）。

⑵　無償賃貸期間に関する取扱い

貸手のオペレーティング・リースは，通常，貸手のリース期間にわたり時の経過とともに収益を計上することが取引実態を表すと考えられるため，原則として定額法により収益を計上することとしている（リース適用指針BC120項）。

これは，旧リース会計基準等の実務においては，フリーレント（契約開始当初数か月間賃料が無償となる契約条項）やレントホリデー（例えば，数年間賃貸借契約を継続する場合に一定期間賃料が無償となる契約条項）等の無償賃貸期間に関する会計処理が必ずしも明らかでなく，オペレーティング・リース取引の会計処理の実務に多様性が生じており，企業間の比較可能性が損なわれているとの意見が聞かれたことに対応したものである。

ここで，貸手のリース期間については，①借手のリース期間と同様に決定する方法と，②解約不能期間に再リース期間を加えて決定する方法のいずれかを選択して決定することを認めている（Ⅳ.2.(2)「貸手のリース期間」参照)。我が国におけるオペレーティング・リースについては解約不能期間が著しく短い契約も見受けられることから，企業が上記②の方法を選択する場合に契約に無償賃貸期間が含まれるときは，当該解約不能期間を基礎としてオペレーティング・リースの収益を計上することは取引実態を正しく反映しない可能性がある。これらを踏まえ，貸手のリース期間について上記②の解約不能期間に再リース期間を加えて決定する方法を選択して決定する場合に当該貸手のリース期間に無償賃貸期間が含まれるときは，貸手は，契約期間における使用料の総額（ただし，将来の業績等により変動する使用料を除く。）について契約期間にわたり計上することとした（リース適用指針BC121項)。

貸手のリース期間に無償賃貸期間が含まれる場合のオペレーティング・リースの会計処理を図示すると，図表Ⅵ-11のようになる。

図表Ⅵ-11　貸手のリース期間に無償賃貸期間が含まれる場合のオペレーティング・リースの会計処理

貸手のリース期間の決定方法	会計処理
①借手のリース期間と同様の方法	貸手のリース料を貸手のリース期間にわたり計上 ［無償賃貸期間］［リース料が生じる期間（延長・解約オプション含む。）］ ←貸手のリース期間→
②解約不能期間に再リース期間を加えた期間による方法	契約期間における使用料の総額(＊)を契約期間にわたり計上 ［無償賃貸期間］［リース料が生じる期間］ ←契約期間→ (＊) 将来の業績等により変動する使用料を除く。

Ⅶ

特定の取引における取扱い

1 借地権の設定に係る権利金等

⑴ 借地権の設定に係る権利金等の会計処理

借地権の設定に係る権利金等は，使用権資産の取得価額に含め，原則として，借手のリース期間を耐用年数とし，減価償却を行う。ただし，旧借地権の設定に係る権利金等又は普通借地権の設定に係る権利金等のうち，次の①又は②の権利金等については，減価償却を行わないものとして取り扱うことができる（リース適用指針第27項）。

① リース会計基準等の適用前に旧借地権の設定に係る権利金等及び普通借地権の設定に係る権利金等を償却していなかった場合，リース会計基準等の適用初年度の期首に計上されている当該権利金等及びリース会計基準等の適用後に新たに計上される権利金等の双方

② リース会計基準等の適用初年度の期首に旧借地権の設定に係る権利金等及び普通借地権の設定に係る権利金等が計上されていない場合，リース会計基準等の適用後に新たに計上される権利金等

⑵ 借地権の設定に係る権利金等の種類別の取扱い

後述する借地権の設定に係る権利金等に関する経過措置（リース適用指針第127項，X.2.⑷④a「旧借地権の設定に係る権利金等又は普通借地権の設定に

係る権利金等に関する経過措置」参照）も合わせると，借地権の設定に係る権利金等の種類別の会計上の取扱いは，図表Ⅶ-1のとおりとなる。

図表Ⅶ-1　借地権の設定に係る権利金等の種類別の会計上の取扱い

<table>
<tr><th>権利金等の種類</th><th colspan="2">会計上の取扱い</th></tr>
<tr><td rowspan="5">旧借地権又は普通借地権の設定に係る権利金等</td><td colspan="2">使用権資産の取得価額に含め，以下のいずれかを適用
原則　借手のリース期間にわたり減価償却を行う。
例外　減価償却を行わないものとして取り扱う。</td></tr>
<tr><th>適用初年度前の会計方針</th><th>取り得る会計方針</th></tr>
<tr><td rowspan="2">権利金等を計上し，償却していなかった場合</td><td>当該権利金等及びリース会計基準等の適用後に新たに計上される権利金等の双方について減価償却を行わない。</td></tr>
<tr><td>適用初年度の期首に計上されている旧借地権の設定に係る権利金等又は普通借地権の設定に係る権利金等のみ償却しないことができる。</td></tr>
<tr><td>権利金等を計上していない場合</td><td>リース会計基準等の適用後に新たに計上される権利金等について減価償却を行わない。</td></tr>
<tr><td>定期借地権の設定に係る権利金等</td><td colspan="2">使用権資産の取得価額に含め，借手のリース期間にわたり減価償却を行う。</td></tr>
</table>

⑶　借地権の設定に係る権利金等の取扱いの背景

①　権利金等の対価の取扱い

我が国においては，土地の賃貸借契約の締結時に借地権の設定対価として権利金の授受が行われることがあり，また，当該権利金の名目で授受される金銭の性質はさまざまであるといわれている。リース適用指針においては，次を想定して会計処理を定めることとした。

- 借手が貸手と借地契約を締結するにあたり，貸手に対して支払う借地権の設定対価
- 借手が貸手と借地契約を締結するにあたり，当該貸手が借手以外の第三者と借地契約を締結していた場合に当該借手が当該第三者から借地権の譲渡を受けるときの当該第三者に対する当該借地権の譲渡対価

これらの借地権の設定に係る権利金等の授受が行われる場合，借地権を除く底地に対して毎月支払う賃料が設定され，借地権の価格の土地の更地価格に対する割合が高い場合には当該賃料は低くなるという一定の関係性があるといわれている。借地権は土地を使用する権利に他ならず，土地の賃貸借においては借手が土地を賃借しながら借地権のみを第三者に譲渡することはできないと考えられること及び通常当該権利金等の支払は土地の賃貸借契約と同時又はほぼ同時に行われることを踏まえ，リース適用指針では，借地権の設定と土地の賃貸借とを一体として取り扱い，借地権の設定に係る権利金等の対価は，使用権資産の取得価額に含めることとした（リース適用指針BC50項及びBC51項）。

② 旧借地権の設定に係る権利金等又は普通借地権に係る権利金等に係る取扱い

借手の権利が強く保護されている旧借地権又は普通借地権の設定対価については，次の２つの見方がある（リース適用指針BC52項）。

a．借地権の設定対価は，減価しない土地の一部取得に準ずるとの見方

b．借地契約の期間が長期にわたるとしても無期限にはならないため，借地権の設定対価も賃借期間に要するコストであるとの見方

旧借地権又は普通借地権は法定更新制度や正当事由制度により借手の権利が強く保護されてはいるものの，契約で期間を定めている場合には契約期間（契約で期間を定めていない場合には法定存続期間）がある上で契約の更新の権利があるものであると考えられるため，通常，借地権は無期限ではないと考えられる。

リース適用指針では，借地権は土地を使用する権利に他ならず土地の賃貸借

においては借手が土地を賃借しながら借地権のみを第三者に譲渡することはできないという一定の関係性があるもとで，上記ｂの見方に基づき，旧借地権の設定に係る権利金等又は普通借地権の設定に係る権利金等と当該賃料とを一体で使用権資産の取得価額に含め，借手のリース期間を耐用年数とし，減価償却を行うこととした（リース適用指針BC53項）。

ここで，借手のリース期間の終了時に残存価額があると認められる場合には借手のリース期間の終了時における残存価額を見積った上で残存価額を控除した金額により減価償却を行うことが考えられる。仮に残存価額を設定する場合，当該残存価額を毎期見直すことになると考えられるが，予想される売却価額の見積りを毎期行うことには相応のコストを要するものと考えられる。この状況により，借地権の承継が行われる可能性を見込むことや借手のリース期間の終了時に予想される売却価額を見積ることができない場合には，残存価額をゼロとすることも考えられる（リース適用指針BC54項）。

一方，審議の過程では，我が国の取引慣行においては，旧借地権の設定に係る権利金等又は普通借地権の設定に係る権利金等の支払は，減価しない土地の一部取得に準ずるとの見方（上記ａ）を支持する意見も聞かれた。この見方は，旧借地権又は普通借地権に関して借手の権利が強く保護されており契約の更新が可能であることを踏まえ，減価しない土地の一部取得に準ずると捉えられるものと考えられる。この点，我が国における借地権の取引慣行を踏まえ，一定の場合（図表Ⅶ-１参照）には減価償却を行わないものとして取り扱うことを認めることとした。

なお，当該権利金等を別個のものとして取り扱うことは適切ではないと考えられるため，当該権利金等について減価償却を行わない場合においても，当該権利金等は使用権資産の取得価額に含めて表示することになる（リース適用指針BC55項）。

また，経過措置として，当該権利金等について減価償却を行う原則的な取扱いを適用する借手がリース会計基準等の適用初年度の期首に計上されている旧借地権の設定に係る権利金等又は普通借地権の設定に係る権利金等を償却していなかった場合，当該権利金等のみ償却しないことができることとした。これは，リース会計基準等が公表される前に締結した土地の賃貸借契約に関して支払った旧借地権の設定に係る権利金等又は普通借地権の設定に係る権利金等については，これまで我が国の会計基準において当該権利金等に関する会計処理が明らかではなく，前述のａとｂの２つの見方がある中で，仮に当該権利金等について減価償却を行う原則的な取扱いを一律に適用することを求める場合，当初の契約の意図が会計処理に反映されなくなる可能性があることなどを考慮したものである（リース適用指針BC56項）。

③　定期借地権の設定に係る権利金等の取扱い

定期借地権の設定に係る権利金等は，使用権資産の取得価額に含めて借手のリース期間を耐用年数とし，減価償却を行う（リース適用指針第27項）。

これは，定期借地権が設定される土地の賃貸借契約は，賃借期間の満了時に当該賃貸借契約が終了するため，定期借地権の設定に係る権利金等は，賃貸借契約の期間に係るコストと考えられるためである（リース適用指針BC57項）。

2　建設協力金等の差入預託保証金

⑴　差入企業（借手）

金融商品実務指針では，後述の建設協力金等及び敷金については，これらが金融商品に該当する（金融商品実務指針第10項）ことから，関連する定めは金融商品実務指針に記載されていた。しかし，これらの項目は，主にリースの締結により生じる項目であるため，これらの具体的な会計処理の定めについては，金融商品実務指針から削除し，リース適用指針において定めることとした（リース適用指針BC59項）。

①　建設協力金等

a．建設協力金の概要

建設協力金は，建物建設時に消費寄託する建物等の賃貸に係る預託保証金であり，契約に定めた期日に預り企業である貸手が現金を返還し差入企業である借手がこれを受け取る契約であるため，金融商品である。建設協力金の典型例としては，当初無利息であり10年経過すると低利の金利が付き，その後10年間にわたり現金で返済されるものが挙げられる（リース適用指針BC60項，図表Ⅶ-２参照）。

図表Ⅶ-２　建設協力金の例

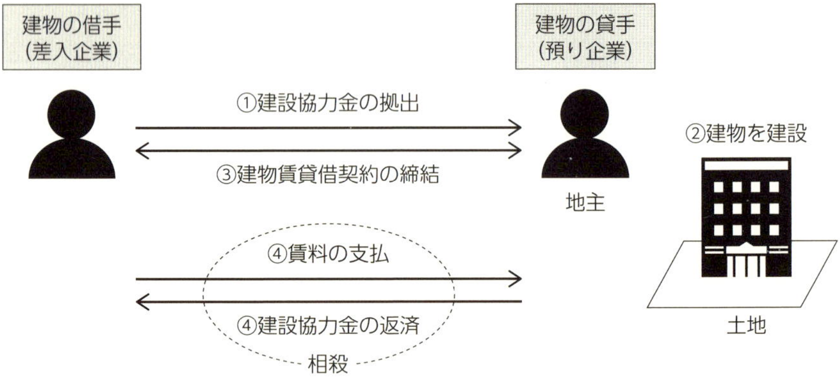

b．原則的な取扱い

預り企業である貸手から，差入企業である借手に将来返還される建設協力金等の差入預託保証金（敷金を除く。）に係る当初認識時の時価は，返済期日までのキャッシュ・フローを割り引いた現在価値である。

差入企業である借手は，当該差入預託保証金の支払額と当該時価との差額を使用権資産の取得価額に含める。また，当初時価と返済額との差額は，弁済期又は償還期に至るまで毎期一定の方法で受取利息として計上する（リース適用指針第29項）。

建設協力金に関して，差入企業である借手が対象となった土地建物に抵当権を設定している場合，現在価値に割り引くための利子率は，原則としてリスク・フリーの利子率を使用する（リース適用指針第30項）。当該利子率としては，例えば，契約期間と同一の期間の国債の利回りが考えられる（リース適用指針BC63項）。

また，差入企業である借手は，差入預託保証金（敷金を除く。）のうち，差入預託保証金の預り企業である貸手から差入企業である借手に将来返還されないことが契約上定められている金額について，使用権資産の取得価額に含める（リース適用指針第32項）。

c．例外的な取扱い

差入企業である借手は，返済期日までの期間が短いもの等，その影響額に重要性がない将来返還される差入預託保証金（敷金を除く。）については，前述bの会計処理を行わないことができる。この場合，差入預託保証金（敷金を除く。）については，債権に準じて会計処理（金融商品会計基準第14項）を行う（リース適用指針第31項）。

旧リース会計基準等からの変更点

建設協力金の会計処理

金融商品実務指針においては，建設協力金について次の会計処理が定められていた（リース適用指針BC61項）。

- 支払額と当該時価との差額は，長期前払家賃として計上し，契約期間にわたって各期の純損益に合理的に配分する。
- 当初時価と返済金額との差額を契約期間にわたって配分し受取利息として計上する。
- 差入預託保証金のうち，将来返還されない額は，賃借予定期間にわたり定額法により償却する。

この点，リース適用指針においては，リース会計基準における借手のリース料の定義（借手が借手のリース期間中に原資産を使用する権利に関して行う貸手に対する支払）を踏まえ，金融商品実務指針において長期前払家賃として取り扱われていたものについては，利息の受取を低額とすることによる賃料の支払の性質を有すると考えられるため，リース料として使用権資産の取得価額に含めることとした。

また，差入預託保証金（敷金を除く。）のうち，預り企業である貸手から差入企業である借手に将来返還されないことが契約上定められている金額は，借手が賃貸借契約に基づいて原資産を使用する権利に関する支払である点で，毎月支払われるリース料と相違はないと考えられるため，当該金額を使用権資産の取得価額に含めることとした（リース適用指針BC62項）。

② 敷　金

差入企業である借手は，差入敷金について次の会計処理を行う。

a．差入敷金のうち，差入敷金の預り企業である貸手から差入企業である借手に将来返還される差入敷金について，取得原価で計上する。ただし，前述①b「原則的な取扱い」に準じて会計処理を行うことができる（リース適用指針第33項）。

b．差入敷金のうち，差入敷金の預り企業である貸手から差入企業である借手に返還されないことが契約上定められている金額を使用権資産の取得価額に含める（リース適用指針第34項）。

c．資産除去債務適用指針第９項に従い，敷金の回収が最終的に見込めないと認められる金額を合理的に見積り，そのうち当期の負担に属する金額を費用に計上する方法を選択する場合，同項に従って差入敷金の会計処理を行う（リース適用指針第35項）。

敷金は，賃料及び修繕の担保的性格を有し償還期限は賃貸借契約満了時であり，法的には契約期間満了時に返還請求権が発生すると解されており，通常無金利である。したがって，差入敷金については，建設協力金と異なり取得原価で計上することとしていた金融商品実務指針の取扱いを踏襲している。ただし，IFRS任意適用企業がIFRS第16号の定めを個別財務諸表に用いても，基本的に修正が不要となる会計基準の開発を行う方針を考慮し，リース適用指針においては，差入敷金について建設協力金等に係る原則的な取扱いと同様の会計処理も認めることとした（リース適用指針BC64項)。

③　貸倒引当金

建設協力金等の差入預託保証金について差入預託保証金の預り企業である貸手の支払能力から回収不能と見込まれる金額がある場合，金融商品会計基準に従って貸倒引当金を設定する（リース適用指針第36項)。

⑵　預り企業（貸手）

前述⑴の差入企業（借手）と同様，建設協力金等及び敷金については，これらの項目が，主にリースの締結により生じる項目であるため，これらの具体的な会計処理の定めについては，金融商品実務指針から削除し，リース適用指針に定めを置くこととした。また，貸手の会計処理については，基本的に旧リース会計基準等の定めを踏襲することとしたため，預り預託保証金に関する貸手の会計処理については，金融商品実務指針の定めを踏襲することとした（リース適用指針BC122項)。

①　建設協力金等

a．原則的な取扱い

預り預託保証金の預り企業である貸手から，差入企業である借手に将来返還される建設協力金等の預り預託保証金（敷金を除く。）に係る当初認識時の時価は，返済期日までのキャッシュ・フローを割り引いた現在価値である。預り企業である貸手は，預り預託保証金（敷金を除く。）について次の(i)及び(ii)のとおり会計処理を行う（リース適用指針第83項)。

(i)　預り預託保証金の受取額と当該時価との差額を長期前受家賃として計上し，契約期間にわたって各期の損益に合理的に配分する。

(ii)　当初時価と返済額との差額を契約期間にわたって配分し支払利息として計上する。

また，預り企業である貸手は，預り預託保証金（敷金を除く。）のうち，預り企業である貸手から差入企業である借手に将来返還されないことが契約上定められている金額について，賃貸予定期間にわたり定額法により収益に計上する（リース適用指針第85項）。

b．例外的な取扱い

預り企業である貸手は，返済期日までの期間が短いもの等，その影響額に重要性がない預り預託保証金（敷金を除く。）について，上記ａ(i)及びａ(ii)の会計処理を行わないことができる。この場合，預り預託保証金は，債務に準じて会計処理を行う（リース適用指針第84項）。

② 敷　　金

預り企業である貸手は，将来返還する預り敷金について，債務額をもって貸借対照表価額とする。預り敷金のうち，預り敷金の預り企業である貸手から差入企業である借手に返還されないことが契約上定められている金額について，賃貸予定期間にわたり定額法により収益に計上する（リース適用指針第86項）。

3 ■ セール・アンド・リースバック取引

(1) セール・アンド・リースバック取引の概要

セール・アンド・リースバック取引とは，図表Ⅶ-３のように，売手である借手が資産を買手である貸手に譲渡し，売手である借手が買手である貸手から当該資産をリースする取引をいう（リース適用指針第４項(11)，Ⅲ.１.(1)「用語の定義」参照）。

資産の譲渡とリースバックは形式上別個の取引であるが，これらの取引が組み合わされることで，次のような論点が生じる可能性があると考えられる。

図表Ⅶ-3　セール・アンド・リースバック取引の概要図

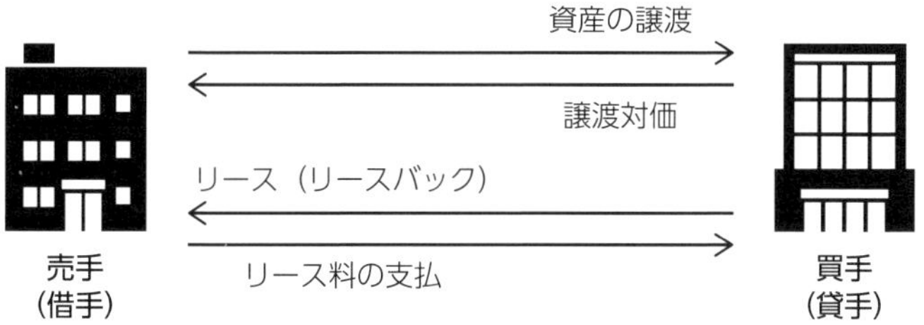

① リースバックにより，売手である借手が，買手である貸手に譲渡された資産から生じる経済的利益を引き続き享受しているにもかかわらず，当該資産を譲渡した時点で譲渡に係る損益が認識される。

② セール・アンド・リースバック取引においては，資産の譲渡とリースバックが，パッケージとして交渉されることが多く，資産の譲渡対価とリースバックにおける借手のリース料との間に相互依存性があると考えられる。このため，資産の譲渡対価及び関連するリースバックにおける借手のリース料が，それぞれ時価及び市場のレートでのリース料よりも高い（低い）金額で取引されることにより，一体としての利益の総額が同じであっても，資産の譲渡に係る損益が過大（過小）に計上される可能性がある。

このうち，上記①の論点への対応としてセール・アンド・リースバック取引における資産の譲渡の取扱いを，また，上記②の論点への対応として資産の譲渡損益を適切に計上するための取扱いをそれぞれ定めている（リース適用指針BC82項及びBC83項）。

⑵ 売手である借手

① セール・アンド・リースバック取引に該当するかどうかの判断

a．収益の認識が一定の期間にわたり充足される履行義務の充足により行われる場合

リースバックが行われる場合であっても，売手である借手による資産の譲渡が次のいずれかであるときはセール・アンド・リースバック取引に該当しない（リース適用指針第53項）。

(i) 収益認識会計基準に従い，一定の期間にわたり充足される履行義務（収益認識会計基準第36項）の充足によって行われるとき

(ii) 収益認識適用指針第95項を適用し，工事契約における収益を完全に履行義務を充足した時点で認識することを選択するとき

この取扱いに関して，我が国では，建設工事請負契約と一括借上契約が同時に締結される取引などにおいて，図表Ⅶ-４のように，収益が一定の期間にわたり認識される場合，セール・アンド・リースバック取引の定めが適用されるか否かについて論点になり得るとの意見が聞かれた。

この点，IFRS第16号においては，セール・アンド・リースバック取引の定めが適用される範囲，特に収益が一定の期間にわたり認識される場合であってもセール・アンド・リースバック取引の定めが適用されるのか否かについて明確にされていない。

図表Ⅶ-４ 建設工事請負契約と一括借上契約が同時に締結される取引

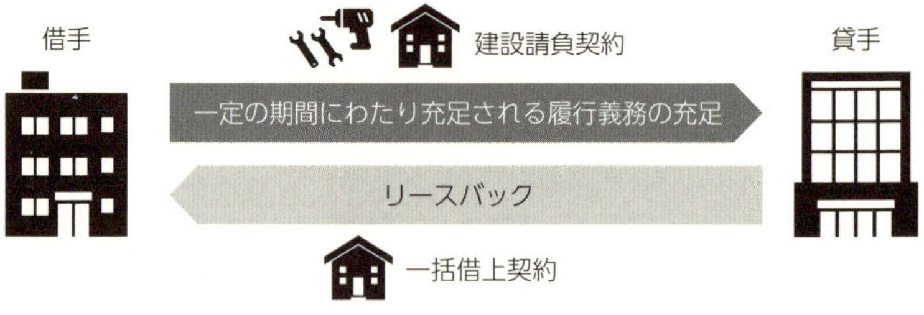

ここで，セール・アンド・リースバック取引の定義においては，譲渡された資産とリースされた資産が同一であることが重要な要素となっている。

セール・アンド・リースバック取引に該当するか否かを検討する対象となる資産の譲渡とリースバックにおいて，売手である借手による資産の譲渡が収益認識会計基準などの他の会計基準等により一時点で損益を認識する売却に該当すると判断される場合，売手である借手は，当該資産を買手である貸手に譲渡し，譲渡した当該資産をリースしているものと考えられる。この場合，譲渡された資産とリースされた資産は同一であると考えられることから，これらの取引についてはセール・アンド・リースバック取引に該当するものとして会計処理を定めることとした。

一方，セール・アンド・リースバック取引に該当するか否かを検討する対象となる資産の譲渡とリースバックにおいて，売手である借手による資産の譲渡が上記(i)又は(ii)のいずれかである取引については，資産の譲渡により売手である借手から買手である貸手に支配が移転されるのは仕掛中の資産であり，移転された部分だけでは資産の使用から生じる経済的利益を享受できる状態にない。これに対し，リースバックにより売手である借手が支配を獲得する使用権資産は，完成した資産に関するものであるため，譲渡された資産とリースされた資産は同一ではないと考えられる。したがって，これらの取引はセール・アンド・リースバック取引として取り扱わないこととした（リース適用指針BC84項からBC87項）。

【IFRS第16号との関係】

収益の認識が一定の期間にわたり充足される履行義務の充足により行われる場合の取扱い

収益の認識が一定の期間にわたり充足される履行義務の充足により行われる場合に譲渡された資産とリースされた資産は同一ではないとの考え方は，資産の譲渡とリースバックの関係をIFRS第15号と同等である収益認識会計基準の考え方により整理したものであり，IFRSにおいて認められる解釈の１つと考えられるため，国際的な比較可能性を大きく損なわせるものではないと考えられる。ただし，リース適用指針におけるこのセール・アンド・リースバック取引の範囲の明確化は，これがIFRS第16号における唯一の解釈であると示すことを意図するものではない（リース適用指針BC88項）。

b．売手である借手が原資産を移転する前に原資産に対する支配を獲得しない場合

売手である借手が原資産を移転する前に原資産に対する支配を獲得しない場合，当該資産の移転と関連するリースバックについては，セール・アンド・リースバック取引に該当せず，リースとして会計処理を行う（リース適用指針第54項）。

例えば，図表Ⅶ-５のように，取引の都合上，借手が貸手を通さずに資産を第三者から購入して当該資産を貸手に譲渡し当該貸手から原資産としてリースするような場合，売手である借手が当該原資産に対する法的所有権を獲得したとしても，資産が貸手に移転される前に借手が当該原資産に対する支配を獲得しないときには，当該取引はセール・アンド・リースバック取引ではないと考えられる（リース適用指針BC89項）。

図表Ⅶ-５　借手が貸手を通さずに資産を第三者から購入して当該資産を貸手に譲渡し当該貸手から原資産としてリースする取引

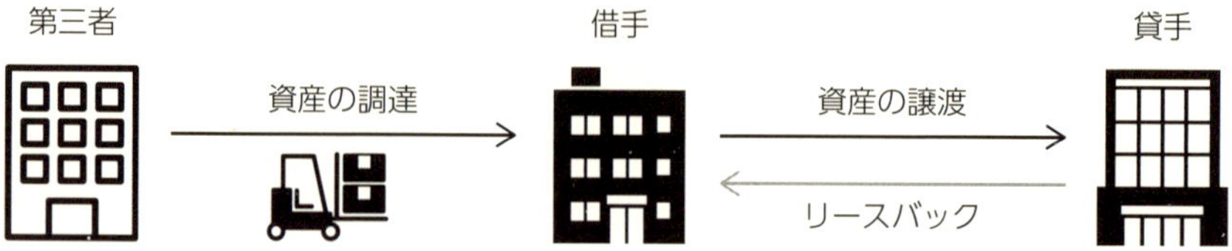

②　セール・アンド・リースバック取引に該当する場合の会計処理

セール・アンド・リースバック取引に該当する場合に次のａ又はｂのいずれかを満たすときは，売手である借手は，当該セール・アンド・リースバック取引について資産の譲渡とリースバックを一体の取引とみて，金融取引として会計処理を行う（リース適用指針第55項，図表Ⅶ－６参照）。

ａ．収益認識会計基準などの他の会計基準等に従うと売手である借手による資産の譲渡が損益を認識する売却に該当しない。

ｂ．収益認識会計基準などの他の会計基準等に従うと売手である借手による資産の譲渡が損益を認識する売却に該当するが，リースバックにより，売手である借手が資産からもたらされる経済的利益のほとんどすべてを享受することができ，かつ，資産の使用に伴って生じるコストのほとんどすべてを負担することとなる（すなわち，フルペイアウトのリースである。）。

セール・アンド・リースバック取引に該当する場合に上記ａ及びｂを満たさないときは，売手である借手は，資産の譲渡について収益認識会計基準などの他の会計基準等に従い損益を認識し，リースバックについてリース会計基準等に従い借手の会計処理を行う（リース適用指針第56項）。

セール・アンド・リースバック取引は，資産の譲渡とリースバックを組み合わせた取引である。資産の譲渡に係る損益を認識するためには，収益認識会計基準などの他の会計基準等に従い，売手である借手による資産の譲渡が売却に該当するかどうかを判断する。ここで，顧客との契約から生じる収益は，収益

図表Ⅶ－６　金融取引として会計処理を行う場合の要件

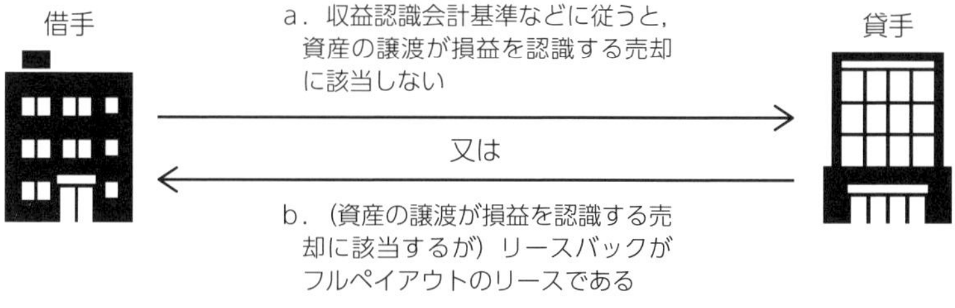

認識会計基準の適用範囲に含まれるが（収益認識会計基準第３項），顧客との契約から生じるものではない場合の固定資産の譲渡は収益認識会計基準の適用範囲に含まれない（収益認識会計基準第108項）。収益認識会計基準に含まれない固定資産の譲渡については一般的な実現主義の原則（企業会計原則 第二 損益計算書原則 三 B）が適用されると解されるが，特定の不動産取引については，譲渡に係る損益の認識時期等の具体的な判断について別途の指針等が定められている（リース適用指針BC90項）。

また，リース適用指針ではフルペイアウトの判定の要件を具体的に定めていないが，仮に貸手のリースがファイナンス・リースに該当するかの判定基準（Ⅵ.２.⑶「具体的な判定基準」参照）を用いて判断する場合には，売手である借手が当該要件を満たすかどうかを判断することになるため，借手のリース期間及び借手のリース料をもとに判定を行うことが考えられる（リース適用指針BC94項）。

【IFRS第16号との関係】

セール・アンド・リースバック取引の会計上の考え方

IFRS第16号においては，資産の譲渡が売却に該当するのは，IFRS第15号における要求事項を満たす場合のみであるとされている。また，IFRS第15号により収益が認識されると判断される場合，買手である貸手に移転された権利部分については権利の譲渡に係る利得又は損失を譲渡時に認識し，リースバックにより売手である借手が継続して保持する権利部分については権利の譲渡に係る利得又は損失を繰り延べることとされている（リース適用指針BC91項）。

一方，売却に該当するか否かの判断について，Topic 842においてはリースバックが一定の要件を満たす場合，当該リースバックはファイナンス・リースに分類され，このとき，Topic 606の収益認識要件を満たさないものとして，譲渡資産の認識を中止せずに，その他のTopicに従い受領した金額を金融負債として会計処理を行うこととされている。

Topic 842の結論の根拠においては，売手である借手のリースバックがファイナンス・リースである場合，売手である借手が，譲渡した資産を直ちに買い戻していることと実質的に異ならず，売手である借手による資産の譲渡を資産の売却とすることが適切ではないと考えられたことが説明されている。これに対し，資産の譲渡がTopic 606の収益認識要件を満たす場合には，収益をTopic 606の取引価格で測定して，原資産の認識を中止，すなわち，譲渡損益の全額を認識し，リースバックについては，オペレーティング・リースとして会計処理を行うこととされている（リース適用指針BC92項）。

これらのIFRS第16号における会計上の考え方とTopic 842における会計上の考え方を比較衡量した結果，リース会計基準等においては，Topic 842における定めを参考に，前述②ａ又はｂのいずれかを満たす場合には資産の譲渡は売却に該当しないこととし，当該資産の譲渡とリースバックを一体の取引とみて，金融取引として会計処理を行うこととした。

一方，セール・アンド・リースバック取引について，売手である借手による資産の譲渡が収益認識会計基準などの他の会計基準等により売却に該当する場合かつフルペイアウトのリースに該当しない場合には，売手である借手は，当該資産の譲渡について収益認識会計基準などの他の会計基準等に従い損益を認識し，リースバックについてリース会計基準等に従い借手の会計処理を行うこととした。これらの定めを置いた主な理由は，次のとおりである（リース適用指針BC93項）。

- 資産の譲渡について収益認識会計基準などの他の会計基準等の定めにより損益を認識すると判断する場合，当該資産の譲渡に係る損益が全額計上される。これに対し，IFRS第16号の定めと同様の定めをリース適用指針に含めた場合，資産の譲渡について収益認識会計基準などの他の会計基準等の定めにより損益を認識すると判断される場合であっても，当該資産の譲渡に係る損益の調整を求めることになり，収益認識会計基準などの他の会計基準等の考え方とは異なる考え方を採用することとなる。
- IFRS第16号においては，リースバックにより売手である借手が継続して保持する権利に係る利得又は損失は売却時に認識しないため売却損益の調整が必要となる分，Topic 842のモデルよりも複雑となる可能性があると考えられる。このようなIFRS第16号における資産の譲渡に係る損益の調整に代えて，セール・アンド・リースバック取引についての開示を要求することが有用な情報の提供につながると考えられる。

この点，公開草案に寄せられたコメントの中には，IFRS任意適用企業の個別財務諸表においてIFRS第16号と同様の会計処理の選択適用を認めるべきとの意見があったが，次の理由から，IFRS第16号と同様の会計処理を代替的な取扱いとして定めないこととした（リース適用指針BC95項）。

- リース適用指針におけるセール・アンド・リースバック取引に係る会計処理がIFRS第16号と異なっているのは収益認識会計基準などの他の会計基準の定めとの整合性を優先させるという会計上の考え方の相違によるものであるため，IFRS第16号と同様の会計処理の選択適用を認めることは適切ではないと考えられる。
- セール・アンド・リースバック取引は日常的に行われるものではないと考えられる。
- これまでごく一部の例外を除きIFRS任意適用企業に対してのみ適用される代替的な取扱いを置いていない。

③　資産の譲渡対価が明らかに時価ではない場合又は借手のリース料が明らかに市場のレートではない場合

資産の譲渡対価が明らかに時価ではない場合又は借手のリース料が明らかに市場のレートでのリース料ではない場合，売手である借手は，当該資産の譲渡対価と借手のリース料について図表Ⅶ-7のとおり取り扱う（リース適用指針第57項）。

また，図表Ⅶ-7で示した取扱いは，セール・アンド・リースバック取引に該当するかどうかの判断によりセール・アンド・リースバック取引に該当しないとされた，収益の認識が一定の期間にわたり充足される履行義務の充足により行われる場合の取引（上記① a 参照）にも適用する（リース適用指針第58項）。

この取扱いについては，セール・アンド・リースバック取引においては，資

図表Ⅶ-7　資産の譲渡対価が明らかに時価ではない場合等の取扱い

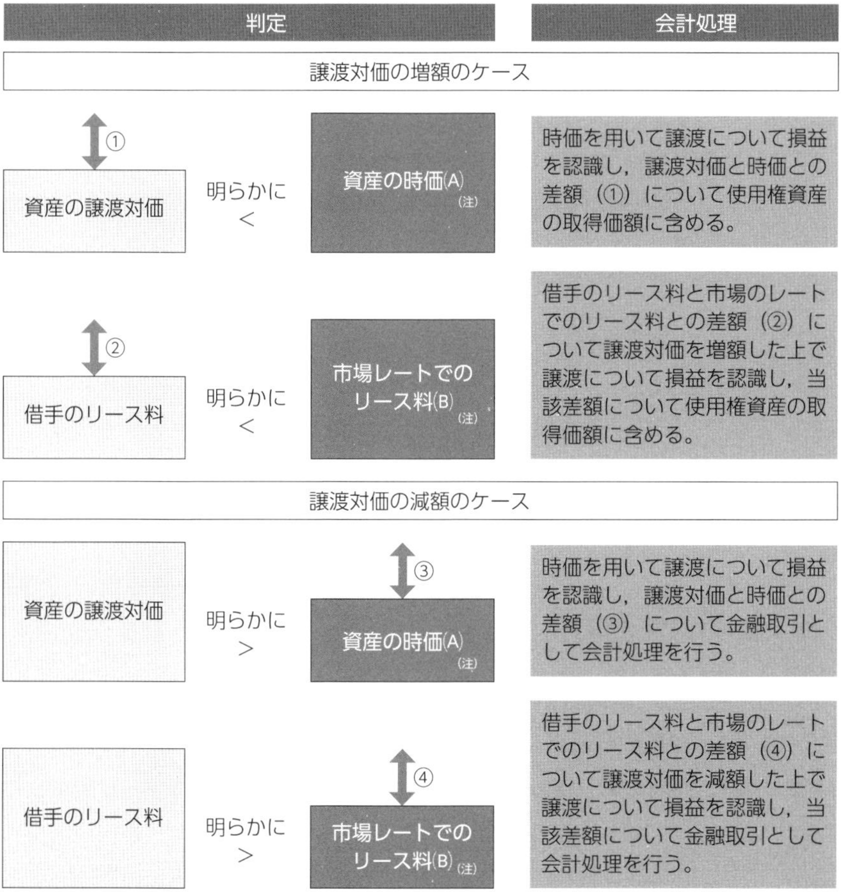

（注）(A)又は(B)のいずれか容易に算定できる方を基礎として判定する。

産の譲渡とリースバックがパッケージとして交渉されることが多く，資産の譲渡対価とリースバックにおける借手のリース料との間に相互依存性があると考えられる中で，収益認識会計基準では独立販売価格に基づく取引価格（対価）の配分を定めていること（収益認識会計基準第68項），また，リース適用指針においてもリースを構成する部分とリースを構成しない部分への対価の配分について独立販売価格に基づく配分を求めていること（リース適用指針第13項，Ⅳ.1.⑵②「リースを構成する部分とリースを構成しない部分を区分する場合の会計処理」参照）と整合的な定めを置いているものである（リース適用指針BC96項）。

また，資産の譲渡対価と借手のリース料がそれぞれ時価と市場のレートでのリース料よりも高い（低い）金額で取引される可能性は，資産の譲渡に係る損益が一定の期間にわたり認識されるものであるのか一時点で認識されるものであるのかにかかわらず存在するため，いずれの場合も同様に取り扱うこととした（リース適用指針BC97項）。

なお，セール・アンド・リースバック取引においては，資産の譲渡対価が時価で，借手のリース料が市場のレートである場合が多いと考えられるため，当該定めを適用することが求められる場合は限定的であると考えられる（リース適用指針BC96項）。

⑶　買手である貸手

セール・アンド・リースバック取引におけるリースバックが，ファイナンス・リースに該当するかどうかの貸手による判定は，前述のⅥ.2.「リースの分類」に示したところによる。ただし，この判定において，経済的耐用年数については，リースバック時における原資産の性能，規格，陳腐化の状況等を考慮して見積った経済的使用可能予測期間を用いるとともに，当該原資産の借手の現金購入価額については，借手の実際売却価額を用いるものとする（リース適用指針第87項）。

また，当該リースバックがファイナンス・リースに該当する場合の会計処理は，前述のⅥ.3.「ファイナンス・リースの分類」及びⅥ.4.「ファイナンス・リースに係る会計処理」と同様とし，当該リースバックがオペレーティング・リースに該当する場合の会計処理は，Ⅵ.5.「オペレーティング・リースに係る会計処理」と同様とする（リース適用指針第88項）。

4 ■ サブリース取引

(1) サブリース取引の概要

「サブリース取引」とは，原資産が借手から第三者にサブリースされ，当初の貸手と借手との間のリースが依然として有効である取引をいう。また，当初の貸手と借手との間のリースを「ヘッドリース」，ヘッドリースにおける借手を「中間的な貸手」という（リース適用指針第４項⑿，Ⅲ.１.(1)「用語の定義」及び図表Ⅶ-８参照）。以下では，中間的な貸手の会計処理について解説する。

図表Ⅶ-８　サブリース取引の概要図

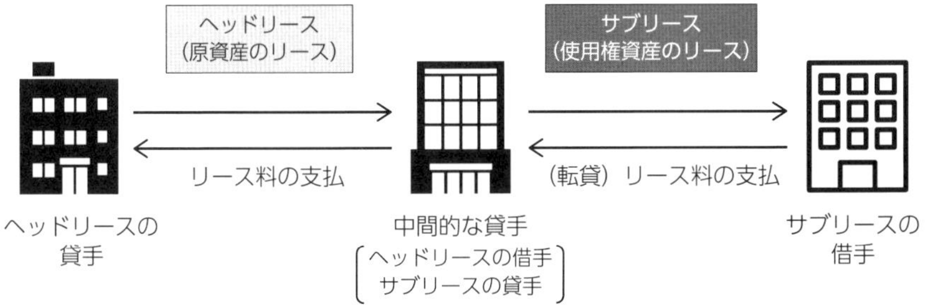

(2) 基本となる会計処理

① サブリースに係る会計処理

サブリース取引については，ヘッドリースとサブリースの契約は一般的に別個に交渉されており，中間的な貸手にとってヘッドリースから生じる義務は，一般にサブリースの契約条件によって消滅することはないことから，原則として，ヘッドリースとサブリースを２つの別個の契約として借手と貸手の両方の会計処理を行う。すなわち，中間的な貸手は，ヘッドリースについて，借手のリースの会計処理を行い，サブリースについて，サブリースがファイナンス・リースとオペレーティング・リースのいずれに該当するかにより，図表Ⅶ-9の会計処理を行う（リース適用指針第89項及びBC124項）。

図表Ⅶ-9　サブリースの貸手側の会計処理

サブリースの分類	会計処理
ファイナンス・リース	サブリースのリース開始日に，次の会計処理を行う。 a．サブリースした使用権資産の消滅を認識する。 b．サブリースにおける貸手のリース料の現在価値と使用権資産の見積残存価額の現在価値の合計額でリース投資資産又はリース債権を計上する。 c．リース投資資産又はリース債権の計上及び使用権資産の取崩しに伴う損益は，原則として純額で計上する。
オペレーティング・リース	サブリースにおける貸手のリース期間中に，サブリースから受け取る貸手のリース料について，オペレーティング・リースの会計処理を行う。

②　サブリースがファイナンス・リースに該当する場合の損益

図表Ⅶ-9のcのとおり，中間的な貸手はサブリース取引に係る損益を原則として純額で計上することとしている。この点，例えば中間的な貸手が財の販売やサービスの提供を行う中でサブリースを組み合わせて利用するようなときに，財又はサービスに係る収益とサブリースに係る収益を整合的に計上する観点から中間的な貸手はサブリース取引に係る損益を総額で計上する方が適切であると考えられる場合がある（リース適用指針BC127項）。

③　サブリースにおける貸手のリース料の現在価値の算定

サブリースにおける貸手のリース料の現在価値の算定を行うにあたっては，次のaの金額がbの金額と等しくなるような利率を用いる（リース適用指針第90項，図表Ⅶ-10参照）。

a．サブリースにおける貸手のリース料の現在価値と使用権資産の見積残存価額の現在価値の合計額

b．当該使用権資産に係るサブリースのリース開始日に現金で全額が支払われるものと仮定した場合のリース料

ただし，当該利率の算出が容易でない場合，ヘッドリースに用いた割引率を用いることができる（リース適用指針第90項ただし書き）。

図表Ⅶ-10　サブリースの貸手の割引率（原則的な利率）

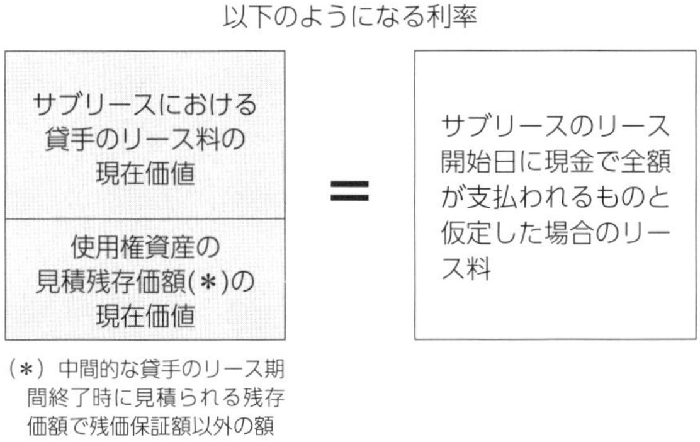

ここで，上記ｂのリース料は，サブリースを実行するために必要な知識を持つ自発的な独立第三者の当事者が行うと想定した場合のリース料とする。また，当該リース料の算定にあたっては，サブリースがヘッドリースのリース期間の残存期間にわたって行われるものと仮定する。当該リース料は，以下において「独立第三者間取引における使用権資産のリース料」という（リース適用指針第90項）。

④　サブリースの分類

中間的な貸手のサブリースは，図表Ⅶ-11のいずれかに該当する場合，ファイナンス・リースと判定される（リース適用指針第91項）。

図表Ⅶ-11　サブリースにおけるファイナンス・リースの判定基準

現在価値基準	経済的耐用年数基準
サブリースにおける貸手のリース料の現在価値が，独立第三者間取引における使用権資産のリース料の概ね90パーセント以上であること	サブリースにおける貸手のリース期間が，ヘッドリースにおける残りの借手のリース期間の概ね75パーセント以上であること（ただし，現在価値基準の判定結果が90パーセントを大きく下回ることが明らかな場合を除く。）

なお，ヘッドリースについて短期リース又は少額リースに関する簡便的な取扱いを適用して使用権資産及びリース負債を計上していない場合（Ⅴ.2.(3)「短期リースに関する簡便的な取扱い」及びⅤ.2.(4)「少額リースに関する簡便的な取扱い」参照），サブリースはオペレーティング・リースに分類する（リース適用指針第91項）。

中間的な貸手がサブリースの貸手におけるリースの分類を行うにあたり，IFRS第16号ではヘッドリースに係る使用権資産を参照して分類するのに対してTopic 842ではヘッドリースの原資産を参照して分類する違いがある。この点，次の理由によりIFRS第16号と同様に中間的な貸手は，サブリースの貸手におけるリースの分類を行うにあたり，ヘッドリースに係る使用権資産を参照して分類することとした（リース適用指針BC123項）。

- 貸手が所有している資産そのものをリースする場合と中間的な貸手が使用権資産をサブリースする場合では経済実態が異なると考えられる。中間的な貸手がリスクと経済価値のほとんどすべてを移転するかどうかを判断する対象は当該中間的な貸手が貸借対照表に計上している資産となると考えられるため，原資産ではなく使用権資産のリスクと経済価値がどの程度借手に移転しているかによりリースを分類することが適切であると考えられる。
- 借手の会計処理についてIFRS第16号と同様の単一の会計処理モデルによる（Ⅴ.1.「借手における費用配分の基本的な考え方」参照）ことと整

合的な取扱いとなると考えられる。

(3)　中間的な貸手がヘッドリースに対してリスクを負わない場合

①　経　　緯

典型的には我が国の不動産取引において，法的にヘッドリースとサブリースがそれぞれ存在する場合であっても，中間的な貸手がヘッドリースとサブリースを２つの別個の契約として借手と貸手の両方の会計処理を行い，貸借対照表において資産及び負債を計上することが取引の実態を反映しない場合があるとの意見が聞かれた。リース適用指針では，一定の要件を満たす場合，中間的な貸手が，サブリース取引について，法的に別個に存在する借手及び貸手としての契約を貸借対照表において別個の契約とせずに資産及び負債を計上しないことができる例外を定めることとした（リース適用指針BC128項及びBC129項）。

②　例外的な会計処理

サブリース取引のうち，次のａからｃの要件をいずれも満たす取引について，中間的な貸手は，貸借対照表においてヘッドリースにおける使用権資産及びリース負債を計上せず，かつ，損益計算書においてサブリースにおいて受け取るリース料の発生時又は当該リース料の受領時のいずれか遅い時点で貸手として受け取るリース料と借手として支払うリース料の差額を損益に計上することができる（リース適用指針第92項，図表Ⅶ-12参照）。

ａ．中間的な貸手は，サブリースの借手からリース料の支払を受けない限り，ヘッドリースの貸手に対してリース料を支払う義務を負わない。

ｂ．中間的な貸手のヘッドリースにおける支払額は，サブリースにおいて受け取る金額にあらかじめ定められた料率を乗じた金額である。

ｃ．中間的な貸手は，次のいずれを決定する権利も有さない。

- サブリースの契約条件（サブリースにおける借手の決定を含む。）
- サブリースの借手が存在しない期間における原資産の使用方法

図表Ⅶ-12　中間的な貸手がヘッドリースに対してリスクを負わない場合の会計処理

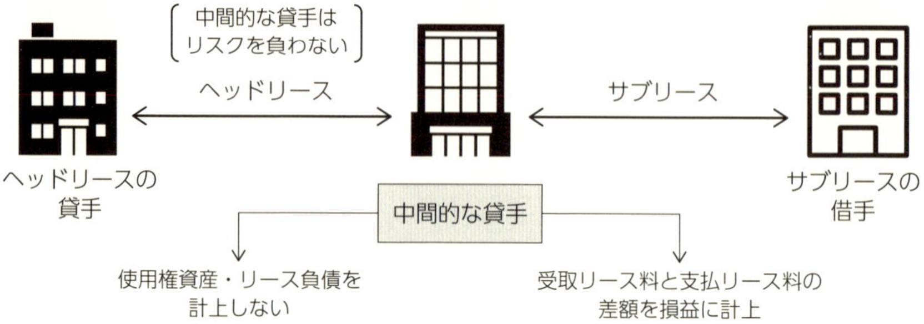

③　3つの要件を定めた背景

リース適用指針では，中間的な貸手が，サブリース取引について，法的に別個に存在する借手及び貸手としての契約を貸借対照表において別個の契約とせずに資産及び負債を計上しないことができる例外を定めることを目的として，国際的な比較可能性を大きく損なわせない範囲で我が国における例外的な取扱いを定めるため，ヘッドリースに対して一切のリスクを負わない3つの要件をいずれも満たす取引のみを例外的な取扱いの対象とすることとした。

上記②a及び②bの要件について，サブリース取引の中には，ヘッドリースにおける支払条件として，サブリースの借手からリース料の支払を受けない限りヘッドリースの貸手に対してリース料を支払う義務を負わず，かつ，サブリースにおいて受け取る金額にあらかじめ定められた料率を乗じた金額とされる場合がある。中間的な貸手におけるヘッドリースへの支払義務が，サブリースからの支払を受けた場合にのみ，その一定割合の金額について生じるとする要件を設けることで，中間的な貸手がヘッドリースに対して一切のリスクを負わず貸借対照表においてヘッドリースのリース負債を計上しないことが適切である限定的な取引を特定することとした。

また，上記②cの要件について，サブリース取引の中には，サブリースの条件についての最終決定権をヘッドリースの貸手が有する場合や，ヘッドリースの契約が存在している期間においても，中間的な貸手がサブリースの対象となる原資産の使用方法を自由に決定できない場合がある。中間的な貸手が，サブリースの契約条件及びサブリースの借手が存在しない期間における原資産の使用方法を決定する権利を有さないとする要件を設けることで，中間的な貸手のヘッドリースに対する権利が限定的であり，貸借対照表において使用権資産を計上しないことが適切である取引を特定することとした（リース適用指針BC129項）。

④　例外的な会計処理を認めた背景

このような中間的な貸手がヘッドリースに対して一切のリスクを負わない取引においては，収益認識適用指針第47項(2)において「企業が在庫リスクを有していること」が本人の指標とされていることなどに鑑みれば代理人として会計処理を行う場合と同様に純額表示することが適切となるとの意見も聞かれたため，次のａ及びｂの両方の会計処理を行うことを認めることとした（リース適用指針BC130項）。

ａ．貸借対照表においてヘッドリースにおける使用権資産及びリース負債を計上しない。

ｂ．損益計算書において貸手として受け取るリース料と借手として支払うリース料の差額を損益に計上する。

また，収益及び費用の認識は発生時に行うことが原則であるが，当該例外的な取扱いにおける会計処理を定めるにあたっては，サブリースの借手からリース料の支払を受けない限り，中間的な貸手がヘッドリースの貸手にリース料を支払う義務を負わないことをこの例外的な取扱いの要件としたことから，当該要件に合わせる形で，サブリースにおいて受け取るリース料の発生時又はリース料の受領時のいずれか遅い時点で，貸手として受け取るリース料と借手として支払うリース料との差額を損益に計上する会計処理を行うこととした（リース適用指針BC131項）。

なお，中間的な貸手がヘッドリースに対してリスクを負わない場合の取扱いと後述(4)の転リース取引の取扱いは，それぞれの取扱いにおける適用の要件を定めており，あるサブリース取引が，中間的な貸手がヘッドリースに対してリスクを負わない場合の取扱いと転リース取引の取扱いの両方の要件に該当することは想定していない（リース適用指針BC126項）。

【IFRS第16号との関係】

中間的な貸手がヘッドリースに対してリスクを負わないサブリース取引

中間的な貸手がヘッドリースに対してリスクを負わないサブリース取引について，審議の過程では，収益認識適用指針に定めている本人と代理人の区分の取扱いの考え方も参考に検討を行ったが，本人と代理人の区分の考え方を取り入れることの理屈上の整理が困難であったこと，また，収益認識適用指針における本人と代理人の区分の取扱いを参照することについては国際的な会計基準において明確に定められておらず，今後，IFRS第16号の適用後レビューなどの国際的な動向次第で結論が変わり得ることから，現時点でリース会計基準等に当該考え方を取り入れないこととした。

また，前述②の３つの要件を満たす取引におけるヘッドリースについてリースの識別の観点からも検討を行ったがコンセンサスは得られなかった。

これらを踏まえ，中間的な貸手が一切のリスクを負わず，かつ，限定的な権利のみを有する取引に適用対象を限定し，例外的な取扱いを定めることとした。

(4)　転リース取引

①　転リース取引の概要

サブリース取引のうち，ヘッドリースの原資産の所有者から当該原資産のリースを受け，さらに同一資産を概ね同一の条件で第三者にリースする取引を転リース取引という（リース適用指針第93項，図表Ⅶ-13参照）。

図表Ⅶ-13　転リース取引の概要図

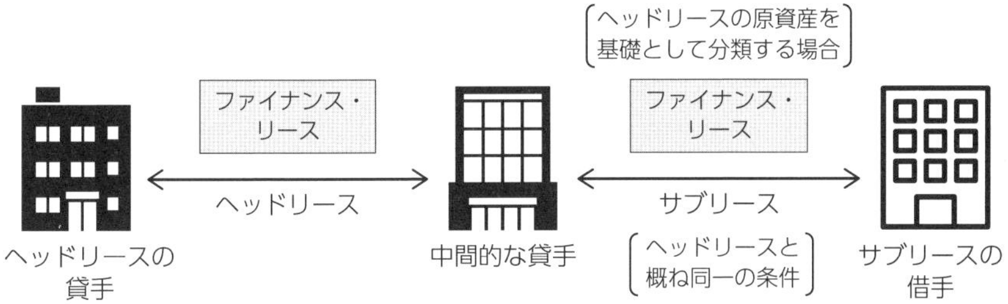

② 例外的な会計処理

中間的な貸手は，転リース取引のうち，貸手としてのリースがヘッドリースの原資産を基礎として分類する場合にファイナンス・リースに該当するとき，次のａ及びｂの会計処理を行うことができる（リース適用指針第93項）。

ａ．貸借対照表上，リース債権又はリース投資資産とリース負債の双方を計上する。

ｂ．損益計算書上，支払利息，売上高，売上原価等は計上せずに，貸手として受け取るリース料と借手として支払うリース料との差額を手数料収入として各期に配分し，転リース差益等の名称で計上する。

上記の会計処理を行うにあたって，リース債権又はリース投資資産とリース負債は利息相当額控除後の金額で計上することを原則とするが，利息相当額控除前の金額で計上することができる。また，リース債権又はリース投資資産から利息を控除するにあたって使用する割引率は，リース負債から利息相当額を控除する際の割引率を使用する（リース適用指針第93項なお書き）。

③ 例外的な会計処理を認めた背景

主に機器等のリースについて仲介の役割を果たす中間的な貸手の会計処理と

して実務に浸透している旧リース適用指針における転リース取引の取扱いは，借手のすべてのリースについて資産及び負債の計上を求めるとするリース適用指針の主たる改正目的についての例外を定めるものではないことや財務諸表作成者の負担の増加への対応を図ることから，サブリース取引の例外的な取扱いとして，リース適用指針において旧リース適用指針の定めを変更せずに踏襲することとした（リース適用指針BC132項）。

また，旧リース適用指針において，転リース取引は，借手としてのリース取引及び貸手としてのリース取引の双方がファイナンス・リース取引に該当する取引を対象としており，リース適用指針においてもこの範囲を踏襲することとした。リース適用指針においては，借手のリースは分類しないこととしたため，貸手としてのリースがヘッドリースの原資産を参照して分類する場合にファイナンス・リースに該当する場合として定めている（リース適用指針BC133項）。

旧リース会計基準等からの変更点

セール・アンド・リースバック取引を行ったリース物件を転リースする場合の取扱い

旧リース適用指針は，「セール・アンド・リースバック取引によるリース物件を，さらに概ね同一の条件で第三者にリースした場合で，当該転リース取引の貸手としてのリース取引がファイナンス・リース取引に該当し，かつ，その取引の実態から判断して当該物件の売買損益が実現していると判断されるときは，その売買損益は繰延処理せずに損益に計上することができる」取扱いを定めていた。

この点，リース適用指針におけるセール・アンド・リースバック取引の取扱い（3.⑵「売手である借手」参照）に従うと，当該貸手は，このような一連の取引のうちセール・アンド・リースバック取引を金融取引として会計処理を行った上で，当該貸手が第三者との間で行うサブリース取引をファイナンス・リースとして会計処理を行うこととなるものと考えられる。したがって，リース適用指針の定めを適用すると，このような一連の取引においては転リース取引にならないと考えられるため，旧リース適用指針における当該取扱いを踏襲していない（リース適用指針BC134項）。

【IFRS第16号との関係】

サブリース取引におけるヘッドリースが少額リースである場合の取扱い

IFRS第16号においては，借手が資産をサブリースしている場合，ヘッドリースについて少額リースに関する簡便的な取扱いを適用することができない取扱いとされているが，リース適用指針においては，実務負担の増加への対応から，当該取扱いは取り入れないこととした（リース適用指針BC136項）。

Ⅷ

開　示

1 表　示

(1) 借　手

① 表示を定めるにあたっての方針

リース会計基準等において借手の会計処理をIFRS第16号と整合的なものとする中で，借手の表示についても，IFRS第16号と整合的なものとしている（リース会計基準BC58項）。

② 貸借対照表における表示

a．使用権資産

使用権資産について，次の(i)又は(ii)のいずれかの方法により，貸借対照表において表示する（リース会計基準第49項）。

(i) 対応する原資産を自ら所有していたと仮定した場合に貸借対照表において表示するであろう科目に含める方法

(ii) 対応する原資産の表示区分（有形固定資産，無形固定資産，投資その他の資産等）において使用権資産として区分する方法

これらの方法を図示すると，図表Ⅷ-1のようになる。

図表Ⅷ-1　使用権資産の表示

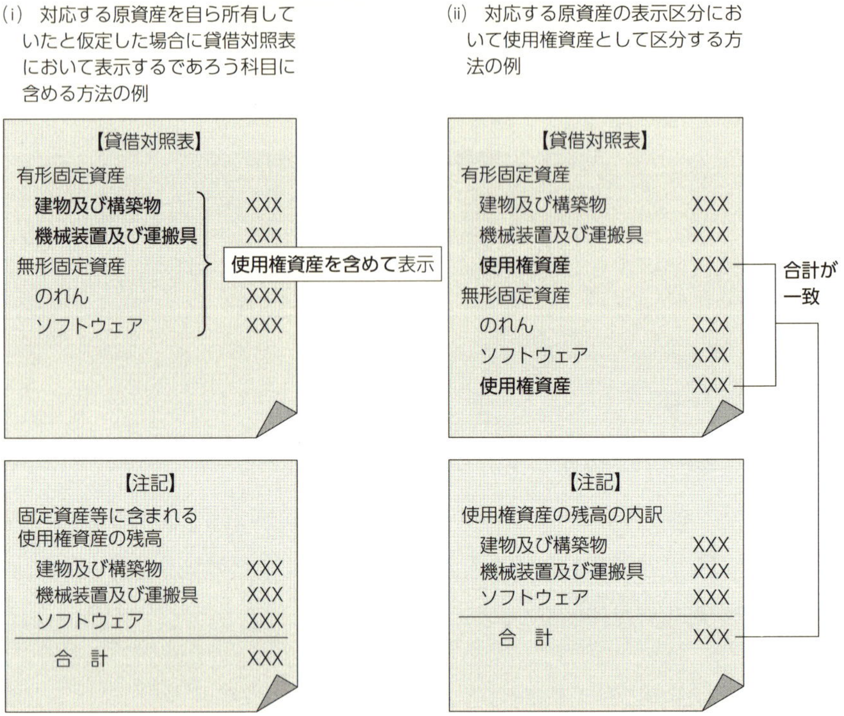

(注) 使用権資産の帳簿価額の注記については，3.(3)①「貸借対照表に関する情報」を参照のこと

b．リース負債

リース負債について，貸借対照表において区分して表示する又はリース負債が含まれる科目及び金額を注記する。

このとき，貸借対照表日後1年以内に支払の期限が到来するリース負債は流動負債に属するものとし，貸借対照表日後1年を超えて支払の期限が到来するリース負債は固定負債に属するものとする（リース会計基準第50項）。

【IFRS第16号との関係】

使用権資産の表示

貸借対照表に関して，IFRS第16号では，借手は使用権資産について，他の資産と区分して，財政状態計算書に表示する又は注記で開示することとされている。借手は，使用権資産について，財政状態計算書において区分表示しない場合，対応する原資産が自社所有であったとした場合に表示されるであろう表示科目に含め，使用権資産を含めた表示科目について開示することとされている。

この点，審議の過程では，固定資産を有形固定資産，無形固定資産及び投資その他の資産に区分する我が国における分類を変更し，固定資産に新たな「使用権資産」という区分を設けることを検討した。しかしながら，使用権資産が重要でない場合にまで，新たな「使用権資産」の区分を必ず設けなければならないことに違和感があるなどの意見が聞かれたことから，当該区分を設けないこととした。

現行の固定資産の分類（有形固定資産，無形固定資産及び投資その他の資産）を前提として検討した結果，使用権資産について，前述ａ(ⅰ)又は(ⅱ)のいずれかの方法により，貸借対照表において表示することとした（リース会計基準BC59項）。

③　損益計算書における表示

ａ．表示に関する定め

リース負債に係る利息費用について，損益計算書において区分して表示する又はリース負債に係る利息費用が含まれる科目及び金額を注記する（リース会計基準第51項）。

ｂ．開示を求める背景

リース負債に係る利息費用の開示は，リース負債の帳簿価額を他の負債と区分した開示とともに，借手のリース負債及び財務コストに関する情報を提供する（リース会計基準BC60項）。

⑵ 貸　手

①　貸借対照表における表示

a．表示に関する定め

リース債権及びリース投資資産のそれぞれについて，貸借対照表において区分して表示する又はそれぞれが含まれる科目及び金額を注記する。ただし，リース債権の期末残高が，当該期末残高及びリース投資資産の期末残高の合計額に占める割合に重要性が乏しい場合，リース債権及びリース投資資産を合算して表示又は注記することができる。

このとき，リース債権及びリース投資資産について，当該企業の主目的たる営業取引により発生したものである場合には，流動資産に表示する。また，当該企業の主目的たる営業取引以外の取引により発生したものである場合には，貸借対照表日の翌日から起算して１年以内に入金の期限が到来するものは流動資産に表示し，入金の期限が１年を超えて到来するものは固定資産に表示する（リース会計基準第52項）。

b．開示を求める背景

旧リース会計基準等においては，所有権移転ファイナンス・リースと所有権移転外ファイナンス・リースとでリースの性格が異なるためそれぞれ会計処理を定めていた。リース会計基準等では，貸手についてこの取扱いを踏襲しているため，貸手の表示においても，貸借対照表に関して，所有権移転ファイナンス・リースに係るリース債権と所有権移転外ファイナンス・リースに係るリース投資資産は区分して表示することとした。

ただし，IFRS第16号ではリース債権及びリース投資資産は区分されていないことを踏まえ，リース債権の期末残高が，当該期末残高及びリース投資資産の期末残高の合計額に占める割合に重要性が乏しい場合，リース債権及びリース投資資産を合算して開示したとしても財務諸表利用者にとっての情報の有用性に影響を与えない場合があると考えられるため，貸借対照表においてリース債権及びリース投資資産を合算して開示することができることとした。

貸手におけるリース債権及びリース投資資産については，一般的な流動固定の区分基準に従い，当該企業の主目的たる営業取引により生じたものであるか否かにより，流動資産に表示するか，固定資産に表示するかを区分する（リース会計基準BC62項及びBC63項)。

② 損益計算書における表示

a．表示に関する定め

次の(i)から(iii)の事項について，損益計算書において区分して表示する又はそれぞれが含まれる科目及び金額を注記する（リース会計基準第53項)。

(i) ファイナンス・リースに係る販売損益（売上高から売上原価を控除した純額）

(ii) ファイナンス・リースに係るリース債権及びリース投資資産に対する受取利息相当額

(iii) オペレーティング・リースに係る収益（貸手のリース料に含まれるもののみを含める。）

b．開示を求める背景

ファイナンス・リース及びオペレーティング・リースに係る各損益項目の開示は，収益認識会計基準において収益の分解情報の注記を求めていることと同様に，財務諸表利用者が収益のさまざまな構成部分に関する情報を理解することを可能にする有用な情報を提供する（リース会計基準BC64項)。

2 開示目的

リースに関する注記における開示目的は，借手又は貸手が注記において，財務諸表本表で提供される情報と併せて，リースが借手又は貸手の財政状態，経営成績及びキャッシュ・フローに与える影響を財務諸表利用者が評価するための基礎を与える情報を開示することにある（リース会計基準第54項)。

リース会計基準等では，ASBJが2022年６月に公表した「企業会計基準等の開発において開示を定める際の当委員会の方針（開示目的を定めるアプローチ)」に則り，開示目的を定めることで，リースの開示の全体的な質と情報価値が開示目的を満たすのに十分であるかどうかを評価することを企業に要求することとなり，より有用な情報が財務諸表利用者にもたらされると考えられるため，リースに関する情報を注記するにあたっての開示目的を定めている(リース会計基準BC65項)。

この開示目的を達成するため，リースに関する注記を独立の注記項目として，図表Ⅷ-２の事項を注記する。ただし，これらの各注記事項のうち，開示目的に照らして重要性に乏しいと認められる注記事項については，記載しないことができる。また，他の注記事項に既に記載している情報については，繰り返す必要はなく，当該他の注記事項を参照することができる（リース会計基準第55項及び第57項)。

図表Ⅷ-２　借手及び貸手の注記

借手の注記	貸手の注記
●　会計方針に関する情報 ●　リース特有の取引に関する情報 ●　当期及び翌期以降のリースの金額を理解するための情報	●　リース特有の取引に関する情報 ●　当期及び翌期以降のリースの金額を理解するための情報

借手及び貸手の注記事項は，開示目的との関連，すなわち，どのように開示目的が達成されることが想定されるかを踏まえて，財務諸表利用者にとって理解しやすい形での注記となるよう分類を行ったものである（リース会計基準BC66項）が，リースに関する注記を記載するにあたり，図表Ⅷ-２において示す注記事項の区分に従って注記事項を記載する必要はない（リース会計基準第56項)。

開示目的を達成するために必要な情報は，リースの類型等により異なるものであるため，注記する情報は，図表Ⅷ-2に掲げる注記事項に限定することを意図しておらず，図表Ⅷ-2に掲げる注記事項以外であっても，開示目的を達成するために必要な情報は，リース特有の取引に関する情報として注記する（リース適用指針第94項）。また，借手及び貸手のいずれにも該当する企業は，借手及び貸手としてそれぞれ記載する情報を検討するにあたって，借手及び貸手のそれぞれの立場から開示目的を達成するかどうかを判断する（リース適用指針BC137項）。

IFRS第16号では，多くのリースは，変動リース料，解約及び延長オプション，残価保証など複雑な要素を含んでおり，すべての企業に対する標準的な開示要求のみでは財務諸表利用者のニーズを満たさない可能性が高いことから，開示目的を満たすために必要な追加の定性的情報及び定量的情報の例が示されていることが説明されている。リース適用指針においても，リースはさまざまな要素を含む場合があり，標準的な開示要求に加えて，開示目的に照らした追加の情報の注記を求めることとした。また，財務諸表作成者及び監査人の負担の増加を考慮して，追加の情報の注記が必要とされる事項の例を示すこととした（リース適用指針BC137項，3.(5)「開示目的に照らして借手が注記する情報」及び4.(4)「開示目的に照らして貸手が注記する情報」参照）。

3 借手の注記

(1) 借手の注記事項を定めるにあたっての方針

借手の会計処理をIFRS第16号と整合的なものとする中で，借手の注記事項についても，IFRS第16号と整合的なものとすることとした。ただし，Ⅰ.3.「開発にあたっての基本的な方針」に記載のとおりリース会計基準等は簡素で利便性が高いものを目指していることから，取り入れなくとも国際的な比較可能性を大きく損なわせない内容については，必ずしもIFRS第16号に合わせる必要はないと考えられるため，取り入れないこととした。

具体的には，我が国の会計基準に関連のない注記，少額リースの費用に関する注記及び短期リースのポートフォリオに関する注記については，取り入れていない（リース会計基準BC67項）。

⑵ 会計方針に関する情報

① 注記事項に関する定め

「会計方針に関する情報」については，リースに関して企業が行った会計処理について理解することができるよう，次の会計処理を選択した場合，その旨及びその内容を注記する（リース適用指針第97項）。

a．リースを構成する部分とリースを構成しない部分とを分けずに，リースを構成する部分と関連するリースを構成しない部分とを合わせてリースを構成する部分として会計処理を行う選択（Ⅳ.１.⑵①ｂ「借手の例外的な取扱い」参照）

b．指数又はレートに応じて決まる借手の変動リース料に関する例外的な取扱いの選択（Ⅴ.２.⑵②ｂ「例外的な取扱い」参照）

c．借地権の設定に係る権利金等に関する会計処理の選択（Ⅶ.１.⑵「借地権の設定に係る権利金等の種類別の取扱い」参照）

上記の会計方針を重要な会計方針として注記している場合，リースに関する注記として繰り返す必要はなく，重要な会計方針の注記を参照することができる。

② 開示を求める背景

重要な会計方針として注記する内容については，原則として，企業会計原則注解（注１－２）及び企業会計基準第24号第４－４項に照らして企業が判断するものである。この点，収益認識会計基準においては，少なくとも，企業の主要な事業における主な履行義務の内容及び企業が当該履行義務を充足する通常の時点（収益を認識する通常の時点）について，重要な会計方針として注記することを求めている。一方，リースに関する会計方針については，企業によりリースの利用度合いは異なりリースの重要性は異なること，また，リース会計基準における選択肢の多くは，重要性が乏しい場合を対象としていることから，すべての企業について自動的に企業会計原則注解及び企業会計基準第24号に定める「重要な会計方針」として識別される項目はないものと考えた。

しかしながら，「重要な会計方針」に該当するか否かにかかわらず，企業による選択を注記することが，財務諸表利用者が企業の財政状態，経営成績及びキャッシュ・フローを評価する上で有用な会計方針については，「リースに関する注記」として注記することが有用な場合があると考えられるため，上記①ａからｃについては，会計方針に関する情報として注記することを求めることとした（リース適用指針BC138項からBC140項）。

⑶　リース特有の取引に関する情報

「リース特有の取引に関する情報」については，リースが企業の財政状態又は経営成績に与える影響を理解できるよう，次の①から④の内容を注記する（リース適用指針第98項）。

①　貸借対照表に関する情報

ａ．注記事項に関する定め

貸借対照表において次の(ⅰ)から(ⅲ)に定める事項を区分して表示していない場合，それぞれについて，次の事項を注記する（リース適用指針第99項）。

(ⅰ)　使用権資産の帳簿価額について，対応する原資産を自ら所有していたと仮定した場合の表示科目ごとの金額。当該注記を行うにあたって，表示科目との関係が明らかである限りにおいて，より詳細な区分により使用権資産の帳簿価額の金額を注記することを妨げない。

(ii) 指数又はレートに応じて決まる借手の変動リース料に関する例外的な取扱い（V.2.(2)② b「例外的な取扱い」参照）により会計処理を行ったリースに係るリース負債が含まれる科目及び金額

(iii) 借地権について，減価償却を行わないことを選択した場合（Ⅶ.1.(2)「借地権の設定に係る権利金等の種類別の取扱い」参照），償却していない旧借地権の設定に係る権利金等又は普通借地権の設定に係る権利金等が含まれる科目及び金額

b．開示を求める背景

上記 a(i)の使用権資産の帳簿価額の開示は，借手のリース活動の性質を理解する上で，また，資産をリースしている企業と資産を購入している企業とを比較する上で有用な情報を提供すると考えられるため，求めることとした。なお，当該開示を行うにあたっては，表示科目との関係が明らかである限りにおいて，より詳細な区分により開示を行うことを妨げないものとした。また，土地及び建物に係るリースについてそれぞれが独立したリース（Ⅳ.1.(2)② e「独立したリースの構成部分」参照）ではない場合，当該リースについて土地と建物に区分せずに注記することが考えられる（リース適用指針BC142項）。

上記 a(ii)の指数又はレートに応じて決まる借手の変動リース料に関する例外的な取扱い及び a(iii)の償却していない借地権の設定に係る権利金等の開示は，企業が代替的な会計処理を選択した場合に求める開示であり，当該注記は，財務諸表利用者が企業の財務諸表の分析を行うことを可能とし，財務諸表利用者が，企業の財政状態，経営成績及びキャッシュ・フローを評価する上で有用であると考えられるため，求めることとした。(リース適用指針BC143項)。

② 損益計算書に関する情報

a．注記事項に関する定め

損益計算書において次の(i)及び(ii)に定める事項を区分して表示していない場合，それぞれについて，次の事項を注記する（リース適用指針第100項）。

(i) 短期リースに係る費用の発生額が含まれる科目及び当該発生額（この費用には借手のリース期間が１か月以下のリースに係る費用及び少額リースに係る費用を含めることを要しない。）

(ii) リース負債に含めていない借手の変動リース料に係る費用の発生額が含まれる科目及び当該発生額

上記(i)の短期リース及び少額リースの注記については，図表Ⅷ-３のとおりとなる。

図表Ⅷ-３ 短期リース及び少額リースに関する注記の要否

		短期リース	
		該当しない	該当する
少額リース	該当しない	−	注記する
	該当する	注記不要	短期リースの注記に含めないことが可能

b．開示を求める背景

上記 a(i)の短期リースの開示及び a(ii)の借手の変動リース料の開示は，資産及び負債が貸借対照表に計上されていないリース料に関する情報を提供すると考えられるため，求めることとした（リース適用指針BC144項）。

短期リースの開示については，借手のリース期間の判断で簡便的な取扱いの対象となるかどうかが変更になることから恣意的な操作の対象となる可能性があると考えられることや，金額的に重要性のあるリース負債がオフバランスとなる可能性があるという点から，財務諸表利用者が財政状態及び経営成績を評価するために有用な情報を提供することになると考え，短期リースに係る費用の開示を求めることとした（リース適用指針BC146項）。

一方，以下については，開示を求めない又は注記を要しないこととした。

● 少額リース

少額リースについては，簡便的な取扱いの対象となるかどうかについて，短期リースのような判断は不要であり，また，金額的な重要性が乏しい少額リースを対象としているため開示を求めないこととした（リース適用指針BC146項）。

- 短期リースかつ少額リースに該当するリース

短期リースかつ少額リースに該当するリースについては，金額的に重要性のあるリース負債がオフバランスとなる可能性があることに着目し短期リースに係る費用の開示を求めている趣旨及び開示のコストと便益を考慮し，短期リースに係る費用の発生額の注記に含めないことを認めることとした（リース適用指針BC147項）。

③　セール・アンド・リースバック取引に関する情報

a．注記事項に関する定め

セール・アンド・リースバック取引について，次の(i)から(iii)の事項を注記する（リース適用指針第101項(1)）。

(i)　セール・アンド・リースバック取引から生じた売却損益を損益計算書において区分して表示していない場合，当該売却損益が含まれる科目及び金額

(ii)　金融取引として会計処理（リース適用指針第55項，Ⅶ.3.(2)②「セール・アンド・リースバック取引に該当する場合の会計処理」参照）を行ったセール・アンド・リースバック取引について，当該会計処理を行った資産がある旨並びに当該資産の科目及び金額

(iii)　資産の譲渡に係る損益を認識する会計処理（リース適用指針第56項，Ⅶ.3.(2)②「セール・アンド・リースバック取引に該当する場合の会計処理」参照）を行ったセール・アンド・リースバック取引について，当該セール・アンド・リースバック取引の主要な条件

b．開示を求める背景

上記a(i)セール・アンド・リースバック取引から生じた売却損益の開示及び

a(iii)の資産の譲渡に係る損益を認識したセール・アンド・リースバック取引の主要な条件の開示は，セール・アンド・リースバック取引が有する独特の特徴及び当該取引が借手の経営成績に与える影響をより適切に理解する上で有用であると考えられるため，求めることとした（リース適用指針BC148項）。

また，上記a(ii)の金融取引として会計処理を行ったセール・アンド・リースバック取引の開示は，資産の処分に関して自己が所有権を有する他の資産と異なると考えられる資産が貸借対照表に計上されていることを明らかにする点で，売手である借手の財政状態を理解する上で有用であると考えられるため，求めることとした。なお，関連する債務を示す科目の名称及び金額の開示については，資産の処分に制限がある場合，債務の返済に充当することはできない点で，これらの情報の有用性が必ずしも明らかではないことから，求めないこととした（リース適用指針BC149項）。

④ サブリース取引に関する情報

a．注記事項に関する定め

サブリース取引について，次の(i)から(iii)の事項を注記する（リース適用指針第101項(2)）。

(i) 使用権資産のサブリースによる収益を損益計算書において区分して表示していない場合，当該収益が含まれる科目及び金額

(ii) 中間的な貸手がヘッドリースに対してリスクを負わない場合のサブリース取引について例外的な会計処理（リース適用指針第92項，Ⅶ.4.(3)②「例外的な会計処理」参照）を適用し，損益を損益計算書において区分して表示していない場合，当該損益が含まれる科目及び金額

(iii) 転リース取引についてリース債権又はリース投資資産とリース負債を利息相当額控除前の金額で計上する場合（リース適用指針第93項なお書き，Ⅶ.4.(4)②「例外的な会計処理」参照）に，当該リース債権又はリース投資資産及びリース負債を貸借対照表において区分して表示していないとき，当該リース債権又はリース投資資産及びリース負債が含まれる科目並びに

金額

b．開示を求める背景

上記a(i)の使用権資産のサブリースによる収益の開示は，リースに係る費用に関する開示とともに，企業のリース活動の全体的な損益計算書への影響を表し，有用であると考えられるため，求めることとした（リース適用指針BC150項）。

上記a(ii)の中間的な貸手がヘッドリースに対してリスクを負わない場合のサブリース取引及びa(iii)の転リース取引の開示は，企業が代替的な会計処理を選択した場合に求める開示であり，これらの注記は，財務諸表利用者が企業の財務諸表の分析を行うことを可能とし，財務諸表利用者が，企業の財政状態，経営成績及びキャッシュ・フローを評価する上で有用であると考えられるため，求めることとした（リース適用指針BC143項）。

(4) 当期及び翌期以降のリースの金額を理解するための情報

① 注記事項に関する定め

「当期及び翌期以降のリースの金額を理解するための情報」については，当期及び翌期以降のリースの金額を理解できるよう，次のaからcの事項を注記する（リース適用指針第102項）。

a．リースに係るキャッシュ・アウトフローの合計額（少額リースに係るキャッシュ・アウトフローを除く。）

b．使用権資産の増加額

c．対応する原資産を自ら所有していたと仮定した場合に貸借対照表において表示するであろう科目ごとの使用権資産に係る減価償却の金額（当該事項を注記するにあたって，貸借対照表において表示するであろう科目との関係が明らかである限りにおいて，より詳細な区分により使用権資産に係る減価償却の金額の注記を行うことを妨げない。）

② 開示を求める背景

a．リースに係るキャッシュ・アウトフローの合計額

上記①aのリースに係るキャッシュ・アウトフローの合計額の注記は，リース負債からのキャッシュ・アウトフローとリース負債に計上されていないリースに係るキャッシュ・アウトフローの合計額の注記であり，財務諸表利用者にリースのキャッシュ・フローに関する有用な情報を提供する。当該注記は，財務諸表利用者が，当期及び翌期以降のリースの金額を予測するために有用と考えられるため，求めることとした（リース適用指針BC151項）。

この注記は，会計期間中に損益計算書に計上されたリースに係る費用及び会計期間中のリース負債の減少額をリースに関するキャッシュ・アウトフローに関連付けて翌期以降のこれらの金額の予測に役立てることを目的としている。したがって，キャッシュ・アウトフローの合計額の注記は，借手のリース料の開示と整合したものとすることとした（リース適用指針BC152項）。このため，短期リース及びリース負債に含めていない変動リース料に係るキャッシュ・アウトフローも当該注記に含まれると考えられる。

b．使用権資産の増加額

上記①bの使用権資産の増加額の注記は，使用権資産及び所有資産に対しての設備投資に関する比較可能な情報を提供し，当期及び翌期以降のリースによる設備投資の金額を理解するために有用な情報を提供すると考えられるため，求めることとした（リース適用指針BC153項）。

c．使用権資産に係る減価償却の金額

上記①cの使用権資産に係る減価償却の金額の注記は，借手のリース活動の性質を理解する上で，また，資産をリースしている企業と資産を購入している企業とを比較する上で有用な情報を提供すると考えられるため，求めることとした。なお，当該開示を行うにあたっては，貸借対照表において表示するであろう科目との関係が明らかである限りにおいて，より詳細な区分により開示を

行うことを妨げないものとした。また，土地及び建物に係るリースについてそれぞれが独立したリースではない場合，当該リースに係る使用権資産の減価償却の金額については土地部分と建物部分に区分せずに注記することが考えられる（リース適用指針BC154項）。

⑸ 開示目的に照らして借手が注記する情報

開示目的に照らして借手が注記する情報には，例えば，次のようなものがある（リース適用指針第95項）。

- 借手のリース活動の性質
- 借手が潜在的に晒されている将来キャッシュ・アウトフローのうちリース負債の測定に反映されていないもの（例えば，借手の変動リース料，延長オプション及び解約オプション，残価保証，契約しているがまだ開始していないリース）
- 借手がリースにより課されている制限又は特約
- 借手がセール・アンド・リースバック取引を行う理由及び取引の一般性

なお，開示目的を達成するために必要な情報は，リース特有の取引に関する情報として注記する（リース適用指針第94項）。

4 貸手の注記

⑴ 貸手の注記事項を定めるにあたっての方針

貸手の注記事項については，次の理由からIFRS第16号と整合的なものとすることとした（リース会計基準BC68項）。

- 貸手の会計処理を基本的に変更しないとしても，国際的に貸手の注記事項が拡充する中で同様に貸手の注記事項を拡充すべきであり，IFRS第16

号と同様の注記事項を求めるべきであるとする意見が財務諸表利用者を中心に聞かれた。

- リースの収益に関連する注記事項は，リースを本業とする企業などのリースが財務諸表に重要な影響を与える企業において重要な情報であると考えられ，リースを適用対象外としている収益認識会計基準では，重要性のある収益に関する情報を注記することを企業に求めており，リースに関する収益が収益の一形態であることを考慮すれば，収益認識会計基準と同様の注記を求めることが有用であると考えられる。
- 収益認識会計基準における注記事項と同様の内容ではないもののIFRS第16号で求められている注記事項についても，旧リース会計基準に同様の定めがあること，また，リース料の支払が通常分割して行われることを考慮した際に将来のリースのキャッシュ・フローの予測と流動性の見積りをより正確に行うことを可能にするという点で有用な情報を提供すると考えられる。

⑵　ファイナンス・リースの貸手の注記

①　リース特有の取引に関する情報

a．注記事項に関する定め

「リース特有の取引に関する情報」については，リースが企業の財政状態又は経営成績に与える影響を理解できるよう，次の(i)及び(ii)の内容を注記する（リース適用指針第103項）。

(i)　リース債権及びリース投資資産の構成要素に関して，貸借対照表において次の(a)及び(b)に定める事項を区分して表示していない場合，当該(a)及び(b)に定める事項を注記する。ただし，リース債権の期末残高が，当該期末残高及びリース投資資産の期末残高の合計額に占める割合に重要性が乏しい場合，(a)と(b)を合算して注記することができる（リース適用指針第104項）。

(a) リース投資資産の構成要素

- 将来のリース料を収受する権利（以下「リース料債権」という。）部分及び見積残存価額部分の金額（利息相当額控除前の金額）
- 受取利息相当額

(b) リース債権の構成要素

- リース料債権部分の金額（利息相当額控除前の金額）
- 受取利息相当額

(ii) リース債権及びリース投資資産に含まれない将来の業績等により変動する使用料に係る収益を損益計算書において区分して表示していない場合，当該収益が含まれる科目及び金額を注記する（リース適用指針第105項）。

b．開示を求める背景

上記a(i)のリース債権及びリース投資資産の構成要素に係る開示は，財務諸表利用者がリース債権及びリース投資資産の構成要素を理解することを可能にする有用な情報を提供すると考えられるため，求めることとした（リース適用指針BC155項）。

旧リース会計基準等からの変更点

リース債権に関する構成要素の開示

旧リース会計基準等においては，リース債権の構成要素に係る開示を求めていなかったが，リース投資資産とは性質の異なるリース債権について，リース料債権部分と受取利息相当額を区分した情報が財務諸表利用者にとって有用であることから，リース債権についても構成要素の開示を求めることとした（リース適用指針BC155項なお書き）。

上記a(ii)の将来の業績等により変動する使用料に係る収益の開示は，ファイナンス・リースにおいてリース債権及びリース投資資産に計上されていないリース料に関して，会計期間中に認識されたリース収益について構成要素に分解して開示することで，会計期間中に認識した収益の内訳を財務諸表利用者が理解することを可能にする有用な情報を提供すると考えられるため，求めることとした（リース適用指針BC156項）。

②　当期及び翌期以降のリースの金額を理解するための情報

a．注記事項に関する定め

「当期及び翌期以降のリースの金額を理解するための情報」については，当期及び翌期以降のリースの金額を理解できるよう，次の(i)から(iv)の事項を注記する（リース適用指針第106項）。

(i)　リース債権の残高に重要な変動がある場合のその内容

(ii)　リース投資資産の残高に重要な変動がある場合のその内容

(iii)　リース債権に係るリース料債権部分について，貸借対照表日後５年以内における１年ごとの回収予定額及び５年超の回収予定額（リース料債権部分の金額は，利息相当額控除前の金額とする。）

(iv)　リース投資資産に係るリース料債権部分について，貸借対照表日後５年以内における１年ごとの回収予定額及び５年超の回収予定額（リース料債権部分の金額は，利息相当額控除前の金額とする。）

ただし，リース債権の期末残高が，当該期末残高及びリース投資資産の期末残高の合計額に占める割合に重要性が乏しい場合，(i)及び(ii)並びに(iii)及び(iv)のそれぞれを合算して注記することができる。

リース債権及びリース投資資産の残高の変動の例として，次のものが挙げられる（リース適用指針第107項）。

- 企業結合による変動
- リース投資資産における見積残存価額の変動
- リース投資資産における貸手のリース期間の終了による見積残存価額の減少（見積残存価額の貯蔵品又は固定資産等への振替）（リース適用指針第76項，Ⅵ.４.(2)③「リース期間終了時及び再リースの処理」参照）
- 残価保証額の変動
- 中途解約による減少

● 新規契約による増加

なお，当期中のリース債権及びリース投資資産の残高の重要な変動を注記するにあたり，必ずしも定量的情報を含める必要はない。

b．開示を求める背景

上記 a(i)及び a(ii)のリース債権及びリース投資資産の残高に重要な変動がある場合のその内容の開示は，収益認識会計基準において契約資産及び契約負債の残高並びにそれらに重要な変動がある場合にその内容の注記が求められていることと同様に，財務諸表利用者がリース債権及びリース投資資産の重要な変動を理解することを可能にする有用な情報を提供すると考えられるため，求めることとした（リース適用指針BC157項）。

例えば，リース債権及びリース投資資産の残高の重要な変動が１つの要因で発生している場合，金額的な影響額を開示しなくても，当該要因が重要な変動の主要因であることを開示することにより，財務諸表利用者に有用な情報が開示される場合もあると考えられるため，当該注記には必ずしも定量的情報を含める必要はないこととした（リース適用指針BC158項）。

上記 a(iii)及び a(iv)のリース債権及びリース投資資産に係るリース料債権部分の回収予定額の開示は，財務諸表利用者が将来のリースのキャッシュ・フローの予測と流動性の見積りを正確に行うことを可能にする有用な情報を提供すると考えられるため，求めることとした（リース適用指針BC159項）。

(3) オペレーティング・リースの貸手の注記

① リース特有の取引に関する情報

a．注記事項に関する定め

「リース特有の取引に関する情報」については，リースが企業の経営成績に与える影響を理解できるよう，オペレーティング・リースに係る貸手のリース料に含まれない将来の業績等により変動する使用料に係る収益を損益計算書において区分して表示していない場合，当該収益が含まれる科目及び金額を注記する（リース適用指針第108項）。

b．開示を求める背景

将来の業績等により変動する使用料に係る収益の開示は，オペレーティング・リースにおいて定額法で計上する対象とならないリース料に関して，会計期間中に認識されたリース収益について構成要素に分解して開示することで，会計期間中に認識した収益の内訳を財務諸表利用者が理解することを可能にする有用な情報を提供すると考えられるため，求めることとした（リース適用指針BC156項）。

②　当期及び翌期以降のリースの金額を理解するための情報

a．注記事項に関する定め

「当期及び翌期以降のリースの金額を理解するための情報」については，当期及び翌期以降のリースの金額を理解できるよう，オペレーティング・リースに係る貸手のリース料について，貸借対照表日後５年以内における１年ごとの受取予定額及び５年超の受取予定額を注記する（リース適用指針第109項）。

b．開示を求める背景

貸手のリース料の受取予定額を一定の期間に区分した開示は，財務諸表利用者が将来のリースのキャッシュ・フローの予測と流動性の見積りを正確に行うことを可能にする有用な情報を提供すると考えられるため，求めることとした（リース適用指針BC159項）。

⑷　開示目的に照らして貸手が注記する情報

開示目的に照らして貸手が注記する情報には，例えば，次のようなものがある（リース適用指針第96項）。

- 貸手のリース活動の性質
- 貸手による原資産に関連したリスクの管理戦略や当該リスクを低減している手段（例えば，買戻契約，残価保証，所定の限度を超える使用に対して変動するリース料）

なお，開示目的を達成するために必要な情報は，リース特有の取引に関する情報として注記する（リース適用指針第94項）。

5 ■ 連結財務諸表を作成している場合の個別財務諸表における表示及び注記事項

連結財務諸表を作成している場合，個別財務諸表においては，借手の注記事項及び貸手の注記事項とも，「リース特有の取引に関する情報」及び「当期及び翌期以降のリースの金額を理解するための情報」について注記しないことができる（リース適用指針第110項）。

連結財務諸表を作成している場合，個別財務諸表においては，借手の注記事項について「会計方針に関する情報」を記載するにあたり，連結財務諸表における記載を参照することができる（リース適用指針第111項）。

これらをまとめると，図表Ⅷ-4のとおりとなる。

図表Ⅷ-4　個別財務諸表における開示の取扱い

注記事項	個別財務諸表における取扱い
Ⅷ.1.「表示」に記載した区分表示が求められているものに関する注記	注記する
会計方針に関する情報	省略可（＊1）
リース特有の取引に関する情報	省略可（＊2）
当期及び翌期以降のリースの金額を理解するための情報	省略可（＊2）

（＊1）　連結財務諸表における記載を参照することができる。
（＊2）　連結財務諸表を作成している場合，注記しないことができる。

これまでASBJでは，原則として，会計基準等の開発を行う際に，会計処理については，連結財務諸表と個別財務諸表の両方に同様に適用されるものとして開発してきているが，注記事項については，会計基準ごとに，個別財務諸表において連結財務諸表の内容をどの程度取り入れるかを定めてきている。また，金融商品取引法（昭和23年法律第25号）に基づき作成される個別財務諸表については，2013年６月20日に企業会計審議会から公表された「国際会計基準（IFRS）への対応のあり方に関する当面の方針」の内容を踏まえ簡素化が図られてきている。

連結財務諸表を作成している場合の個別財務諸表におけるリース会計基準等に関する表示及び注記事項については，これまでの簡素化の趣旨，財務諸表利用者が個別財務諸表におけるリースの状況を分析できるようにする観点及び財務諸表作成者の負担等を考慮し，「会計方針に関する情報」について注記を求めることとした。ただし，「会計方針に関する情報」を記載するにあたり，連結財務諸表における記載を参照することができることとした（リース適用指針BC160項からBC162項）。

適用時期

1 原則的な適用時期

リース会計基準等は，2027年４月１日以後開始する連結会計年度及び事業年度の期首から適用する（リース会計基準第58項及びリース適用指針第112項）。

リース会計基準等は，次のことを踏まえ，会計基準の公表から原則的な適用時期までの期間を２年半程度とした（リース会計基準BC69項）。

- これまでにASBJが公表してきた会計基準については，会計基準の公表から原則的な適用時期までが１年程度のものが多い。
- IFRS第16号の原則的な適用時期が2019年１月であり，Topic 842における公開企業の原則的な適用時期もほぼ同時期であったため，会計基準の公表から原則的な適用時期までの期間を長く設ける場合，我が国における実務が国際的な実務と整合的なものとなるまでの期間が長くなる。
- リースの識別をはじめ，これまでとは異なる実務を求めることとなるため，会計基準の公表から原則的な適用時期までの期間は１年程度では短い可能性がある。
- リース会計基準等の適用開始にかかる実務上の負担への対応として，我が国の会計基準を基礎とした場合に関連すると考えられるIFRS第16号の経過措置を取り入れていることに加えて我が国特有の経過措置を設けている。

2 ■ 早期適用

リース会計基準等は，2025年４月１日以後開始する連結会計年度及び事業年度の期首からリース会計基準等を適用することを認めている（リース会計基準第58項及びリース適用指針第112項，図表Ⅸ-１参照)。

図表Ⅸ-１　3月決算会社の適用時期

X

経過措置

1 旧リース会計基準等を適用した際の経過措置

(1) リース取引開始日が旧リース会計基準等の適用初年度開始前である所有権移転外ファイナンス・リース取引の取扱い（借手）

① 旧リース会計基準等の適用初年度の期首におけるリース資産の計上額の引継ぎ等に関する経過措置

リース取引開始日が旧リース会計基準等の適用初年度開始前の所有権移転外ファイナンス・リース取引について，旧リース適用指針の定めにより，旧リース会計基準等の適用初年度の前年度末における未経過リース料残高又は未経過リース料期末残高相当額（利息相当額控除後）を取得価額とし，旧リース会計基準等の適用初年度の期首に取得したものとしてリース資産に計上する会計処理を行っている場合，リース会計基準等の適用後も，当該会計処理を継続することができる。この場合，旧リース会計基準等の適用後の残存期間における利息相当額については，利息相当額の総額をリース期間中の各期に定額で配分することができる（リース適用指針第113項）。

② 旧リース会計基準等の適用初年度の開始前に通常の賃貸借取引に係る方法に準じた会計処理を行っている場合の経過措置

リース取引開始日が旧リース会計基準等の適用初年度開始前のリース取引で，旧リース会計基準等に基づき所有権移転外ファイナンス・リース取引と判定されたものについて，旧リース適用指針の定めにより，引き続き通常の賃貸借取引に係る方法に準じた会計処理を行っている場合，リース会計基準等の適用後も，当該会計処理を継続することができる。この場合，リース取引開始日が旧リース会計基準等の適用初年度開始前のリース取引について，引き続き通常の賃貸借取引に係る方法に準じた会計処理を適用している旨及び1993年リース取引会計基準で必要とされていた事項（リース適用指針参考）を注記する（リース適用指針第114項）。

当該経過措置を継続する場合，借手のすべてのリースについて資産及び負債を計上するというリース会計基準等の主たる目的が一部のリースについて達成されないこととなるが，これらの経過措置を適用してきたリースの会計処理についてコストが増加することが想定されるため，当該経過措置を，リース会計基準等においても認めることとした（リース適用指針BC163項）。

⑵　リース取引開始日が旧リース会計基準等の適用初年度開始前である所有権移転外ファイナンス・リース取引の取扱い（貸手）

①　旧リース会計基準等の適用初年度の期首におけるリース投資資産の計上額の引継ぎ等に関する経過措置

リース取引開始日が旧リース会計基準等の適用初年度開始前の所有権移転外ファイナンス・リース取引について，旧リース適用指針の定めにより，旧リース会計基準等の適用初年度の前年度末における固定資産の適正な帳簿価額（減価償却累計額控除後）をリース投資資産の旧リース会計基準等の適用初年度の期首の価額として計上する会計処理を行っている場合，リース会計基準等の適用後も，当該会計処理を継続することができる。この場合，当該リース投資資産に関して，旧リース会計基準等の適用後の残存期間においては，利息法によらず，利息相当額の総額をリース期間中の各期に定額で配分することができる（リース適用指針第115項）。

また，リース取引を主たる事業としている企業においては，当該経過措置を適用した場合に重要性が乏しいときを除き，旧リース会計基準等の適用初年度の旧リース会計基準等の適用後の残存期間の各期において，リース取引開始日が旧リース会計基準等の適用初年度開始前のリース取引についても，旧リース会計基準等に定める方法により会計処理した場合の税引前当期純損益と当該経過措置を適用した場合の税引前当期純損益との差額を注記する（リース適用指針第117項）。

②　旧リース会計基準等の適用初年度の開始前に通常の賃貸借取引に係る方法に準じた会計処理を行っている場合の経過措置

リース取引開始日が旧リース会計基準等の適用初年度開始前のリース取引で，旧リース会計基準等に基づき所有権移転外ファイナンス・リース取引と判定されたものについて，旧リース適用指針の定めにより，引き続き通常の賃貸借取引に係る方法に準じた会計処理を行っている場合，リース会計基準等の適用後も，当該会計処理を継続することができる。この場合，リース取引開始日が旧リース会計基準等の適用初年度開始前のリース取引について，引き続き通常の賃貸借取引に係る方法に準じた会計処理を適用している旨及び1993年リース取引会計基準で必要とされていた事項（リース適用指針参考）を注記する（リース適用指針第116項）。ただし，リース取引を主たる事業としている企業は，この定めを適用することができない。

当該経過措置を設けているのは，借手と同様の理由による（(1)②「旧リース会計基準等の適用初年度の開始前に通常の賃貸借取引に係る方法に準じた会計処理を行っている場合の経過措置」参照）。

2 ■ リース会計基準等を適用する際の経過措置

(1) 経過措置の意義

IFRS第16号においては，適用初年度における実務上の負担を軽減するためにさまざまな経過措置が設けられている。IFRS第16号において経過措置が置かれている趣旨を考慮し，リース会計基準等の経過措置においても，我が国の会計基準を基礎とした場合に関連すると考えられるIFRS第16号の経過措置を可能な限り取り入れることとした。IFRS第16号の経過措置を取り入れるにあたっては，旧リース会計基準等の会計処理からの移行であることを考慮し，IFRS第16号の経過措置の一部について修正を行っている（リース適用指針BC164項）。

(2) 原則的な取扱いと修正遡及法

リース会計基準等の適用初年度においては，会計基準等の改正に伴う会計方針の変更として取り扱い，原則として，新たな会計方針を過去の期間のすべてに遡及適用する（以下「原則的な取扱い」という。）。ただし，適用初年度の期首より前に新たな会計方針を遡及適用した場合の適用初年度の累積的影響額を適用初年度の期首の利益剰余金に加減し，当該期首残高から新たな会計方針を適用する（以下「修正遡及法」という。）ことができる（リース適用指針第118項）。

(3) リースの識別の経過措置

修正遡及法を選択する場合，次の①及び②の方法のいずれか又は両方を適用することができる（リース適用指針第119項）。

① 適用初年度の前連結会計年度及び前事業年度の期末日において旧リース会計基準等を適用しているリース取引に，リースの識別の判断に関する定め（Ⅳ.1.(1)「リースの識別の判断」参照）を適用して契約にリースが含まれているか否かを判断することを行わずにリース会計基準等を適用すること

② 適用初年度の期首時点で存在する旧リース会計基準等を適用していない契約について，当該時点で存在する事実及び状況に基づいてリースの識別の判断に関する定め（Ⅳ.1.(1)「リースの識別の判断」参照）を適用して契約にリースが含まれているか否かを判断すること

この経過措置を認めているのは，リースの識別の判断の定めは旧リース会計基準等では置かれていなかった定めであり，リース会計基準等の適用によってこれまで旧リース会計基準等により会計処理されていなかった契約にリースが含まれると判断される場合のコストを考慮したものである（リース適用指針BC165項）。

この点，リースの識別に関する我が国の会計基準とIFRSとの背景の違いを考慮した結果，IFRS第16号における契約がリースを含むか否かを見直さないことを選択できる経過措置については，IFRS第16号とは異なる形で取り入れることとした（リース適用指針BC166項）。

(4) 借手の経過措置

① ファイナンス・リース取引に分類していたリース

修正遡及法を選択する借手は，旧リース会計基準等においてファイナンス・リース取引に分類していたリースについて，適用初年度の前連結会計年度及び前事業年度の期末日におけるリース資産及びリース債務の帳簿価額のそれぞれを適用初年度の期首における使用権資産及びリース負債の帳簿価額とすることができる（リース適用指針第120項）。

このとき，適用初年度の前連結会計年度及び前事業年度の期末日における

リース資産及びリース債務の帳簿価額に残価保証額が含まれる場合，当該金額は，適用初年度の期首時点における残価保証に係る借手による支払見込額に修正する。これらのリースについては，適用初年度の期首からリース会計基準等を適用して使用権資産及びリース負債について会計処理を行う。この方法はリース１件ごとに適用することができる。

この定めを適用する借手は，適用初年度の期首以後に使用権資産総額に重要性が乏しいと認められる場合の判断基準である10パーセントを超える場合であっても，適用初年度の期首における使用権資産及びリース負債については，利子込法又は定額法（Ⅴ.３.⑵②「重要性が乏しい場合の取扱い」参照）のうち旧リース会計基準等において選択していた方法を継続して適用することができる（リース適用指針第121項）。

また，修正遡及法を選択する借手は，旧リース適用指針において，個々のリース資産に重要性が乏しいと認められる場合に通常の賃貸借取引に係る方法に準じた会計処理を行っていたリースについては，リース適用指針における短期リースの定め（Ⅴ.２.⑶「短期リースに関する簡便的な取扱い」参照）又は少額リースの定め（Ⅴ.２.⑷「少額リースに関する簡便的な取扱い」参照）にかかわらず，当該会計処理を継続することができる（リース適用指針第122項）。

② オペレーティング・リース取引に分類していたリース等

ａ．会計処理に関する経過措置

修正遡及法を選択する借手は，旧リース会計基準等においてオペレーティング・リース取引に分類していたリース及びリース会計基準等の適用により新たに識別されたリースについて，次のとおり会計処理を行うことができる（リース適用指針第123項，図表Ｘ－１及び図表Ｘ－２参照）。

(i) 適用初年度の期首時点における残りの借手のリース料を適用初年度の期首時点の借手の追加借入利子率を用いて割り引いた現在価値によりリース負債を計上する。

(ii) リース１件ごとに，次のいずれかで算定するかを選択して使用権資産を計上する。

(a)　リース会計基準等がリース開始日から適用されていたかのような帳簿価額。ただし，適用初年度の期首時点の借手の追加借入利子率を用いて割り引く。

(b)　上記(i)で算定されたリース負債と同額。ただし，適用初年度の前連結会計年度及び前事業年度の期末日に貸借対照表に計上された前払又は未払リース料の金額の分だけ修正する。

(iii)　適用初年度の期首時点の使用権資産に減損会計基準を適用する。

(iv)　少額リースの定め（リース適用指針第22項，Ⅴ.２.(4)「少額リースに関する簡便的な取扱い」参照）を適用して使用権資産及びリース負債を計上しないリースについては修正しない。

これらの会計処理は，旧リース適用指針に従ってファイナンス・リース取引に分類していた建物に係るリースについて，土地と建物がそれぞれ独立したリースを構成する部分（Ⅳ.１.(2)② e「独立したリースの構成部分」参照）に該当しない場合にも適用することができる。

なお，上記(ii)(a)を適用してリース開始日からリース会計基準等が適用されていたかのような帳簿価額を算定する場合，上記(iii)及び(iv)並びに下記(v)から(viii)の経過措置の取扱いを除き，リース開始日の使用権資産及びリース負債の計上額に係る定め並びにリース開始日後における使用権資産の償却，リースの契約条件の変更等に係る定めを適用して算定することになると考えられる（リース適用指針BC167項）。

また，上記(i)から(iv)の経過措置を選択する借手は，当該経過措置の適用にあたって次の(v)から(viii)の方法の１つ又は複数を適用することができる。これらの方法はリース１件ごとに適用することができる（リース適用指針第124項）。

(v)　特性が合理的に類似した複数のリースに単一の割引率を適用すること

(vi)　適用初年度の期首から12か月以内に借手のリース期間が終了するリースについて，上記(i)及び(ii)を適用せずに，短期リースの定め（Ⅴ.２.(3)「短期リースに関する簡便的な取扱い」参照）の方法で会計処理を行うこと

図表Ⅹ-1 オペレーティング・リースに係る簡便的な計算

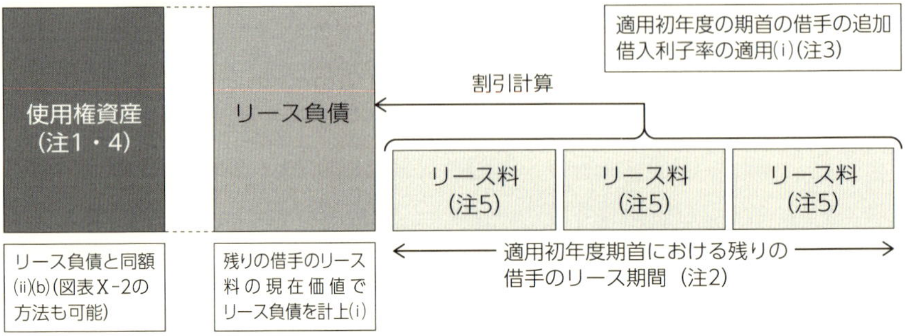

(注1) 前払・未払リース料がある場合調整する(ii)(b)。また，付随費用は加算しないことができる(vii)。
(注2) 延長・解約オプションの行使可能性の判断をリース開始日後の情報で判断できる(viii)。
(注3) 特性が合理的に類似した複数のリースに単一の割引率を適用することができる(v)。
(注4) 適用初年度の期首時点の使用権資産に減損会計基準を適用する(iii)。
(注5) 少額リース・適用初年度の期首から12か月以内に借手のリース期間が終了するリースは含めないことができる(iv)・(vi)。

図表Ⅹ-2 オペレーティング・リースに係る簡便的な計算
（使用権資産を遡及的に算定する方法）

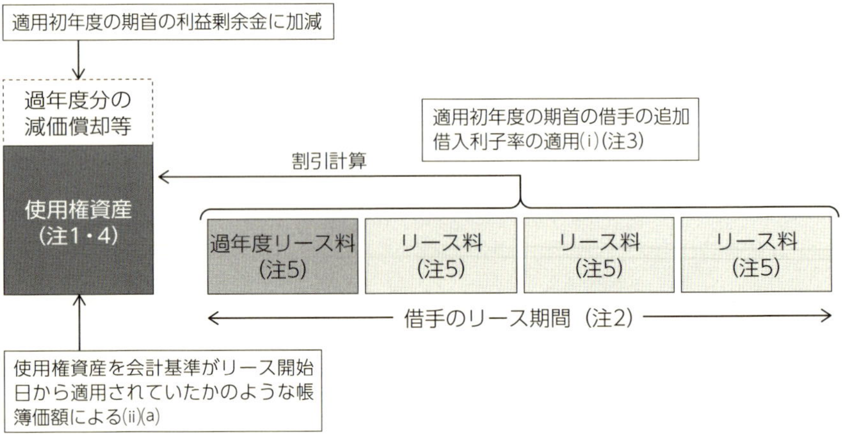

(注1) 付随費用は加算しないことができる(vii)。
(注2) 延長・解約オプションの行使可能性の判断をリース開始日後の情報で判断できる(viii)。
(注3) 特性が合理的に類似した複数のリースに単一の割引率を適用することができる(v)。
(注4) 適用初年度の期首時点の使用権資産に減損会計基準を適用する(iii)。
(注5) 少額リース・適用初年度の期首から12か月以内に借手のリース期間が終了するリースは含めないことができる(iv)・(vi)。

(vii)　付随費用を適用初年度の期首における使用権資産の計上額から除外すること

(viii)　契約にリースを延長又は解約するオプションが含まれている場合に，借手のリース期間や借手のリース料を決定するにあたってリース開始日より後に入手した情報を使用すること

b．経過措置に関する開示

修正遡及法を選択する借手は，企業会計基準第24号第10項(5)の注記，すなわち，表示期間のうち過去の期間について影響を受ける財務諸表の主な表示科目に対する影響額及び１株当たり情報に対する影響額の注記に代えて，次の(i)及び(ii)の事項を注記する（リース適用指針第125項）。

(i)　適用初年度の期首の貸借対照表に計上されているリース負債に適用している借手の追加借入利子率の加重平均

(ii)　次の(a)と(b)との差額の説明

(a)　適用初年度の前連結会計年度及び前事業年度の期末日において旧リース会計基準を適用して開示したオペレーティング・リースの未経過リース料（上記(i)の追加借入利子率で割引後）

(b)　適用初年度の期首の貸借対照表に計上したリース負債

③　セール・アンド・リースバック取引

売手である借手は，適用初年度の期首より前に締結されたセール・アンド・リースバック取引を次のとおり取り扱う（リース適用指針第126項）。

a．売手である借手による資産の譲渡について，収益認識会計基準などの他の会計基準等に基づき売却に該当するかどうかの判断を見直すことは行わない。

b．資産の譲渡価額が明らかに時価ではない場合又は借手のリース料が明らかに市場のレートではない場合の取扱い（Ⅶ.３.(2)③「資産の譲渡対価が明らかに時価ではない場合又は借手のリース料が明らかに市場のレートで

はない場合」参照）を適用しない。

c．リースバックを適用初年度の期首時点に存在する他のリースと同様に会計処理を行う。

d．旧リース会計基準等におけるセール・アンド・リースバック取引の定めにより，リースの対象となる資産の売却に伴う損益を長期前払費用又は長期前受収益等として繰延処理し，リース資産の減価償却費の割合に応じ減価償却費に加減して損益に計上する取扱いを適用している場合，リース会計基準等の適用後も当該取扱いを継続し，使用権資産の減価償却費の割合に応じ減価償却費に加減して損益に計上する。

④　借地権の設定に係る権利金等

a．旧借地権の設定に係る権利金等又は普通借地権の設定に係る権利金等に関する経過措置

旧借地権の設定に係る権利金等又は普通借地権の設定に係る権利金等について原則的な取扱い（Ⅶ.1.(1)「借地権の設定に係る権利金等の会計処理」参照）を適用する借手がリース会計基準等の適用初年度の期首に計上されている当該権利金等を償却していなかった場合，当該権利金等を使用権資産の取得価額に含めた上で，当該権利金等のみ償却しないことができる（リース適用指針第127項）。

b．借地権の設定に係る権利金等の帳簿価額の引継ぎ

借手が借地権の設定に係る権利金等を償却する場合における経過措置を設けている。具体的には，借手が次の(ⅰ)又は(ⅱ)のいずれかの場合に修正遡及法を選択するとき，リース会計基準等の適用初年度の前連結会計年度及び前事業年度の期末日における借地権の設定に係る権利金等の帳簿価額を適用初年度の期首における使用権資産の帳簿価額とすることができる（リース適用指針第128項）。

(ⅰ)　リース会計基準等の適用前に定期借地権の設定に係る権利金等を償却していた場合

(ii)　旧借地権の設定に係る権利金等又は普通借地権の設定に係る権利金等について原則的な取扱い（Ⅶ.1.(1)「借地権の設定に係る権利金等の会計処理」参照）を適用する借手がリース会計基準等の適用前に当該権利金等を償却していた場合

これらの場合，借手は当該帳簿価額をリース会計基準等の適用初年度の期首から残りの借手のリース期間で償却する。このとき，借手のリース期間の決定にあたりリース開始日より後に入手した情報を使用することができる。

c．旧借地権の設定に係る権利金等又は普通借地権の設定に係る権利金等の適用初年度の期首の計上額の算定に関する簡便的な取扱い

借手が，旧借地権の設定に係る権利金等又は普通借地権の設定に係る権利金等について原則的な取扱い（Ⅶ.1.(1)「借地権の設定に係る権利金等の会計処理」参照）を適用するにあたって，リース会計基準等の適用前に旧借地権の設定に係る権利金等又は普通借地権の設定に係る権利金等について償却していなかった場合に修正遡及法を選択するときには，当該権利金等を計上した日から借手のリース期間の終了までの期間で償却するものとして，当該権利金等を計上した日から償却した帳簿価額で計上することができる。このとき，借手のリース期間の決定にあたりリース開始日より後に入手した情報を使用することができる。

ただし，当該償却した後の帳簿価額が前連結会計年度及び前事業年度の期末日における当該権利金等の帳簿価額を上回る場合には，適用初年度の前連結会計年度及び前事業年度の期末日における当該権利金等の帳簿価額をもって，適用初年度の期首における当該権利金等の帳簿価額とする（リース適用指針第129項）。

この経過措置は，リース会計基準等の適用初年度における使用権資産の期首残高に含まれる当該権利金等については，事後的にリース開始日を確認することが実務上困難である可能性があるため設けているものである。なお，修正遡及法を適用する場合に，当該権利金等に残存価額を設定する（Ⅶ.1.(3)②「旧借地権の設定に係る権利金等又は普通借地権に係る権利金等に係る取扱い」参照）ときには，適用初年度の期首時点において見積った残存価額によることができるものと考えられる（リース適用指針BC169項）。

これに対して，リース会計基準等の適用前に定期借地権の設定に係る権利金等について償却していなかった場合の経過措置については特段定めていない。したがって，新たな会計方針を過去の期間のすべてに遡及適用するか，適用初年度の累積的影響額を適用初年度の期首の利益剰余金に加減し当該期首残高から新たな会計方針を適用することになると考えられる。

⑤ 建設協力金等の差入預託保証金

修正遡及法を選択する借手は，建設協力金等の差入預託保証金についてリース会計基準等で定めている会計処理（Ⅶ.2.⑴「差入企業（借手）」参照）にかかわらず，次のａ及びｂについて，2024年改正前の金融商品実務指針に従ってリース会計基準等の適用前に採用していた会計処理を継続することができる。

ａ．将来返還される建設協力金等の差入預託保証金（敷金を除く。）

ｂ．差入預託保証金（建設協力金等及び敷金）のうち，将来返還されない額

また，上記ａに係る長期前払家賃及び上記ｂについて，適用初年度の前連結会計年度及び前事業年度の期末日の帳簿価額を適用初年度の期首における使用権資産に含めて会計処理を行うこともできる（リース適用指針第130項）。

⑸ 貸手の経過措置

① ファイナンス・リース取引に分類していたリース

修正遡及法を選択する貸手は，旧リース会計基準等においてファイナンス・リース取引に分類していたリースについて，適用初年度の前連結会計年度及び前事業年度の期末日におけるリース債権及びリース投資資産の帳簿価額のそれぞれを適用初年度の期首におけるリース債権及びリース投資資産の帳簿価額とすることができる。これらのリースについては，適用初年度の期首からリース

会計基準等を適用してリース債権及びリース投資資産について会計処理を行う。

ただし，旧リース会計基準等において，貸手における製作価額又は現金購入価額と借手に対する現金販売価額の差額である販売益を割賦基準により処理している場合，適用初年度の前連結会計年度及び前事業年度の期末日の繰延販売利益の帳簿価額は適用初年度の期首の利益剰余金に加算する（リース適用指針第131項）。

②　オペレーティング・リース取引に分類していたリース等

修正遡及法を選択する貸手は，旧リース会計基準等においてオペレーティング・リース取引に分類していたリース及びリース会計基準等の適用により新たに識別されたリースについて，適用初年度の期首に締結された新たなリースとして，リース会計基準等を適用することができる（リース適用指針第132項）。

貸手のオペレーティング・リースについて，収益認識会計基準との整合性も考慮し，原則として定額法で会計処理を行うこととした（Ⅵ.5.(1)「会計処理の概要」参照）。これに伴い，主に不動産契約におけるフリーレントやレントホリデーの会計処理に影響が生じると想定されるところ（Ⅵ.5.(2)「無償賃貸期間に関する取扱い」参照），当該経過措置を適用する場合，フリーレント期間が終了している不動産契約については修正が不要となると考えられる（リース適用指針BC171項）。

③　サブリース取引

修正遡及法を選択するサブリースの貸手は，サブリース取引について中間的な貸手がヘッドリースに対してリスクを負わない場合の例外的な取扱い（Ⅶ.4.(3)②「例外的な会計処理」参照）及び転リース取引に係る例外的な取扱い（Ⅶ.4.(4)②「例外的な会計処理」参照）を適用する場合を除き，サブリース取引におけるサブリースについて次の修正を行う（リース適用指針第133項）。

a．旧リース会計基準等においてオペレーティング・リース取引として会計処理していたリース会計基準等におけるサブリース及びリース会計基準等の適用により新たに識別されたサブリースについて，適用初年度の期首時点におけるヘッドリース及びサブリースの残りの契約条件に基づいて，サブリースがファイナンス・リースとオペレーティング・リースのいずれに該当するかを決定する。

b．上記ａにおいてファイナンス・リースに分類されたサブリースについて，当該サブリースを適用初年度の期首に締結された新たなファイナンス・リースとして会計処理を行う。

⑹　国際財務報告基準を適用している企業に対する経過措置

上記⑵から⑸の経過措置の定め（ただし，セール・アンド・リースバック取引に係る経過措置を除く。）にかかわらず，IFRSを連結財務諸表に適用している企業（又はその連結子会社）が当該企業の個別財務諸表にリース会計基準等を適用する場合，リース会計基準等の適用初年度において，次の①又は②のいずれかの定めを適用することができる（リース適用指針第134項）。

①　IFRS第16号の経過措置の定めを適用していたときには，IFRS第16号の経過措置の定め

②　IFRS第16号を最初に適用するにあたってIFRS第１号の免除規定の定めを適用していたときには，IFRS第１号の免除規定の定め

上記①又は②のいずれかの定めを適用する場合，連結財務諸表において当該定めを適用した時からリース会計基準等の適用初年度までIFRSを適用していたかのように算定した使用権資産及びリース負債並びに正味リース投資未回収額の適用初年度の期首の帳簿価額をリース会計基準等の適用初年度の期首の使用権資産及びリース負債並びにリース債権及びリース投資資産の帳簿価額とし，適用初年度の累積的影響額を適用初年度の期首の利益剰余金に加減する。ただし，リース会計基準等ではセール・アンド・リースバック取引についてIFRS第16号と異なる会計処理を定めているため，この場合であってもセール・アンド・リースバック取引に関する経過措置の取扱い（2.⑷③「セール・アンド・

リースバック取引」参照）を適用する（リース適用指針第134項及びBC172項）。

また，上記①又は②のいずれの定めを適用する場合でも，連結会社相互間におけるリースとして，相殺消去されたリースに上記(2)から(5)の経過措置（リース適用指針第118項から第133項）の定めを適用することができる（リース適用指針第135項）。

これらの経過措置を設けているのは，IFRSを連結財務諸表に適用している企業（又はその連結子会社）が当該企業の個別財務諸表にリース会計基準等を適用する場合には，実務上の負担を軽減する観点から，当該企業がIFRS第16号を適用した際に適用した経過措置の定めを適用可能とするためである（リース適用指針BC172項）。

(7) 開示の経過措置

① 適用初年度の比較年度の表示

修正遡及法を選択する借手は，リース会計基準等の適用初年度においては，適用初年度の比較情報について，新たな表示方法に従い組替えを行わない（リース適用指針第136項）。

② 適用初年度の比較年度の注記事項

修正遡及法を選択する借手及び貸手は，リース会計基準等の適用初年度においては，リース会計基準における借手及び貸手の注記事項（Ⅷ.2.「開示目的」参照）を適用初年度の比較情報に記載せず，旧リース会計基準等に定める事項を注記する（リース適用指針第137項）。

XI

関連する会計基準等の改正

1 リース会計基準等の公表に併せて改正した会計基準等

Ⅰ.1.「公表又は改正した会計基準等の概要」で記載しているとおり，リース会計基準等の公表に併せて，関連する18の企業会計基準等を改正している。

また，ASBJは，リース会計基準等の公表にあたってJICPAの実務指針等について改正の依頼を行っており，リース会計基準の公表に併せて５つの実務指針等が改正されている。

本書では，上記の改正された会計基準等及び実務指針等のうち，主な改正会計基準等及び改正実務指針における主な改正内容について解説する。

2 主な改正会計基準等及び改正実務指針における主な改正内容

(1) 減損会計基準一部改正等

企業会計基準第35号「『固定資産の減損に係る会計基準』の一部改正」(以下「減損会計基準一部改正」という。）及び企業会計基準適用指針第６号「固定資産の減損に係る会計基準の適用指針」(以下「減損適用指針」という。）については，主に次の点を改正した。

①　短期リース及び少額リースに関する取扱い

借手がリース適用指針における短期リース（V.2.⑶「短期リースに関する簡便的な取扱い」参照）又は少額リース（V.2.⑷「少額リースに関する簡便的な取扱い」参照）に関する簡便的な取扱いを適用している場合，減損会計基準を適用しない（減損会計基準一部改正BC６項及び減損適用指針第62-２項）。

②　旧リース会計基準等の適用時のファイナンス・リース取引について賃貸借取引に係る方法に準じて会計処理を行っている場合の借手の取扱い

a．旧リース会計基準等におけるリース資産の未経過リース料の現在価値を当該リース資産の帳簿価額とみなして減損会計基準を適用する定めは原則として削除する（減損会計基準一部改正BC４項及び減損適用指針第143-４項）。

b．上記ａにかかわらず，リース取引開始日が旧リース会計基準等の適用初年度開始前のリース取引で，旧リース会計基準等に基づき所有権移転外ファイナンス・リース取引と判定されたものについて，引き続き通常の賃貸借取引に係る方法に準じた会計処理を適用することができる取扱い（X.1.⑴②「旧リース会計基準等の適用初年度の開始前に通常の賃貸借取引に係る方法に準じた会計処理を行っている場合の経過措置」参照）を適用する場合には，当該リースに係る未経過リース料の現在価値について，当該使用権資産の帳簿価額とみなして減損会計基準を適用する（減損会計基準一部改正第２項並びに減損適用指針第60項，第143項及び第143-７項）。

⑵　キャッシュ・フロー作成基準一部改正（その２）等

企業会計基準第36号「『連結キャッシュ・フロー計算書等の作成基準』の一部改正（その２）」（以下「キャッシュ・フロー作成基準一部改正（その２）」という。）及び移管指針第６号「連結財務諸表等におけるキャッシュ・フロー計算書の作成に関する実務指針」（以下「キャッシュ・フロー実務指針」という。）については，主に次の点を改正した。

①　注記すべき重要な非資金取引の例示の変更

注記すべき重要な非資金取引の例示のうち，「ファイナンス・リースによる資産の取得」を「使用権資産の取得」に改めた（キャッシュ・フロー作成基準一部改正（その２）第２項及びBC３項）。

②　キャッシュ・フローの表示区分の変更

借手の支払リース料に係るキャッシュ・フローの表示区分について，次の改正を行った（キャッシュ・フロー実務指針第34項）。

ａ．リース会計基準では，借手のリースにおいてファイナンス・リース取引とオペレーティング・リース取引の区分が廃止されたため，従来，原則として「営業活動によるキャッシュ・フロー」の区分に記載するとしていたオペレーティング・リースに係る支払リース料の取扱いを変更した。

図表XI－1　借手の支払リース料の表示区分

（改正前のキャッシュ・フロー実務指針）

	ファイナンス・リース	オペレーティング・リース
元本返済部分	財務活動	営業活動
利息相当額部分	採用した支払利息の表示区分（営業活動又は財務活動）（注）	

（注）利息相当額部分を区分計算していない場合は，支払リース料を財務活動の区分に記載する。

（改正後のキャッシュ・フロー実務指針）

	すべてのリース（注１）
元本返済部分	財務活動
利息相当額部分	採用した支払利息の表示区分（営業活動又は財務活動）（注２）

（注１）リース負債に含めていない短期リース，少額資産のリース及び借手の変動リース料は除く。
（注２）利息相当額部分を区分計算していない場合は，支払リース料を財務活動の区分に記載する。

b．リース負債に含めていない短期リースに係るリース料（Ⅴ.２.(3)「短期リースに関する簡便的な取扱い」参照），少額リース（Ⅴ.２.(4)「少額リースに関する簡便的な取扱い」参照）に係るリース料及び変動リース料（Ⅴ.２.(5)「リース負債に含めない借手の変動リース料」参照）は，「営業活動によるキャッシュ・フロー」の区分に記載することとした。

借手の支払リース料の表示区分の変更は，図表Ⅺ－１のとおりとなる。

(3) 資産除去債務会計基準等

資産除去債務会計基準及び資産除去債務適用指針（以下合わせて「資産除去債務会計基準等」という。）については，主に資産除去債務会計基準等の対象範囲を改正した。

具体的には，旧リース会計基準等の適用下においてはリース資産について資産除去債務が存在している場合には資産除去債務会計基準等の対象となることとしていたが，資産除去債務に対応する除去費用は，使用権資産の取得原価を構成することもあれば使用権資産の上に建設又は設置された有形固定資産の取得原価を構成することもあると考えられるため，リース会計基準等の適用においては使用権資産について資産除去債務が存在している場合には資産除去債務会計基準等の対象となることとしている（資産除去債務会計基準第23項）。

なお，借手のリース期間とリース物件における附属設備の耐用年数との関係について，借手のリース期間とリース物件における附属設備の耐用年数は，相互に影響を及ぼす可能性があるが，それぞれの決定における判断及びその閾値は異なるため，借手のリース期間とリース物件における附属設備の耐用年数は，必ずしも整合しない場合があると考えられる（Ⅳ.２.(1)①ｆ「借手のリース期間とリース物件における附属設備の耐用年数との関係」参照）。資産除去債務に対応する除去費用の償却期間に関する定めについては，当該償却期間がリース期間と必ずしも整合する必要はないと考えられるため，リース会計基準等の改正に伴う資産除去債務会計基準等の改正は行っていない。

(4)　賃貸等不動産時価開示会計基準等

企業会計基準第20号「賃貸等不動産の時価等の開示に関する会計基準」（以下「賃貸等不動産時価開示会計基準」という。）及び企業会計基準適用指針第23号「賃貸等不動産の時価等の開示に関する会計基準の適用指針」（以下「賃貸等不動産時価開示適用指針」という。）については，主に次の点を改正した。

①　賃貸等不動産の定義の変更

リース会計基準等において，借手のすべてのリースについて資産及び負債を計上し，ファイナンス・リース取引とオペレーティング・リース取引の分類を廃止したことを受け，使用権資産の形でリースの借手が保有する不動産を賃貸等不動産の定義に含める改正を行った（賃貸等不動産時価開示会計基準第４項(2)及び第21-２項）。

②　賃貸等不動産に関する注記事項の改正

使用権資産の形でリースの借手が保有する賃貸等不動産については，賃貸等不動産の当期末における時価及びその算定方法を注記の対象外とした。

また，次の点について改正を行った（賃貸等不動産時価開示会計基準第８項及び賃貸等不動産時価開示適用指針［開示例１］から［開示例３］）。

- 賃貸等不動産の貸借対照表計上額及び期中における主な変動の注記事項は所有する賃貸等不動産の注記事項とは区別して注記する。
- 賃貸等不動産の貸借対照表計上額について，貸借対照表における表示科目との関係が明らかではない場合には，その関係について注記する。

改正後の開示は，例えば，図表XI-２のようになる（賃貸等不動産時価開示適用指針［開示例２］を一部抜粋の上，説明を追記している。）。

図表XI－2　賃貸等不動産の時価の開示例

所有資産と使用権資産に区分して開示

使用権資産の時価の開示は不要

（単位：百万円）

用途	所有資産		使用権資産
	連結貸借対照表計上額	時価	連結貸借対照表計上額
オフィスビル （うち建設予定の土地）	XXX (XXX)	XXX (XXX)	XXX (XXX)
商業施設	XXX	XXX	XXX
住　宅	XXX	XXX	XXX
合　計	XXX	XXX	XXX

（注２）連結貸借対照表計上額は，取得原価から減価償却累計額及び減損損失累計額を控除した金額であります。
連結貸借対照表計上額の合計の主な内訳は，「土地」（XXX百万円），「建物及び構築物」（XXX百万円）及び「使用権資産」（XXX百万円）であります。

貸借対照表における表示科目との関係について注記

（注３）当期の主な増加額は次のとおりであります。
オフィスビル－所有資産であるAビルの取得（XXX百万円），所有資産であるBビルのリニューアル（XXX百万円）及び使用権資産であるC土地の取得（XXX百万円）

期中における主な変動について所有資産と使用権資産に区分して開示

⑸　収益認識会計基準等

収益認識会計基準及び収益認識適用指針（以下合わせて「収益認識会計基準等」という。）については，主に次の点を改正した。

①　ライセンスの供与に関する適用範囲の取扱いの変更

2020年に改正した収益認識会計基準第104項では，「ライセンスの供与については，本会計基準の適用範囲に含まれるが，リース会計基準に従って処理される契約の取扱いを変えることを意図するものではない」と記載していた。この点，リース会計基準では製造又は販売以外を事業とする貸手が当該貸手による知的財産のライセンスの供与についてリース会計基準等を適用する場合（リース会計基準第３項(2)ただし書き）を除き，収益認識会計基準の範囲に含まれる貸手が供与する知的財産のライセンスをリース会計基準の範囲に含めないこととした（Ⅱ.2.(2)「貸手による知的財産のライセンスの供与」参照）。

この結果，貸手による知的財産のライセンスの供与による収益が顧客との契約から生じる収益に該当する場合，収益認識会計基準が適用になるため，上記の記載を削除する改正を行った（収益認識会計基準第104-２項）。

②　買戻契約の取扱い

a．先渡取引又はコール・オプション

収益認識適用指針では，商品又は製品を当初の販売価格より低い金額で買い戻す義務（先渡取引）又は権利（コール・オプション）を有する場合には，当該契約をリースとして処理することとしている。この点，当該契約にリースバックが含まれる場合，当該契約をリースとして処理し，その後，リースバックとして処理することを要求することは適切でないと考えられるため，リース会計基準の公表に伴い，契約にリースバックが含まれる場合には金融取引として処理する定めを追加する改正を行った（収益認識適用指針第69項及び第155項）。

b．プット・オプション

収益認識適用指針では，企業が顧客の要求により商品又は製品を当初の販売価格より低い金額で買い戻す義務（プット・オプション）を有している場合には，契約における取引開始日に，顧客が当該プット・オプションを行使する重要な経済的インセンティブを有しているかどうかを判定し，顧客が当該プット・オプションを行使する重要な経済的インセンティブを有している場合には，当該契約をリース会計基準に従ってリースとして処理することとしている。この点，リース会計基準の公表に伴い，企業が先渡取引又はコール・オプションを有している場合と同様の理由により，当該契約にリースバックが含まれる場合，当該契約を金融取引として処理する定めを追加する改正を行った（収益認

識適用指針第72項及び第157項）。

(6) 結合分離適用指針

企業会計基準適用指針第10号「企業結合会計基準及び事業分離等会計基準に関する適用指針」（以下「結合分離適用指針」という。）については，主に次の点を改正した。

① 使用権資産及びリース負債への取得原価の配分の基礎

リースに係るリース負債については，当該リースが企業結合日現在で新規のリースであったかのように残りの借手のリース料の現在価値を基礎として取得原価の配分額を算定する取扱いを認める改正を行った。この場合，リースに係る使用権資産は，リース負債に次の金額を加減した金額を基礎として使用権資産への取得原価の配分額を算定する（結合分離適用指針第61-２項）。

ａ．リースの条件が市場の条件と比較して有利又は不利になる場合における市場と異なる条件の影響額

ｂ．借地権の設定に係る権利金等（Ⅶ.１.(1)「借地権の設定に係る権利金等の会計処理」参照）が識別されている場合における当該権利金等の時価

この改正は，使用権資産及びリース負債に係る企業結合日の時価の算定は，時価で測定するための情報の入手が困難な場合があることや時価の算定が複雑となる場合があることを考慮したものである（結合分離適用指針第371-２項）。

この取扱いを図示すると，図表Ⅺ-３のとおりとなる。

② 少額リース等の取扱い

次のリースについては，取得原価を配分しないことができる（結合分離適用指針第61-３項）。

ａ．少額リース

ｂ．企業結合日において残りの借手のリース期間が12か月以内であるリース

図表Ⅺ－3　リースに係る使用権資産及びリース負債への取得原価の配分の基礎

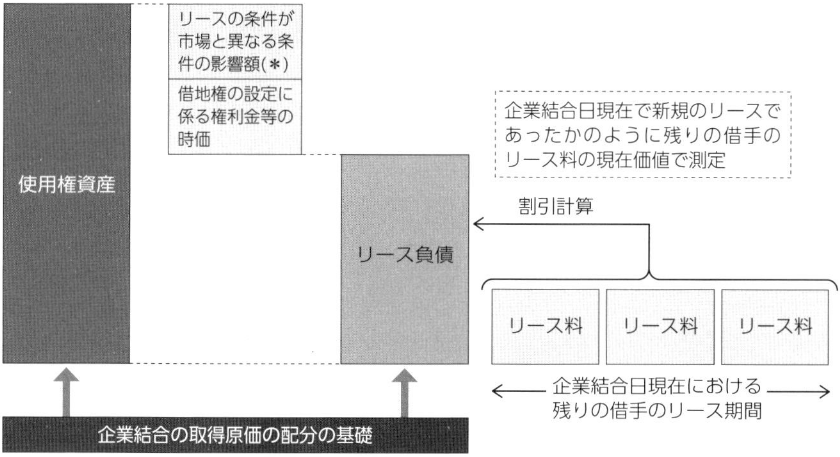

(＊) リースの条件が市場の条件と比較して有利になっている場合を想定した図となっている。

上記ｂを適用する場合，企業結合日後に計上した費用を損益計算書において区分して表示していないとき，当該費用について，リースに関する注記の短期リースに係る費用の開示（Ⅷ.３.⑶②「損益計算書に関する情報」参照）に含めて注記する（結合分離適用指針第61－３項及びリース適用指針BC144項）。

⑺　関連当事者の開示に関する会計基準の適用指針

企業会計基準適用指針第13号「関連当事者の開示に関する会計基準の適用指針」（以下「関連当事者開示適用指針」という。）については，リース会計基準等の取扱いと整合性を図るため，参考（開示例）について，次の改正を行っている。

①　借手のオペレーティング・リース取引に関する開示例の変更

改正前の関連当事者開示適用指針における「１．⑷役員及び個人主要株主等」の開示例に含まれる，借手のオペレーティング・リース取引の会計処理に基づく開示例については，リース会計基準等の会計処理に基づく開示例に改正している。

② 経過措置を適用した借手の所有権移転外ファイナンス・リース取引に関する開示例の変更

改正前の関連当事者開示適用指針における「1．(3)兄弟会社等」の開示例に含まれる，旧リース会計基準の適用初年度開始前に開始した借手の所有権移転外ファイナンス・リース取引について通常の賃貸借取引に係る方法に準じた会計処理を行う経過措置を適用した場合の開示例については，時の経過に伴い対象となる取引が相当程度減少していると考えられるため，削除している。

(8) 一定の特別目的会社に係る開示に関する適用指針

企業会計基準適用指針第15号「一定の特別目的会社に係る開示に関する適用指針」については，リース会計基準等の取扱いとの整合性を図るため，参考（開示例）における3.不動産の流動化(1)について，リースバックに係る記載の変更を行った。

(9) 金融商品時価開示適用指針

企業会計基準適用指針第19号「金融商品の時価等の開示に関する適用指針」（以下「金融商品時価開示適用指針」という。）については，主に，次の点を改正した。

① リース負債の時価開示

リース負債について「金融商品の時価等に関する事項」及び「金融商品の時価のレベルごとの内訳等に関する事項」の注記の対象としないこととした（金

融商品時価開示適用指針第４項⑴及び第24-２項）。

この改正は，次の点を踏まえ，コスト・ベネフィットの観点から変更したものである。

- すべてのリースに係るリース負債が計上されること
- 借手の変動リース料の見積り等リース負債の時価の算定が複雑であること
- 国際的な会計基準がコストと複雑性の観点から公正価値の開示を求めないこととしたこと
- 財務諸表利用者が借入金や社債の時価に比してリース負債の時価を分析に用いる頻度が相対的に低いと考えられること

②　リース債権及びリース投資資産の時価開示

リース債権及びリース投資資産について，国際的な会計基準との整合性も考慮し，「金融商品の時価のレベルごとの内訳等に関する事項」の注記の対象としないこととした（金融商品時価開示適用指針第５-２項⑵及び第24-２項）。

なお，「金融商品の時価等に関する事項」（金融商品会計基準第40-２項）の注記，すなわち，貸借対照表の科目ごとの貸借対照表計上額，貸借対照表日における時価及びその差額の注記（金融商品時価開示適用指針第４項⑴）については，改正前の金融商品時価開示適用指針における取扱いを変更していないため，注記の対象となることに留意が必要である。

⑽　実務対応報告第35号

実務対応報告第35号については，主に，結論の背景において「実務上の取扱い」について改正を行わなかった経緯について記載を行っている。

①　公共施設等運営権の取得がリースに該当するか否かに関して，公共施設等運営権の構成要素についてリース会計基準等における新たなリースの定義及びリースの識別に照らして検討するのではなく，公共施設等運営権の

取得について，引き続き，一括して実務対応報告第35号を適用することが考えられることを踏まえて，公共施設等運営権の取得について，旧リース会計基準等において適用範囲に含めていない取扱いを踏襲し，リース会計基準の適用範囲に含めないこととした（実務対応報告第35号第39-２項及び第39-３項）。

② リース会計基準等において，借手のリース期間について，解約不能期間に，借手が行使することが合理的に確実であるリースの延長オプションの対象期間を加える（Ⅳ.２.⑴①「借手のリース期間の決定方法」参照）ことに変更したことを受けて，公共施設等運営権の取得に関しても延長オプションの取扱いを変更するかどうかを検討した。この点，前述①のとおり，公共施設等運営権の取得をリース会計基準の適用範囲に含めないこととしたため，延長オプションの取扱いを変更しないこととした（実務対応報告第35号第44-２項）。

⑾ 移管指針の適用

移管指針の適用においては，リース会計基準等の公表に伴い，改正を行った移管指針の対象を明らかにしている（移管指針の適用BC14項）。

また，移管指針第３号「連結財務諸表におけるリース取引の会計処理に関する実務指針」については，連結会社相互間のリースは通常の連結手続に従って会計処理が行われるものであることから当該実務指針で定めている内容を改正して存続させる意義が乏しいと考えられるため，適用を終了することとした（移管指針の適用第４－２項及びBC14項）。

⑿ 金融商品実務指針

建設協力金等及び敷金についての具体的な会計処理の定めについて，これらが主にリース契約の締結により生じるため，具体的な会計処理の定めについては，金融商品実務指針から削除し，リース適用指針において定めることとした（Ⅶ.2.「建設協力金等の差入預託保証金」参照）。

⒀　不動産流動化実務指針等

移管指針第10号「特別目的会社を活用した不動産の流動化に係る譲渡人の会計処理に関する実務指針」（以下「不動産流動化実務指針」という。）及び移管指針第13号「特別目的会社を活用した不動産の流動化に係る譲渡人の会計処理に関する実務指針についてのＱ＆Ａ」（以下「不動産流動化実務指針Ｑ＆Ａ」という。）については，主に次の点を改正した。

また，JICPAから公表されている監査保証実務指針第90号についても，併せて改正が行われた。

①　リースバックを行う場合の取扱い

特別目的会社を活用した不動産の流動化において，リースバックによる継続的関与がある場合の不動産に係るリスクと経済価値の移転の要件について，リース会計基準等の定めとの整合性を図る改正を行った（不動産流動化実務指針第11項，第35項及び（参考資料）特別目的会社を活用した不動産の流動化に係る譲渡人の会計処理のフローチャート並びに不動産流動化実務指針Ｑ＆ＡＱ４）。具体的には，改正前には，リースバック取引がオペレーティング・リース取引であるとしていた要件について，改正後は，リースバックが，譲渡人（借手）が当該不動産からもたらされる経済的利益のほとんどすべてを享受することができるリースに該当せず，かつ，リースバックが，譲渡人（借手）が当該不動産の使用に伴って生じるコストのほとんどすべてを負担することとなるリースに該当しないという要件に改めている。

また，監査保証実務指針第90号についても，次のQ&Aについて同様の改正が行われた。

- Q11（Ⅲ 不動産の流動化 6.特殊性を有する不動産）

- Q12（Ⅲ 不動産の流動化 7.リースバック実施時における留意点(1)リスクと経済価値の移転の基本的な考え方）

② 金融取引として会計処理を行った場合の開示

リース適用指針における金融取引として会計処理を行ったセール・アンド・リースバック取引の注記事項（Ⅷ.3.(3)③「セール・アンド・リースバック取引に関する情報」参照）との整合性を図り，譲渡人が不動産の譲渡取引を金融取引として会計処理を行った場合には，金融取引として会計処理を行った資産がある旨並びに当該資産の科目及び金額を記載することとし，関連する債務を示す科目の名称及び金額の記載を求めないこととした（不動産流動化実務指針第22項）。

また，監査保証実務指針第90号のQ23の(3)金融取引として会計処理を行った場合の注記（改正前の担保資産の注記）（Ⅶ 特別目的会社に関する開示 1.特別目的会社に関する開示に関する留意点）についても，同様の改正が行われた。

③ その他，リース会計基準等との整合性を図る改正

監査保証実務指針第90号について，主に次のQ&Aが改正された。これらの改正は，上記①の不動産流動化実務指針の改正と同様の改正が行われたものである。

- Q13（Ⅲ 不動産の流動化 7.リースバック実施時における留意点(2)リース期間）の削除
- Q14（Ⅲ 不動産の流動化 7.リースバック実施時における留意点(3)割引率）の削除
- Q15（Ⅲ 不動産の流動化 7.リースバック実施時における留意点(4)適正な賃借料）の記載の変更
- Q20（Ⅴ 不動産及び金融資産以外の資産の流動化 1.不動産及び金融資産以外の資産の流動化における留意点）の記載の変更
- Q21（Ⅴ 不動産及び金融資産以外の資産の流動化 2.敷金の流動化にお

ける留意点）の記載の変更

⒁　リース業における金融商品会計基準適用に関する当面の会計上及び監査上の取扱い

JICPAから公表されている業種別委員会実務指針第19号については，「4.割賦販売取引の取扱い」について，主に次の点が改正された。

- 販売型割賦の取扱いについて，実現主義に基づく記載について履行義務の充足の観点からの記載に変更する改正が行われた。この改正は，収益認識会計基準との整合性を図ったものと考えられる。
- 販売型割賦及び金融型割賦の両方の金利部分の会計処理について定額法による簡便的な取扱いを削除する改正が行われた。この改正は，リース会計基準等における所有権移転ファイナンス・リースの取扱いと整合性を図ったものと考えられる。
- 割賦基準の取扱いに関する記載を削除する改正が行われた。この改正は，収益認識会計基準の公表により割賦基準が認められなくなったことを踏まえ，販売者としての利益部分の会計処理に割賦基準を適用する取扱いが削除されたものと考えられる。
- 金融型割賦の取扱いについて，維持管理費用相当額が賦払金の総額に占める割合に重要性が乏しい場合に維持管理費用相当額を割賦債権に含めることができることが明確化された。
- 金融型割賦における強制解約時の処理について，割賦債権と割賦未実現利益を両建計上していた場合は，将来利息に相当する部分を繰延割賦未実現利益と相殺処理する定めを削除する改正が行われた。この改正は，製造又は販売以外を事業とする貸手が当該事業の一環で行うリースにおける会計処理（Ⅵ.4.⑵① a「貸手が当該事業の一環で行うリースに係る会計処理」参照）との整合性を図ったものと考えられる。

企業会計基準第34号

リースに関する会計基準

2024年９月13日
企業会計基準委員会

目　次

項

目　的

1．本会計基準は，本会計基準の範囲（第３項及び第４項参照）に定めるリースに関する会計処理及び開示について定めることを目的とする。
2．本会計基準の適用にあたっては，企業会計基準適用指針第33号「リースに関する会計基準の適用指針」（以下「適用指針」という。）も参照する必要がある。

会計基準

Ⅰ．範　囲

3．本会計基準は，次の⑴から⑶に該当する場合を除き，リースに関する会計処理及び開示に適用する。
⑴　実務対応報告第35号「公共施設等運営事業における運営権者の会計処理等に関する実務上の取扱い」（以下「実務対応報告第35号」という。）の範囲に含まれる運営権者による公共施設等運営権の取得
⑵　企業会計基準第29号「収益認識に関する会計基準」（以下「収益認識会計基準」という。）の範囲に含まれる貸手による知的財産のライセンスの供与。ただし，製造又は販売以外を事業とする貸手は，当該貸手による知的財産のライセンスの供与について本会計基準を適用することができる。
⑶　鉱物，石油，天然ガス及び類似の非再生型資源を探査する又は使用する権利の取得
4．前項の定めにかかわらず，無形固定資産のリースについては，本会計基準を適用しないことができる。

Ⅱ．用語の定義

5．「契約」とは，法的な強制力のある権利及び義務を生じさせる複数の当事者間における取決めをいう。契約には，書面，口頭，取引慣行等が含まれる。
6．「リース」とは，原資産を使用する権利を一定期間にわたり対価と交換に移転する契約又は契約の一部分をいう。
7．「借手」とは，リースにおいて原資産を使用する権利を一定期間にわたり対価と交換に獲得する企業をいう。
8．「貸手」とは，リースにおいて原資産を使用する権利を一定期間にわたり対価と交換に提供する企業をいう。
9．「原資産」とは，リースの対象となる資産で，貸手によって借手に当該資産を使用する権利が移転されているものをいう。

10.「使用権資産」とは，借手が原資産をリース期間にわたり使用する権利を表す資産をいう。
11.「ファイナンス・リース」とは，契約に定められた期間（以下「契約期間」という。）の中途において当該契約を解除することができないリース又はこれに準ずるリースで，借手が，原資産からもたらされる経済的利益を実質的に享受することができ，かつ，当該原資産の使用に伴って生じるコストを実質的に負担することとなるリースをいう。
12.「所有権移転ファイナンス・リース」とは，契約上の諸条件に照らして原資産の所有権が借手に移転すると認められるファイナンス・リースをいう。
13.「所有権移転外ファイナンス・リース」とは，所有権移転ファイナンス・リース以外のファイナンス・リースをいう。
14.「オペレーティング・リース」とは，ファイナンス・リース以外のリースをいう。
15.「借手のリース期間」とは，借手が原資産を使用する権利を有する解約不能期間に，次の(1)及び(2)の両方を加えた期間をいう。
(1)　借手が行使することが合理的に確実であるリースの延長オプションの対象期間
(2)　借手が行使しないことが合理的に確実であるリースの解約オプションの対象期間
16.「貸手のリース期間」とは，貸手が選択した次のいずれかの期間をいう。
(1)　借手のリース期間と同様の方法により決定した期間
(2)　借手が原資産を使用する権利を有する解約不能期間（事実上解約不能と認められる期間を含む。）にリースが置かれている状況からみて借手が再リースする意思が明らかな場合の再リース期間を加えた期間
17.「再リース期間」とは，再リースに関する取決めにおける再リースに係るリース期間をいう。
18.「リース開始日」とは，貸手が，借手による原資産の使用を可能にする日をいう。
19.「借手のリース料」とは，借手が借手のリース期間中に原資産を使用する権利に関して行う貸手に対する支払であり，次のもので構成される。
(1)　借手の固定リース料
(2)　指数又はレートに応じて決まる借手の変動リース料
(3)　残価保証に係る借手による支払見込額
(4)　借手が行使することが合理的に確実である購入オプションの行使価額
(5)　リースの解約に対する違約金の借手による支払額（借手のリース期間に借手による解約オプションの行使を反映している場合）

借手のリース料には，契約におけるリースを構成しない部分に配分する対価は含まれない。ただし，借手がリースを構成する部分とリースを構成しない部分とを分けずに，リースを構成する部分と関連するリースを構成しない部分とを合わせてリースを構成する部分として会計処理を行う場合を除く。

20.「借手の固定リース料」とは，借手が借手のリース期間中に原資産を使用する権利に関して行う貸手に対する支払であり，借手の変動リース料以外のものをいう。
21.「借手の変動リース料」とは，借手が借手のリース期間中に原資産を使用する権利に関して行う貸手に対する支払のうち，リース開始日後に発生する事象又は状況の変化（時の経過を除く。）により変動する部分をいう。借手の変動リース料は，指数又はレートに応じて決まる借手の変動リース料とそれ以外の借手の変動リース料により構成される。
22.「残価保証」とは，リース終了時に，原資産の価値が契約上取り決めた保証価額に満たない場合，その不足額について貸手と関連のない者が貸手に対して支払う義務を課せられる条件をいう。貸手と関連のない者には，借手及び借手と関連のある当事者並びに借手以外の第三者が含まれる。
23.「貸手のリース料」とは，借手が貸手のリース期間中に原資産を使用する権利に関して行う貸手に対する支払であり，リースにおいて合意された使用料（残価保証がある場合は，残価保証額を含む。）をいう。貸手のリース料には，契約におけるリースを構成しない部分に配分する対価は含まれない。また，貸手のリース料には，将来の業績等により変動する使用料は含まれない。
24.「リースの契約条件の変更」とは，リースの当初の契約条件の一部ではなかったリースの範囲又はリースの対価の変更（例えば，１つ以上の原資産を追加若しくは解約することによる原資産を使用する権利の追加若しくは解約，又は，契約期間の延長若しくは短縮）をいう。

Ⅲ．会計処理

１．リースの識別

⑴　リースの識別の判断

25. 契約の締結時に，契約の当事者は，当該契約がリースを含むか否かを判断する。
26. 前項の判断にあたり，契約が特定された資産の使用を支配する権利を一定期間にわたり対価と交換に移転する場合，当該契約はリースを含む。
27. 契約期間中は，契約条件が変更されない限り，契約がリースを含むか否かの判断を見直さない。

⑵　リースを構成する部分とリースを構成しない部分の区分

28. 借手及び貸手は，リースを含む契約について，原則として，リースを構成する部分とリースを構成しない部分とに分けて会計処理を行う（適用指針［設例７］）。
29. 借手は，前項の定めにかかわらず，対応する原資産を自ら所有していたと仮定した場合に貸借対照表において表示するであろう科目ごと又は性質及び企業の営業ににおける用途が類似する原資産のグループごとに，リースを構成する部分とリースを構成しない部分とを分けずに，リースを構成する部分と関連するリースを構成しない部分とを合わせてリースを構成する部分として会計処理を行うことを選択することができる（適用指針［設例７］）。

30. 連結財務諸表においては，個別財務諸表において個別貸借対照表に表示するであろう科目ごと又は性質及び企業の営業における用途が類似する原資産のグループごとに行った前項の選択を見直さないことができる。

２．リース期間

(1)　借手のリース期間

31. 借手は，借手のリース期間について，借手が原資産を使用する権利を有する解約不能期間に，次の(1)及び(2)の両方の期間を加えて決定する（適用指針［設例８－１］から［設例８－５］）。

(1)　借手が行使することが合理的に確実であるリースの延長オプションの対象期間

(2)　借手が行使しないことが合理的に確実であるリースの解約オプションの対象期間

借手のみがリースを解約する権利を有している場合，当該権利は借手が利用可能なオプションとして，借手は借手のリース期間を決定するにあたってこれを考慮する。貸手のみがリースを解約する権利を有している場合，当該期間は，借手の解約不能期間に含まれる。

(2)　貸手のリース期間

32. 貸手は，貸手のリース期間について，次のいずれかの方法を選択して決定する。

(1)　借手のリース期間と同様に決定する方法（前項参照）

(2)　借手が原資産を使用する権利を有する解約不能期間（事実上解約不能と認められる期間を含む。）にリースが置かれている状況からみて借手が再リースする意思が明らかな場合の再リース期間を加えて決定する方法

３．借手のリース

(1)　リース開始日の使用権資産及びリース負債の計上額

33. 借手は，リース開始日に，第34項に従い算定された額によりリース負債を計上する。また，当該リース負債にリース開始日までに支払った借手のリース料，付随費用及び資産除去債務に対応する除去費用を加算し，受け取ったリース・インセンティブを控除した額により使用権資産を計上する。

34. 借手は，リース負債の計上額を算定するにあたって，原則として，リース開始日

において未払である借手のリース料からこれに含まれている利息相当額の合理的な見積額を控除し，現在価値により算定する方法による。

35. 借手のリース料は，借手が借手のリース期間中に原資産を使用する権利に関して行う貸手に対する支払であり，次の(1)から(5)のもので構成される。

(1) 借手の固定リース料

(2) 指数又はレートに応じて決まる借手の変動リース料

(3) 残価保証に係る借手による支払見込額（適用指針［設例11］）

(4) 借手が行使することが合理的に確実である購入オプションの行使価額

(5) リースの解約に対する違約金の借手による支払額（借手のリース期間に借手による解約オプションの行使を反映している場合）

(2) 利息相当額の各期への配分

36. 本会計基準第34項における利息相当額については，借手のリース期間にわたり，原則として，利息法により配分する（適用指針［設例9-1］）。

(3) 使用権資産の償却

37. 契約上の諸条件に照らして原資産の所有権が借手に移転すると認められるリースに係る使用権資産の減価償却費は，原資産を自ら所有していたと仮定した場合に適用する減価償却方法と同一の方法により算定する。この場合の耐用年数は，経済的使用可能予測期間とし，残存価額は合理的な見積額とする（適用指針［設例10］）。

38. 契約上の諸条件に照らして原資産の所有権が借手に移転すると認められるリース以外のリースに係る使用権資産の減価償却費は，定額法等の減価償却方法の中から企業の実態に応じたものを選択適用した方法により算定し，原資産を自ら所有していたと仮定した場合に適用する減価償却方法と同一の方法により減価償却費を算定する必要はない。この場合，原則として，借手のリース期間を耐用年数とし，残存価額をゼロとする（適用指針［設例9-1］）。

(4) リースの契約条件の変更

39. 借手は，リースの契約条件の変更が生じた場合，次のいずれかを行う。

(1) 変更前のリースとは独立したリースとしての会計処理

(2) リース負債の計上額の見直し

ただし，リースの契約条件の変更に複数の要素がある場合，これらの両方を行うことがある。

(5) リースの契約条件の変更を伴わないリース負債の見直し

40. 借手は，リースの契約条件の変更が生じていない場合で，次のいずれかに該当するときには，リース負債の計上額の見直しを行う。

⑴　借手のリース期間に変更がある場合（第41項及び第42項参照）
⑵　借手のリース期間に変更がなく借手のリース料に変更がある場合

（借手のリース期間に変更がある場合）

41. 借手は，リースの契約条件の変更が生じていない場合で，次の⑴及び⑵のいずれも満たす重要な事象又は重要な状況が生じたときに，第31項の延長オプションを行使すること又は解約オプションを行使しないことが合理的に確実であるかどうかについて見直し，借手のリース期間を変更し，リース負債の計上額の見直しを行う。
⑴　借手の統制下にあること
⑵　延長オプションを行使すること又は解約オプションを行使しないことが合理的に確実であるかどうかの借手の決定に影響を与えること

42. 借手は，リースの契約条件の変更が生じていない場合で，延長オプションの行使等により借手の解約不能期間に変更が生じた結果，借手のリース期間を変更するときには，リース負債の計上額の見直しを行う。

4．貸手のリース

⑴　リースの分類

43. 貸手は，リースをファイナンス・リースとオペレーティング・リースとに分類する。

⑵　ファイナンス・リースの分類

44. 貸手は，ファイナンス・リースについて，所有権移転ファイナンス・リースと所有権移転外ファイナンス・リースとに分類する。

⑶　ファイナンス・リース

45. 貸手は，ファイナンス・リースについて，通常の売買取引に係る方法に準じた会計処理を行う。

46. 貸手は，リース開始日に，通常の売買取引に係る方法に準じた会計処理により，所有権移転ファイナンス・リースについてはリース債権として，所有権移転外ファイナンス・リースについてはリース投資資産として計上する。

47. 貸手における利息相当額の総額は，貸手のリース料及び見積残存価額（貸手のリース期間終了時に見積られる残存価額で残価保証額以外の額）の合計額から，これに対応する原資産の取得価額を控除することによって算定する。当該利息相当額については，貸手のリース期間にわたり，原則として，利息法により配分する。

⑷ オペレーティング・リース

48. 貸手は，オペレーティング・リースについて，通常の賃貸借取引に係る方法に準じた会計処理を行う。

Ⅳ．開　示

1．表　示

⑴ 借　手

49. 使用権資産について，次のいずれかの方法により，貸借対照表において表示する。
  ⑴ 対応する原資産を自ら所有していたと仮定した場合に貸借対照表において表示するであろう科目に含める方法
  ⑵ 対応する原資産の表示区分（有形固定資産，無形固定資産，投資その他の資産等）において使用権資産として区分する方法

50. リース負債について，貸借対照表において区分して表示する又はリース負債が含まれる科目及び金額を注記する。
　このとき，貸借対照表日後1年以内に支払の期限が到来するリース負債は流動負債に属するものとし，貸借対照表日後1年を超えて支払の期限が到来するリース負債は固定負債に属するものとする。

51. リース負債に係る利息費用について，損益計算書において区分して表示する又はリース負債に係る利息費用が含まれる科目及び金額を注記する。

⑵ 貸　手

52. リース債権及びリース投資資産のそれぞれについて，貸借対照表において区分して表示する又はそれぞれが含まれる科目及び金額を注記する。ただし，リース債権の期末残高が，当該期末残高及びリース投資資産の期末残高の合計額に占める割合に重要性が乏しい場合，リース債権及びリース投資資産を合算して表示又は注記することができる。
　このとき，リース債権及びリース投資資産について，当該企業の主目的たる営業取引により発生したものである場合には，流動資産に表示する。また，当該企業の主目的たる営業取引以外の取引により発生したものである場合には，貸借対照表日の翌日から起算して1年以内に入金の期限が到来するものは流動資産に表示し，入金の期限が1年を超えて到来するものは固定資産に表示する。

53. 次の事項について，損益計算書において区分して表示する又はそれぞれが含まれる科目及び金額を注記する。
  ⑴ ファイナンス・リースに係る販売損益（売上高から売上原価を控除した純額）
  ⑵ ファイナンス・リースに係るリース債権及びリース投資資産に対する受取利息

相当額
(3)　オペレーティング・リースに係る収益（貸手のリース料に含まれるもののみを含める。）

2．注記事項

(1)　開示目的

54. リースに関する注記における開示目的は，借手又は貸手が注記において，財務諸表本表で提供される情報と併せて，リースが借手又は貸手の財政状態，経営成績及びキャッシュ・フローに与える影響を財務諸表利用者が評価するための基礎を与える情報を開示することにある。

(2)　借手及び貸手の注記

55. 前項の開示目的を達成するため，リースに関する注記として，次の事項を注記する。
(1)　借手の注記
①　会計方針に関する情報
②　リース特有の取引に関する情報
③　当期及び翌期以降のリースの金額を理解するための情報
(2)　貸手の注記
①　リース特有の取引に関する情報
②　当期及び翌期以降のリースの金額を理解するための情報
ただし，上記の各注記事項のうち，前項の開示目的に照らして重要性に乏しいと認められる注記事項については，記載しないことができる。

56. リースに関する注記を記載するにあたり，前項において示す注記事項の区分に従って注記事項を記載する必要はない。

57. リースに関する注記を独立の注記項目とする。ただし，他の注記事項に既に記載している情報については，繰り返す必要はなく，当該他の注記事項を参照することができる。

Ⅴ．適用時期等

1．適用時期

58. 本会計基準は，2027年４月１日以後開始する連結会計年度及び事業年度の期首から適用する。ただし，2025年４月１日以後開始する連結会計年度及び事業年度の期首から本会計基準を適用することができる。

２．その他

59. 本会計基準の適用により，次の企業会計基準，企業会計基準適用指針，実務対応報告及び移管指針に従って会計処理されている取引についてはこれらの会計基準等の適用を終了する。
  ⑴ 企業会計基準第13号「リース取引に関する会計基準」（以下「企業会計基準第13号」という。）
  ⑵ 企業会計基準適用指針第16号「リース取引に関する会計基準の適用指針」（以下「企業会計基準適用指針第16号」という。）
  ⑶ 実務対応報告第31号「リース手法を活用した先端設備等投資支援スキームにおける借手の会計処理等に関する実務上の取扱い」
  ⑷ 移管指針第３号「連結財務諸表におけるリース取引の会計処理に関する実務指針」

Ⅵ．議　決

60. 本会計基準は，第532回企業会計基準委員会に出席した委員13名全員の賛成により承認された。なお，出席した委員は，以下のとおりである。

川　西　安　喜（委員長）
紙　谷　孝　雄（副委員長）
中　條　恵　美
山　口　奈　美
穴　田　祐　史
熊　谷　五　郎
栗　原　雅　男
小　出　　　篤
佐　藤　要　造
鈴　木　一　水
丹　　　昌　敏
松　下　晃　平
吉　岡　　　亨

結論の背景

経　緯

1993年リース取引会計基準の公表

BC１．我が国のリース取引に関する会計基準としては，1993年６月に企業会計審議会第一部会から「リース取引に係る会計基準」(以下「1993年リース取引会計基準」という。）が公表された。1993年リース取引会計基準では，ファイナンス・リース取引については，通常の売買取引に係る方法に準じて会計処理を行うこととされており，その理由として，「リース取引に係る会計基準に関する意見書」(1993年６月企業会計審議会第一部会）では，「我が国の現行の企業会計実務においては，リース取引は，その取引契約に係る法的形式に従って，賃貸借取引として処理されている。しかしながら，リース取引の中には，その経済的実態が，当該物件を売買した場合と同様の状態にあると認められるものがかなり増加してきている。かかるリース取引について，これを賃貸借取引として処理することは，その取引実態を財務諸表に的確に反映するものとはいいがたく，このため，リース取引に関する会計処理及び開示方法を総合的に見直し，公正妥当な会計基準を設定することが，広く各方面から求められてきている。」と記載されていた。

BC２．1993年リース取引会計基準では，法的には賃貸借取引であるリース取引について，経済実態に着目し通常の売買取引に係る方法に準じた会計処理を採用しており，これはファイナンス・リース取引と資産の割賦売買取引との会計処理の比較可能性を考慮したものと考えられる。また，1993年リース取引会計基準は，リース取引をファイナンス・リース取引とオペレーティング・リース取引に分類する点や，借手がリース資産を固定資産として計上する点など，国際会計基準及び米国会計基準と平仄を合わせるものであった。

BC３．一方，1993年リース取引会計基準では，ファイナンス・リース取引のうち所有権移転外ファイナンス・リース取引については，一定の注記を要件として通常の賃貸借取引に係る方法に準じた会計処理（以下「例外処理」という。）を採用することを認めてきた。1993年リース取引会計基準を適用していた大半の企業において，この例外処理が採用されていた。

企業会計基準第13号の公表

BC４．当委員会では，この例外処理の再検討について，2001年11月にテーマ協議会から提言を受け，2002年７月より審議を開始した。1993年リース取引会計基準に対する当委員会の問題意識は，主として次の点であった。

(1) 会計上の情報開示の観点からは，ファイナンス・リース取引については，借手において資産及び負債を認識する必要性がある。特に，いわゆるレンタルと異なり，使用の有無にかかわらず借手はリース料の支払義務を負い，キャッシュ・フローは固定されているため，借手は債務を計上すべきである。

(2) 本来，代替的な処理が認められるのは，異なった経済実態に異なる会計処理を適用することで，事実をより適切に伝えられる場合であるが，例外処理がほぼすべてを占める現状は，会計基準の趣旨を否定するような特異な状況であり，早急に是正される必要がある。

BC5．審議の過程では，主として，我が国のリース取引は資金を融通する金融ではなく物を融通する物融であり，諸外国のファイナンス・リースと異なり賃貸借としての性質が強いことを理由とし，例外処理を存続すべきとの意見も表明された。また，リース契約を通じたビジネスの手法が確定決算主義をとる税制と密接に関係してきたため，会計上の情報開示の観点のみでは結論を得ることが難しい課題であった。

BC6．当委員会では，4年にわたりこのテーマを審議し，その間，2004年3月に「所有権移転外ファイナンス・リース取引の会計処理に関する検討の中間報告」を公表し，また，2006年7月に試案「リース取引に関する会計基準（案）」，2006年12月に企業会計基準公開草案第17号「リース取引に関する会計基準（案）」を公表した。審議の過程では，関係各方面からの意見聴取も行い，我が国のリース取引の実態を踏まえ議論を行ってきたが，1993年リース取引会計基準において認められていた例外処理を廃止するとの結論に至り，2007年3月に企業会計基準第13号として公表した。

本会計基準の公表

BC7．国際会計基準審議会（IASB）は，2016年1月に国際財務報告基準（IFRS）第16号「リース」（以下「IFRS第16号」という。）を公表し，米国財務会計基準審議会（FASB）は，同年2月にFASB Accounting Standards Codification（FASBによる会計基準のコード化体系）のTopic 842「リース」（以下「Topic 842」という。）を公表した。

IFRS第16号とTopic 842とでは，借手の会計処理に関して，主に費用配分の方法が異なるものの，原資産の引渡しにより借手に支配が移転した使用権部分に係る資産（使用権資産）と当該移転に伴う負債（リース負債）を計上する使用権モデルにより，オペレーティング・リースも含むすべてのリースについて資産及び負債を計上することとしている。

IFRS第16号及びTopic 842の公表により，これらの国際的な会計基準と我が国のリース会計基準とは，特に負債の認識において違いが生じることとなり，国際的な比較において議論となる可能性があった。この点，2016年３月に開催された第26回基準諮問会議において企業会計基準第13号等の見直しについて議論が行われ，これを受け，当委員会は2016年８月に公表した中期運営方針において日本基準を国際的に整合性のあるものとするための取組みに関する今後の検討課題の１つとしてリースに関する会計基準を取り上げることとした。その後，2017年12月開催の第375回企業会計基準委員会において，我が国における会計基準の改訂に向けた検討に着手するか否かの検討を行うこととし，2018年６月開催の第387回企業会計基準委員会から当該検討を開始した。

BC８．検討を行うにあたり，財務諸表作成者及び財務諸表利用者から幅広く意見を聴取した。当該検討の過程において借手のすべてのリースについて資産及び負債を計上することへの懸念として，会計上の考え方，適用の困難さ，適用上のコスト等に関する意見が聞かれた。例えば，使用権モデルに基づき借手が資産及び負債を計上することについて，次の点に関して法的な観点から違和感があるとの意見が聞かれた。

(1)　一般的な賃貸借契約（民法（明治29年法律第89号）第601条）では，貸手は，単に物件を引き渡しただけでは義務を完全に履行したことにはならず，その引渡後にも修繕義務等を負うため多少なりともリスクを負担している。

(2)　借手による契約で定められた賃料を支払う義務の履行は，貸手の義務の履行が前提であるため，借手は，原資産の引渡しにより，無条件の支払義務を負う訳ではない。

(3)　連結財務諸表上は，情報開示の観点でやむを得ないとしても，個別財務諸表については，民法上の考え方との齟齬がある（BC20項参照）。

BC９．前項の意見について，IFRS第16号では，リースが役務提供契約と異なる点について，次のとおり説明されている。

(1)　リースの場合，貸手による原資産の引渡しにより借手は特定された資産を使用する権利を支配し，それと交換に当該使用権に対する支払を行う無条件の義務を負う。

(2)　役務提供契約の場合，顧客は契約の開始時に特定された資産の支配を獲得せず，通常，役務提供が履行される時点まで支払義務を負わない。

この点，IFRS第16号においては，貸手が借手に対してさまざまな法的な義務を負う中で，原資産の使用権に対する支配に着目する観点から，原資産の引渡しに焦点が当てられているものと考えられる。IFRS第16号において，借手における支払義務が法律上の無条件の支払義務に該当しないとしても，会計上の資産又は負債の定義を満たす場合には，資産又は負債として計上するかどうかを検討することになると考えられる。IFRS第16号における，貸手が原資産を借手に引き渡した時点において借手が無条件の支払義務を有しているとの考え方は，我が国において必ずしも当てはまらない状況があると考えられるが，会計上，借手が無条件の支払義務を有するまで負債を認識しないということには必ずしもならないと考えられる。

このため，本会計基準では借手の原資産の使用に関連する権利及び義務が無条件であるとするIFRS第16号における記載は行っていないが，借手のすべてのリースについて資産及び負債を計上する点において，国際的な会計基準と異なる取扱いになることは想定していない。

BC10. 一方，借手のすべてのリースについて資産及び負債を計上する会計基準の開発に対する次のニーズが識別された。

(1) 国際的な会計基準との整合性を図ることは財務諸表間の比較可能性を高めることにつながると考えられること

(2) すべてのリースについて資産及び負債を計上することに財務諸表利用者のニーズがあること

(3) 重要なオペレーティング・リースについて企業会計基準第13号で定めていた賃貸借処理に準じた会計処理を継続することは，重要な負債が財務諸表本表に計上されていないことの指摘を国際的に受ける可能性があり，我が国の資本市場及び我が国の企業の財務報告に対する信頼性に関するリスクが大きいものと考えられること

BC11. BC８項から前項までの議論を踏まえた結果，前項のニーズはいずれも重視すべきものと考えられ，会計基準の開発に着手することが必要であるとして，2019年３月開催の第405回企業会計基準委員会において，借手のすべてのリースについて資産及び負債を計上する会計基準の開発に着手することとした。

その後，当委員会は，リース会計基準の「開発にあたっての基本的な方針」（本会計基準BC13項参照）を定め，当該基本的な方針に基づき会計基準の開発に関する審議を行った。開発当初は，借手の会計処理と貸手の会計処理で齟齬が生じないよう，借手のための新しい会計基準を開発するのではなく企業会計基準第13号を改正することとしていたが，企業会計基準第13号を改正する形とする場合，削除する項番号や枝番となる項番号が多くなるため，利便性の観点から項番号を振り直し，新たな会計基準として開発することとした。

そのうえで，2023年５月に企業会計基準公開草案第73号「リースに関する会計基準（案）」及び企業会計基準適用指針公開草案第73号「リースに関する会計基準の適用指針（案）」を公表して広く意見を求めた。本会計基準は，公開草案に寄せられた意見を踏まえて検討を行い，公開草案の内容を一部修正した上で公表するに至ったものである。

BC12. 審議の過程では，本会計基準の実務への適用を行う過程で本会計基準の開発時に想定していなかった事態が生じ得るのではないかとの意見が聞かれた。このため，収益認識会計基準の公表時における対応（収益認識会計基準第96項）と同様に，本会計基準の実務への適用を検討する過程で，本会計基準における定めが明確であるものの，これに従った処理を行うことが実務上著しく困難な状況が市場関係者に

より識別され，その旨当委員会に提起された場合には，公開の審議により，別途の対応を図ることの要否を当委員会において判断することとした。

開発にあたっての基本的な方針

BC13. 当委員会は，借手のすべてのリースについて資産及び負債を計上するリースに関する会計基準の開発にあたって，次の基本的な方針を定めた。

(1) 借手の費用配分の方法については，IFRS第16号との整合性を図る（本会計基準BC39項参照）。

借手の会計処理に関してIFRS第16号と整合性を図る程度については，IFRS第16号のすべての定めを取り入れるのではなく，主要な定めの内容のみを取り入れることにより，簡素で利便性が高く，かつ，IFRSを任意適用して連結財務諸表を作成している企業（以下「IFRS任意適用企業」という。）がIFRS第16号の定めを個別財務諸表に用いても，基本的に修正が不要となる会計基準とする。

(2) そのうえで，国際的な比較可能性を大きく損なわせない範囲で代替的な取扱いを定める，又は，経過的な措置を定めるなど，実務に配慮した方策を検討する。

また，貸手の会計処理については，IFRS第16号及びTopic 842ともに抜本的な改正が行われていないため，次の点を除き，基本的に，企業会計基準第13号の定めを踏襲することとした。

(1) 収益認識会計基準との整合性を図る点
(2) リースの定義及びリースの識別

Ⅰ．範　囲

1．原則的な取扱い

BC14. 本会計基準は，契約の名称などにかかわらず，本会計基準の範囲に定めるリースに適用する（第３項参照）。

2．他の会計基準等との関係

BC15. 本会計基準では，実務対応報告第35号の範囲に含まれる公共施設等運営事業における運営権者による公共施設等運営権の取得について，当該運営権の構成要素にリースが含まれるかどうかにかかわらず，本会計基準の範囲に含めないこととした（本会計基準第３項(1)参照）。これは，実務対応報告第35号において，当該運営権を分割せずに一括して会計処理を行うこととしており（実務対応報告第35号第29項），当該運営権の構成要素についてリースに該当するかどうかの検討を行わないこととするためである。

BC16. 貸手によるリースのうち，収益認識会計基準の範囲に含まれる貸手による知的財産のライセンスの供与については，IFRS第16号と同様に，本会計基準の範囲に含めないこととした（本会計基準第３項⑵参照）。これは，企業会計基準適用指針第30号「収益認識に関する会計基準の適用指針」（以下「収益認識適用指針」という。）は，知的財産のライセンスには，ソフトウェアのライセンスが含まれるとしており（収益認識適用指針第143項），収益認識会計基準の範囲に含まれるソフトウェアのライセンスの供与には収益認識会計基準を適用することとするためである。

BC17. 公開草案に寄せられたコメントの中には，リースを主たる事業としている企業においてはソフトウェアのライセンスの供与について本会計基準を適用することを認めるべきとの意見があった。リースを主たる事業としている企業のように製造又は販売以外を事業とする貸手においては，リースがソフトウェアの機能を顧客に提供するために利用されておらず専ら金融取引として利息相当額を稼得するために利用されていると考えられることを踏まえると，このような貸手においては収益認識会計基準の範囲に含まれる貸手による知的財産のライセンスの供与を区分し収益認識会計基準に従って会計処理を行うことの有用性は乏しいと考えられる。

したがって，製造又は販売以外を事業とする貸手（適用指針第71項⑵）については，本会計基準第３項⑵の貸手による知的財産のライセンスの供与について本会計基準を適用することを認めることとした（本会計基準第３項⑵ただし書き参照）。

BC18. 貸手によるその他の無形固定資産のリースについては，IFRS第16号ではその適用を任意とする定めはないものの，その他の無形固定資産のリースが広範に行われているようには見受けられなかったため，また，企業会計基準第13号における会計処理を変更する必要がないようにするため，本会計基準の適用を任意とした（本会計基準第４項参照）。

また，借手によるリースのうち，無形固定資産のリースについては，借手によるソフトウェアのリースが企業会計基準第13号に基づいて会計処理されている実務を変更する必要がないようにするとともに，無形資産のリースに適用することを要求されていないIFRS第16号との整合性を図るため，本会計基準の適用を任意とした（本会計基準第４項参照）。

BC19. 公開草案に寄せられたコメントの中には，鉱物，石油，天然ガス及び類似の非再生型資源を探査する又は使用するリースについて，国際的な会計基準との整合性を図る観点から，本会計基準の範囲から除外すべきとの意見があった。借手の会計処理については，基本的に国際的な会計基準との整合性を図っているため，鉱物，石油，天然ガス及び類似の非再生型資源を探査する又は使用する権利の取得については，本会計基準の範囲から除くこととした（第３項⑶参照）。第３項⑶には，探査にあたって土地等を使用する権利は含まれるが，資源を探査するために使用する機械装置等（例えば，掘削設備）の個々の資産は含まれず，当該個々の資産がリースに該当するか否かは，リースの定義（第６項参照）及びリースの識別（第25項から第27項参照）の定めに従って判断することになる。

３．個別財務諸表への適用

BC20. 当委員会では，本会計基準を連結財務諸表のみに適用すべきか，連結財務諸表と個別財務諸表の両方に適用すべきかを検討するため，次の項目について審議を行った。

(1)　国際的な比較可能性

(2)　関連諸法規等（法人税法，分配規制，自己資本比率規制，民法（賃貸借）及び法人企業統計）との利害調整

(3)　中小規模の企業における適用上のコスト

(4)　連結財務諸表と個別財務諸表で異なる会計処理を定める影響

ここで，我が国においては歴史的に連結財務諸表が個別財務諸表の積み上げとして捉えられており，また，投資家の意思決定の有用性について，連結財務諸表と個別財務諸表で異なる説明をすることは難しく，同じ経済実態に対し，連結財務諸表と個別財務諸表とで異なる考えに基づく会計処理を求める会計基準を開発することは適切ではないとの考えに基づき，従来から，原則として，会計基準は連結財務諸表と個別財務諸表の両方に同様に適用されるものとして開発してきている。また，当委員会が2022年８月に公表した中期運営方針は，開発する会計基準を連結財務諸表と個別財務諸表の両方に同様に適用することが原則であることを示した上で，個々の会計基準の開発においては，特に個別財務諸表において関連諸法規等の利害調整に関係するためにその原則に従うべきではない事象が識別されるかどうかを検討することを示している。

公開草案を公表する前の審議の過程において，従来からの基準開発に対する基本的な考え方及び方針を覆すに値する事情が存在するかどうかという観点から個別財務諸表における会計処理についての検討を行った。

審議の結果，本会計基準の適用に関する懸念の多くは，個別財務諸表固有の論点ではないと考えられ，連結財務諸表と個別財務諸表の会計処理は同一であるべきとする基本的な考え方及び方針を覆すに値する事情は存在しないと判断した。

BC21. 公開草案に寄せられたコメントの中には，前項(1)から(4)の項目に関連し，本会計基準を連結財務諸表と個別財務諸表の両方に適用することを懸念する意見があった。当該懸念に対して再度検討を重ねた結果，前項の判断を変更する結論には至らなかった。

Ⅱ．用語の定義

BC22. 本会計基準では，IFRS第16号における借手に関する用語の定義のうち，本会計基準に関連のあるものは本会計基準の用語の定義に含めている。また，貸手に関する用語の定義については，企業会計基準第13号における定義を基本的に踏襲している。

BC23. 本会計基準では，「契約」という用語について，法的な強制力のある権利及び義務を生じさせる複数の当事者間における取決めと定義している（本会計基準第５項参照）。ここで，契約は，口頭によるものや取引慣行による場合においても，法的な拘束力があることを前提としたものであることを明確化するため，収益認識会計基準における「契約」（収益認識会計基準第５項及び第20項）と同様の定義としている。

BC24. 複数の契約は，区分して会計処理を行うか単一の契約として会計処理を行うかにより結果が異なる場合がある。そのため，それぞれのリースにおける収益及び費用の金額及び時期を適切に計上するため，複数の契約を結合し，単一の契約とみなして処理することが必要となる場合がある。このような場合として，例えば，同一の相手方と同時又はほぼ同時に締結した複数の契約について，価格に相互依存関係が存在する場合や同一の商業上の目的で締結されている場合等が考えられる。

BC25. リースの定義に関する定めは，借手が貸借対照表に計上する資産及び負債の範囲を決定するものであることから，国際的な会計基準との整合性を確保するためには，リースの定義に関する定めについて，IFRS第16号との整合性を確保する必要があると考えられる。そのため，本会計基準では，IFRS第16号におけるリースの定義をIFRS第16号の主要な定めとして本会計基準に取り入れ，「リース」について，原資産を使用する権利を一定期間にわたり対価と交換に移転する契約又は契約の一部分と定義することとした（第６項参照）。

BC26. 第11項にいう契約期間の中途において当該契約を解除することができないリースに準ずるリースとは，法的形式上は解約可能であるとしても，解約に際し相当の違約金を支払わなければならない等の理由から，事実上解約不能と認められるリースをいう。また，「借手が，原資産からもたらされる経済的利益を実質的に享受する」とは，当該原資産を自己所有するとするならば得られると期待されるほとんどすべての経済的利益を享受することをいい，「当該原資産の使用に伴って生じるコストを実質的に負担する」とは，当該原資産の取得価額相当額，維持管理等の費用，陳腐化によるリスク等のほとんどすべてのコストを負担することをいう。

BC27. 再リースに関して，我が国の再リースの一般的な特徴は，再リースに関する条項が当初の契約において明示されており，経済的耐用年数を考慮した解約不能期間経過後において，当初の月額リース料程度の年間リース料により行われる１年間のリースであることが挙げられる。

BC28. 本会計基準では，リース開始日において，リースの借手であれば使用権資産及びリース負債を，ファイナンス・リースの貸手であればリース債権又はリース投資資産を計上する（第33項及び第46項参照）。ここで，「リース開始日」とは，貸手が，借手による原資産の使用を可能にする日をいう（第18項参照）。

BC29. 本会計基準では，貸手のリース料には，将来の業績等により変動する使用料は含まれないとしている（本会計基準第23項参照）。これは，企業会計基準適用指針第16号では，リース料が将来の一定の指標（売上高等）により変動するリース取引などが取り扱われていなかったことを受けて，当該取扱いを踏襲することを意図したものである。したがって，貸手においては，市場における賃料の変動を反映するように当事者間の協議をもって見直されることが契約条件で定められているリース料（適用指針第24項）は，将来の業績等により変動する使用料に含まれず，貸手のリース料に含まれると考えられる。

Ⅲ．会計処理

1．リースの識別

(1)　リースの識別の判断

BC30. リースの識別に関する定めは，リースの定義に関する定めと合わせて，借手が貸借対照表に計上する資産及び負債の範囲を決定するものであることから，国際的な会計基準との整合性を確保するためには，リースの識別に関する定めについて，IFRS第16号との整合性を確保する必要があると考えられる。

ここで，IFRS第16号では，顧客が特定された資産の使用を一定期間にわたり支配するのかどうかに基づいて，リースを定義しているとされている。また，顧客が特定された資産の使用を一定期間にわたり支配する場合，契約はリースを含んでいるとされている。さらに，これと対照的に，サービス契約では，サービスの提供に使用される資産の使用をサプライヤーが支配しているとされている。IFRS第16号におけるリースの定義及びリースの識別に関する定めでは，契約がリースを含むのかサービスを含むのかを判断する際の指針が定められている。

本会計基準では，IFRS第16号と整合的なものとしたリースの定義と同様に（本会計基準BC25項参照），リースの識別に関する定めについて，基本的にIFRS第16号の定めと整合的なものとすることとした（本会計基準第25項から第29項参照）。

ただし，IFRS第16号のリースの識別に関する細則的なガイダンスや設例については，「開発にあたっての基本的な方針」（本会計基準BC13項参照）を踏まえ，国際的な比較可能性が大きく損なわれるか否かを主要な判断基準として，取捨選択して本会計基準及び適用指針に取り入れることとした。また，設例については，「開発にあたっての基本的な方針」を踏まえ，主要な定めの内容のみを取り入れることとした本会計基準及び適用指針（設例を除く。）において個々に定めていない事項を設例において示すこととならないよう，本会計基準及び適用指針（設例を除く。）における定めと同程度の内容となる形でIFRS第16号の設例を適用指針の設例に取り入れることとした。

BC31. 審議の過程では，自動車のリース，我が国における事務所等の不動産賃貸借契約，賃貸用住宅事業のためのサブリース契約及び定期傭船契約について，サービス性が強いためにリースとして取り扱うことを懸念するとの意見が聞かれた。

これらの契約について，サービス提供の要素が含まれることは否定されるものではないと考えられる。また，我が国における事務所等の不動産賃貸借契約について，IFRS第16号の想定とは異なり，借手が無条件の支払義務を負わないこともあるとの意見が聞かれた。

しかしながら，いずれの契約においてもサービスの要素を区分した後に，賃借人が特定の資産の使用から生じる経済的利益のほとんどすべてを享受する権利を有し，かつ，当該資産の使用を指図する権利を有している部分が含まれる場合がある，すなわちリースの定義を満たす部分が含まれる場合がある。契約にリースの定義を満たす部分が含まれる場合に，当該部分についてリースの会計処理を行わないことは国際的な会計基準における取扱いと乖離することになる。

したがって，審議の結果，これらの契約について，本会計基準でIFRS第16号と異なる取扱いとする定めは設けないこととした。

なお，定期傭船契約については，IFRS第16号に設例があるが，IFRS第16号の基準の本文では，資産の使用方法及び使用目的は資産の性質及び契約の条件に応じて，契約によって異なる可能性が高いとのみ定められているのに対し，当該設例が資産の使用方法及び使用目的を特定しており，設例における判断が，基準が求めている判断であると誤解される可能性があることから，当該設例は取り入れないこととした。

(2) リースを構成する部分とリースを構成しない部分の区分

BC32. 自動車のリースにおいてメンテナンス・サービスが含まれる場合などのように，契約の中には，リースを構成する部分とリースを構成しない部分の両方を含むものがある。本会計基準では，リースを構成する部分のみに本会計基準を適用するために，また，IFRS第16号における定めと整合的になるように，借手及び貸手は，リースを含む契約について，原則として，リースを構成する部分とリースを構成しない部分とに分けて会計処理を行うこととしている（第28項参照）。

BC33. 本会計基準では，第28項の定めにかかわらず，借手は，対応する原資産を自ら所有していたと仮定した場合に貸借対照表において表示するであろう科目ごと又は性質及び企業の営業における用途が類似する原資産のグループごとに，リースを構成する部分とリースを構成しない部分とを分けずに，リースを構成する部分と当該リースに関連するリースを構成しない部分とを合わせてリースを構成する部分として会計処理を行う取扱いを認めている（第29項参照）。

当該取扱いは，IFRS第16号と同様の取扱いであり，借手のすべてのリースについて資産及び負債を計上する会計基準の開発にあたって，リースを構成する部分とリースを構成しない部分とに分けて会計処理を行うコストと複雑性を低減しつつ，会計基準の開発目的を達成するための例外的な取扱いである。IFRS第16号の結論の根拠では，一般的に，借手が重要なサービス構成部分のある契約について実務上の便法を採用すると，当該契約についての借手のリース負債が大きく増大することになるので，借手がこの実務上の便法を採用する可能性が高いのは，契約の非リース構成部分が比較的小さい場合のみであると予想していると説明されている。

一方，リースを構成する部分と当該リースに関連するリースを構成しない部分とを合わせてリースを構成しない部分として会計処理を行うことは，IFRS第16号も認めていない。借手のすべてのリースについて資産及び負債を計上する会計基準の開発方針を踏まえて，本会計基準においてもこれを認めていない。

2．リース期間

(1)　借手のリース期間

BC34．借手のリース期間の決定は，借手が貸借対照表に計上する資産及び負債の金額に直接的に影響を与えるものである。

IFRS第16号の開発の過程では，解約不能期間を超えて延長する権利又はリースの期間の終了前に解約する権利をリース期間に含めるべきかどうかの議論において，一部の利害関係者から，将来のオプションの期間中に行われる支払は，当該オプションが行使されるまでは負債の定義を満たさないため，リース期間を解約不能期間に限定すべきとする考え方が示された。この点，IFRS第16号では，次の理由から，オプションの対象期間をリース期間に反映することとしたとされている。

(1)　2年の延長オプションが付いた3年のリースは，経済的に3年の解約不能リースと同様の場合もあれば，5年の解約不能リースと同様の場合もある。オプションが付いたリースは，オプションが付いていないリースと全く同じとはならない。

(2)　リースの延長オプション又は解約オプションはリースの経済実態に影響を与えるため，リース期間を決定する際にはオプションの対象となる期間の一部を含める必要がある。借手が延長オプションを行使することを見込んでいる場合，当該オプションの対象期間をリース期間に反映する方が，リースの経済実態をより忠実に表現することになる。

(3)　オプションをリース期間の決定で考慮することにより，例えば，借手にオプションを行使する明らかな経済的インセンティブが存在する場合に，当該オプションの対象期間をリース期間から除外することによってリース負債を貸借対照表から不適切に除外するリスクを軽減できる。

BC35. また，IFRS第16号では，次の理由から，借手が延長オプションを行使すること又は解約オプションを行使しないことが「合理的に確実」である範囲でオプションの対象期間をリース期間に含めることを決定したとされている。

(1) 原資産を使用する期間についての企業の合理的な見積りをリース期間に反映することが有用な情報を提供する。

(2) 借手によるオプションの行使について，重大な経済的インセンティブを有しているオプションの対象期間をリース期間に含めるアプローチも考えられる。当該アプローチでは，行使が見込まれることだけでは（行使する経済的インセンティブがなければ）十分ではないため，経営者の見積り又は意図だけに基づく閾値よりも客観的な閾値を設けることになり，他のアプローチでは適用が複雑になるという懸念に対処することができる。しかし，利害関係者から，「重大な経済的インセンティブ」の閾値が「合理的に確実」の閾値と同様であるのならば，国際会計基準（IAS）第17号「リース」における用語を維持すべきとの意見が聞かれたため，「合理的に確実」の閾値を維持する。

BC36. BC34項及び前項に記載したIFRS第16号の開発時の議論を踏まえて，本会計基準では，次の理由から，借手のリース期間について，IFRS第16号における定めと整合的に，借手が原資産を使用する権利を有する解約不能期間に，借手が行使することが合理的に確実であるリースの延長オプションの対象期間及び借手が行使しないことが合理的に確実であるリースの解約オプションの対象期間を加えて決定することとした（第31項参照）。

(1) 存在するオプションの対象期間について，企業の合理的な判断に基づき資産及び負債を計上することが，財務諸表利用者にとって有用な情報をもたらすものと考えられる。

(2) 借手のリース期間をIFRS第16号と整合させない場合，国際的な比較可能性が大きく損なわれる懸念がある。

BC37. 審議の過程では，借手のリース期間に含める延長オプション又は解約オプションの行使可能性に関する「合理的に確実」の表現については，直訳的で判断を難しくしているため，他の表現を用いるべきとの意見が聞かれた。

この点，これまでの我が国の会計基準における既存の表現を用いることも検討したが，必ずしも蓋然性に関する表現が整理されていない面があり，また，これまでの我が国の会計基準における既存の蓋然性に関する表現を用いると，かえって，当該表現が用いられている会計基準等において，"reasonably certain" と同程度の閾値を示すとの誤解が生じる懸念がある。したがって，IFRS第16号における蓋然性を取り入れていることを明らかにするために，「合理的に確実」という表現を用いることとした。

⑵　貸手のリース期間

BC38. 国際的な会計基準においては，貸手のリース期間について，借手のリース期間と共通の定めとなっている。審議の過程では，貸手のリース期間について借手のリース期間と同様にすることを検討したが，次の理由から，継続して適用することを条件として借手のリース期間と同様に決定する方法（本会計基準第32項⑴参照）と企業会計基準第13号のリース期間の定めを踏襲した方法（本会計基準第32項⑵参照）のいずれも認めることとした。

⑴　本会計基準は，主として借手の会計処理について改正を行うものであり，貸手は，借手による延長オプション又は解約オプションの行使可能性が合理的に確実か否かを評価することが困難であると考えられること

⑵　借手による延長オプション又は解約オプションの行使可能性が合理的に確実か否かを評価することができる場合に借手のリース期間と同様に決定することを妨げる特段の理由がなく，また，借手のリース期間と同様に決定する方法を認めることにより，国際的な会計基準との整合性が図られると考えられること

3．借手のリース

⑴　借手における費用配分の基本的な考え方

BC39. 借手のリースの費用配分の方法として，IFRS第16号では，すべてのリースを借手に対する金融の提供と捉え使用権資産に係る減価償却費及びリース負債に係る金利費用を別個に認識する単一の会計処理モデル（以下「単一の会計処理モデル」という。）が採用されている。

これに対して，Topic 842では，オペレーティング・リースの借手が取得する権利及び義務は，残存する資産に対する権利及びエクスポージャーを有さず，オペレーティング・リースを均等なリース料と引換えにリース期間にわたって原資産に毎期均等にアクセスする経済的便益を享受するものと捉えて，従前と同様にファイナンス・リース（減価償却費と金利費用を別個に認識する。）とオペレーティング・リース（通常，均等な単一のリース費用を認識する。）に区分する２区分の会計処理モデル（以下「２区分の会計処理モデル」という。）が採用されている。

この点，本会計基準では，すべてのリースを使用権の取得として捉えて使用権資産を貸借対照表に計上するとともに，借手のリースの費用配分の方法については，リースがファイナンス・リースであるかオペレーティング・リースであるかにかかわらず，使用権資産に係る減価償却費及びリース負債に係る利息相当額を計上するIFRS第16号と同様の単一の会計処理モデルによることとした。この結論に至った理由として，次のことを考慮している。

⑴　2007年８月に当委員会とIASBとの間で，「会計基準のコンバージェンスの加速化に向けた取組みへの合意」（東京合意）が公表された後は，米国会計基準を参

考としながらも，基本的にはIFRSと整合性を図ってきたこれまでの経緯を踏まえると，米国会計基準の考え方を採用した方がより我が国の実態に合うことが識別されない限り，基本的にはIFRSと整合性を図ることになるものと考えられること

⑵　IFRS任意適用企業を中心として，IFRS第16号と整合性を図るべきとの意見が多くなっていること

⑶　財務諸表利用者による分析においてリース費用を減価償却費と利息相当額に配分する損益計算書の調整が不要となる点及びリース負債を現在価値で計上することと整合的に損益計算書で利息相当額が計上される点で，単一の会計処理モデルの方が財務諸表利用者のニーズに適うと考えられること

⑷　オペレーティング・リースの経済実態との整合性の観点からは，単一の会計処理モデルと２区分の会計処理モデルのいずれが適切かについて，優劣はつけられないものと考えられること

⑸　単一の会計処理モデルを採用した場合と２区分の会計処理モデルを採用した場合を比較したとき，いずれの場合に適用上のコストが小さいかどうかについて，多様な意見が聞かれたこと

⑵　リース開始日の使用権資産及びリース負債の計上額

BC40．本会計基準では，借手のリース料について，IFRS第16号と同様に，借手が借手のリース期間中に原資産を使用する権利に関して貸手に対して行う次の支払としている（第35項参照）。

⑴　借手の固定リース料

⑵　指数又はレートに応じて決まる借手の変動リース料（BC41項からBC43項参照）

⑶　残価保証に係る借手による支払見込額（BC44項参照）

⑷　借手が行使することが合理的に確実である購入オプションの行使価額（BC45項参照）

⑸　リースの解約に対する違約金の借手による支払額（借手のリース期間に借手による解約オプションの行使を反映している場合。BC46項参照）

BC41．前項⑵の「指数又はレートに応じて決まる借手の変動リース料」について，借手の変動リース料には，将来の一定の指標に連動して支払額が変動するものがある。具体的には次のものが考えられる。

⑴　指数又はレートに応じて決まる借手の変動リース料（例えば，消費者物価指数の変動に連動するリース料）

⑵　原資産から得られる借手の業績に連動して支払額が変動するリース料（例えば，テナント等の原資産を利用することで得られた売上高の所定の割合を基礎とすると定めているようなリース料）

⑶　原資産の使用に連動して支払額が変動するリース料（例えば，原資産の使用量

が所定の値を超えた場合に，追加のリース料が生じるようなリース料）

BC42. 前項⑴のリース料について，IFRS第16号においては，当該リース料は借手の将来の活動に左右されないものであり，将来におけるリース料の金額に不確実性があるとしても，借手はリース料を支払う義務を回避することができず，負債の定義を満たすことから，リース負債の計上額に含められている。本会計基準においても，国際的な会計基準との整合性も踏まえ，当該変動リース料をリース負債の計上額に含めることとした。

前項⑵及び⑶のリース料について，IFRS第16号においては，借手の将来の活動を通じてリース料を支払う義務を回避することができることから，リース料の支払が要求される将来の事象が生じるまでは負債の定義を満たさないとの考え方もあるため，リース負債の計上額に含められていないとされている。本会計基準においても，これらのリース料が本来的に負債として認識すべきものかどうか国際的に十分なコンセンサスが得られていない状況にあること及び国際的な比較可能性の観点を考慮し，これらのリース料をリース負債の計上額に含めないこととした。

BC43. また，借手の変動リース料には，形式上は一定の指標に連動して変動する可能性があるが実質的には支払が不可避であるもの又は変動可能性が解消されて支払額が固定化されるものがある。これらのリース料の経済実態は借手の固定リース料と変わらないことから，借手の固定リース料と同様にリース負債の計上額に含めることとなる。これらのリース料として，例えば，リース開始日においては原資産の使用に連動するが，リース開始日後のある時点で変動可能性が解消され，残りの借手のリース期間について支払が固定化されるようなリース料等が該当すると考えられる。

BC44. 本会計基準BC40項⑶の「残価保証に係る借手による支払見込額」について，企業会計基準適用指針第16号では，所有権移転外ファイナンス・リース取引のリース料において残価保証額を含めていたが，借手のリース料の定義を「借手が借手のリース期間中に原資産を使用する権利に関して行う貸手に対する支払」としてIFRS第16号と整合させている本会計基準では，借手が支払うと見込む金額を借手のリース料に含めている。審議の過程では，借手が支払見込額を見積ることが困難であるとの意見が聞かれたことから，見積りが困難である場合に残価保証額を用いることができるとする簡便的な取扱いを設けることを検討した。しかしながら，借手は一定の見積りを行った上で残価保証が付された契約を締結するため，借手による見積りが困難であるということはないのではないかとの意見や，簡便的な取扱いを適用した場合，借手のリース料の定義である「借手が借手のリース期間中に原資産を使用する権利に関して行う貸手に対する支払」から大きく乖離する可能性があるとの意見等も聞かれたため，簡便的な取扱いは設けないこととした。

BC45. 本会計基準BC40項⑷の「借手が行使することが合理的に確実である購入オプションの行使価額」について，企業会計基準適用指針第16号では，所有権移転ファイナンス・リース取引のリース料において，借手に対してリース契約上，リース期間終了後又はリース期間の中途で，名目的価額又はその行使時点の原資産の価額に比して著しく有利な価額で買い取る権利（以下合わせて「割安購入選択権」という。）が与えられている場合の行使価額を含めていた。この点，IFRS第16号では，購入オプションは実質的にリース期間を延長する最終的なオプションと考えられるため，借手のリース期間を延長するオプションと同じ方法でリース負債に含めるべきであると考えたとされている。したがって，借手のリース期間の定義をIFRS第16号と整合させている本会計基準においても，借手のリース期間の判断と整合的に，借手が行使することが合理的に確実である購入オプションの行使価額をリース負債に含めている。

BC46. 本会計基準BC40項(5)の「リースの解約に対する違約金の借手による支払額（借手のリース期間に借手による解約オプションの行使を反映している場合）」について，本会計基準では，借手が行使しないことが合理的に確実であるリースの解約オプションの対象期間を借手のリース期間に加えることとしている。このため，借手のリース料についても，借手のリース期間に借手による解約オプションの行使が反映されている場合には，リースの解約に対する違約金の借手による支払額を借手のリース料に含めることとした。

(3) 使用権資産の償却

BC47. 本会計基準では，契約上の諸条件に照らして原資産の所有権が借手に移転すると認められるリースは，原資産の取得と同様と考えられるため，原資産を自ら所有していたと仮定した場合に適用する減価償却方法と同一の方法により減価償却費を算定することとしている（本会計基準第37項参照）。

一方，契約上の諸条件に照らして原資産の所有権が借手に移転すると認められるリース以外のリースは，原資産の取得とは異なり原資産を使用できる期間がリース期間に限定されるという特徴があるため，原則として，借手のリース期間を耐用年数とし，残存価額をゼロとすることとしている（本会計基準第38項参照）。ただし，実態に応じて借手のリース期間より短い使用権資産の耐用年数により減価償却費を算定することを妨げるものではない。

また，償却方法については，原資産の取得とは異なる性質を有するため，企業の実態に応じ，原資産を自ら所有していたと仮定した場合に適用する減価償却方法と異なる償却方法を選択することができるとして，企業会計基準第13号の定めを踏襲している。

BC48. 企業会計基準適用指針第16号では，所有権移転外ファイナンス・リース取引について契約上に残価保証の取決めがある場合，原則として，当該残価保証額を残存価額としていたが，本会計基準では，残価保証に係る借手による支払見込額が借手のリース料を構成する（本会計基準第35項(3)参照）ため，残価保証額を残存価額とする取扱いは廃止することとした。

⑷　リースの契約条件の変更

BC49. 本会計基準では，借手は，リースの契約条件の変更が生じた場合，変更前のリースとは独立したリースとして会計処理を行うか又はリース負債の計上額の見直しを行い，リースの契約条件の変更に複数の要素がある場合，これらの両方を行うことがあるとしている（第39項参照）。ここで，これらの両方を行うことがある場合の例としては，不動産の賃貸借契約において，独立価格であるリース料によりリースの対象となる面積を追加すると同時に，既存のリースの対象となる面積について契約期間を短縮する場合が考えられる。この場合，前者について独立したリースとして会計処理を行い，後者についてリース負債の計上額の見直しを行う。

⑸　リースの契約条件の変更を伴わないリース負債の見直し

BC50. 本会計基準では，借手は，リースの契約条件の変更が生じていない場合で，借手のリース料に変更があるときには，リース負債の計上額の見直しを行うこととしている（第40項参照）。借手のリース料の変更には，借手のリース期間の変更を伴うものと，伴わないものとがある。

（借手のリース期間に変更がある場合）

BC51. 本会計基準では，借手は，リースの契約条件の変更が生じていない場合で，重要な事象又は重要な状況が生じたときに，現在の経済状況を反映して有用な情報を提供するために，延長オプションを行使すること又は解約オプションを行使しないことが合理的に確実であるかどうかについて見直し，借手のリース期間を変更し，リース負債の計上額の見直しを行うこととしている（第41項参照）。

ここで，重要な事象又は重要な状況とは，借手の統制下にあり，かつ，延長オプションを行使すること又は解約オプションを行使しないことが合理的に確実であるかどうかの借手の決定に影響を与えるものである。借手の統制下にあるという要件を設けたのは，借手が市場動向による事象又は状況の変化に対応して，延長オプションを行使すること又は解約オプションを行使しないことが合理的に確実であるかどうかについて見直すことを要しないようにするためである。

また，重要な事象又は重要な状況として，例えば，次のようなものが考えられる。

⑴　リース開始日に予想されていなかった大幅な賃借設備の改良で，延長オプション，解約オプション又は購入オプションが行使可能となる時点で借手が重大な経済的利益を有すると見込まれるもの

⑵　リース開始日に予想されていなかった原資産の大幅な改変

⑶　過去に決定した借手のリース期間の終了後の期間に係る原資産のサブリースの契約締結

(4) 延長オプションを行使すること又は解約オプションを行使しないことに直接的に関連する借手の事業上の決定（例えば，原資産と組み合わせて使用する資産のリースの延長の決定，原資産の代替となる資産の処分の決定，使用権資産を利用している事業単位の処分の決定）

BC52. また，本会計基準では，借手は，リースの契約条件の変更が生じていない場合で，借手の解約不能期間に変更が生じた結果，借手のリース期間を変更するときには，リース負債の計上額の見直しを行うこととしている（第42項参照）。ここで，借手の解約不能期間は，例えば，過去に借手のリース期間の決定に含めていなかった延長オプションを借手が行使する場合等に変更が生じる。

4．貸手のリース

BC53.「開発にあたっての基本的な方針」（本会計基準BC13項参照）に記載のとおり，貸手の会計処理については，収益認識会計基準との整合性を図る点並びにリースの定義及びリースの識別を除き，基本的に企業会計基準第13号の定めを踏襲している。

(1) リースの分類

BC54.「開発にあたっての基本的な方針」（本会計基準BC13項参照）を踏まえ，貸手におけるリースの分類については，ファイナンス・リースとオペレーティング・リースとに分類した上で，ファイナンス・リースについて所有権移転ファイナンス・リースと所有権移転外ファイナンス・リースとに分類する企業会計基準第13号の方法を基本的に変更していない（本会計基準第43項及び第44項参照）。

(2) ファイナンス・リースの分類

BC55. ファイナンス・リースのうち所有権移転外ファイナンス・リースについては，企業会計基準第13号における考え方と同様に，次の点で，所有権移転ファイナンス・リースと異なる性質を有するため，異なる会計処理を定めている。

(1) 経済的には原資産の売買及び融資と類似の性格を有する一方，法的には賃貸借の性格を有し，また，役務提供が組み込まれる場合が多く，複合的な性格を有する。

(2) 原資産の耐用年数とリース期間は異なる場合が多く，また，原資産の返還が行われるため，原資産そのものの売買というよりは，使用する権利の売買の性格を有する。

(3) 借手が資産の使用に必要なコスト（原資産の取得価額，金利相当額，維持管理費用相当額，役務提供相当額など）を，通常，契約期間にわたる定額のキャッシュ・フローとして確定する。

⑶　ファイナンス・リース

BC56. 所有権移転ファイナンス・リースの場合，貸手は，借手からのリース料と割安購入選択権の行使価額で回収するが，所有権移転外ファイナンス・リースの場合はリース料と見積残存価額の価値により回収を図る点で差異がある。この差異を踏まえ，所有権移転ファイナンス・リースで生じる資産はリース債権に計上し，所有権移転外ファイナンス・リースで生じる資産はリース投資資産に計上する（第46項参照）。この場合のリース投資資産は，将来のリース料を収受する権利と見積残存価額から構成される複合的な資産である。

BC57. リース債権は金融商品と考えられ，また，リース投資資産のうち将来のリース料を収受する権利に係る部分については，金融商品的な性格を有すると考えられる。したがって，これらについては，貸倒見積高の算定等において，企業会計基準第10号「金融商品に関する会計基準」の定めに従う。

Ⅳ. 開　示

1. 表　示

⑴　借　手

BC58. 一般的に，表示は，会計処理の結果を財務諸表本表に表すものである。会計処理を国際的な会計基準と整合性のあるものとしているにもかかわらず，表示を国際的な会計基準と異なるものとすることは，財務諸表本表の見え方が異なることにより会計処理が異なるとの印象を国内外の財務諸表利用者に与える可能性があり，我が国の会計基準を国際的な会計基準と整合性のあるものとするという本会計基準の趣旨が損なわれる可能性があると考えられる。

したがって，本会計基準において，借手の会計処理をIFRS第16号と整合的なものとする中で，借手の表示についても，IFRS第16号と整合的なものとすることとした。

BC59. 貸借対照表に関して，IFRS第16号では，借手は使用権資産について，他の資産と区分して，財政状態計算書に表示する又は注記で開示することとされている。借手は，使用権資産について，財政状態計算書において区分表示しない場合，対応する原資産が自社所有であったとした場合に表示されるであろう表示科目に含め，使用権資産を含めた表示科目について開示することとされている。

審議の過程では，固定資産を有形固定資産，無形固定資産及び投資その他の資産に区分する我が国における分類を変更し，固定資産に新たな「使用権資産」という区分を設けることを検討した。しかしながら，使用権資産が重要でない場合にまで，新たな「使用権資産」の区分を必ず設けなければならないことに違和感があるなどの意見が聞かれたことから，当該区分を設けないこととした。

現行の固定資産の分類（有形固定資産，無形固定資産及び投資その他の資産）を前提として検討した結果，使用権資産について，次のいずれかの方法により，貸借対照表において表示することとした（第49項参照）。

(1) 対応する原資産を自ら所有していたと仮定した場合に貸借対照表において表示するであろう科目に含める方法

(2) 対応する原資産の表示区分（有形固定資産，無形固定資産，投資その他の資産等）において使用権資産として区分する方法

BC60. 損益計算書に関して，第51項に掲げるリース負債に係る利息費用の開示は，リース負債の帳簿価額を他の負債と区分した開示（第50項参照）とともに，借手のリース負債及び財務コストに関する情報を提供する。

(2) 貸　手

BC61.「開発にあたっての基本的な方針」（本会計基準BC13項参照）に記載のとおり，貸手の会計処理については，収益認識会計基準との整合性を図る点並びにリースの定義及びリースの識別を除き，基本的に企業会計基準第13号の定めを踏襲している。

BC62. 企業会計基準第13号では，「所有権移転ファイナンス・リース取引については，リース物件の取得と同様の取引と考えられる」としていた。また，所有権移転外ファイナンス・リース取引は「経済的にはリース物件の売買及び融資と類似の性格を有する一方で，法的には賃貸借の性格を有し，また，役務提供が組み込まれる場合が多く，複合的な性格を有する」とされていた。企業会計基準第13号では，貸手のファイナンス・リース取引の会計処理は，ファイナンス・リース取引のリース物件の売買と類似する性格に着目し定められていたと考えられる。

本会計基準においても，同様の観点から企業会計基準第13号における貸手のファイナンス・リース取引に係る会計処理の定めを踏襲している（本会計基準第45項参照）。

BC63. 貸手の表示については，企業会計基準第13号を踏襲し，貸借対照表に関して，所有権移転ファイナンス・リースに係るリース債権と所有権移転外ファイナンス・リースに係るリース投資資産は区分して表示することとした（本会計基準第52項第１段落本文参照）。

ただし，IFRS第16号ではリース債権及びリース投資資産は区分されていないことを踏まえ，リース債権の期末残高が，当該期末残高及びリース投資資産の期末残高の合計額に占める割合に重要性が乏しい場合，リース債権及びリース投資資産を合算して開示したとしても財務諸表利用者にとっての情報の有用性に影響を与えない場合があると考えられるため，貸借対照表においてリース債権及びリース投資資産を合算して開示することができることとした（本会計基準第52項第１段落ただし書き参照）。

貸手におけるリース債権及びリース投資資産については，一般的な流動固定の区

分基準に従い，当該企業の主目的たる営業取引により生じたものであるか否かにより，流動資産に表示するか，固定資産に表示するかを区分する（本会計基準第52項第２段落参照）。

BC64. 損益計算書に関して，本会計基準第53項に掲げる貸手におけるファイナンス・リース及びオペレーティング・リースに係る各損益項目の開示は，収益認識会計基準において収益の分解情報の注記を求めていることと同様に，財務諸表利用者が収益のさまざまな構成部分に関する情報を理解することを可能にする有用な情報を提供する。

２．注記事項

⑴　開示目的

BC65. 本会計基準では，開示目的を定めることで，リースの開示の全体的な質と情報価値が開示目的を満たすのに十分であるかどうかを評価することを企業に要求することとなり，より有用な情報が財務諸表利用者にもたらされると考えられるため，リースに関する情報を注記するにあたっての開示目的を定めている（第54項参照）。

⑵　借手及び貸手の注記

BC66. 前項の開示目的を達成するためのリースに関する注記として，次の事項を示している（第55項参照）。

⑴　借手の注記

①　会計方針に関する情報

②　リース特有の取引に関する情報

③　当期及び翌期以降のリースの金額を理解するための情報

⑵　貸手の注記

①　リース特有の取引に関する情報

②　当期及び翌期以降のリースの金額を理解するための情報

上記の事項は，開示目的との関連，すなわち，どのように開示目的が達成されることが想定されるかを踏まえて，財務諸表利用者にとって理解しやすい形での注記となるよう分類を行ったものである。

BC67. 注記事項について，国際的な会計基準において要求されている開示がなされていない場合，準拠している会計基準が国際的な会計基準と異なるとの印象を国内外の財務諸表利用者に与える可能性があり，我が国の会計基準を国際的な会計基準と整合性のあるものとするという本会計基準の趣旨が損なわれてしまう可能性がある。

したがって，借手の会計処理をIFRS第16号と整合的なものとする中で，借手の注記事項についても，IFRS第16号と整合的なものとすることとした。ただし，「開発にあたっての基本的な方針」(BC13項参照) に記載のとおり本会計基準は簡素で利便性が高いものを目指していることから，取り入れなくとも国際的な比較可能性を大きく損なわせない内容については，必ずしもIFRS第16号に合わせる必要はないと考えられるため，取り入れないこととした。具体的には，我が国の会計基準に関連のない注記，少額リースの費用に関する注記及び短期リースのポートフォリオに関する注記については，取り入れていない。

BC68. 貸手の注記事項に関しては，貸手の会計処理について，収益認識会計基準との整合性を図る点並びにリースの定義及びリースの識別を除き，基本的に企業会計基準第13号の定めを踏襲することとしたため，企業会計基準第13号の定めを踏襲することが考えられた。

一方，IFRS第16号における貸手の注記事項には，企業会計基準第13号における貸手の注記事項に比して多くの定めがある。IFRS第16号の定めをもとに注記を拡充した場合，国際的な比較可能性を達成し財務諸表利用者により有用な情報を提供することができると考えられる一方，財務諸表作成者に追加的な負担を課すことになる。

審議の結果，次の理由から，貸手の注記事項について，IFRS第16号と整合的なものとすることとした。

(1) 貸手の会計処理を基本的に変更しないとしても，国際的に貸手の注記事項が拡充する中で同様に貸手の注記事項を拡充すべきであり，IFRS第16号と同様の注記事項を求めるべきであるとする意見が財務諸表利用者を中心に聞かれた。

(2) リースの収益に関連する注記事項は，リースを本業とする企業などのリースが財務諸表に重要な影響を与える企業において重要な情報であると考えられ，リースを適用対象外としている収益認識会計基準では，重要性のある収益に関する情報を注記することを企業に求めており，リースに関する収益が収益の一形態であることを考慮すれば，収益認識会計基準と同様の注記を求めることが有用であると考えられる。

(3) 収益認識会計基準における注記事項と同様の内容ではないもののIFRS第16号で求められている注記事項についても，企業会計基準第13号に同様の定めがあること，また，リース料の支払が通常分割して行われることを考慮した際に将来のリースのキャッシュ・フローの予測と流動性の見積りをより正確に行うことを可能にするという点で有用な情報を提供すると考えられる。

V. 適用時期等

BC69. 本会計基準は，次の点を踏まえ，会計基準の公表から原則的な適用時期までの期間を２年半程度とし早期適用を認めることとした（第58項参照)。

(1) これまでに当委員会が公表してきた会計基準については，会計基準の公表から原則的な適用時期までが１年程度のものが多い。

(2)　IFRS第16号の原則的な適用時期が2019年１月であり，Topic 842における公開企業の原則的な適用時期もほぼ同時期であったため，会計基準の公表から原則的な適用時期までの期間を長く設ける場合，我が国における実務が国際的な実務と整合的なものとなるまでの期間が長くなる。

(3)　リースの識別を始め，これまでとは異なる実務を求めることとなるため，会計基準の公表から原則的な適用時期までの期間は１年程度では短い可能性がある。

(4)　一方，本会計基準の適用開始にかかる実務上の負担への対応として，我が国の会計基準を基礎とした場合に関連すると考えられるIFRS第16号の経過措置を取り入れていることに加えて我が国特有の経過措置を設けている。

以　上

Ⅱ

企業会計基準適用指針第33号

リースに関する会計基準の適用指針

2024年９月13日
企業会計基準委員会

目　次　　項

設　例

Ⅰ．リースの識別

［設例１］　リースの識別に関するフローチャート
［設例２］　鉄道車両（特定された資産）
［設例2-1］　資産を他の資産に代替する権利が実質的である場合
［設例2-2］　資産を他の資産に代替する権利が実質的でない場合
［設例３］　小売区画（特定された資産）
［設例3-1］　資産を他の資産に代替する権利が実質的である場合
［設例3-2］　資産を他の資産に代替する権利が実質的でない場合
［設例４］　ガスの貯蔵タンク（特定された資産）
［設例4-1］　稼働能力部分が特定された資産に該当しない場合
［設例4-2］　稼働能力部分が特定された資産に該当する場合
［設例５］　ネットワーク・サービス（使用を指図する権利）
［設例5-1］　顧客が資産の使用を指図する権利を有していない場合
［設例5-2］　顧客が資産の使用を指図する権利を有している場合
［設例６］　電力（使用を指図する権利）
［設例6-1］　使用方法が契約で定められており，顧客が資産の使用を指図する権利を有していない場合
［設例6-2］　使用方法が契約で定められており，顧客が資産の使用を指図する権利を有している場合
［設例6-3］　使用方法が設計によって事前に決定されており，顧客が資産の使用を指図する権利を有している場合
［設例７］　リースを構成する部分とリースを構成しない部分への対価の配分

Ⅱ．借手のリース期間

［設例８］　普通借地契約及び普通借家契約における借手のリース期間
［設例8-1］　普通借家契約（延長オプションを含むか否かの判断）
［設例8-2］　普通借家契約（延長オプションを行使することが合理的に確実である場合(1)）
［設例8-3］　普通借家契約（延長オプションを行使することが合理的に確実である場合(2)）
［設例8-4］　普通借地契約（解約オプションを行使しないことが合理的に確実である場合）
［設例8-5］　普通借家契約（経済的インセンティブとして考慮すべきものが特にない場合）

Ⅲ．借手及び貸手のリース

［設例９］　借手のリース及び貸手の所有権移転外ファイナンス・リース

[設例9-1]　リース料が当月末払いとなる場合
[設例9-2]　リース料が前払い又は後払いとなる場合
[設例9-3]　貸手の見積残存価額がある場合
[設例10]　借手のリース及び貸手の所有権移転ファイナンス・リース
[設例11]　残価保証がある場合
[設例12]　製造又は販売を事業とする貸手が当該事業の一環で行うリース
[設例13]　借手の変動リース料
[設例14]　建設協力金
[設例15]　リースの契約条件の変更
[設例15-1] 独立したリースとして会計処理する場合
[設例15-2] リース料の単価の増額を伴いリースの範囲が縮小される場合
[設例15-3] リースの範囲の拡大と縮小の両方が生じる場合
[設例15-4] 契約期間が延長される場合
[設例15-5] 契約上のリース料のみが変更される場合
[設例16]　リースの契約条件の変更を伴わないリース負債の見直し
[設例17]　使用権資産総額に重要性が乏しいと認められなくなった場合

Ⅳ. サブリース取引

[設例18]　サブリース取引
[設例18-1] サブリースがファイナンス・リースに該当する場合
[設例18-2] サブリースがオペレーティング・リースに該当する場合
[設例19] 転リース取引

Ⅴ. 経過措置

[設例20]　企業会計基準第13号においてオペレーティング・リース取引に分類していたリース

参　考

目　的

1．本適用指針は，企業会計基準第34号「リースに関する会計基準」(以下「会計基準」という。) を適用する際の指針を定めるものである。なお，地上権（本適用指針第４項(3)参照）の開示については「企業会計原則」に定めがあるが，当該地上権を含む借地権の設定に係る権利金等（本適用指針第４項(9)参照）に関する開示については，本適用指針を優先して適用する。

適用指針

Ⅰ．範　囲

2．本適用指針を適用する範囲は，会計基準における範囲と同様とする。

Ⅱ．用語の定義

3．本適用指針における用語の定義は，会計基準における用語の定義と同様とする。
4．前項のほか，本適用指針では，次のとおり用語を定義する。
(1)「使用期間」とは，資産が顧客との契約を履行するために使用される期間（非連続の期間を含む。）をいう。
(2)「短期リース」とは，リース開始日において，借手のリース期間が12か月以内であり，購入オプションを含まないリースをいう。
(3)「借地権」とは，建物の所有を目的とする地上権又は土地の賃借権をいう（借地借家法（平成３年法律第90号）附則第２条の規定による廃止前の借地法（以下「借地法」という。）第１条及び借地借家法第２条第１号)。
(4)「借地権者」とは，借地権を有する者をいう。
(5)「借地権設定者」とは，借地権者に対して借地権を設定している者をいう。
(6)「旧借地権」とは，借地法の規定により設定された借地権をいう。
(7)「普通借地権」とは，定期借地権以外の借地権（旧借地権を除く。）をいう。
(8)「定期借地権」とは，借地借家法第22条第１項，第23条第１項及び第２項又は第24条第１項の規定による定めのある借地権をいう。
(9)「借地権の設定に係る権利金等」とは，借地権の設定において借地権者である借手が借地権設定者である貸手に支払った権利金，及び借手と貸手との間で借地契約を締結するにあたり当該貸手が第三者と借地契約を締結していた場合に，当該借手が当該第三者に対して支払う借地権の譲渡対価をいう。
(10)「リースの契約条件の変更の発効日」とは，契約の両方の当事者がリースの契約条件の変更に合意した日をいう。

⑾ 「セール・アンド・リースバック取引」とは，売手である借手が資産を買手である貸手に譲渡し，売手である借手が買手である貸手から当該資産をリース（以下「リースバック」という。）する取引をいう。

⑿ 「サブリース取引」とは，原資産が借手から第三者にさらにリース（以下「サブリース」という。）され，当初の貸手と借手との間のリースが依然として有効である取引をいう。以下，当初の貸手と借手との間のリースを「ヘッドリース」，ヘッドリースにおける借手を「中間的な貸手」という。

Ⅲ．会計処理

1．リースの識別

⑴　リースの識別の判断

5．契約の締結時に，契約の当事者は，当該契約がリースを含むか否かを判断する（会計基準第25項）。当該判断にあたり，当該契約が特定された資産の使用を支配する権利を一定期間にわたり対価と交換に移転する場合，当該契約はリースを含む（会計基準第26項）。

特定された資産の使用期間（本適用指針第４項⑴参照）全体を通じて，次の⑴及び⑵のいずれも満たす場合，当該契約の一方の当事者（サプライヤー）から当該契約の他方の当事者（顧客）に，当該資産の使用を支配する権利が移転している（[設例１]，[設例２-２]，[設例３-２]，[設例４-２]，[設例５] 及び [設例６]）。

⑴　顧客が，特定された資産の使用から生じる経済的利益のほとんどすべてを享受する権利を有している。

⑵　顧客が，特定された資産の使用を指図する権利を有している。

（特定された資産）

6．資産は，通常は契約に明記されることにより特定される。ただし，資産が契約に明記されている場合であっても，次の⑴及び⑵のいずれも満たすときには，サプライヤーが当該資産を代替する実質的な権利を有しており，当該資産は特定された資産に該当しない（[設例１] から [設例３]）。

⑴　サプライヤーが使用期間全体を通じて当該資産を他の資産に代替する実質上の能力を有している。

⑵　サプライヤーにおいて，当該資産を他の資産に代替することからもたらされる経済的利益が，代替することから生じるコストを上回ると見込まれるため，当該資産を代替する権利の行使によりサプライヤーが経済的利益を享受する。

7．顧客が使用することができる資産が物理的に別個のものではなく，資産の稼働能力の一部分である場合には，当該資産の稼働能力部分は特定された資産に該当しない。ただし，顧客が使用することができる資産が物理的に別個のものではないものの，顧客が使用することができる資産の稼働能力が，当該資産の稼働能力のほとんどすべてであることにより，顧客が当該資産の使用から生じる経済的利益のほとんどすべてを享受する権利を有している場合は，当該資産の稼働能力部分は特定された資産に該当する（[設例1］及び［設例4]）。

（使用を指図する権利）

8．顧客は，次の⑴又は⑵のいずれかの場合にのみ，使用期間全体を通じて特定された資産の使用を指図する権利を有している（[設例1]，［設例5］及び［設例6]）。

⑴　顧客が使用期間全体を通じて使用から得られる経済的利益に影響を与える資産の使用方法を指図する権利を有している場合

⑵　使用から得られる経済的利益に影響を与える資産の使用方法に係る決定が事前になされており，かつ，次の①又は②のいずれかである場合

①　使用期間全体を通じて顧客のみが，資産を稼働する権利を有している又は第三者に指図することにより資産を稼働させる権利を有している。

②　顧客が使用期間全体を通じた資産の使用方法を事前に決定するように，資産を設計している。

⑵　リースを構成する部分とリースを構成しない部分の区分

9．借手及び貸手は，リースを含む契約について，原則として，リースを構成する部分とリースを構成しない部分とに分けて会計処理を行う（会計基準第28項）。

（借　手）

10. 借手は，契約におけるリースを構成する部分について，会計基準及び本適用指針に定める方法により会計処理を行い，契約におけるリースを構成しない部分について，該当する他の会計基準等に従って会計処理を行う。

11. 借手は，契約における対価の金額について，リースを構成する部分とリースを構成しない部分とに配分するにあたって，それぞれの部分の独立価格の比率に基づいて配分する。また，借手は，契約における対価の中に，借手に財又はサービスを移転しない活動及びコストについて借手が支払う金額が含まれる場合，当該金額を契約における対価の一部としてリースを構成する部分とリースを構成しない部分とに配分する（[設例7]）。

（貸　手）

12. 貸手は，契約におけるリースを構成する部分について，会計基準及び本適用指針に定める方法によりファイナンス・リース又はオペレーティング・リースの会計処理を行い，契約におけるリースを構成しない部分について，該当する他の会計基準

等に従って会計処理を行う。

13. 貸手は，契約における対価の金額について，リースを構成する部分とリースを構成しない部分とに配分するにあたって，それぞれの部分の独立販売価格の比率に基づいて配分する。貸手は，契約における対価の中に，借手に財又はサービスを移転しない活動及びコストについて借手が支払う金額，あるいは，原資産の維持管理に伴う固定資産税，保険料等の諸費用（以下「維持管理費用相当額」という。）が含まれる場合，当該配分にあたって，次の(1)又は(2)のいずれかの方法により会計処理を行う（[設例７]）。

(1) 契約における対価の中に借手に財又はサービスを移転しない活動及びコストについて借手が支払う金額が含まれる場合に，当該金額を契約における対価の一部としてリースを構成する部分とリースを構成しない部分とに配分する方法

(2) 契約における対価の中に維持管理費用相当額が含まれる場合に，当該維持管理費用相当額を契約における対価から控除し収益に計上する，又は貸手の固定資産税，保険料等の費用の控除額として処理する方法

ただし，(2)の方法を選択する場合で，維持管理費用相当額がリースを構成する部分の金額に対する割合に重要性が乏しいときは，当該維持管理費用相当額についてリースを構成する部分の金額に含めることができる。

14. 本適用指針第12項及び前項にかかわらず，リースを含む契約についてリースを構成しない部分が企業会計基準第29号「収益認識に関する会計基準」（以下「収益認識会計基準」という。）の適用対象であって，かつ，次の(1)及び(2)のいずれも満たす場合には，貸手は，契約ごとにリースを構成する部分と関連するリースを構成しない部分とを合わせて取り扱うことができる。

(1) リースを構成する部分と関連するリースを構成しない部分の収益の計上の時期及びパターンが同じである。

(2) リースを構成する部分がオペレーティング・リースに分類される。

15. 貸手が前項の取扱いを適用する場合，リースを構成する部分がリースを含む契約の主たる部分であるかどうかに応じて次の(1)又は(2)により会計処理を行う。

(1) リースを構成する部分がリースを含む契約の主たる部分であるときは，リースを構成する部分と関連するリースを構成しない部分とを分けずに合わせてリースを構成する部分としてオペレーティング・リースに係る会計処理を行う（本適用指針第82項参照）。

(2) (1)に該当しないときは，リースを構成する部分と関連するリースを構成しない部分とを分けずに合わせて収益認識会計基準に従って単一の履行義務として会計処理を行う。

（独立したリースの構成部分）

16. 原資産を使用する権利は，次の(1)及び(2)の要件のいずれも満たす場合，独立した

リースを構成する部分である。

(1) 当該原資産の使用から単独で借手が経済的利益を享受することができること，又は，当該原資産と借手が容易に利用できる他の資源を組み合わせて借手が経済的利益を享受することができること

(2) 当該原資産の契約の中の他の原資産への依存性又は相互関連性が高くないこと

2．リース期間

17. 借手は，借手のリース期間について，借手が原資産を使用する権利を有する解約不能期間に，借手が行使することが合理的に確実であるリースの延長オプションの対象期間及び借手が行使しないことが合理的に確実であるリースの解約オプションの対象期間の両方の期間を加えて決定する（会計基準第31項）。

借手は，借手が延長オプションを行使すること又は解約オプションを行使しないことが合理的に確実であるかどうかを判定するにあたって，経済的インセンティブを生じさせる要因を考慮する（[設例８－２］から［設例８－５]）。これには，例えば，次の要因が含まれる。

(1) 延長オプション又は解約オプションの対象期間に係る契約条件（リース料，違約金，残価保証，購入オプションなど）

(2) 大幅な賃借設備の改良の有無

(3) リースの解約に関連して生じるコスト

(4) 企業の事業内容に照らした原資産の重要性

(5) 延長オプション又は解約オプションの行使条件

3．借手のリース

(1) リース開始日の使用権資産及びリース負債の計上額

18. 借手は，リース開始日に会計基準第34項に従い算定された額によりリース負債を計上する。また，当該リース負債にリース開始日までに支払った借手のリース料，付随費用及び資産除去債務に対応する除去費用を加算し，受け取ったリース・インセンティブを控除した額により使用権資産を計上する（会計基準第33項）。

19. 借手は，リース負債の計上額を算定するにあたって，原則として，リース開始日において未払である借手のリース料からこれに含まれている利息相当額の合理的な見積額を控除し，現在価値により算定する方法による（会計基準第34項）。

（短期リースに関する簡便的な取扱い）

20. 借手は，短期リース（本適用指針第４項(2)参照）について，会計基準第33項の定めにかかわらず，リース開始日に使用権資産及びリース負債を計上せず，借手の

リース料を借手のリース期間にわたって原則として定額法により費用として計上することができる。借手は，この取扱いについて，対応する原資産を自ら所有していたと仮定した場合に貸借対照表において表示するであろう科目ごと又は性質及び企業の営業における用途が類似する原資産のグループごとに適用するか否かを選択することができる。

21. 連結財務諸表においては，個別財務諸表において個別貸借対照表に表示するであろう科目ごと又は性質及び企業の営業における用途が類似する原資産のグループごとに行った前項の選択を見直さないことができる。

(少額リースに関する簡便的な取扱い)

22. 次の(1)と(2)のいずれかを満たす場合，借手は，会計基準第33項の定めにかかわらず，リース開始日に使用権資産及びリース負債を計上せず，借手のリース料を借手のリース期間にわたって原則として定額法により費用として計上することができる。なお，(2)については，①又は②のいずれかを選択できるものとし，選択した方法を首尾一貫して適用する。

(1) 重要性が乏しい減価償却資産について，購入時に費用処理する方法が採用されている場合で，借手のリース料が当該基準額以下のリース

ただし，その基準額は当該企業が減価償却資産の処理について採用している基準額より利息相当額だけ高めに設定することができる。また，この基準額は，通常取引される単位ごとに適用し，リース契約に複数の単位の原資産が含まれる場合，当該契約に含まれる原資産の単位ごとに適用することができる。

(2) 次の①又は②を満たすリース

① 企業の事業内容に照らして重要性の乏しいリースで，かつ，リース契約1件当たりの金額に重要性が乏しいリース

この場合，1つのリース契約に科目の異なる有形固定資産又は無形固定資産が含まれているときは，異なる科目ごとに，その合計金額により判定することができる。

② 新品時の原資産の価値が少額であるリース

この場合，リース1件ごとにこの方法を適用するか否かを選択できる。

23. 前項(2)①に該当するリースに前項で定める会計処理を適用するにあたり，リース契約1件当たりの金額の算定の基礎となる対象期間は，原則として，借手のリース期間とする。ただし，当該借手のリース期間に代えて，契約上，契約に定められた期間（以下「契約期間」という。）とすることができる。また，リース契約1件当たりの金額の算定にあたり維持管理費用相当額の合理的見積額を控除することができる。

（指数又はレートに応じて決まる借手の変動リース料）

24. 指数又はレートに応じて決まる借手の変動リース料（会計基準第35項(2)）には，市場における賃料の変動を反映するように当事者間の協議をもって見直されることが契約条件で定められているリース料が含まれる。

25. 借手は，指数又はレートに応じて決まる借手の変動リース料について，リース開始日には，借手のリース期間にわたりリース開始日現在の指数又はレートに基づきリース料を算定する（[設例13]）。

26. 前項の定めにかかわらず，借手は，指数又はレートに応じて決まる借手の変動リース料について，合理的な根拠をもって当該指数又はレートの将来の変動を見積ることができる場合，リース料が参照する当該指数又はレートの将来の変動を見積り，当該見積られた指数又はレートに基づきリース料及びリース負債を算定することを，リースごとにリース開始日に選択することができる。

（借地権の設定に係る権利金等）

27. 借地権の設定に係る権利金等（第４項(9)参照）は，使用権資産の取得価額に含め，原則として，借手のリース期間を耐用年数とし，減価償却を行う。

ただし，旧借地権の設定に係る権利金等又は普通借地権の設定に係る権利金等のうち，次の(1)又は(2)の権利金等については，減価償却を行わないものとして取り扱うことができる。

(1) 本適用指針の適用前に旧借地権の設定に係る権利金等及び普通借地権の設定に係る権利金等を償却していなかった場合，本適用指針の適用初年度の期首に計上されている当該権利金等及び本適用指針の適用後に新たに計上される権利金等の双方

(2) 本適用指針の適用初年度の期首に旧借地権の設定に係る権利金等及び普通借地権の設定に係る権利金等が計上されていない場合，本適用指針の適用後に新たに計上される権利金等

（資産除去債務）

28. 借手は，資産除去債務を負債として計上する場合の関連する有形固定資産が使用権資産であるとき，企業会計基準第18号「資産除去債務に関する会計基準」（以下「資産除去債務会計基準」という。）第７項に従って当該負債の計上額と同額を当該使用権資産の帳簿価額に加える。

（建設協力金等の差入預託保証金）

建設協力金等

29. 預り企業である貸手から，差入企業である借手に将来返還される建設協力金等の差入預託保証金（敷金を除く。）に係る当初認識時の時価は，返済期日までのキャッ

シュ・フローを割り引いた現在価値である。差入企業である借手は，当該差入預託保証金の支払額と当該時価との差額を使用権資産の取得価額に含める。また，当初時価と返済額との差額は，弁済期又は償還期に至るまで毎期一定の方法で受取利息として計上する（[設例14]）。

30. 建設協力金に関して，差入企業である借手が対象となった土地建物に抵当権を設定している場合，現在価値に割り引くための利子率は，原則としてリスク・フリーの利子率を使用する。

31. 差入企業である借手は，本適用指針第29項の定めにかかわらず，返済期日までの期間が短いもの等，その影響額に重要性がない将来返還される差入預託保証金（敷金を除く。）について，本適用指針第29項の会計処理を行わないことができる。本適用指針第29項の会計処理を行わない差入預託保証金（敷金を除く。）については，債権に準じて会計処理を行う（企業会計基準第10号「金融商品に関する会計基準」（以下「金融商品会計基準」という。）第14項）。

32. 差入企業である借手は，差入預託保証金（敷金を除く。）のうち，差入預託保証金の預り企業である貸手から差入企業である借手に将来返還されないことが契約上定められている金額について，使用権資産の取得価額に含める。

敷　金

33. 差入企業である借手は，差入敷金のうち，差入敷金の預り企業である貸手から差入企業である借手に将来返還される差入敷金について，取得原価で計上する。ただし，第29項及び第30項に準じて会計処理を行うことができる。

34. 差入企業である借手は，差入敷金のうち，差入敷金の預り企業である貸手から差入企業である借手に返還されないことが契約上定められている金額を使用権資産の取得価額に含める。

35. 企業会計基準適用指針第21号「資産除去債務に関する会計基準の適用指針」第9項に従い，敷金の回収が最終的に見込めないと認められる金額を合理的に見積り，そのうち当期の負担に属する金額を費用に計上する方法を選択する場合，同項に従って差入敷金の会計処理を行う。

貸倒引当金

36. 建設協力金等の差入預託保証金について差入預託保証金の預り企業である貸手の支払能力から回収不能と見込まれる金額がある場合，金融商品会計基準に従って貸倒引当金を設定する。

（現在価値の算定に用いる割引率）

37. 借手がリース負債の現在価値の算定のために用いる割引率は，次のとおりとする（[設例9-1]，[設例11] 及び [設例18-1]）。

(1) 貸手の計算利子率（第66項参照）を知り得る場合，当該利率による。
(2) 貸手の計算利子率を知り得ない場合，借手の追加借入に適用されると合理的に見積られる利率による。

(2) 利息相当額の各期への配分

38. 借手のリース料は，原則として，利息相当額部分とリース負債の元本返済額部分とに区分計算し，前者は支払利息として会計処理を行い，後者はリース負債の元本返済として会計処理を行う。借手のリース期間にわたる利息相当額の総額は，リース開始日における借手のリース料とリース負債の計上額との差額になる。

39. 前項において，利息相当額の総額を借手のリース期間中の各期に配分する方法は，原則として，利息法による（会計基準第36項）。利息法においては，各期の利息相当額をリース負債の未返済元本残高に一定の利率を乗じて算定する（［設例９－１］）。

（使用権資産総額に重要性が乏しいと認められる場合の取扱い）

40. 使用権資産総額に重要性が乏しいと認められる場合は，次のいずれかの方法を適用することができる（［設例９－１］）。
(1) 第38項の定めによらず，借手のリース料から利息相当額の合理的な見積額を控除しない方法。この場合，使用権資産及びリース負債は，借手のリース料をもって計上し，支払利息は計上せず，減価償却費のみ計上する。
(2) 第39項の定めによらず，利息相当額の総額を借手のリース期間中の各期に定額法により配分する方法

41. 使用権資産総額に重要性が乏しいと認められる場合とは，未経過の借手のリース料の期末残高が当該期末残高，有形固定資産及び無形固定資産の期末残高の合計額に占める割合が10パーセント未満である場合をいう。

42. 連結財務諸表においては，前項の判定を，連結財務諸表の数値を基礎として見直すことができる。見直した結果，個別財務諸表の結果の修正を行う場合，連結修正仕訳で修正を行う。

(3) 使用権資産の償却

43. 会計基準第37項における契約上の諸条件に照らして原資産の所有権が借手に移転すると認められるリースとは，次の(1)から(3)のいずれかに該当するものをいう。
(1) 契約期間終了後又は契約期間の中途で，原資産の所有権が借手に移転することとされているリース
(2) 契約期間終了後又は契約期間の中途で，借手による購入オプションの行使が合理的に確実であるリース
(3) 原資産が，借手の用途等に合わせて特別の仕様により製作又は建設されたものであって，当該原資産の返還後，貸手が第三者に再びリース又は売却することが

困難であるため，その使用可能期間を通じて借手によってのみ使用されることが明らかなリース

(4)　リースの契約条件の変更

44.　借手は，リースの契約条件の変更が生じた場合，変更前のリースとは独立したリースとして会計処理を行うか，又は，リース負債の計上額の見直しを行う（会計基準第39項）。

リースの契約条件の変更が次の(1)及び(2)のいずれも満たす場合，借手は，当該リースの契約条件の変更を独立したリースとして取り扱い，当該独立したリースのリース開始日に，リースの契約条件の変更の内容に基づくリース負債を計上し，当該リース負債にリース開始日までに支払った借手のリース料，付随費用等を加減した額により使用権資産を計上する（［設例15-１］）。

(1)　１つ以上の原資産を追加することにより，原資産を使用する権利が追加され，リースの範囲が拡大されること

(2)　借手のリース料が，範囲が拡大した部分に対する独立価格に特定の契約の状況に基づく適切な調整を加えた金額分だけ増額されること

45.　借手は，リースの契約条件の変更のうち，前項に従い独立したリースとしての会計処理が行われないリースの契約条件の変更について，リースの契約条件の変更の発効日に，次の会計処理を行う（［設例15-２］から［設例15-５］）。

(1)　リース負債について，変更後の条件を反映した借手のリース期間を決定し，変更後の条件を反映した借手のリース料の現在価値まで修正する。

(2)　使用権資産について，次のことを行うことによって，(1)のリース負債の見直しに対応する会計処理を行う。

①　リースの契約条件の変更のうちリースの範囲が縮小されるものについては，リースの一部又は全部の解約を反映するように使用権資産の帳簿価額を減額する。このとき，使用権資産の減少額とリース負債の修正額とに差額が生じた場合は，当該差額を損益に計上する。

②　他のすべてのリースの契約条件の変更については，リース負債の修正額に相当する金額を使用権資産に加減する。

(5)　リースの契約条件の変更を伴わないリース負債の見直し

46.　借手は，リースの契約条件の変更が生じていない場合で，次のいずれかに該当するときには，該当する事象が生じた日にリース負債について当該事象の内容を反映した借手のリース料の現在価値まで修正し，当該リース負債の修正額に相当する金額を使用権資産に加減する（［設例16］）。

(1)　借手のリース期間に変更がある場合（会計基準第41項及び第42項）

(2)　借手のリース期間に変更がなく借手のリース料に変更がある場合（本適用指針

第47項から第49項参照）

ただし，使用権資産の帳簿価額をゼロまで減額してもなお，リース負債の測定の減額がある場合には，残額を損益に計上する。

（借手のリース期間に変更がなく借手のリース料に変更がある場合）

47. リースの契約条件や借手のリース期間に変更がなく借手のリース料に変更がある状況として，例えば，次のようなものが挙げられる。

⑴ 原資産を購入するオプションの行使についての判定に変更がある場合

⑵ 残価保証に基づく支払見込額に変動がある場合

⑶ 指数又はレートに応じて決まる借手の変動リース料に変動がある場合（第48項及び第49項参照）

指数又はレートに応じて決まる借手の変動リース料

48. 借手は，指数又はレートに応じて決まる借手の変動リース料について，当該指数又はレートが変動し，そのことにより，今後支払うリース料に変動が生じたときにのみ，残りの借手のリース期間にわたり，変動後の指数又はレートに基づきリース料及びリース負債を修正し，リース負債の修正額に相当する金額を使用権資産に加減する（[設例13]）。

49. 借手は，第26項によりリース料が参照する指数又はレートの将来の変動を見積り，当該見積られた指数又はレートに基づきリース料及びリース負債を算定している場合，前項の定めにかかわらず，決算日ごとに参照する指数又はレートの将来の変動を見積り，当該見積られた指数又はレートに基づきリース料及びリース負債を修正し，リース負債の修正額に相当する金額を使用権資産に加減する。

⑹ 短期リースに係る借手のリース期間の変更

50. 借手は，第44項から第46項の定めにかかわらず，短期リースに関する簡便的な取扱いを適用していたリース（第20項参照）について，借手のリース期間に変更がある場合で，変更前の借手のリース期間の終了時点から変更後の借手のリース期間の終了時点までが12か月以内であるときは，次のいずれかの方法を選択することができる。

⑴ 変更後のリースについて短期リースとして取り扱う方法

⑵ 変更後のリースのうち，借手のリース期間の変更時点から変更後の借手のリース期間の終了時点までが12か月以内である場合のみ，短期リースとして取り扱う方法

この取扱いについては，対応する原資産を自ら所有していたと仮定した場合に貸借対照表において表示するであろう科目ごと又は性質及び企業の営業における用途が類似する原資産のグループごとに適用することができる。

(7)　リース負債に含めなかった借手の変動リース料

51. 借手は，リース負債の計上額に含めなかった借手の変動リース料について，当該変動リース料の発生時に損益に計上する（[設例13]）。

(8)　借手のリース期間に含まれない再リース

52. 借手は，会計基準第31項に基づきリース開始日に再リース期間を借手のリース期間に含めていない場合又は本適用指針第44項若しくは第45項の適用において会計基準第31項に基づき直近のリースの契約条件の変更の発効日に再リース期間を借手のリース期間に含めていない場合，会計基準第41項及び第42項にかかわらず，再リースを当初のリースとは独立したリースとして会計処理を行うことができる。

(9)　セール・アンド・リースバック取引

（セール・アンド・リースバック取引に該当するかどうかの判断）

53. セール・アンド・リースバック取引とは，売手である借手が資産を買手である貸手に譲渡し，売手である借手が買手である貸手から当該資産をリースする取引をいう（本適用指針第4項(11)参照）。

リースバックが行われる場合であっても，売手である借手による資産の譲渡が次のいずれかであるときはセール・アンド・リースバック取引に該当しない。

(1)　収益認識会計基準に従い，一定の期間にわたり充足される履行義務（収益認識会計基準第36項）の充足によって行われるとき

(2)　企業会計基準適用指針第30号「収益認識に関する会計基準の適用指針」（以下「収益認識適用指針」という。）第95項を適用し，工事契約における収益を完全に履行義務を充足した時点で認識することを選択するとき

54. 売手である借手が原資産を移転する前に原資産に対する支配を獲得しない場合，当該資産の移転と関連するリースバックについては，セール・アンド・リースバック取引に該当せず，リースとして会計処理を行う。

（セール・アンド・リースバック取引に該当する場合の会計処理）

55. セール・アンド・リースバック取引に該当する場合に次の(1)又は(2)のいずれかを満たすときは，売手である借手は，当該セール・アンド・リースバック取引について資産の譲渡とリースバックを一体の取引とみて，金融取引として会計処理を行う。

(1)　収益認識会計基準などの他の会計基準等に従うと売手である借手による資産の譲渡が損益を認識する売却に該当しない。

(2)　収益認識会計基準などの他の会計基準等に従うと売手である借手による資産の譲渡が損益を認識する売却に該当するが，リースバックにより，売手である借手が資産からもたらされる経済的利益のほとんどすべてを享受することができ，かつ，資産の使用に伴って生じるコストのほとんどすべてを負担することとなる。

56. セール・アンド・リースバック取引に該当する場合に前項(1)及び(2)を満たさないときは，売手である借手は，資産の譲渡について収益認識会計基準などの他の会計基準等に従い損益を認識し，リースバックについて会計基準及び本適用指針に従い借手の会計処理を行う。

（資産の譲渡対価が明らかに時価ではない場合又は借手のリース料が明らかに市場のレートではない場合）

57. 前項において資産の譲渡対価が明らかに時価ではない場合又は借手のリース料が明らかに市場のレートでのリース料ではない場合，売手である借手は，当該資産の譲渡対価と借手のリース料について次のとおり取り扱う。
(1) 資産の譲渡対価が明らかに時価を下回る場合，時価を用いて譲渡について損益を認識し，譲渡対価と時価との差額について使用権資産の取得価額に含める。
(2) 借手のリース料が明らかに市場のレートでのリース料を下回る場合，借手のリース料と市場のレートでのリース料との差額について譲渡対価を増額した上で譲渡について損益を認識し，当該差額について使用権資産の取得価額に含める。
(3) 資産の譲渡対価が明らかに時価を上回る場合，時価を用いて譲渡について損益を認識し，譲渡対価と時価との差額について金融取引として会計処理を行う。
(4) 借手のリース料が明らかに市場のレートでのリース料を上回る場合，借手のリース料と市場のレートでのリース料との差額について譲渡対価を減額した上で譲渡について損益を認識し，当該差額について金融取引として会計処理を行う。

資産の譲渡対価が明らかに時価ではないかどうか又は借手のリース料が明らかに市場のレートでのリース料ではないかどうかは，資産の時価と市場のレートでのリース料のいずれか容易に算定できる方を基礎として判定する。(1)又は(2)は，譲渡対価を増額する場合に適用し，(3)又は(4)は，譲渡対価を減額する場合に適用する。

58. 前項の取扱いは，セール・アンド・リースバック取引に該当しない第53項(1)及び(2)の取引にも適用する。

4．貸手のリース

(1) リースの分類

（ファイナンス・リースに該当するリース）

59. ファイナンス・リースとは，次の(1)及び(2)のいずれも満たすリースをいう（会計基準第11項）。
(1) 契約期間の中途において当該契約を解除することができないリース又はこれに準ずるリース（以下合わせて「解約不能のリース」という。）
(2) 借手が，原資産からもたらされる経済的利益を実質的に享受することができ，かつ，当該原資産の使用に伴って生じるコストを実質的に負担することとなるリース（以下「フルペイアウトのリース」という。）

60. 解約不能のリースに関して，法的形式上は解約可能であるとしても，解約に際し，相当の違約金（以下「規定損害金」という。）を支払わなければならない等の理由から，事実上解約不能と認められるリースを解約不能のリースに準ずるリースとして取り扱う（会計基準BC26項）。リースの条件により，このような取引に該当するものとしては，次のようなものが考えられる。

(1) 解約時に，未経過の契約期間に係るリース料の概ね全額を，規定損害金として支払うこととされているリース

(2) 解約時に，未経過の契約期間に係るリース料から，借手の負担に帰属しない未経過の契約期間に係る利息等として，一定の算式により算出した額を差し引いたものの概ね全額を，規定損害金として支払うこととされているリース

61. 本適用指針第59項(2)の「原資産からもたらされる経済的利益を実質的に享受する」場合とは，当該原資産を自己所有するとするならば得られると期待されるほとんどすべての経済的利益を享受する場合をいい，また，「当該原資産の使用に伴って生じるコストを実質的に負担する」場合とは，当該原資産の取得価額相当額，維持管理等の費用，陳腐化によるリスク等のほとんどすべてのコストを負担する場合をいう（会計基準BC26項）。

（具体的な判定基準）

62. リースがファイナンス・リースに該当するかどうかについては，本適用指針第59項の要件をその経済的実質に基づいて判断すべきものであるが，次の(1)又は(2)のいずれかに該当する場合には，ファイナンス・リースと判定される（［設例9］から［設例12］）。

(1) 現在価値基準

貸手のリース料（会計基準第23項）の現在価値が，原資産の現金購入価額の概ね90パーセント以上であること（以下「現在価値基準」という。）

(2) 経済的耐用年数基準

貸手のリース期間（会計基準第16項）が，原資産の経済的耐用年数の概ね75パーセント以上であること（ただし，原資産の特性，経済的耐用年数の長さ，原資産の中古市場の存在等を勘案すると，上記(1)の判定結果が90パーセントを大きく下回ることが明らかな場合を除く。）（以下「経済的耐用年数基準」という。）

63. 前項(2)に関して，貸手のリース期間が経済的耐用年数の概ね75パーセント以上であっても借手が原資産に係るほとんどすべてのコストを負担しないことが明らかな場合，現在価値基準のみにより判定を行う。

（現在価値基準の判定における取扱い）

残価保証の取扱い

64. リースに残価保証が含まれる場合，貸手は，残価保証額を貸手のリース料に含める（[設例11]）。

なお，貸手においては，借手以外の第三者による残価保証額も貸手のリース料に含める。

製造又は販売を事業とする貸手等の取扱い

65. 製造又は販売を事業とする貸手が当該事業の一環で行うリース又は貸手が事業の一環以外で行うリースにおいては，第62項(1)における現金購入価額は貸手の製作価額や現金購入価額によらず，当該原資産の借手に対する現金販売価額を用いる。

現在価値の算定に用いる割引率

66. 現在価値の算定を行うにあたっては，貸手のリース料の現在価値と貸手のリース期間終了時に見積られる残存価額で残価保証額以外の額（以下「見積残存価額」という。）の現在価値の合計額が，当該原資産の現金購入価額又は借手に対する現金販売価額と等しくなるような利率（以下「貸手の計算利子率」という。）を用いる（[設例9－1]）。

連結財務諸表における判定

67. 連結財務諸表において現在価値基準の判定を行う場合，必要に応じて，親会社における貸手のリース料及び連結子会社における貸手のリース料を合算した金額に基づき判定を行う。ただし，重要性が乏しい場合には，親会社及び連結子会社の個別財務諸表における結果の修正を要しない。

（不動産に係るリースの取扱い）

68. 土地，建物等の不動産のリースについても，第59項から前項に従い，ファイナンス・リースに該当するか，オペレーティング・リースに該当するかを判定する。ただし，土地については，第70項の(1)又は(2)のいずれかに該当する場合を除き，オペレーティング・リースに該当するものと推定する。

69. 土地と建物等を一括したリース（契約上，建物賃貸借契約とされているものも含む。以下同じ。）は，原則として，貸手のリース料を合理的な方法で土地に係る部分と建物等に係る部分に分割した上で，建物等について，第62項(1)に定める現在価値基準の判定を行う。

(2) ファイナンス・リースの分類

70. 貸手は，ファイナンス・リースについて，所有権移転ファイナンス・リースと所有権移転外ファイナンス・リースとに分類する（会計基準第44項）。本適用指針第62項でファイナンス・リースと判定されたもののうち，次の(1)から(3)のいずれかに該当する場合，所有権移転ファイナンス・リースに分類し，いずれにも該当しない場合，所有権移転外ファイナンス・リースに分類する（[設例９］から［設例12])。

(1)　契約上，契約期間終了後又は契約期間の中途で，原資産の所有権が借手に移転することとされているリース

(2)　契約上，借手に対して，契約期間終了後又は契約期間の中途で，名目的価額又はその行使時点の原資産の価額に比して著しく有利な価額で買い取る権利（以下合わせて「割安購入選択権」という。）が与えられており，その行使が確実に予想されるリース

(3)　原資産が，借手の用途等に合わせて特別の仕様により製作又は建設されたものであって，当該原資産の返還後，貸手が第三者に再びリース又は売却することが困難であるため，その使用可能期間を通じて借手によってのみ使用されることが明らかなリース

(3)　ファイナンス・リース

(所有権移転外ファイナンス・リース)

基本となる会計処理

71. 貸手は，ファイナンス・リースについて，通常の売買取引に係る方法に準じた会計処理を行う（会計基準第45項)。貸手として行ったリースが所有権移転外ファイナンス・リースと判定される場合，貸手は，事業の一環で行うリースについて取引実態に応じ，次の(1)又は(2)のいずれかにより会計処理を行う。

(1)　製造又は販売を事業とする貸手が当該事業の一環で行うリース（[設例12])

①　リース開始日に，貸手のリース料からこれに含まれている利息相当額を控除した金額で売上高を計上し，同額でリース投資資産を計上する。また，原資産の帳簿価額により売上原価を計上する。原資産を借手の使用に供するために支払う付随費用がある場合，当該付随費用を売上原価に含める。

ただし，売上高と売上原価の差額（以下「販売益相当額」という。）が貸手のリース料に占める割合に重要性が乏しい場合は，原資産の帳簿価額（付随費用がある場合はこれを含める。）をもって売上高及び売上原価とし，販売益相当額を利息相当額に含めて処理することができる。

②　各期に受け取る貸手のリース料（以下「受取リース料」という。）を利息相当額とリース投資資産の元本回収とに区分し，前者を各期の損益として処理し，後者をリース投資資産の元本回収額として会計処理を行う。

(2)　製造又は販売以外を事業とする貸手が当該事業の一環で行うリース（[設例９-１])

①　リース開始日に，原資産の現金購入価額（原資産を借手の使用に供するために支払う付随費用がある場合は，これを含める。）により，リース投資資産を計上する。

② 受取リース料の会計処理は，(1)②と同様とする。

72. 貸手が事業の一環以外で行うリースについて，当該リースが所有権移転外ファイナンス・リースと判定される場合，貸手は，次の会計処理を行う。

(1) リース開始日に，貸手のリース料からこれに含まれている利息相当額を控除した金額と原資産の帳簿価額との差額を売却損益として計上し，貸手のリース料からこれに含まれている利息相当額を控除した金額でリース投資資産を計上する。原資産を借手の使用に供するために支払う付随費用がある場合，当該付随費用を含めて売却損益に計上する。

ただし，当該売却損益が貸手のリース料に占める割合に重要性が乏しい場合は，当該売却損益を利息相当額に含めて処理することができる。

(2) 受取リース料の会計処理は，前項(1)②と同様とする。

利息相当額の各期への配分

73. 利息相当額の総額を貸手のリース期間中の各期に配分する方法は，原則として，利息法による（会計基準第47項）。この場合に用いる利率は，本適用指針第66項の貸手の計算利子率とする（[設例9-1]）。

74. 貸手としてのリースに重要性が乏しいと認められる場合，前項の定めによらず，利息相当額の総額を貸手のリース期間中の各期に定額で配分することができる。ただし，リースを主たる事業としている企業は，当該取扱いを適用することはできない（[設例9-1]）。

75. 前項の「貸手としてのリースに重要性が乏しいと認められる場合」とは，未経過の貸手のリース料及び見積残存価額の合計額の期末残高が当該期末残高及び営業債権の期末残高の合計額に占める割合が10パーセント未満である場合をいう。

なお，連結財務諸表においては，上記の判定を，連結財務諸表の数値を基礎として見直すことができる。見直した結果，個別財務諸表の結果の修正を行う場合，連結修正仕訳で修正を行う。

リース期間終了時及び再リースの処理

76. 貸手のリース期間の終了により，借手から原資産の返却を受けた場合，貸手は当該原資産を見積残存価額でリース投資資産からその後の保有目的に応じ貯蔵品又は固定資産等に振り替える（[設例9-3]）。当該原資産を処分した場合，処分価額と帳簿価額との差額を処分損益に計上する。

貸手が再リース期間を貸手のリース期間に含めない場合の再リース料は，その発生時に収益に計上する。この場合，リース投資資産は，貸手のリース期間の終了により固定資産に振り替え，当該固定資産について，再リース開始時点の見積再リース期間にわたり減価償却を行う。この場合の固定資産の取得価額は，リース投資資産から振り替えた金額とする。

中途解約の処理

77. リースが中途解約された場合に受け取る規定損害金については，損益計算書上，当該規定損害金と中途解約時のリース投資資産残高（中途解約時点での見積残存価額控除後）との差額を損益として計上する（[設例９－１]）。

（所有権移転ファイナンス・リース）

基本となる会計処理

78. 貸手の行ったリースが所有権移転ファイナンス・リースと判定される場合の基本となる会計処理は，第71項及び第72項と同様とする。この場合，第71項及び第72項にある「リース投資資産」は「リース債権」と読み替える。また，割安購入選択権がある場合，当該割安購入選択権の行使価額を貸手のリース料及び受取リース料に含める（[設例10]）。

利息相当額の各期への配分

79. 利息相当額の各期への配分は，第73項と同様とする。

再リースの処理

80. 貸手が再リース期間を貸手のリース期間に含めない場合の再リース料は，その発生時に収益に計上する。

中途解約の処理

81. リースが中途解約された場合に受け取る規定損害金については，損益計算書上，当該規定損害金と中途解約時のリース債権残高との差額を損益として計上する。

⑷　オペレーティング・リース

82. 貸手のオペレーティング・リースについては，通常の賃貸借取引に係る方法に準じた会計処理を行う（会計基準第48項）。貸手は，オペレーティング・リースによる貸手のリース料について，貸手のリース期間にわたり原則として定額法で計上する。

ただし，貸手が貸手のリース期間について会計基準第32項⑵の方法を選択して決定する場合に当該貸手のリース期間に無償賃貸期間が含まれるときは，貸手は，契約期間における使用料の総額（ただし，将来の業績等により変動する使用料を除く。）について契約期間にわたり計上する。

⑸　建設協力金等の預り預託保証金

（建設協力金等）

83. 預り預託保証金の預り企業である貸手から，差入企業である借手に将来返還される建設協力金等の預り預託保証金（敷金を除く。）に係る当初認識時の時価は，返済期日までのキャッシュ・フローを割り引いた現在価値である。預り企業である貸手は，当該預り預託保証金の受取額と当該時価との差額を長期前受家賃として計上し，契約期間にわたって各期の損益に合理的に配分する。また，当初時価と返済額との差額を契約期間にわたって配分し支払利息として計上する。

84. 預り企業である貸手は，返済期日までの期間が短いもの等，その影響額に重要性がない預り預託保証金（敷金を除く。）について，前項の会計処理を行わないことができる。前項の会計処理を行わない預り預託保証金は，債務に準じて会計処理を行う。

85. 預り企業である貸手は，預り預託保証金（敷金を除く。）のうち，預り企業である貸手から差入企業である借手に将来返還されないことが契約上定められている金額について，賃貸予定期間にわたり定額法により収益に計上する。

（敷　金）

86. 預り企業である貸手は，将来返還する預り敷金について，債務額をもって貸借対照表価額とする。預り敷金のうち，預り敷金の預り企業である貸手から差入企業である借手に返還されないことが契約上定められている金額について，賃貸予定期間にわたり定額法により収益に計上する。

(6) セール・アンド・リースバック取引

87. セール・アンド・リースバック取引におけるリースバックが，ファイナンス・リースに該当するかどうかの貸手による判定は，第59項から第69項に示したところによる。ただし，この判定において，経済的耐用年数については，リースバック時における原資産の性能，規格，陳腐化の状況等を考慮して見積った経済的使用可能予測期間を用いるとともに，当該原資産の借手の現金購入価額については，借手の実際売却価額を用いるものとする。

88. 当該リースバックがファイナンス・リースに該当する場合の会計処理は，第70項から第81項までと同様とし，当該リースバックがオペレーティング・リースに該当する場合の会計処理は，第82項と同様とする。

5. サブリース取引

(1) 基本となる会計処理

89. サブリース取引（本適用指針第４項⑿参照）では，中間的な貸手は，ヘッドリースについて，借手のリースの会計処理（会計基準第33項から第42項）を行い，サブリースについて，サブリースがファイナンス・リースとオペレーティング・リースのいずれに該当するか（本適用指針第91項参照）により，次の会計処理を行う（[設例18］)。

(1)　サブリースがファイナンス・リースに該当する場合（［設例18-1］)

サブリースのリース開始日に，次の会計処理を行う。

①　サブリースした使用権資産の消滅を認識する。

②　サブリースにおける貸手のリース料の現在価値と使用権資産の見積残存価額の現在価値の合計額でリース投資資産又はリース債権を計上する。

③　リース投資資産又はリース債権の計上及び使用権資産の取崩しに伴う損益は，原則として純額で計上する。

(2)　サブリースがオペレーティング・リースに該当する場合（［設例18-2］)

サブリースにおける貸手のリース期間中に，サブリースから受け取る貸手のリース料について，オペレーティング・リースの会計処理を行う（会計基準第48項)。

90. 前項(1)②に係る現在価値の算定を行うにあたっては，次の(1)の金額が(2)の金額と等しくなるような利率を用いる。

(1)　サブリースにおける貸手のリース料の現在価値と使用権資産の見積残存価額の現在価値の合計額

(2)　当該使用権資産に係るサブリースのリース開始日に現金で全額が支払われるものと仮定した場合のリース料。このとき，当該リース料は，サブリースを実行するために必要な知識を持つ自発的な独立第三者の当事者が行うと想定した場合のリース料とする。また，当該リース料の算定にあたっては，サブリースがヘッドリースのリース期間の残存期間にわたって行われるものと仮定する。当該リース料は，以下において「独立第三者間取引における使用権資産のリース料」という。

ただし，当該利率の算出が容易でない場合，ヘッドリースに用いた割引率を用いることができる。

91. 次の(1)又は(2)のいずれかに該当する場合，中間的な貸手のサブリースは，ファイナンス・リースと判定される（第59項(2)参照）（［設例18］)。

(1)　現在価値基準

サブリースにおける貸手のリース料の現在価値が，独立第三者間取引における使用権資産のリース料（前項(2)参照）の概ね90パーセント以上であること

(2)　経済的耐用年数基準

サブリースにおける貸手のリース期間が，ヘッドリースにおける残りの借手のリース期間の概ね75パーセント以上であること（ただし，上記(1)の判定結果が90パーセントを大きく下回ることが明らかな場合を除く。)

なお，ヘッドリースについて短期リース又は少額リースに関する簡便的な取扱いを適用して使用権資産及びリース負債を計上していない場合（第20項及び第22項参照)，サブリースはオペレーティング・リースに分類する。

(2) 中間的な貸手がヘッドリースに対してリスクを負わない場合

92. サブリース取引のうち，次の要件をいずれも満たす取引について，中間的な貸手は，第89項にかかわらず，貸借対照表においてヘッドリースにおける使用権資産及びリース負債を計上せず，かつ，損益計算書においてサブリースにおいて受け取るリース料の発生時又は当該リース料の受領時のいずれか遅い時点で貸手として受け取るリース料と借手として支払うリース料の差額を損益に計上することができる。

(1) 中間的な貸手は，サブリースの借手からリース料の支払を受けない限り，ヘッドリースの貸手に対してリース料を支払う義務を負わない。

(2) 中間的な貸手のヘッドリースにおける支払額は，サブリースにおいて受け取る金額にあらかじめ定められた料率を乗じた金額である。

(3) 中間的な貸手は，次のいずれを決定する権利も有さない。

① サブリースの契約条件（サブリースにおける借手の決定を含む。）

② サブリースの借手が存在しない期間における原資産の使用方法

(3) 転リース取引

93. サブリース取引のうち，ヘッドリースの原資産の所有者から当該原資産のリースを受け，さらに同一資産を概ね同一の条件で第三者にリースする取引を転リース取引という。中間的な貸手は，第89項にかかわらず，転リース取引のうち，貸手としてのリースがヘッドリースの原資産を基礎として分類する場合にファイナンス・リースに該当するとき，次のとおり会計処理を行うことができる（[設例19]）。

(1) 貸借対照表上，リース債権又はリース投資資産とリース負債の双方を計上する。

(2) 損益計算書上，支払利息，売上高，売上原価等は計上せずに，貸手として受け取るリース料と借手として支払うリース料との差額を手数料収入として各期に配分し，転リース差益等の名称で計上する。

なお，リース債権又はリース投資資産とリース負債は利息相当額控除後の金額で計上することを原則とするが，利息相当額控除前の金額で計上することができる。リース債権又はリース投資資産から利息を控除するにあたって使用する割引率は，リース負債から利息相当額を控除する際の割引率を使用する。

Ⅳ. 開 示

1. 注記事項

(1) 開示目的

94. 会計基準第54項の開示目的を達成するために必要な情報は，リースの類型等により異なるものであるため，注記する情報は，会計基準第55項に掲げる注記事項に限定することを意図しておらず，会計基準第55項に掲げる注記事項以外であっても，会計基準第54項の開示目的を達成するために必要な情報は，リース特有の取引に関する情報として注記する。

95. 前項に照らして借手が注記する情報には，例えば，次のようなものがある。

⑴　借手のリース活動の性質

⑵　借手が潜在的に晒されている将来キャッシュ・アウトフローのうちリース負債の測定に反映されていないもの（例えば，借手の変動リース料，延長オプション及び解約オプション，残価保証，契約しているがまだ開始していないリース）

⑶　借手がリースにより課されている制限又は特約

⑷　借手がセール・アンド・リースバック取引を行う理由及び取引の一般性

96. 第94項に照らして貸手が注記する情報には，例えば，次のようなものがある。

⑴　貸手のリース活動の性質

⑵　貸手による原資産に関連したリスクの管理戦略や当該リスクを低減している手段（例えば，買戻契約，残価保証，所定の限度を超える使用に対して変動するリース料）

⑵　借手及び貸手の注記

（借手の注記）

会計方針に関する情報

97.「会計方針に関する情報」（会計基準第55項⑴①）については，リースに関して企業が行った会計処理について理解することができるよう，次の会計処理を選択した場合，その旨及びその内容を注記する。

⑴　リースを構成する部分とリースを構成しない部分とを分けずに，リースを構成する部分と関連するリースを構成しない部分とを合わせてリースを構成する部分として会計処理を行う選択（会計基準第29項）

⑵　指数又はレートに応じて決まる借手の変動リース料に関する例外的な取扱いの選択（本適用指針第26項参照）

⑶　借地権の設定に係る権利金等に関する会計処理の選択（本適用指針第27項及び第127項から第129項参照）

上記の会計方針を重要な会計方針として注記している場合，リースに関する注記として繰り返す必要はなく，重要な会計方針の注記を参照することができる。

リース特有の取引に関する情報

98.「リース特有の取引に関する情報」（会計基準第55項⑴②）については，リースが企業の財政状態又は経営成績に与える影響を理解できるよう，本適用指針第99項から第101項の内容を注記する。

99. 貸借対照表において次の⑴から⑶に定める事項を区分して表示していない場合，それぞれについて，次の事項を注記する。

(1) 使用権資産の帳簿価額について，対応する原資産を自ら所有していたと仮定した場合の表示科目ごとの金額。当該注記を行うにあたって，表示科目との関係が明らかである限りにおいて，より詳細な区分により使用権資産の帳簿価額の金額を注記することを妨げない。

(2) 第26項の定めを適用し指数又はレートに応じて決まる借手の変動リース料に関する例外的な取扱いにより会計処理を行ったリースに係るリース負債が含まれる科目及び金額

(3) 借地権について，第27項ただし書き又は第127項の定めを適用する場合，償却していない旧借地権の設定に係る権利金等又は普通借地権の設定に係る権利金等が含まれる科目及び金額

100. 損益計算書において次の(1)及び(2)に定める事項を区分して表示していない場合，それぞれについて，次の事項を注記する。

(1) 第20項を適用して会計処理を行った短期リースに係る費用の発生額が含まれる科目及び当該発生額。この費用には借手のリース期間が1か月以下のリースに係る費用及び少額リース（第22項参照）に係る費用を含めることを要しない。

(2) リース負債に含めていない借手の変動リース料（第51項参照）に係る費用の発生額が含まれる科目及び当該発生額

101. セール・アンド・リースバック取引及びサブリース取引について，次の事項を注記する。

(1) セール・アンド・リースバック取引

① セール・アンド・リースバック取引から生じた売却損益を損益計算書において区分して表示していない場合，当該売却損益が含まれる科目及び金額

② 第55項を適用して会計処理を行ったセール・アンド・リースバック取引について，当該会計処理を行った資産がある旨並びに当該資産の科目及び金額

③ 第56項を適用して会計処理を行ったセール・アンド・リースバック取引について，当該セール・アンド・リースバック取引の主要な条件

(2) サブリース取引

① 使用権資産のサブリースによる収益（第89項参照）を損益計算書において区分して表示していない場合，当該収益が含まれる科目及び金額

② 第92項の定めを適用し中間的な貸手がヘッドリースに対してリスクを負わない場合のサブリース取引について計上した損益を損益計算書において区分して表示していない場合，当該損益が含まれる科目及び金額

③ 第93項なお書きの定めを適用し転リース取引に係るリース債権又はリース投資資産とリース負債を利息相当額控除前の金額で計上する場合に，当該リース債権又はリース投資資産及びリース負債を貸借対照表において区分して表示していないとき，当該リース債権又はリース投資資産及びリース負債が含まれる科目並びに金額

当期及び翌期以降のリースの金額を理解するための情報

102.「当期及び翌期以降のリースの金額を理解するための情報」（会計基準第55項(1)③）については，当期及び翌期以降のリースの金額を理解できるよう，次の事項を注記する。

(1)　リースに係るキャッシュ・アウトフローの合計額（少額リースに係るキャッシュ・アウトフローを除く。）

(2)　使用権資産の増加額

(3)　対応する原資産を自ら所有していたと仮定した場合に貸借対照表において表示するであろう科目ごとの使用権資産に係る減価償却の金額（当該事項を注記するにあたって，貸借対照表において表示するであろう科目との関係が明らかである限りにおいて，より詳細な区分により使用権資産に係る減価償却の金額の注記を行うことを妨げない。）

（貸手の注記）

ファイナンス・リースの貸手の注記

リース特有の取引に関する情報

103.「リース特有の取引に関する情報」（会計基準第55項(2)①）については，リースが企業の財政状態又は経営成績に与える影響を理解できるよう，本適用指針第104項及び第105項の内容を注記する。

104. リース債権及びリース投資資産に関して，貸借対照表において次の(1)及び(2)に定める事項を区分して表示していない場合，当該(1)及び(2)に定める事項を注記する。

(1)　リース投資資産について，将来のリース料を収受する権利（以下「リース料債権」という。）部分及び見積残存価額部分の金額並びに受取利息相当額。なお，リース料債権部分及び見積残存価額部分の金額は，利息相当額控除前の金額とする（[設例９-３]）。

(2)　リース債権について，リース料債権部分の金額及び受取利息相当額。なお，リース料債権部分の金額は，利息相当額控除前の金額とする。

ただし，リース債権の期末残高が，当該期末残高及びリース投資資産の期末残高の合計額に占める割合に重要性が乏しい場合，(1)と(2)を合算して注記することができる。

105. リース債権及びリース投資資産に含まれない将来の業績等により変動する使用料に係る収益を損益計算書において区分して表示していない場合，当該収益が含まれる科目及び金額を注記する。

当期及び翌期以降のリースの金額を理解するための情報

106.「当期及び翌期以降のリースの金額を理解するための情報」（会計基準第55項(2)②）については，当期及び翌期以降のリースの金額を理解できるよう，次の事項を注記する。

⑴　リース債権の残高に重要な変動がある場合のその内容

⑵　リース投資資産の残高に重要な変動がある場合のその内容

⑶　リース債権に係るリース料債権部分について，貸借対照表日後５年以内における１年ごとの回収予定額及び５年超の回収予定額。なお，リース料債権部分の金額は，利息相当額控除前の金額とする。

⑷　リース投資資産に係るリース料債権部分について，貸借対照表日後５年以内における１年ごとの回収予定額及び５年超の回収予定額。なお，リース料債権部分の金額は，利息相当額控除前の金額とする。

ただし，リース債権の期末残高が，当該期末残高及びリース投資資産の期末残高の合計額に占める割合に重要性が乏しい場合，⑴及び⑵並びに⑶及び⑷のそれぞれを合算して注記することができる。

107. 前項におけるリース債権及びリース投資資産の残高の変動の例として，次のものが挙げられる。

⑴　企業結合による変動

⑵　リース投資資産における見積残存価額の変動

⑶　リース投資資産における貸手のリース期間の終了による見積残存価額の減少（見積残存価額の貯蔵品又は固定資産等への振替）（第76項参照）

⑷　残価保証額の変動

⑸　中途解約による減少

⑹　新規契約による増加

なお，当期中のリース債権及びリース投資資産の残高の重要な変動を注記するにあたり，必ずしも定量的情報を含める必要はない。

オペレーティング・リースの貸手の注記

リース特有の取引に関する情報

108.「リース特有の取引に関する情報」（会計基準第55項⑵①）については，リースが企業の経営成績に与える影響を理解できるよう，オペレーティング・リースに係る貸手のリース料に含まれない将来の業績等により変動する使用料に係る収益を損益計算書において区分して表示していない場合，当該収益が含まれる科目及び金額を注記する。

当期及び翌期以降のリースの金額を理解するための情報

109.「当期及び翌期以降のリースの金額を理解するための情報」（会計基準第55項⑵②）については，当期及び翌期以降のリースの金額を理解できるよう，オペレーティング・リースに係る貸手のリース料について，貸借対照表日後５年以内における１年ごとの受取予定額及び５年超の受取予定額を注記する。

2．連結財務諸表を作成している場合の個別財務諸表における表示及び注記事項

110. 連結財務諸表を作成している場合，個別財務諸表においては，会計基準第55項及び本適用指針第94項から第109項の定めにかかわらず，会計基準第55項に掲げる事項のうち，(1)②及び(2)①の「リース特有の取引に関する情報」並びに(1)③及び(2)②の「当期及び翌期以降のリースの金額を理解するための情報」について注記しないことができる。

111. 連結財務諸表を作成している場合，個別財務諸表においては，会計基準第55項(1)①の「会計方針に関する情報」を記載するにあたり，連結財務諸表における記載を参照することができる。

Ⅴ．適用時期等

1．適用時期

112. 本適用指針の適用時期は，会計基準と同様とする。

2．経過措置

(1)　企業会計基準第13号を適用した際の経過措置

（リース取引開始日が企業会計基準第13号の適用初年度開始前である所有権移転外ファイナンス・リース取引の取扱い（借手））

113. リース取引開始日が企業会計基準第13号「リース取引に関する会計基準」（以下「企業会計基準第13号」という。）の適用初年度開始前の所有権移転外ファイナンス・リース取引について，企業会計基準適用指針第16号「リース取引に関する会計基準の適用指針」（以下「企業会計基準適用指針第16号」という。）の定めにより，企業会計基準第13号の適用初年度の前年度末における未経過リース料残高又は未経過リース料期末残高相当額（利息相当額控除後）を取得価額とし，企業会計基準第13号の適用初年度の期首に取得したものとしてリース資産に計上する会計処理を行っている場合，会計基準適用後も，当該会計処理を継続することができる。この場合，企業会計基準第13号適用後の残存期間における利息相当額については，本適用指針第39項の定めによらず，利息相当額の総額をリース期間中の各期に定額で配分することができる。

114. さらに，リース取引開始日が企業会計基準第13号の適用初年度開始前のリース取引で，企業会計基準第13号に基づき所有権移転外ファイナンス・リース取引と判定されたものについて，企業会計基準適用指針第16号の定めにより，引き続き通常

の賃貸借取引に係る方法に準じた会計処理を行っている場合，会計基準適用後も，当該会計処理を継続することができる。この場合，リース取引開始日が企業会計基準第13号の適用初年度開始前のリース取引について，引き続き通常の賃貸借取引に係る方法に準じた会計処理を適用している旨及び「リース取引に係る会計基準」（1993年６月 企業会計審議会第一部会）（以下「1993年リース取引会計基準」という。）で必要とされていた事項（本適用指針参考参照）を注記する。

（リース取引開始日が企業会計基準第13号の適用初年度開始前である所有権移転外ファイナンス・リース取引の取扱い（貸手））

115. リース取引開始日が企業会計基準第13号の適用初年度開始前の所有権移転外ファイナンス・リース取引について，企業会計基準適用指針第16号の定めにより，企業会計基準第13号の適用初年度の前年度末における固定資産の適正な帳簿価額（減価償却累計額控除後）をリース投資資産の企業会計基準第13号の適用初年度の期首の価額として計上する会計処理を行っている場合，会計基準適用後も，当該会計処理を継続することができる。この場合，当該リース投資資産に関して，企業会計基準第13号適用後の残存期間においては，本適用指針第73項の定めによらず，利息相当額の総額をリース期間中の各期に定額で配分することができる。

116. さらに，リース取引開始日が企業会計基準第13号の適用初年度開始前のリース取引で，企業会計基準第13号に基づき所有権移転外ファイナンス・リース取引と判定されたものについて，企業会計基準適用指針第16号の定めにより，引き続き通常の賃貸借取引に係る方法に準じた会計処理を行っている場合，会計基準適用後も，当該会計処理を継続することができる。この場合，リース取引開始日が企業会計基準第13号の適用初年度開始前のリース取引について，引き続き通常の賃貸借取引に係る方法に準じた会計処理を適用している旨及び1993年リース取引会計基準で必要とされていた事項（本適用指針参考参照）を注記する。

117. リース取引を主たる事業としている企業は，前項の定めを適用することができない。また，リース取引を主たる事業としている企業においては，本適用指針第115項を適用した場合に重要性が乏しいときを除き，企業会計基準第13号の適用初年度の企業会計基準第13号適用後の残存期間の各期において，リース取引開始日が企業会計基準第13号適用初年度開始前のリース取引についても，企業会計基準第13号及び企業会計基準適用指針第16号に定める方法により会計処理した場合の税引前当期純損益と本適用指針第115項を適用した場合の税引前当期純損益との差額を注記する。

⑵ 会計基準を適用する際の経過措置

118. 会計基準の適用初年度においては，会計基準等の改正に伴う会計方針の変更として取り扱い，原則として，新たな会計方針を過去の期間のすべてに遡及適用する。

ただし，適用初年度の期首より前に新たな会計方針を遡及適用した場合の適用初年度の累積的影響額を適用初年度の期首の利益剰余金に加減し，当該期首残高から新たな会計方針を適用することができる。

（リースの識別）

119. 前項ただし書きの方法を選択する場合，次の(1)及び(2)の方法のいずれか又は両方を適用することができる。

(1) 適用初年度の前連結会計年度及び前事業年度の期末日において企業会計基準第13号を適用しているリース取引に，会計基準第25項及び第26項並びに本適用指針第５項から第８項を適用して契約にリースが含まれているか否かを判断することを行わずに会計基準を適用すること

(2) 適用初年度の期首時点で存在する企業会計基準第13号を適用していない契約について，当該時点で存在する事実及び状況に基づいて会計基準第25項及び第26項並びに本適用指針第５項から第８項を適用して契約にリースが含まれているか否かを判断すること

（借　手）

ファイナンス・リース取引に分類していたリース

120. 本適用指針第118項ただし書きの方法を選択する借手は，企業会計基準第13号においてファイナンス・リース取引に分類していたリースについて，適用初年度の前連結会計年度及び前事業年度の期末日におけるリース資産及びリース債務の帳簿価額のそれぞれを適用初年度の期首における使用権資産及びリース負債の帳簿価額とすることができる。このとき，適用初年度の前連結会計年度及び前事業年度の期末日におけるリース資産及びリース債務の帳簿価額に残価保証額が含まれる場合，当該金額は，適用初年度の期首時点における残価保証に係る借手による支払見込額に修正する。これらのリースについては，適用初年度の期首から会計基準を適用して使用権資産及びリース負債について会計処理を行う。この方法はリース１件ごとに適用することができる。

121. 前項の定めを適用する借手は，適用初年度の期首以後に第41項における使用権資産総額に重要性が乏しいと認められる場合の判断基準である10パーセントを超える場合であっても，適用初年度の期首における使用権資産及びリース負債については，第40項において認められる方法のうち企業会計基準適用指針第16号において選択していた方法を継続して適用することができる。

122. 本適用指針第118項ただし書きの方法を選択する借手は，企業会計基準適用指針第16号において，個々のリース資産に重要性が乏しいと認められる場合に通常の賃貸借取引に係る方法に準じた会計処理を行っていたリースについては，本適用指針第20項又は第22項にかかわらず，当該会計処理を継続することができる。

オペレーティング・リース取引に分類していたリース等

123. 本適用指針第118項ただし書きの方法を選択する借手は，企業会計基準第13号においてオペレーティング・リース取引に分類していたリース及び会計基準の適用により新たに識別されたリースについて，次のとおり会計処理を行うことができる（[設例20]）。

(1) 適用初年度の期首時点における残りの借手のリース料を適用初年度の期首時点の借手の追加借入利子率を用いて割り引いた現在価値によりリース負債を計上する。

(2) リース１件ごとに，次のいずれかで算定するかを選択して使用権資産を計上する。

① 会計基準がリース開始日から適用されていたかのような帳簿価額。ただし，適用初年度の期首時点の借手の追加借入利子率を用いて割り引く。

② (1)で算定されたリース負債と同額。ただし，適用初年度の前連結会計年度及び前事業年度の期末日に貸借対照表に計上された前払又は未払リース料の金額の分だけ修正する。

(3) 適用初年度の期首時点の使用権資産に「固定資産の減損に係る会計基準」(1998年（平成14年８月） 企業会計審議会）を適用する。

(4) 本適用指針第22項を適用して使用権資産及びリース負債を計上しないリースについては修正しない。

なお，本項の会計処理は，企業会計基準適用指針第16号に従ってファイナンス・リース取引に分類していた建物に係るリースについて，土地と建物がそれぞれ独立したリースを構成する部分（本適用指針第16項参照）に該当しない場合にも適用することができる。

124. 前項の方法を選択する借手は，前項を適用するにあたって次の(1)から(4)の方法の１つ又は複数を適用することができる。これらの方法はリース１件ごとに適用することができる。

(1) 特性が合理的に類似した複数のリースに単一の割引率を適用すること

(2) 適用初年度の期首から12か月以内に借手のリース期間が終了するリースについて，前項(1)及び(2)を適用せずに，第20項の方法で会計処理を行うこと

(3) 付随費用を適用初年度の期首における使用権資産の計上額から除外すること

(4) 契約にリースを延長又は解約するオプションが含まれている場合に，借手のリース期間や借手のリース料を決定するにあたってリース開始日より後に入手した情報を使用すること

125. 本適用指針第118項ただし書きの方法を選択する借手は，企業会計基準第24号「会計方針の開示，会計上の変更及び誤謬の訂正に関する会計基準」（以下「企業会計基準第24号」という。）第10項(5)の注記に代えて，次の事項を注記する。

(1) 適用初年度の期首の貸借対照表に計上されているリース負債に適用している借

手の追加借入利子率の加重平均

(2) 次の①と②との差額の説明

① 適用初年度の前連結会計年度及び前事業年度の期末日において企業会計基準第13号を適用して開示したオペレーティング・リースの未経過リース料（(1)の追加借入利子率で割引後）

② 適用初年度の期首の貸借対照表に計上したリース負債

セール・アンド・リースバック取引

126. 売手である借手は，適用初年度の期首より前に締結されたセール・アンド・リースバック取引を次のとおり取り扱う。

(1) 売手である借手による資産の譲渡について，収益認識会計基準などの他の会計基準等に基づき売却に該当するかどうかの判断を見直すことは行わない。

(2) 資産の譲渡価額が明らかに時価ではない場合又は借手のリース料が明らかに市場のレートではない場合の取扱い（本適用指針第57項参照）を適用しない。

(3) リースバックを適用初年度の期首時点に存在する他のリースと同様に会計処理を行う。

(4) 企業会計基準第13号におけるセール・アンド・リースバック取引の定めにより，リースの対象となる資産の売却に伴う損益を長期前払費用又は長期前受収益等として繰延処理し，リース資産の減価償却費の割合に応じ減価償却費に加減して損益に計上する取扱いを適用している場合，会計基準の適用後も当該取扱いを継続し，使用権資産の減価償却費の割合に応じ減価償却費に加減して損益に計上する。

借地権の設定に係る権利金等

127. 本適用指針第27項第１段落に定める原則的な取扱いを適用する借手が会計基準の適用初年度の期首に計上されている旧借地権の設定に係る権利金等又は普通借地権の設定に係る権利金等を償却していなかった場合，当該権利金等を使用権資産の取得価額（本適用指針第18項参照）に含めた上で，当該権利金等のみ償却しないことができる。

128. 借手が次の(1)又は(2)のいずれかの場合に本適用指針第118項ただし書きの方法を選択するとき，会計基準の適用初年度の前連結会計年度及び前事業年度の期末日における借地権の設定に係る権利金等の帳簿価額を適用初年度の期首における使用権資産の帳簿価額とすることができる。

(1) 会計基準の適用前に定期借地権の設定に係る権利金等を償却していた場合

(2) 旧借地権の設定に係る権利金等又は普通借地権の設定に係る権利金等について本適用指針第27項第１段落の原則的な取扱いを適用する借手が会計基準の適用前に当該権利金等を償却していた場合

これらの場合，借手は当該帳簿価額を会計基準の適用初年度の期首から残りの借手のリース期間で償却する。このとき，借手のリース期間の決定にあたりリース開始日より後に入手した情報を使用することができる。

129. 本適用指針第27項第１段落の原則的な取扱いを適用する借手が，会計基準の適用前に旧借地権の設定に係る権利金等又は普通借地権の設定に係る権利金等について償却していなかった場合に本適用指針第118項ただし書きの方法を選択するときには，会計基準の適用初年度における使用権資産の期首残高に含まれる当該権利金等については，当該権利金等を計上した日から借手のリース期間の終了までの期間で償却するものとして，当該権利金等を計上した日から償却した帳簿価額で計上することができる。このとき，借手のリース期間の決定にあたりリース開始日より後に入手した情報を使用することができる。

ただし，当該償却した後の帳簿価額が前連結会計年度及び前事業年度の期末日における当該権利金等の帳簿価額を上回る場合には，当該適用初年度の前連結会計年度及び前事業年度の期末日における当該権利金等の帳簿価額をもって，当該適用初年度の期首における当該権利金等の帳簿価額とする。

建設協力金等の差入預託保証金

130. 本適用指針第118項ただし書きの方法を選択する借手は，本適用指針第29項，第32項及び第34項の定めにかかわらず，次の⑴及び⑵について，会計基準の適用前に採用していた会計処理を継続することができる。

⑴ 将来返還される建設協力金等の差入預託保証金（敷金を除く。）

⑵ 差入預託保証金（建設協力金等及び敷金）のうち，将来返還されない額

また，⑴に係る長期前払家賃及び⑵について，適用初年度の前連結会計年度及び前事業年度の期末日の帳簿価額を適用初年度の期首における使用権資産に含めて会計処理を行うこともできる。

（貸　手）

ファイナンス・リース取引に分類していたリース

131. 本適用指針第118項ただし書きの方法を選択する貸手は，企業会計基準第13号においてファイナンス・リース取引に分類していたリースについて，適用初年度の前連結会計年度及び前事業年度の期末日におけるリース債権及びリース投資資産の帳簿価額のそれぞれを適用初年度の期首におけるリース債権及びリース投資資産の帳簿価額とすることができる。これらのリースについては，適用初年度の期首から会計基準を適用してリース債権及びリース投資資産について会計処理を行う。

ただし，企業会計基準第13号において，貸手における製作価額又は現金購入価額と借手に対する現金販売価額の差額である販売益を割賦基準により処理している場合，適用初年度の前連結会計年度及び前事業年度の期末日の繰延販売利益の帳簿価額は適用初年度の期首の利益剰余金に加算する。

オペレーティング・リース取引に分類していたリース等

132. 本適用指針第118項ただし書きの方法を選択する貸手は，企業会計基準第13号においてオペレーティング・リース取引に分類していたリース及び会計基準の適用により新たに識別されたリースについて，適用初年度の期首に締結された新たなリースとして，会計基準を適用することができる。

サブリース取引

133. 本適用指針第118項ただし書きの方法を選択するサブリースの貸手は，サブリース取引（サブリース取引における例外的な取扱い（本適用指針第92項及び第93項参照）を適用する場合を除く。）におけるサブリースについて，次の修正を行う。
 (1) 企業会計基準第13号においてオペレーティング・リース取引として会計処理していた会計基準におけるサブリース及び会計基準の適用により新たに識別されたサブリースについて，適用初年度の期首時点におけるヘッドリース及びサブリースの残りの契約条件に基づいて，サブリースがファイナンス・リースとオペレーティング・リースのいずれに該当するかを決定する。
 (2) (1)においてファイナンス・リースに分類されたサブリースについて，当該サブリースを適用初年度の期首に締結された新たなファイナンス・リースとして会計処理を行う。

（国際財務報告基準を適用している企業）

134. 本適用指針第118項から第125項及び第127項から第133項の定めにかかわらず，国際財務報告基準（IFRS）を連結財務諸表に適用している企業（又はその連結子会社）が当該企業の個別財務諸表に会計基準を適用する場合，会計基準の適用初年度において，次のいずれかの定めを適用することができる。
 (1) IFRS第16号「リース」（以下「IFRS第16号」という。）の経過措置の定めを適用していたときには，IFRS第16号の経過措置の定め
 (2) IFRS第16号を最初に適用するにあたってIFRS第１号「国際財務報告基準の初度適用」（以下「IFRS第１号」という。）の免除規定の定めを適用していたときには，IFRS第１号の免除規定の定め

(1)又は(2)のいずれかの定めを適用する場合，連結財務諸表において当該定めを適用した時から会計基準の適用初年度までIFRSを適用していたかのように算定した使用権資産及びリース負債並びに正味リース投資未回収額の適用初年度の期首の帳簿価額を会計基準の適用初年度の期首の使用権資産及びリース負債並びにリース債権及びリース投資資産の帳簿価額とし，適用初年度の累積的影響額を適用初年度の期首の利益剰余金に加減する。ただし，この場合であっても本適用指針第126項に定めるセール・アンド・リースバック取引に関する取扱いを適用する。

135. 前項(1)又は(2)のいずれの定めを適用する場合でも，連結会社相互間における

リースとして，相殺消去されたリースに第118項から第133項の定めを適用することができる。

（開　示）

136. 本適用指針第118項ただし書きの方法を選択する借手は，会計基準の適用初年度においては，適用初年度の比較情報について，新たな表示方法に従い組替えを行わない。

137. 本適用指針第118項ただし書きの方法を選択する借手及び貸手は，会計基準の適用初年度においては，会計基準第55項に記載した内容を適用初年度の比較情報に記載せず，企業会計基準第13号及び企業会計基準適用指針第16号に定める事項を注記する。

Ⅵ. 議　決

138. 本適用指針は，第532回企業会計基準委員会に出席した委員13名全員の賛成により承認された。

結論の背景

経　緯

1994年リース取引実務指針の公表

BC１．1993年リース取引会計基準の実務上の指針として，日本公認会計士協会から「リース取引の会計処理及び開示に関する実務指針」（日本公認会計士協会 会計制度委員会 1994年１月18日，以下「1994年リース取引実務指針」という。）が公表された。

企業会計基準適用指針第16号の公表

BC２．企業会計基準適用指針第16号は，1994年リース取引実務指針を改正するものとして，主として，1994年リース取引実務指針における所有権移転外ファイナンス・リース取引の通常の売買取引に係る方法に準じた会計処理に関する見直しを行った。

本適用指針の公表

BC３．当委員会は2024年９月に会計基準を公表し，合わせて本適用指針を公表した。

開発にあたっての基本的な方針

主要な定め

BC４．本適用指針においては，借手の会計処理に関してIFRS第16号のすべての定めを取り入れるのではなく，主要な定めの内容のみを取り入れることにより，簡素で利便性が高く，かつ，IFRSを任意適用して連結財務諸表を作成している企業（以下「IFRS任意適用企業」という。）がIFRS第16号の定めを個別財務諸表に用いても，基本的に修正が不要となることを想定して会計基準の開発を行った（会計基準BC13項）。

主要な定めの内容のみを取り入れる場合であっても，企業は，当該内容に基づいて判断を行い，企業の経済実態を表す会計処理を行うことができると考えられる。また，我が国の会計基準を適用するにあたって，取り入れた主要な定めの内容のみに基づいて判断を行うことで足りるため，IFRS第16号におけるガイダンスや解釈等を参照する実務上の負担が生じないと考えられる。一方，各企業における判断が必要となることにより，財務諸表作成コスト及び監査コストは，相対的に大きくなる可能性がある。

このようなコストの増加への対応として，主要な定めの内容として取り入れない項目について，会計基準の本文は主要な定めのみとするものの，結論の背景や設例において詳細なガイダンスを定めることにより，IFRS第16号と同じ適用結果となることを求めるべきであるとする意見が聞かれた。

しかしながら，IFRS第16号の主要な定めの内容のみを取り入れる開発方針は，取り入れなかった項目についてもIFRS第16号と同じ適用結果となることを意図するものではなく，取り入れた主要な定めの内容に基づき判断が行われることを意図するものである。したがって，適切な会計処理は，IFRS第16号における詳細な定めに基づき会計処理を行った結果に限定されないこととなる。

BC5．前項の方針により，会計基準の本文において主要な定めの内容として取り入れない項目については，設例についてもIFRS第16号の設例の内容を本適用指針に取り入れないこととした。

また，本適用指針では，実務に配慮した方策として国際的な比較可能性を大きく損なわせない範囲で代替的な取扱いを定め，また，経過的な措置を定めることとした。

目　的

BC6．企業会計原則 第三 貸借対照表原則 四（一）Bにおいては，地上権は無形固定資産に属するものとされている。本適用指針では，地上権を含む借地権について，その設定に係る権利金等は，使用権資産の取得価額に含めることとした（第27項参照）。そのため，本適用指針では，借地権の設定に係る権利金等に関する開示について，本適用指針を優先して適用することとしている（第1項参照）。

Ⅰ．範　囲

BC7．本適用指針においては，借地権は有形固定資産である土地に関する使用権資産として取り扱っている（本適用指針第27項参照）。このため，借手において，借地権は，無形固定資産のリース（会計基準第4項）には該当せず，本適用指針の範囲に含まれる。

Ⅱ．用語の定義

BC8．本適用指針では，会計基準における用語の定義（会計基準第5項から第24項）に含まれるもの以外のIFRS第16号における用語の定義のうち，本適用指針に関連のあるものを用語の定義に含めている。また，本適用指針では，借地権の設定に係る権利金等の会計処理を定めており（本適用指針第27項参照），借地権に係る用語の定義を定めている。

Ⅲ．会計処理

1．リースの識別

⑴　リースの識別の判断

BC 9．本適用指針では，リースの識別の判断について，次の定めを置いている（第5項参照）。

⑴　契約の締結時に，契約の当事者は，当該契約がリースを含むか否かを判断する。

⑵　当該判断にあたり，当該契約が特定された資産の使用を支配する権利を一定期間にわたり対価と交換に移転する場合，当該契約はリースを含む。

⑶　特定された資産の使用期間全体を通じて，①顧客が，当該資産の使用から生じる経済的利益のほとんどすべてを享受する権利を有し，かつ，②顧客が，当該資産の使用を指図する権利を有する場合，サプライヤーから当該資産の使用を支配する権利が顧客に移転する。

当該判断における「顧客」及び「サプライヤー」は，リースを含む場合にそれぞれ「借手」及び「貸手」に該当することになる。リースの識別において，「借手」及び「貸手」の用語を使用せずに「顧客」及び「サプライヤー」という用語を使用しているのは，リースの識別の判断の段階は契約がリースを含むか否かを判断する段階であり，契約がリースを含まない場合があるためである。

（特定された資産）

BC10．契約がリースを含むか否かの判断（第5項参照）に関して，IFRS第16号では，資産が契約に明記されない場合でも黙示的に定められることによって特定され得るとの定めがあるが，本適用指針では当該定め及びこれに関するIFRS第16号の設例を取り入れないこととした。これは，当該定めを置かなくとも，顧客が資産の使用から生じる経済的利益のほとんどすべてを享受する権利を有し，かつ，顧客が当該資産の使用を指図する権利を有している場合には，資産が契約に明記されていなくとも事実と状況によりリースが含まれることが明らかであるときがあり，このときにはリースの識別に関する適切な判断がなされると考えられるためである。反対に，リースが含まれていないことが明らかな場合にまでリースの識別の判断を行う必要はないと考えられる。

BC11．また，資産が契約に明記されている場合であっても，サプライヤーが資産を代替する実質的な権利を有しているときには，当該資産は特定された資産に該当しない（第6項参照）。第6項の判断における，「サプライヤーが使用期間全体を通じて当該資産を他の資産に代替する実質上の能力を有している」（第6項⑴参照）場合としては，例えば，顧客はサプライヤーが資産を入れ替えることを妨げることができず，かつ，サプライヤーが代替資産を容易に利用可能であるか又は合理的な期間内に調達できる場合等がある。

サプライヤーが資産を代替する実質的な権利に関して，IFRS第16号では詳細な定めがあるが，「開発にあたっての基本的な方針」（BC４項参照）に記載のとおり，当該定めを本適用指針に取り入れなくとも，各企業が判断に基づいて経済実態を表す会計処理を行うことができると考えられるため，本適用指針に当該定めを取り入れないこととした。

（使用を指図する権利）

BC12. 顧客が使用期間全体を通じて使用から得られる経済的利益に影響を与える資産の使用方法を指図する権利を有している場合，顧客は使用期間全体を通じて当該資産の使用を指図する権利を有している（第８項(1)参照）。この場合，顧客が当該資産の使用から生じる経済的利益のほとんどすべてを享受する権利を有しているときには，顧客が当該資産の使用を支配する権利を有するため，契約はリースを含むこととなる。これに対し，サプライヤーが資産の使用を指図する権利を有している場合，契約はリースを含まない。

BC13. 顧客が使用期間全体を通じて特定された資産の使用を指図する権利を有しているか否かの判断を行うにあたっては，使用期間全体を通じて使用から得られる経済的利益に影響を与える資産の使用方法に係る意思決定を考慮する。当該意思決定は，資産の性質及び契約の条件に応じて，契約によって異なると考えられる。

当該意思決定に関して，IFRS第16号では具体的な例示があるが，本適用指針に当該例示を取り入れないこととした。これは，IFRS第16号の基準の本文では，資産の使用方法及び使用目的に係る意思決定は資産の性質及び契約の条件に応じて，契約によって異なる可能性が高いと定められているのに対し，これらの例示を示すことで資産の使用方法及び使用目的が限定的に解釈される可能性があるためである。

(2) リースを構成する部分とリースを構成しない部分の区分

BC14. 本適用指針では，借手及び貸手は，リースを含む契約について，原則として，リースを構成する部分とリースを構成しない部分とに分けて会計処理を行うこととしている（第９項参照）。また，契約における対価の金額のリースを構成する部分とリースを構成しない部分への配分は，それぞれの部分の独立価格（BC17項参照）又は独立販売価格（BC22項参照）の比率に基づいて行うこととしている（第11項及び第13項参照）。

BC15. 企業会計基準適用指針第16号では，借手が負担するリース料の中に含まれる固定資産税，保険料等の諸費用を「維持管理費用相当額」として定め，これを原則としてリース料総額から控除する定めとしていた。一方，IFRS第16号では，「維持管理費用相当額」に類似するものとして「借手に財又はサービスを移転しない活動及びコスト」がリースを構成する部分とリースを構成しない部分の区分に関する定めにおいて言及されている。当該コストには，固定資産税及び保険料のほか，例えば，契約締結のために貸手に生じる事務コストの借手への請求等，借手に財又はサービスを移転しない活動に係る借手への請求が含まれる。

「維持管理費用相当額」と「借手に財又はサービスを移転しない活動及びコスト」の範囲は一致することが多いと考えられるが，「借手に財又はサービスを移転しない活動及びコスト」は，借手に財又はサービスを移転するかどうかを評価する定めである一方，「維持管理費用相当額」は借手に財又はサービスを移転するかどうかの評価を求めない点で，「維持管理費用相当額」と「借手に財又はサービスを移転しない活動及びコスト」の範囲は異なる可能性がある。

本適用指針では，両者に関する借手及び貸手における取扱いについて，それぞれ検討を行った（本適用指針BC18項からBC21項及びBC23項参照）。

BC16. 企業会計基準適用指針第16号は，典型的なリース，すなわち役務提供相当額のリース料に占める割合が低いものを対象としており，役務提供相当額は重要性が乏しいことを想定し，維持管理費用相当額に準じて会計処理を行うこととしていた。この点，本適用指針においては，これまで役務提供相当額として取り扱ってきた金額は，リースを構成しない部分に含まれることになると考えられる。

（借　手）

BC17. 本適用指針では，借手は，契約における対価の金額について，リースを構成する部分とリースを構成しない部分とに配分するにあたって，それぞれの部分の独立価格の比率に基づいて配分することとしている（第11項参照）。

このとき，借手は，リースを構成する部分とリースを構成しない部分の独立価格の比率について，貸手又は類似のサプライヤーが当該構成部分又は類似の構成部分について企業に個々に請求するであろう価格に基づいて算定する。借手においてリースを構成する部分とリースを構成しない部分の独立価格が明らかでない場合，借手は，観察可能な情報を最大限に利用して，独立価格を合理的な方法で見積る。

BC18. また，本適用指針では，借手は，契約における対価の金額の配分にあたり，契約における対価の中に，借手に財又はサービスを移転しない活動及びコストについて借手が支払う金額が含まれる場合，当該金額を契約における対価から控除せず，リースを構成する部分とリースを構成しない部分とに配分することとしている（第11項また書き参照）。

BC19. 審議の過程では，借手が負担するリース料の中に含まれる固定資産税，保険料等の配分について，企業会計基準適用指針第16号における「維持管理費用相当額」の定めの維持を求める意見や当該「維持管理費用相当額」の範囲及び合理的見積額に関する追加的なガイダンスの定めを求める意見等が聞かれた。

この点，企業会計基準適用指針第16号において，維持管理費用相当額をリース料総額から控除することとした理由の1つに，当該金額をリース料総額に含めることにより，リースの分類（ファイナンス・リース取引又はオペレーティング・リース取引のいずれになるのか）に影響を及ぼす可能性があったことが挙げられる。

しかしながら，本適用指針においては，借手については，ファイナンス・リースとオペレーティング・リースの区分を廃止したため，リースを分類する観点から維持管理費用相当額の取扱いを定める必要はないものと考えられる。また，貸手が支払う固定資産税や保険料等はリース料に含めて回収されることになると考えられるが，リース料に含まれるこれらの金額が借手に示されることは通常は想定されないため，借手がこれらの金額を算定することは困難であると考えられる。

BC20. 公開草案に寄せられたコメントの中には，借手においても維持管理費用相当額に関する企業会計基準適用指針第16号の定めを適用することを認めてはどうかとの意見があった。この点，維持管理費用相当額の金額を借手が貸手から入手することの困難さは国際的にも指摘されていること，使用権資産の計上の対象となるリースはオペレーティング・リース等も含まれていることから，企業がすべてのリースについて一貫して維持管理費用相当額を算定し控除することは困難であると考えられる。

BC21. BC19項及び前項を総合的に勘案し，借手においては維持管理費用相当額に関する企業会計基準適用指針第16号の定めは引き継がず，IFRS第16号と同様に，借手に財又はサービスを移転しない活動及びコストを独立価格の比率に基づきリースを構成する部分とリースを構成しない部分とに配分する方法のみ定めることとした。

（貸　手）

BC22. 企業会計基準適用指針第16号は，典型的なリース，すなわち役務提供相当額のリース料に占める割合が低いものを対象としていたが（本適用指針BC16項参照），本適用指針は，役務提供相当額のリース料に占める割合にかかわらず，リースを含む契約におけるリースを適用範囲とするため，企業会計基準適用指針第16号の適用時よりも，会計基準の適用対象となる契約に役務提供等が含まれるケースが増加する可能性があると考えられる。そのため，IFRS第16号と整合的に，貸手についてもリースを構成する部分とリースを構成しない部分とに分けて会計処理を行うこととした（本適用指針第12項参照）。

また，本適用指針では，貸手は，契約における対価の金額について，リースを構成する部分とリースを構成しない部分とに配分する際に，それぞれの部分の独立販売価格の比率に基づいて配分することとしている（本適用指針第13項参照）。貸手における対価の配分は，収益認識会計基準との整合性を図るものであり，「独立販売価格」は，収益認識会計基準第9項における定義（「財又はサービスを独立して企業が顧客に販売する場合の価格をいう。」）を参照する。

BC23. 契約における対価の中に借手に財又はサービスを移転しない活動及びコストについて借手が支払う金額が含まれる場合には，当該金額を契約における対価の一部としてリースを構成する部分とリースを構成しない部分とに配分することとした（本適用指針第13項(1)参照）。

また，貸手の会計処理については基本的に企業会計基準適用指針第16号の定めを踏襲する方針（会計基準BC13項）との関係から，企業会計基準適用指針第16号における「維持管理費用相当額」に関する定めを維持すべきであるとの意見が聞かれた。この点，貸手は，借手と異なり本適用指針においても，リースの分類（ファイナンス・リース又はオペレーティング・リースのいずれになるのか）を行っており，また，固定資産税や保険料等の金額を把握している。これらを踏まえ，本適用指針においては，貸手は，企業会計基準適用指針第16号における「維持管理費用相当額」に関する定めも選択できることとした（本適用指針第13項(2)参照）。

BC24. 公開草案に寄せられたコメントの中には，契約に含まれるリースがオペレーティング・リースに分類される場合，貸手も，借手と同様にリースを構成する部分とリースを構成しない部分とを分けずにリースを構成する部分として会計処理を行うことを認めるべきとの意見があった。しかしながら，リースを構成する部分と関連するリースを構成しない部分の収益の計上の時期及びパターンが同じではない場合，貸手がリースを構成する部分とリースを構成しない部分とを分けずに会計処理を行うことはリース及びサービスのいずれの経済実態も適切に表さないことになると考えられる。

BC25. これに対し，リースを構成する部分と関連するリースを構成しない部分の収益の計上の時期及びパターンが同じである場合には，双方を分けて会計処理を行ったときの収益の計上額と双方を分けずに会計処理を行ったときの収益の計上額は変わらないと考えられる。この点を踏まえると，貸手においてリースを構成する部分とリースを構成しない部分とを合わせて取り扱い会計処理を行うこととしても情報の有用性が大きく損なわれないと考えられる。したがって，適用上のコストと複雑性の低減を図る観点から，米国会計基準を参考として貸手のオペレーティング・リースについてリースを構成する部分とリースを構成しない部分の区分に係る代替的な取扱いを定めることとした（第15項参照）。

また，リースを構成する部分とリースを構成しない部分とを区分して会計処理が行われる場合，より詳細な情報が開示されることを踏まえ，契約ごとに当該代替的な取扱いを選択することができることとした（第14項参照）。

（独立したリースの構成部分）

BC26. 契約には，複数のリースを構成する部分が含まれる場合がある。この点，IFRS第16号では，リースを含む契約が単一のリースを構成する部分を含むのか又は複数のリースを構成する部分を含むのかの判定に関する定めが置かれている。企業会計基準適用指針第16号においては，リースの会計単位に関する定めがない中で実務上の判断が行われていたと考えられるものの，審議の過程で次のような意見が聞かれ，独立したリースの構成部分の判定に関する定めをIFRS第16号の主要な定めとして本適用指針に取り入れることとした（本適用指針第16項参照）。

(1) 貸手が機器とソフトウェアのリースを同時に行う場合，すなわち，機器のリースと知的財産のライセンスの供与を同時に行う場合の会計単位の判断が困難である。

(2) 少額リースに関する簡便的な取扱いにおいて，「新品時の原資産の価値が少額であるリース」の簡便的な取扱いを選択するときの「リース１件ごと」の判断（本適用指針第22項(2)②参照）が不明瞭である。

なお，IFRS第16号では，当該独立したリースの構成部分の定めは，履行義務の識別に関するIFRS第15号「顧客との契約から生じる収益」（以下「IFRS第15号」という。）の要求事項と同様の要求事項をIFRS第16号に含めたものであるとされている。本適用指針における独立したリースの構成部分の定めは，収益認識会計基準第34項における定めと整合的なものである。

BC27. 貸手による知的財産のライセンスの供与が機器のリースとは別個の財又はサービス（収益認識会計基準第32項及び第34項）に該当する場合，当該知的財産のライセンスの供与については，会計基準第３項(2)ただし書きを適用する場合を除き，収益認識会計基準を適用し会計処理を行うことになると考えられる。これに対し，貸手による知的財産のライセンスの供与が機器のリースとは別個の財又はサービスに該当しない場合，会計基準の範囲に含まれると考えられる。この場合，独立したリースの構成部分（本適用指針第16項参照）の要件を満たさないときは，当該知的財産のライセンスの供与について機器のリースに含めて会計処理を行うことになると考えられる。

２．リース期間

BC28. 本適用指針では，借手は，借手のリース期間について，IFRS第16号との整合性を図り，借手が原資産を使用する権利を有する解約不能期間に，借手が行使することが合理的に確実であるリースの延長オプションの対象期間及び借手が行使しないことが合理的に確実であるリースの解約オプションの対象期間を加えて決定することとした（第17項参照）。この点，審議の過程では，次のような懸念が聞かれた。

(1) 「合理的に確実」の判断にばらつきが生じる懸念及び過去実績に偏る懸念

① 「合理的に確実」の解釈のばらつきにより，企業間及び国際間の比較可能性が損なわれる可能性がある。

② 「合理的に確実」は，高い閾値にもかかわらず，実務的に閾値が低くなる可能性がある。

③　IFRS第16号には「過去の実務慣行等を考慮してリース期間を検討する」との定めがあり，1つの有用な方法と思われるが，過度に考慮すべきではなく，将来の見積りに焦点を当てるべきである。

④　解約不能期間が比較的短期である場合の延長オプションの行使について蓋然性を考慮して借手のリース期間を決定することに困難を伴う可能性がある。

(2)　不動産リースに関する具体的な懸念

①　普通借地契約及び普通借家契約について，借手のリース期間を判断することに困難が伴う。

②　リース物件における附属設備の耐用年数や資産計上された資産除去債務に対応する除去費用の償却期間と借手のリース期間との整合性を考慮する場合，実務上の負荷が生じる可能性がある。

BC29. 前項(1)の「合理的に確実」の判断にばらつきが生じる懸念及び過去実績に偏る懸念への対応として，借手が延長オプションを行使する可能性又は解約オプションを行使しない可能性が「合理的に確実」であるかどうかの判断は，借手が行使する経済的インセンティブを有しているオプション期間を借手のリース期間に含めるものであることを踏まえ，当該判断の際に考慮する経済的インセンティブの例を本適用指針に示すこととした（本適用指針第17項参照）。

なお，会計基準第15項及び第31項に記載している「合理的に確実」は，蓋然性が相当程度高いことを示している。この点，IFRS第16号には「合理的に確実」に関する具体的な閾値の記載はないが，米国会計基準会計基準更新書第2016-02号「リース（Topic 842）」の結論の根拠では，「合理的に確実」が高い閾値であることを記載した上で，米国会計基準の文脈として，発生する可能性の方が発生しない可能性より高いこと（more likely than not）よりは高いが，ほぼ確実（virtually certain）よりは低いであろうことが記載されている。

BC30. 延長オプション又は解約オプションの対象期間に関しては，リース開始日において，借手が延長オプションを行使する可能性又は解約オプションを行使しない可能性について第17項に例示したような経済的インセンティブを生じさせる要因を考慮した上で，借手のリース期間を決定することになる。したがって，借手のリース期間は，経営者の意図や見込みのみに基づく年数ではなく，借手が行使する経済的インセンティブを生じさせる要因に焦点を当てて決定される。例えば，借手が原資産を使用する期間が超長期となる可能性があると見込まれる場合であっても，借手のリース期間は必ずしもその超長期の期間となるわけではない。借手のリース期間は，借手が延長オプションを行使する経済的インセンティブを有し，当該延長オプションを行使することが合理的に確実であるかどうかの判断の結果によることになる。

BC31. 借手のリース期間終了後の代替資産の調達に要するコストを考慮すると，リースの解約不能期間が短いほど，借手が延長オプションを行使する可能性又は解約オプションを行使しない可能性が高くなる場合があると考えられる。他方で，リースの解約不能期間が十分に長い場合には，借手が延長オプションを行使する可能性又は解約オプションを行使しない可能性が低くなる場合があると考えられる。

BC32. 第17項では借手が延長オプションを行使すること又は解約オプションを行使しないことが合理的に確実であるかどうかを判定するにあたって考慮する経済的インセンティブを生じさせる要因を次のとおり例示している。

(1) 延長オプション又は解約オプションの対象期間に係る契約条件（リース料，違約金，残価保証，購入オプションなど）

(2) 大幅な賃借設備の改良の有無

(3) リースの解約に関連して生じるコスト

(4) 企業の事業内容に照らした原資産の重要性

(5) 延長オプション又は解約オプションの行使条件

ここで，(5)の「延長オプション又は解約オプションの行使条件」について，例えば，オプションの行使条件が借手にとって有利である場合には，経済的インセンティブが生じ得ると考えられる。

BC33. 借手が特定の種類の資産を通常使用してきた過去の慣行及び経済的理由が，借手のオプションの行使可能性を評価する上で有用な情報を提供する可能性がある。ただし，一概に過去の慣行に重きを置いてオプションの行使可能性を判断することを要求するものではなく，将来の見積りに焦点を当てる必要がある。合理的に確実であるかどうかの判断は，諸要因を総合的に勘案して行うことに留意する必要がある。

BC34. BC28項(2)の不動産リースに関する具体的な懸念については，次のとおり対応することとした。

(1) 普通借地契約及び普通借家契約に係る借手のリース期間を判断することの困難さについては，実務上の判断に資するため，設例を示すこととした（[設例8-1] から [設例8-5]）。なお，設例は，具体的な会計処理を行うための手掛かりを与えるための例示であり，各企業の実情に応じて，例示されていない会計処理も適当と判断される場合があるものである。そのため，借手のリース期間を判断する際の思考プロセスを示すことに重点を置き，事実及び状況によって判断が異なり得ることを示す設例とした。

(2) リース物件における附属設備の耐用年数と借手のリース期間との関係については，次のような関係になると考えられる。

① 借手のリース期間の判断について，借手が延長オプションを行使する可能性又は解約オプションを行使しない可能性が，合理的に確実であるかどうかを判定する際の考慮要因の1つとして，大幅な賃借設備の改良の有無を例示に含めている（第17項(2)参照）。賃借設備の改良が借手のリース期間の判断に影響を与える「大幅な賃借設備の改良」に該当するか否かは，例えば，賃借設備の改

良の金額，移設の可否，資産を除去するための金額等の事実及び状況に基づく総合的な判断が必要になると考えられる。

② 借手のリース期間とリース物件における附属設備の耐用年数は，相互に影響を及ぼす可能性があるが，それぞれの決定における判断及びその閾値は異なるため，借手のリース期間とリース物件における附属設備の耐用年数は，必ずしも整合しない場合があると考えられる。一方，リース物件における附属設備について，借手のリース期間中の除去及び借手のリース期間後の使用を見込んでいない場合，当該附属設備の耐用年数が借手のリース期間と整合する場合もあると考えられる。

3．借手のリース

(1) 借手における費用配分の基本的な考え方

BC35. 会計基準及び本適用指針は，借手におけるリースの費用配分の方法については，リースがファイナンス・リースであるかオペレーティング・リースであるかにかかわらず，すべてのリースについて使用権資産に係る減価償却費及びリース負債に係る利息相当額を計上するIFRS第16号と同様の単一の会計処理モデルによることとしている（会計基準BC39項）。

(2) リース開始日の使用権資産及びリース負債の計上額

BC36. 本適用指針では，借手は，使用権資産について，リース開始日に算定されたリース負債の計上額にリース開始日までに支払った借手のリース料，付随費用及び資産除去債務に対応する除去費用を加算し，受け取ったリース・インセンティブを控除して算定することとしている（本適用指針第18項参照）。

ここで，企業会計基準適用指針第16号では，リース債務の評価の側面だけでなくリース資産の評価の側面も合わせて考慮し，リース資産の計上額についてリース料総額の割引現在価値と貸手の購入価額又は借手の見積現金購入価額のいずれか低い額によるとしていた。

一方，本適用指針では，ファイナンス・リースに限らず，借手のすべてのリースについて資産及び負債を計上することを求めることとしたため，使用権資産の計上額については，企業会計基準適用指針第16号における貸手の購入価額又は借手の見積現金購入価額と比較を行う方法を踏襲せず，借手のリース料の現在価値を基礎として算定するIFRS第16号と整合的な定めとしている。

（短期リースに関する簡便的な取扱い）

BC37. 短期リースについては，重要性が乏しい場合が多いため，リース開始日に使用権資産及びリース負債を計上せず，借手のリース料を借手のリース期間にわたって原則として定額法により費用として計上することができることとした（第20項参照）。

BC38. 短期リースについては，企業会計基準適用指針第16号及びIFRS第16号のいずれにおいても簡便的な取扱いが認められていることから，本適用指針においても，簡便的な取扱いを認めることとした。短期リースに関する簡便的な取扱いは，対応する原資産を自ら所有していたと仮定した場合に貸借対照表において表示するであろう科目ごと又は性質及び企業の営業における用途が類似する原資産のグループごとに適用するか否かを選択できることとしている（本適用指針第20項参照）。

（少額リースに関する簡便的な取扱い）

BC39. 通常の固定資産の取得でも購入時に費用処理される少額なものについては，重要性が乏しい場合が多いため，短期リースと同様に，リース開始日に使用権資産及びリース負債を計上せず，借手のリース料を借手のリース期間にわたって原則として定額法により費用として計上することができることとした（第22項(1)参照）。このときの基準額を企業が減価償却資産の処理について採用している基準額より利息相当額だけ高めに設定することができるのは，借手のリース料には原資産の取得価額のほかに利息相当額が含まれているためである（第22項(1)ただし書き参照）。

BC40. このほか，事務機器等の比較的少額な資産がリースの対象となる場合があることを踏まえ，一定の金額以下のリースについては，リース開始日に使用権資産及びリース負債を計上せず，借手のリース料を借手のリース期間にわたって原則として定額法により費用として計上することができることとした（第22項(2)参照）。

BC41. 企業会計基準適用指針第16号では，企業の事業内容に照らして重要性の乏しいリースで，リース契約1件当たりのリース料総額が300万円以下のリースについて，簡便的な取扱いを認めていた。一方，IFRS第16号の結論の根拠では，IFRS第16号の開発当時の2015年において新品時に5千米ドル以下程度の価値の原資産を念頭に置いて，リース1件ごとに簡便的な取扱いを選択適用することができるとの考え方が示されている。企業会計基準適用指針第16号における300万円以下のリースに関する簡便的な取扱いと，IFRS第16号における簡便的な取扱いを比較した場合，適用単位の定め方，数値及び条件が異なるため，どちらの取扱いが広範であるかは一概にはいえないと考えられる。

企業会計基準適用指針第16号における300万円以下のリースに関する簡便的な取扱いを適用している企業においては，これを継続することを認めることにより，追加的な負担を減らすことができると考えられる。一方，IFRS任意適用企業においては，IFRS第16号における簡便的な取扱いを認めることにより，「IFRS第16号の定めを個別財務諸表に用いても，基本的に修正が不要となる」ことを目指す方針（会計基準BC13項）と整合することになると考えられる。このように，これらの簡便的な取扱いについては優劣がつけがたいと考えられる。

BC42. 前項を踏まえ，企業の事業内容に照らして重要性の乏しいリースで，かつ，リース契約１件当たりの金額に重要性が乏しいリースに関する簡便的な取扱い（第22項⑵①参照）と新品時の原資産の価値が少額であるリースに関する簡便的な取扱い（第22項⑵②参照）のいずれかを選択適用することを認めることとした。

BC43. 本適用指針第22項⑵①のリース契約１件当たりの金額に重要性が乏しいリースは，企業会計基準適用指針第16号において定められていたリース契約１件当たりのリース料総額が300万円以下であるかどうかにより判定する方法を踏襲することを目的として取り入れたものである。この適用にあたっては，リース契約１件ごとにこの方法を適用するか否かを選択することは想定しておらず，リース契約１件当たりの金額を判定する際に複数の契約を結合する（会計基準BC24項）ことまでは想定していない。

BC44. 少額リースに関する簡便的な取扱いは使用権資産及びリース負債の計上に関わるため，第22項⑵①のリース契約１件当たりの金額に重要性が乏しいリースに該当するかどうかの判定において，その算定の基礎となる対象期間は，原則として，借手のリース期間とすることとしている（第23項参照）。

公開草案に寄せられたコメントの中には，少額リースに関する簡便的な取扱いの適用にあたり延長オプション及び解約オプションの行使可能性を判断することの実務上の負担が大きいとの意見があった。この点，リース契約１件当たりの金額の算定の基礎となる対象期間を借手のリース期間に代えて契約期間とする取扱いを認めることにより延長オプション及び解約オプションの対象期間の見積りに関する適用上のコストが軽減されること，また，当該取扱いを認めたとしても企業の事業内容に照らして重要であるリースについては使用権資産及びリース負債が計上されることを踏まえ，当該取扱いを認めることとした（第23項ただし書き参照）。

BC45. 第22項⑵②の新品時の原資産の価値が少額であるリースは，IFRS第16号と同様の方法を認めることを目的として取り入れたものである。当該方法は，IFRS第16号の結論の根拠で示されているIFRS第16号の開発当時の2015年において新品時に５千米ドル以下程度の価値の原資産のリースを念頭においている。

（指数又はレートに応じて決まる借手の変動リース料）

BC46. 借手は，指数又はレートに応じて決まる借手の変動リース料について，リース開始日には，借手のリース期間にわたりリース開始日現在の指数又はレートに基づきリース料を算定する（第25項参照）。IFRS第16号においては，リース負債を計上するにあたり，指数又はレートに応じて決まる借手の変動リース料について参照する指数又はレートの将来の変動を見積るべきであるとする考え方が示されている。しかしながら，参照する指数又はレートの将来の変動を見積るためには，企業によっては容易に利用可能ではない可能性があるマクロ経済情報が必要となる場合があり，見積りに必要な情報を入手するためのコストが正当化されない可能性があるとして，参照する指数又はレートがリース開始日以降にリース期間にわたり変動しないとみなしてリース負債を測定する定めが置かれたとされている。本適用指針においても，指数又はレートの将来の変動を見積ることにより生じるコスト及び国際的な比較可能性を考慮し，IFRS第16号と整合的な定めを置くこととした。

BC47. 審議の過程では，指数又はレートに応じて決まる借手の変動リース料は，原資産の経年劣化等により，リース開始日現在の指数又はレートに基づくリース料と比して，リース開始日以降の指数又はレートの変動を反映したリース料の方が小さくなることがあり，このような場合にも参照する指数又はレートがリース開始日以降借手のリース期間にわたり変動しないとみなしてリース料を算定することで，結果としてリース負債が過大となるとの意見が聞かれた。

BC48. この点，指数又はレートに応じて決まる借手の変動リース料が参照する指数又はレートについては，必ずしも借手である企業の活動に左右されるものではなく，比較的客観的なものであることから，参照する指数又はレートの将来の変動を見積るための十分な情報が入手できる場合や，参照する指数又はレートの将来の変動を見積るためのマクロ経済情報が容易に利用可能である場合も存在すると考えられる。

BC49. BC47項及び前項に関する点並びに財務諸表利用者に対する有用な情報を提供する観点から，指数又はレートに応じて決まる借手の変動リース料に関する例外的な取扱いはIFRS第16号に置かれていないものの，本適用指針においては，合理的な根拠をもって指数又はレートの将来の変動を見積ることができることを条件に，リース料が参照する指数又はレートの将来の変動を見積り，当該見積られた指数又はレートに基づきリース料及びリース負債を算定することを，リースごとにリース開始日に選択することができるとする例外的な取扱いを置くこととした（第26項参照）。

当該例外的な取扱いを選択する場合，決算日ごとに参照する指数又はレートの将来の変動を見積り，当該見積られた指数又はレートに基づきリース料及びリース負債を見直すこととした上で（第49項参照），当該取扱いを選択した旨及びその内容を「会計方針に関する情報」として注記し（第97項(2)参照），また，当該取扱いを選択したリースに係るリース負債の金額の開示を求めることとした（第99項(2)参照）。

（借地権の設定に係る権利金等）

BC50. 我が国においては，土地の賃貸借契約の締結時に借地権の設定対価として権利金の授受が行われることがあり，また，当該権利金の名目で授受される金銭の性質はさまざまであるといわれている。本適用指針においては，次の(1)及び(2)を想定して会計処理を定めることとした。

(1) 借手が貸手と借地契約を締結するにあたり，貸手に対して支払う借地権の設定対価

(2)　借手が貸手と借地契約を締結するにあたり，当該貸手が借手以外の第三者と借地契約を締結していた場合に当該借手が当該第三者から借地権の譲渡を受けるときの当該第三者に対する当該借地権の譲渡対価

これらの借地権の設定に係る権利金等の授受が行われる場合，借地権を除く底地に対して毎月支払う賃料が設定され，借地権の価格の土地の更地価格に対する割合が高い場合には当該賃料は低くなるという一定の関係性があるといわれている。

BC51. 借地権は土地を使用する権利に他ならず，土地の賃貸借においては借手が土地を賃借しながら借地権のみを第三者に譲渡することはできないと考えられること及び通常当該権利金等の支払は土地の賃貸借契約と同時又はほぼ同時に行われることを踏まえ，本適用指針では，借地権の設定と土地の賃貸借とを一体として取扱い，借地権の設定に係る権利金等の対価は，使用権資産の取得価額に含めることとした。

旧借地権の設定に係る権利金等又は普通借地権に係る権利金等に係る取扱い

BC52. ここで，借手の権利が強く保護されている旧借地権又は普通借地権の設定対価については，次の２つの見方がある。

(1)　借地権の設定対価は，減価しない土地の一部取得に準ずるとの見方

(2)　借地契約の期間が長期にわたるとしても無期限にはならないため，借地権の設定対価も賃借期間に要するコストであるとの見方

BC53. 旧借地権又は普通借地権は法定更新制度や正当事由制度により借手の権利が強く保護されてはいるものの，契約で期間を定めている場合には契約期間（契約で期間を定めていない場合には法定存続期間）がある上で契約の更新の権利があるものであると考えられるため，通常，借地権は無期限ではないと考えられる。

本適用指針では，借地権は土地を使用する権利に他ならず土地の賃貸借においては借手が土地を賃借しながら借地権のみを第三者に譲渡することはできないという一定の関係性（BC51項参照）があるもとで前項(2)の見方に基づき，旧借地権の設定に係る権利金等又は普通借地権の設定に係る権利金等と当該賃料とを一体で使用権資産の取得価額に含め，借手のリース期間を耐用年数とし，減価償却を行うこととした（第27項第１段落参照）。

BC54. 審議の過程では，旧借地権の設定に係る権利金等又は普通借地権の設定に係る権利金等と賃料とを一体で使用権資産の取得価額に含め減価償却を行う場合，借地権の設定に係る権利金等について残存価額を考慮すべきとの意見が聞かれた。この点，借手のリース期間の終了時に残存価額があると認められる場合には借手のリース期間の終了時における残存価額を見積った上で残存価額を控除した金額により減価償却を行うことが考えられる。

しかしながら，次の理由により，借地権の設定に係る権利金等の残存価額を設定することは困難な場合も想定されると考えられる。

(1)　借地権の設定対価は貸手から基本的に返還されない中で，かつ，次の借手との

間で相対取引により譲渡対価が決まると考えられる。

(2) 借地権の取引慣行の成熟の程度によっては売却価額の見積りを行うことが難しい場合があると考えられる。

また，仮に残存価額を設定する場合，当該残存価額を毎期見直すことになると考えられるが，予想される売却価額の見積りを毎期行うことには相応のコストを要するものと考えられる。

これらの状況により，借地権の承継が行われる可能性を見込むことや借手のリース期間の終了時に予想される売却価額を見積ることができない場合には，残存価額をゼロとすることも考えられる。

BC55. 一方，審議の過程では，本適用指針BC52項(1)の見方，すなわち，我が国の取引慣行においては，旧借地権の設定に係る権利金等又は普通借地権の設定に係る権利金等の支払は，減価しない土地の一部取得に準ずるとの見方を支持する意見も聞かれた。この見方は，旧借地権又は普通借地権に関して借手の権利が強く保護されており契約の更新が可能であることを踏まえ，減価しない土地の一部取得に準ずると捉えられるものと考えられる。

我が国における借地権の取引慣行を踏まえ，本適用指針の適用前に旧借地権の設定に係る権利金等及び普通借地権の設定に係る権利金等を償却していなかった場合，本適用指針の適用初年度の期首に計上されている当該権利金等及び本適用指針の適用後に新たに計上される権利金等の両方について減価償却を行わないものとして取り扱うことを認めることとした。また，本適用指針の適用初年度の期首に旧借地権の設定に係る権利金等及び普通借地権の設定に係る権利金等が計上されていない場合，本適用指針の適用後に新たに計上される権利金等について減価償却を行わないものとして取り扱うことを認めることとした（本適用指針第27項ただし書き参照）。

なお，本適用指針BC51項に記載した理由により当該権利金等を別個のものとして取り扱うことは適切ではないと考えられるため，当該権利金等について減価償却を行わない場合においても，当該権利金等は会計基準第49項に従って表示することになる。

旧借地権の設定に係る権利金等又は普通借地権に係る権利金等に係る経過措置

BC56. 本適用指針が公表される前に締結した土地の賃貸借契約に関して支払った旧借地権の設定に係る権利金等又は普通借地権の設定に係る権利金等については，これまで我が国の会計基準において当該権利金等に関する会計処理が明らかではなく，本適用指針BC52項の２つの見方がある中で，仮に本適用指針における原則的な取扱い（本適用指針第27項第１段落参照）を一律に適用することを求める場合，当初の契約の意図が会計処理に反映されなくなる可能性がある。また，前項に記載のとおり，旧借地権の設定に係る権利金等及び普通借地権の設定に係る権利金等について減価償却を行わないものとして取り扱うことを認める中で，本適用指針の適用後に生じる権利金等に限り減価償却を行うとしても財務報告の改善が図られる一定の効果があると考えられる。

これらを考慮し，本適用指針第27項第１段落に定める原則的な取扱いを適用する借手が会計基準の適用初年度の期首に計上されている旧借地権の設定に係る権利金等又は普通借地権の設定に係る権利金等を償却していなかった場合，当該権利金等のみ償却しないことができるとする経過措置を定めることとした（本適用指針第127項参照）。

定期借地権の設定に係る権利金等の取扱い

BC57. 定期借地権が設定される土地の賃貸借契約は，賃借期間の満了時に当該賃貸借契約が終了するため，定期借地権の設定に係る権利金等は，賃貸借契約の期間に係るコストと考えられる。したがって，当該権利金等は，使用権資産の取得価額に含めて借手のリース期間を耐用年数とし，減価償却を行うこととした（第27項第１段落参照）。

（資産除去債務）

BC58. 資産除去債務会計基準では，「資産除去債務に対応する除去費用は，資産除去債務を負債として計上した時に，当該負債の計上額と同額を，関連する有形固定資産の帳簿価額に加える。」（資産除去債務会計基準第７項）と定めている。また，資産除去債務会計基準では，「有形固定資産には，財務諸表等規則において有形固定資産に区分される資産のほか，それに準じる有形の資産も含む。」（資産除去債務会計基準第23項）としている。したがって，関連する有形固定資産が使用権資産の場合，当該負債の計上額と同額を使用権資産の帳簿価額に加えることとした（本適用指針第28項参照）。

（建設協力金等の差入預託保証金）

BC59. 移管指針第９号「金融商品会計に関する実務指針」（以下「金融商品実務指針」という。）では，建設協力金等及び敷金については，これらが金融商品に該当する（金融商品実務指針第10項）ことから，関連する定めは金融商品実務指針に記載されていた。しかし，これらの項目は，主にリースの締結により生じる項目であるため，これらの具体的な会計処理の定めについては，金融商品実務指針から削除し，本適用指針において定めることとした（本適用指針第29項から第36項参照）。

建設協力金等

BC60. 建設協力金は，建物建設時に消費寄託する建物等の賃貸に係る預託保証金であり，契約に定めた期日に預り企業である貸手が現金を返還し差入企業である借手がこれを受け取る契約であるため，金融商品である。建設協力金の典型例としては，当初無利息であり10年経過すると低利の金利が付き，その後10年間にわたり現金で返済されるものが挙げられる。

BC61. 金融商品実務指針においては，将来返還される建設協力金等の差入預託保証金（敷金を除く。）について，「建設協力金は，建物等の賃貸に係る預託保証金であり，金利が付かない期間又は低金利の期間，賃借人にとって機会金利を賃料として計上する方法が考えられる。また，建設協力金等が，流動化の目的で売却されたときに現在価値で計上していない矛盾が売却損という形で顕在化する。これに対し，建設協力金等は，売却しなければ寄託債権という金銭債権であり，取得価額で計上され時価評価されないから，当初認識は取得価額で十分との考え方もあるが，売却した場合としない場合で整合性のある処理を定めるべきと考えた。当初認識時の時価は，返済期日までのキャッシュ・フローを割り引いた現在価値が建設協力金等の時価である。」として，次の会計処理が定められていた。

(1) 「支払額と当該時価との差額は，長期前払家賃として計上し，契約期間にわたって各期の純損益に合理的に配分する」

(2) 「当初時価と返済金額との差額を契約期間にわたって配分し受取利息として計上する」

また，「差入預託保証金のうち，将来返還されない額は，賃借予定期間にわたり定額法により償却する」こととされていた。

BC62. 本適用指針においては，会計基準における借手のリース料の定義（借手が借手のリース期間中に原資産を使用する権利に関して行う貸手に対する支払）を踏まえ，金融商品実務指針において長期前払家賃として取り扱われていたものについては，利息の受取を低額とすることによる賃料の支払の性質を有すると考えられるため，リース料として使用権資産の取得価額に含めることとした（本適用指針第29項参照）。

また，差入預託保証金（敷金を除く。）のうち，預り企業である貸手から差入企業である借手に将来返還されないことが契約上定められている金額は，借手が賃貸借契約に基づいて原資産を使用する権利に関する支払である点で，毎月支払われるリース料と相違はないと考えられるため，当該金額を使用権資産の取得価額に含めることとした（本適用指針第32項参照）。

BC63. 建設協力金に関して，差入企業である借手が対象となった土地建物に抵当権を設定している場合，現在価値に割り引くための利子率は，原則としてリスク・フリーの利子率を使用する（第30項参照）。当該利子率としては，例えば，契約期間と同一の期間の国債の利回りが考えられる。

敷　金

BC64. 敷金は，賃料及び修繕の担保的性格を有し償還期限は賃貸借契約満了時であり，法的には契約期間満了時に返還請求権が発生すると解されており，通常無金利である。したがって，差入敷金については，建設協力金と異なり取得原価で計上することとしていた金融商品実務指針の取扱いを踏襲している（本適用指針第33項参照）。

ただし，本適用指針においては，IFRS任意適用企業がIFRS第16号の定めを個別財務諸表に用いても，基本的に修正が不要となる会計基準の開発を行う方針（会計基準BC13項）を考慮し，差入敷金について建設協力金と同様の会計処理も認めることとした（本適用指針第33項ただし書き参照）。

BC65. 本適用指針においては，差入敷金のうち，預り企業である貸手から差入企業である借手に将来返還されないことが契約上定められている金額について，リースの借手が賃貸借契約に基づいて原資産を使用する権利に関する支払である点で，毎月支払われるリース料と相違はないと考えられるため，当該金額を使用権資産の取得価額に含めることとした（第34項参照）。

（現在価値の算定に用いる割引率）

BC66. 借手がリース負債の現在価値の算定に用いる割引率は，貸手の計算利子率を借手が知り得るときにはこれによるが，知り得ないときには借手が割引率を見積ることになる。本適用指針では，後者の場合には借手の追加借入に適用されると合理的に見積られる利率によるとしており（第37項参照），これには例えば，次のような利率を含む。

⑴　借手のリース期間と同一の期間におけるスワップレートに借手の信用スプレッドを加味した利率

⑵　新規長期借入金等の利率

①　契約時点の利率

②　契約が行われた月の月初又は月末の利率

③　契約が行われた月の平均利率

④　契約が行われた半期の平均利率

なお，⑵の場合には，借手のリース期間と同一の期間の借入れを行う場合に適用される利率を用いる。

⑶　利息相当額の各期への配分

BC67. リース開始日における借手のリース料とリース負債の計上額との差額は，利息相当額として取り扱い，当該利息相当額の各期への配分は利息法による（第38項及び第39項参照）。これは，借手については，すべてのリースについて使用権資産に係る減価償却費及びリース負債に係る利息相当額を計上するIFRS第16号と同様の単一の会計処理モデルを採用しているためである。

ただし，実務上の負担に配慮し，使用権資産総額に重要性が乏しいと認められる場合には，借手のリース料から利息相当額の合理的な見積額を控除しない方法や利息相当額の総額を借手のリース期間中の各期に定額法により配分する方法を認めている（第40項から第42項参照）。

(使用権資産総額に重要性が乏しいと認められる場合の取扱い)

BC68. 企業全体の使用権資産の総額に重要性が見られるケースがある一方，企業全体の使用権資産の総額に重要性が乏しいケースもあると想定される。

企業全体の使用権資産総額に重要性が乏しいかどうかの判断基準は，未経過の借手のリース料の期末残高が当該期末残高，有形固定資産及び無形固定資産の期末残高の合計額に占める割合が10パーセント未満である場合としている（第41項参照）。ここで，未経過の借手のリース料を使用しているのは，割引計算により使用権資産を求める煩雑さを避けるためである。無形固定資産を判断基準に加えているのは，無形固定資産のリースへの会計基準の適用は任意としているものの，無形固定資産のリースを会計基準の範囲に含めているためである。

また，使用権資産総額に重要性が乏しいかどうかを判断する割合については，次のことを考慮し算定することが考えられる。

(1) 本適用指針第20項又は第22項によりリース開始日に使用権資産及びリース負債を計上せず借手のリース料を借手のリース期間にわたって原則として定額法により費用として計上することとしたものや，本適用指針第39項に従い利息相当額を利息法により各期に配分している使用権資産に係るものがある場合，これらについては未経過の借手のリース料の期末残高から除く。

(2) 有形固定資産及び無形固定資産の期末残高について未経過の借手のリース料の期末残高と二重になる場合，未経過の借手のリース料，有形固定資産及び無形固定資産の期末残高の合計額の算定上，二重にならないように調整を行う。

BC69. これらの判断基準を満たした企業については，使用権資産及びリース負債を計上した上で，煩雑な計算を避ける意味で，「借手のリース料から利息相当額の合理的な見積額を控除しない方法」又は「利息相当額の総額を借手のリース期間中の各期に定額法により配分する方法」を採用することができることとしている（本適用指針第40項参照）。IFRS第16号ではこれらの簡便的な取扱いは定められていないが，実務の追加的な負担を軽減することを目的として企業会計基準適用指針第16号に定められていたものであり，実務において浸透していることから，本適用指針においても，これらの簡便的な取扱いを踏襲することとした。

BC70. 前項の簡便的な取扱いは，企業会計基準適用指針第16号では所有権移転外ファイナンス・リース取引のみについて認めていたが，本適用指針においては，これらの対象範囲は，これまでオペレーティング・リース取引に分類されていたリース及びこれまで所有権移転ファイナンス・リース取引に分類されていたリースにまで拡大することになる。審議の過程では，不動産に係るリースとその他のリースを合わせて重要性の判断を行う場合，これまで簡便的な取扱いが認められていたその他のリースについて，これらの簡便的な取扱いが認められなくなる懸念があるため，例えば，不動産に係るリースとその他のリースを分けて重要性の判断を行う取扱いを設けてはどうかとの意見が聞かれた。

この点，企業全体に対する影響に基づいて簡便的な取扱いを適用することの可否を判断すべきであることや借手の費用配分に単一の会計処理モデルを提案していることとの整合性から，リースの種類によって重要性の判断基準を分けないこととした。

⑷　使用権資産の償却

BC71. 使用権資産の償却については，契約上の諸条件に照らして原資産の所有権が借手に移転すると認められるリースに該当するか否かによって，異なる定めを置いている（会計基準第37項及び第38項）。

この点，契約上の諸条件に照らして原資産の所有権が借手に移転すると認められるリースに該当するか否かの定めについては，基本的に企業会計基準適用指針第16号における所有権移転ファイナンス・リース取引に該当するか否かの定めを踏襲している（本適用指針第43項参照）。

ただし，購入オプションについて，企業会計基準適用指針第16号では，リース契約上，借手に対して割安購入選択権が与えられており，その行使が確実に予想される場合としていた。この点，割安かどうかのみではなく他の要因も考慮して購入オプションの行使が合理的に確実な場合とする方が，借手への所有権移転の可能性を反映して減価償却費の算定が可能となるため，本適用指針では購入オプションの行使が合理的に確実である場合に変更している（本適用指針第43項⑵参照）。

また，使用権資産の償却にあたり，原資産が特別仕様であって，その使用可能期間を通じて借手によってのみ使用されるか否かを考慮することについては，IFRS第16号では設けられていない定めであるが，原資産が特別仕様であり使用可能期間を通じて借手によってのみ使用されることが明らかであるリースは，原資産を自ら所有する場合と同様の期間にわたって使用されるものであるため，企業会計基準適用指針第16号における定めを踏襲し，原資産を自ら所有していたと仮定した場合に適用する減価償却方法と同一の方法とすることとした（本適用指針第43項⑶参照）。

⑸　リースの契約条件の変更

BC72. 企業会計基準適用指針第16号では，リースの契約条件の変更に関する取扱いを定めていなかったが，本適用指針では，当該取扱いを明確にするために，IFRS第16号におけるリースの契約条件の変更に関する取扱いをIFRS第16号における主要な定めとして本適用指針に取り入れることとしている（本適用指針第44項及び第45項参照）。

BC73. リースの契約条件の変更が第44項⑴及び⑵の要件をいずれも満たす場合，実質的に変更前のリースとは独立したリースが生じるものと考えられる。この場合，変更前のリース開始日の会計処理と同様に，借手は，当該リースの契約条件の変更を独立したリースとして取り扱い，当該独立したリースのリース開始日に，リースの契約条件の変更の内容に基づくリース負債を計上し，当該リース負債にリース開始日までに支払った借手のリース料，付随費用等を加減した額により使用権資産を計上する（第44項参照）。

ここで，契約期間のみが延長されるリースの契約条件の変更は，原資産の追加に該当しないため，第44項(1)の要件を満たさない。

また，第44項(2)の要件における「特定の契約の状況に基づく適切な調整」は，例えば，類似の資産を顧客にリースする際に生じる販売費を貸手が負担する必要がない場合に借手に値引きを行うとき，独立価格を値引額について調整することが考えられる。

BC74. 第44項に従い独立したリースとして会計処理されないリースの契約条件の変更のうち，リースの範囲が縮小されるものについては，リースの契約条件の変更前のリースの一部又は全部を解約するものと考えられる。したがって，借手は，リースの契約条件の変更の発効日において，変更後の条件を反映してリース負債を修正し，また，リースの一部又は全部の解約を反映するように使用権資産の帳簿価額を減額し，使用権資産の減少額とリース負債の修正額とに差額が生じた場合，当該差額を損益に計上する（第45項(1)及び(2)①参照）。このようなリースの契約条件の変更には，例えば，不動産の賃貸借契約においてリースの対象となる面積が縮小される場合や契約期間が短縮される場合等が含まれると考えられる。

BC75. 第44項に従い独立したリースとして会計処理されないリースの契約条件の変更のうち，リースの範囲が縮小されるもの以外のものについては，変更前のリースは解約されておらず，借手は引き続き，リースの契約条件の変更前のリースにおいて特定されていた原資産を使用する権利を有するものと考えられる。したがって，借手は，リースの契約条件の変更の発効日において，変更後の条件を反映してリース負債を修正し，リース負債の修正額に対応する金額を使用権資産に加減することにより，変更前のリースを修正する会計処理を行う（第45項(1)及び(2)②参照）。このようなリースの契約条件の変更には，例えば，リース料の単価のみが変更される場合や契約期間が延長される場合等が含まれると考えられる。

BC76. リースの契約条件の変更に関連して，IFRS第16号は，状況ごとに使用する割引率（変更前の割引率又は変更後の割引率）を定めている。この点，本適用指針においても，IFRS第16号と同様に使用する割引率を定めることも考えられたが，次の理由から，定めないこととした。

(1) IFRS第16号の定めは，使用する割引率について状況ごとに詳細な会計処理を定めるものである。主要な定めの内容のみを取り入れることにより，簡素で利便性が高い会計基準を開発するという方針（会計基準BC13項）を考慮した場合，

IFRS第16号の割引率に関する定めを本適用指針に取り入れないことが，当該開発方針と整合する。

(2)　本適用指針では，使用権資産総額に重要性が乏しいと認められる場合に借手のリース料から利息相当額の合理的な見積額を控除しない方法（本適用指針第40項(1)参照）も認めており，IFRS第16号よりも幅広い割引の取扱いを認めていることと整合する。

(6)　リースの契約条件の変更を伴わないリース負債の見直し

BC77.　企業会計基準適用指針第16号では，リースの契約条件の変更を伴わないリース負債の見直しに相当する取扱いを定めていなかったが，本適用指針では，当該取扱いを明確にするために，IFRS第16号におけるリース負債の見直しに関する取扱いをIFRS第16号における主要な定めとして本適用指針に取り入れることとしている（本適用指針第46項から第49項参照）。

BC78.　借手が原資産を購入するオプションを行使することが合理的に確実であるかどうかの見直し（本適用指針第47項(1)参照）についても，延長オプションを行使すること又は解約オプションを行使しないことが合理的に確実であるかどうかの見直しと同様，会計基準第41項(1)及び(2)に示している重要な事象及び重要な状況が生じたときにリース負債の計上額の見直しを行うことになると考えられる。

BC79.　リースの契約条件の変更を伴わないリース負債の見直しに関連して，IFRS第16号は，状況ごとに使用する割引率（変更前の割引率又は変更後の割引率）を定めている。この点，本適用指針においても，IFRS第16号と同様に使用する割引率を定めることも考えられたが，リースの契約条件の変更と同様の理由（BC76項参照）から，定めないこととした。

(7)　短期リースに係る借手のリース期間の変更

BC80.　本適用指針では，短期リースに関する簡便的な取扱いを適用していたリースの借手のリース期間に変更がある場合に関する定めを置いている（第50項参照）。このような場合には，例えば，当初の契約条件に含まれている延長オプションの対象期間を借手のリース期間に含めないことを決定していた場合に，当該延長オプションを行使したとき等が含まれる。

(8)　借手のリース期間に含まれない再リース

BC81.　我が国では，再リース期間は１年以内とするのが通常であり，再リース料も少額であるのが一般的であることから，企業会計基準適用指針第16号では，再リース期間をリース資産の耐用年数に含めない場合の再リース料は，原則として，発生時の費用として処理する取扱いを定めていた。当該取扱いは，IFRS第16号では設けられていない取扱いである。しかしながら，再リースは我が国固有の商慣習であり，当該取扱いを引き続き設けることにより，国際的な比較可能性を大きく損なわせずに，財務諸表作成者の追加的な負担を減らすことができると考えられる。

したがって，借手は，リース開始日に再リース期間を借手のリース期間に含めていない場合又は直近のリースの契約条件の変更の発効日に再リース期間を借手のリース期間に含めていない場合，会計基準第41項及び第42項にかかわらず，再リースを当初のリースとは独立したリースとして会計処理を行うことができることとしている（本適用指針第52項参照）。なお，この取扱いを採用しない場合，借手においては，再リース期間は延長オプションの対象期間に含まれると考えられる。

我が国の再リースの一般的な特徴は，再リースに関する条項が当初の契約において明示されており，経済的耐用年数を考慮した解約不能期間経過後において，当初の月額リース料程度の年間リース料により行われる１年間のリースであることが挙げられる（会計基準BC27項）。したがって，再リースに該当するかどうかは，通常は明確であると考えられるが，判断を要する場合もあると考えられる。当該再リースの特徴は貸手の再リースにおいても同様である。

(9) セール・アンド・リースバック取引

BC82. 資産の譲渡とリースバックは形式上別個の取引であるが，これらの取引が組み合わされることで，次のような論点が生じる可能性があると考えられる。

(1) リースバックにより，売手である借手が，買手である貸手に譲渡された資産から生じる経済的利益を引き続き享受しているにもかかわらず，当該資産を譲渡した時点で譲渡に係る損益が認識される。

(2) セール・アンド・リースバック取引においては，資産の譲渡とリースバックが，パッケージとして交渉されることが多く，資産の譲渡対価とリースバックにおける借手のリース料との間に相互依存性があると考えられる。資産の譲渡対価及び関連するリースバックにおける借手のリース料が，それぞれ時価及び市場のレートでのリース料よりも高い（低い）金額で取引されることにより，一体としての利益の総額が同じであっても，資産の譲渡に係る損益が過大（過小）に計上される可能性がある。

BC83. 前項(1)の論点への対応としてセール・アンド・リースバック取引における資産の譲渡の取扱いを，前項(2)の論点への対応として資産の譲渡損益を適切に計上するための取扱いをそれぞれ定めることとした（第53項から第58項参照）。

（セール・アンド・リースバック取引に該当するかどうかの判断）

BC84. 我が国では，建設工事請負契約と一括借上契約が同時に締結される取引などにおいて，収益が一定の期間にわたり認識される場合，セール・アンド・リースバック取引の定めが適用されるか否かについて論点になり得るとの意見が聞かれた。

この点，IFRS第16号においては，セール・アンド・リースバック取引の定めが適用される範囲，特に収益が一定の期間にわたり認識される場合であってもセール・アンド・リースバック取引の定めが適用されるのか否かについて明確にされていない。我が国の実務において当該論点は重要な論点であり，多様な解釈がなされることを懸念する関係者からの意見を踏まえ，本適用指針における取扱いについて検討を行った。

BC85. 本適用指針においてセール・アンド・リースバック取引は，IFRS第16号と同様に売手である借手が資産を買手である貸手に譲渡し，売手である借手が買手である貸手から当該資産をリースする取引と定義している（第４項⑾参照）。この定義においては，譲渡された資産とリースされた資産が同一であることが重要な要素となっている。

BC86. セール・アンド・リースバック取引に該当するか否かを検討する対象となる資産の譲渡とリースバックにおいて，売手である借手による資産の譲渡が収益認識会計基準などの他の会計基準等により一時点で損益を認識する売却に該当すると判断される場合，売手である借手は，当該資産を買手である貸手に譲渡し，譲渡した当該資産をリースしているものと考えられる。この場合，譲渡された資産とリースされた資産は同一であると考えられることから，これらの取引についてはセール・アンド・リースバック取引に該当するものとして会計処理を定めることとした（本適用指針第55項及び第56項参照）。

BC87. 一方，セール・アンド・リースバック取引に該当するか否かを検討する対象となる資産の譲渡とリースバックにおいて，売手である借手による資産の譲渡が次のいずれかである取引については，資産の譲渡により売手である借手から買手である貸手に支配が移転されるのは仕掛中の資産であり，移転された部分だけでは資産の使用から生じる経済的利益を享受できる状態にない。これに対し，リースバックにより売手である借手が支配を獲得する使用権資産は，完成した資産に関するものであるため，譲渡された資産とリースされた資産は同一ではないと考えられる。

⑴　収益認識会計基準に従い，一定の期間にわたり充足される履行義務（収益認識会計基準第36項）の充足によって行われる場合

⑵　収益認識適用指針第95項を適用し，工事契約における収益を完全に履行義務を充足した時点で認識することを選択する場合

したがって，これらの取引はセール・アンド・リースバック取引として取り扱わないこととした（本適用指針第53項参照）。

BC88. 前項の考え方は，資産の譲渡とリースバックの関係をIFRS第15号と同等である収益認識会計基準の考え方により整理したものであり，IFRSにおいて認められる解釈の１つと考えられるため，国際的な比較可能性を大きく損なわせるものではないと考えられる。ただし，本適用指針におけるこのセール・アンド・リースバック取引の範囲の明確化は，これがIFRS第16号における唯一の解釈であると示すことを意図するものではない。

BC89. 売手である借手が原資産を移転する前に原資産に対する支配を獲得しない場合，当該資産の移転と関連するリースバックについては，セール・アンド・リースバック取引に該当しない（第54項参照）。例えば，取引の都合上，借手が貸手を通さずに資産を第三者から購入して当該資産を貸手に譲渡し当該貸手から原資産としてリースするような場合，売手である借手が当該原資産に対する法的所有権を獲得したとしても，資産が貸手に移転される前に借手が当該原資産に対する支配を獲得しないときには，当該取引はセール・アンド・リースバック取引ではないと考えられる。

（セール・アンド・リースバック取引に該当する場合の会計処理）

BC90. セール・アンド・リースバック取引は，資産の譲渡とリースバックを組み合わせた取引である。資産の譲渡に係る損益を認識するためには，収益認識会計基準などの他の会計基準等に従い，売手である借手による資産の譲渡が売却に該当するかどうかを判断する。ここで，顧客との契約から生じる収益は，収益認識会計基準の適用範囲に含まれるが（収益認識会計基準第３項），顧客との契約から生じるものではない場合の固定資産の譲渡は収益認識会計基準の適用範囲に含まれない（収益認識会計基準第108項）。収益認識会計基準に含まれない固定資産の譲渡については一般的な実現主義の原則（企業会計原則 第二 損益計算書原則 三 B）が適用されると解されるが，特定の不動産取引については，譲渡に係る損益の認識時期等の具体的な判断について，次の指針等が定められている。

(1) 日本公認会計士協会 監査委員会報告第27号「関係会社間の取引に係る土地・設備等の売却益の計上についての監査上の取扱い」

(2) 日本公認会計士協会 審理室情報No. 6「土地の信託に係る監査上の留意点について」

(3) 移管指針第10号「特別目的会社を活用した不動産の流動化に係る譲渡人の会計処理に関する実務指針」及び移管指針第13号「特別目的会社を活用した不動産の流動化に係る譲渡人の会計処理に関する実務指針についてのQ&A」

(4) 日本公認会計士協会 監査・保証実務委員会実務指針第90号「特別目的会社を利用した取引に関する監査上の留意点についてのQ&A」

BC91. この点，IFRS第16号においては，資産の譲渡が売却に該当するのは，IFRS第15号における要求事項を満たす場合のみであるとされている。また，IFRS第15号により収益が認識されると判断される場合，買手である貸手に移転された権利部分については権利の譲渡に係る利得又は損失を譲渡時に認識し，リースバックにより売手である借手が継続して保持する権利部分については権利の譲渡に係る利得又は損失を繰り延べることとされている。

BC92. 一方，売却に該当するか否かの判断について，FASB Accounting Standards Codification（米国財務会計基準審議会（FASB）による会計基準のコード化体系）

のTopic 842「リース」（以下「Topic 842」という。）においてはリースバックが次の(1)から(5)のいずれかを満たす場合，当該リースバックはファイナンス・リースに分類され，このとき，Topic 606「顧客との契約から生じる収益」（以下「Topic 606」という。）の収益認識要件を満たさないものとして，譲渡資産の認識を中止せずに，その他のTopicに従い受領した金額を金融負債として会計処理を行うこととされている。

(1)　リースにより，リース期間終了までに借手に原資産の所有権が移転される。
(2)　リースにより，借手が合理的に確実に行使する原資産の購入オプションが借手に付与される。
(3)　リース期間が原資産の残余の経済的耐用年数の大部分である。
(4)　リース料総額の現在価値とリース料に反映されていない借手による残余価値保証額の合計が，原資産の公正価値のほとんどすべてと同額又はそれを超過する。
(5)　原資産が，リース期間終了時に，貸手の代替的な使用が予定されていない特殊な性質のものである。

Topic 842における当該定めについては，売手である借手のリースバックがファイナンス・リースである場合，売手である借手が，譲渡した資産を直ちに買い戻していることと実質的に異ならず，売手である借手による資産の譲渡を資産の売却とすることが適切ではないと考えられたことが説明されている。

これに対し，資産の譲渡がTopic 606の収益認識要件を満たす場合には，収益をTopic 606の取引価格で測定して，原資産の認識を中止，すなわち，譲渡損益の全額を認識し，リースバックについては，オペレーティング・リースとして会計処理を行うこととされている。

BC93.　本適用指針BC91項及び前項に記載したIFRS第16号における会計上の考え方とTopic 842における会計上の考え方を比較衡量した結果，本適用指針においては，Topic 842における定めを参考に，資産の譲渡が売却に該当するか否かに関して，収益認識会計基準などの他の会計基準等に従うと売手である借手による資産の譲渡が損益を認識する売却に該当しない場合のほか，リースバックにより，売手である借手が資産からもたらされる経済的利益のほとんどすべてを享受することができ，かつ，資産の使用に伴って生じるコストのほとんどすべてを負担することとなる場合（フルペイアウトのリースの場合）には資産の譲渡は売却に該当しないこととし，当該資産の譲渡とリースバックを一体の取引とみて，金融取引として会計処理を行うこととした（本適用指針第55項参照）。

一方，セール・アンド・リースバック取引について，売手である借手による資産の譲渡が収益認識会計基準などの他の会計基準等により売却に該当する場合かつフルペイアウトのリースに該当しない場合には，売手である借手は，当該資産の譲渡について収益認識会計基準などの他の会計基準等に従い損益を認識し，リースバックについて会計基準及び本適用指針に従い借手の会計処理を行うこととした（本適用指針第56項参照)。これらの定めを置いた主な理由は，次のとおりである。

(1) 資産の譲渡について収益認識会計基準などの他の会計基準等の定めにより損益を認識すると判断する場合，当該資産の譲渡に係る損益が全額計上される。これに対し，IFRS第16号の定めと同様の定めを本適用指針に含めた場合，資産の譲渡について収益認識会計基準などの他の会計基準等の定めにより損益を認識すると判断される場合であっても，当該資産の譲渡に係る損益の調整を求めることになり，収益認識会計基準などの他の会計基準等の考え方とは異なる考え方を採用することとなる。

(2) IFRS第16号においては，リースバックにより売手である借手が継続して保持する権利に係る利得又は損失は売却時に認識しないため売却損益の調整が必要となる分，Topic 842のモデルよりも複雑となる可能性があると考えられる。このようなIFRS第16号における資産の譲渡に係る損益の調整に代えて，セール・アンド・リースバック取引についての開示を要求することが有用な情報の提供につながると考えられる。

BC94. 公開草案に寄せられたコメントの中には，第55項(2)におけるフルペイアウトのリースの要件を満たすかどうかを判断するにあたり第62項を適用して判定するのかどうかを明らかにすべきとの意見があった。この点，本適用指針では第55項(2)におけるフルペイアウトの判定の要件を具体的に定めていないが，仮に第62項の判定基準を用いて判断する場合には，売手である借手が当該要件を満たすかどうかを判断することになるため，借手のリース期間及び借手のリース料をもとに判定を行うことが考えられる。

BC95. 公開草案に寄せられたコメントの中には，IFRS任意適用企業の個別財務諸表においてIFRS第16号と同様の会計処理の選択適用を認めるべきとの意見があった。この点，次の理由から，IFRS第16号と同様の会計処理を代替的な取扱いとして定めないこととした。

(1) 本適用指針BC93項(1)に記載のとおり本適用指針におけるセール・アンド・リースバック取引に係る会計処理がIFRS第16号と異なっているのは収益認識会計基準などの他の会計基準の定めとの整合性を優先させるという会計上の考え方の相違によるものであるため，IFRS第16号と同様の会計処理の選択適用を認めることは適切ではないと考えられる。

(2) セール・アンド・リースバック取引は日常的に行われるものではないと考えられる。

(3) これまでごく一部の例外を除きIFRS任意適用企業に対してのみ適用される代替的な取扱いを置いていない。

(資産の譲渡対価が明らかに時価ではない場合又は借手のリース料が明らかに市場のレートではない場合)

BC96. 本適用指針BC82項に記載のとおり，セール・アンド・リースバック取引においては，資産の譲渡とリースバックが，パッケージとして交渉されることが多く，資産の譲渡対価とリースバックにおける借手のリース料との間に相互依存性があると考えられる。

収益認識会計基準では独立販売価格に基づく取引価格（対価）の配分を定めており（収益認識会計基準第68項），本適用指針においてもリースを構成する部分とリースを構成しない部分への対価の配分について独立販売価格に基づく配分を求めることとしている（本適用指針第13項参照）。

これらの取扱いと整合するように，セール・アンド・リースバック取引において，資産の譲渡対価が明らかに時価ではない場合又は借手のリース料が明らかに市場のレートではない場合，当該資産の時価又は市場のレートでのリース料により譲渡損益を計上する定めを置くこととした（本適用指針第57項参照）。セール・アンド・リースバック取引においては，資産の譲渡対価が時価で，借手のリース料が市場のレートである場合が多いと考えられるため，本適用指針第57項の定めを適用することが求められる場合は限定的であると考えられる。

BC97. 資産の譲渡対価と借手のリース料がそれぞれ時価と市場のレートでのリース料よりも高い（低い）金額で取引される可能性は，資産の譲渡に係る損益が一定の期間にわたり認識されるものであるのか一時点で認識されるものであるのかにかかわらず存在するため，いずれの場合も同様に取り扱うこととした（第58項参照）。

4．貸手のリース

BC98. 貸手の会計処理については，リースの定義及びリースの識別並びに収益認識会計基準との整合性を図る点を除き，基本的に企業会計基準適用指針第16号を踏襲している。したがって，貸手におけるリースは，ファイナンス・リースとオペレーティング・リースとに分類した上で，ファイナンス・リースについてはさらに所有権移転ファイナンス・リースと所有権移転外ファイナンス・リースとに分類する（会計基準第43項及び第44項）。

⑴　リースの分類

（ファイナンス・リースに該当するリース）

BC99. 本適用指針では，会計基準におけるファイナンス・リースの定義を受けて，「解約不能」と「フルペイアウト」の２つをファイナンス・リースの条件としている（本適用指針第59項参照）。

第１の条件の「解約不能」とは，契約期間の定めがあることを前提としている。この契約期間は，実務上，「拘束期間」，「賃貸借期間」等のさまざまな文言で表現されている。本適用指針では，契約期間中は解約不能であることが明記されているもの以外に，これと同様に取り扱われる取引として事実上解約不能と認められるリースを２つ例示している（本適用指針第60項参照）。解約可能であることが明記されていなければ解約不能として取り扱われるわけではなく，事実上解約不能であるかどうかは，契約条項の内容，商慣習等を勘案し契約の実態に応じ判断されることになる。

BC100. 第２の条件である「フルペイアウト」について，「借手が，原資産からもたらされる経済的利益を実質的に享受することができ，かつ，当該原資産の使用に伴って生じるコストを実質的に負担すること」（本適用指針第59項(2)参照）としている。借手が原資産の使用に伴って生じるコスト（当該原資産の取得価額相当額，維持管理等の費用，陳腐化によるリスク等）を実質的に負担する場合，借手は原資産からもたらされる経済的利益を実質的に享受することになると推定できる。同様に，借手が原資産からもたらされる経済的利益を実質的に享受することができる場合には，通常，借手は原資産の使用に伴って生じるコストを負担することになると推定できる。本適用指針におけるファイナンス・リースの判定基準については，このような「フルペイアウト」の考え方が前提となっている。

（具体的な判定基準）

BC101. 本適用指針では，ファイナンス・リースの判定基準を，(1)貸手のリース料の現在価値が，原資産の現金購入価額の概ね90パーセント以上であること（現在価値基準）と，(2)貸手のリース期間が，原資産の経済的耐用年数の概ね75パーセント以上であること（経済的耐用年数基準）のいずれかに該当することとしている（第62項参照）。

BC102. 現在価値基準を適用する場合の貸手のリース料の現在価値は推定額であるが，当該現在価値が原資産の現金購入価額の概ね90パーセント以上の場合，借手が当該原資産の取得価額相当額，維持管理等の費用等ほとんどすべてのコストを負担することになり，したがって，ほとんどすべての経済的利益を享受するものと推定できるため，当該リースはファイナンス・リースと判定する。

BC103. 経済的耐用年数基準を適用する場合の原資産の経済的耐用年数は，物理的使用可能期間ではなく経済的使用可能予測期間に見合った年数による。経済的耐用年数基準に該当するリースは，通常，借手が原資産からもたらされるほとんどすべての経済的利益を享受することができ，したがって，ほとんどすべてのコストを負担するものと推定できるため，当該リースはファイナンス・リースと判定する。

BC104. 本適用指針では，現在価値基準がフルペイアウトの判定を行う原則的な基準であると考えているが，現在価値の計算をすべてのリースについて行うことは実務上極めて煩雑と考えられるところから，簡便法としての経済的耐用年数基準を設けている。リースの実態から判断すると，貸手のリース期間が経済的耐用年数の概ね75パーセント以上である場合，借手がその原資産からもたらされる経済的利益を実質的に享受すると考えられることが多い。

しかし，原資産の特性，経済的耐用年数の長さ，原資産の中古市場の存在等により，借手が原資産に係るほとんどすべてのコストを負担することにはならない場合もあるとの指摘があり，そのような場合には原則的な基準である現在価値基準により判定を行うものとした（第63項参照）。

なお，現在価値基準と経済的耐用年数基準の具体的数値として，それぞれの基準において「概ね90パーセント以上」又は「概ね75パーセント以上」としているのは，現在価値基準の判定に見積りの要素が多いためであり，例えば，それぞれの数値が88パーセント又は73パーセントといった場合でも実質的にフルペイアウトと考えられる場合には，ファイナンス・リースと判定されることになる。

（現在価値基準の判定における取扱い）

BC105.　1つの契約が多数の原資産から構成されているような場合，個々の原資産ごとに現在価値基準の判定を行わずに契約全体で判定を行うことも認められる。

BC106.　現在価値の算定を行うにあたっては，貸手の計算利子率を用いる（本適用指針第66項参照）。

貸手の計算利子率については，企業会計基準適用指針第16号の定めを踏襲しており，IFRS第16号におけるリースの計算利子率とは主に貸手の当初直接コストを考慮しない点が異なる。

IFRS第16号のリースの計算利子率は，リース料の現在価値と無保証残存価値の現在価値の合計額が，原資産の公正価値と貸手の当初直接コストの合計額と等しくなる利子率である。

本適用指針における貸手の計算利子率は，貸手のリース料の現在価値と見積残存価額（貸手のリース期間終了時に見積られる残存価額で残価保証額以外の額）の現在価値の合計額が，当該原資産の現金購入価額又は借手に対する現金販売価額と等しくなるような利率（本適用指針第66項参照）である。

（経済的耐用年数基準の判定における取扱い）

BC107.　本適用指針では，経済的耐用年数基準の判定に用いられる「経済的耐用年数」は，物理的使用可能期間ではなく経済的使用可能予測期間に見合った年数によるものとしている（BC103項参照）。この「経済的耐用年数」は，これまでの取扱いと同様に，企業の状況に照らし，不合理と認められる事情のない限り，法人税法に定められた耐用年数を用いて判定を行うことも認められると考えられる（日本公認会計士協会 監査・保証実務委員会実務指針第81号「減価償却に関する当面の監査上の取扱い」第24項）。

なお，1つの契約が多数の原資産から構成されているような場合，個々の原資産ごとに経済的耐用年数基準の判定を行わずにすべての原資産の加重平均耐用年数により判定を行うことも認められると考えられる。

（不動産に係るリースの取扱い）

BC108. 本適用指針では，土地については，第70項の(1)又は(2)のいずれかに該当する場合を除き，オペレーティング・リースに該当するものと推定することとしている（第68項ただし書き参照）。これは，土地の経済的耐用年数は無限であるため，第70項の(1)又は(2)のいずれかに該当する場合を除いては，通常，フルペイアウトのリースに該当しないと考えられることによる。

BC109. 土地と建物等を一括したリースは，土地が無限の経済的耐用年数を有し建物等と異なる性格を有することを踏まえ，貸手のリース料を合理的な方法で土地に係る部分と建物等に係る部分に分割した上で，建物等について，第62項(1)に定める現在価値基準の判定を行うこととしている（第69項参照）。貸手のリース料を土地に係る部分と建物等に係る部分に合理的に分割する方法としては次の(1)又は(2)が考えられ，このうち最も実態に合った方法を採用する。

(1) 賃貸借契約書等で，適切な土地の賃料が明示されている場合には，貸手のリース料から土地の賃料を差し引いた額を，建物等のリース料とする。

(2) 貸手のリース料から土地の合理的な見積賃料を差し引いた額を，建物等のリース料とみなす。合理的な見積賃料には，近隣の水準などを用いることが考えられる。

なお，土地及び建物を一括でサブリースする場合に当該土地と建物がそれぞれ独立したリースを構成する部分（第16項参照）に該当しないときは，中間的な貸手は，リースの分類及び会計処理のために，貸手のリース料を土地に係る部分と建物に係る部分とに必ずしも分割することを要しないと考えられる。

(2) ファイナンス・リースの分類

BC110. 本適用指針では，ファイナンス・リースと判定されたもののうち，所有権移転条項のある場合，借手に割安購入選択権がありその行使が確実に予想される場合，特別仕様の原資産の場合のいずれかに該当するときに，所有権移転ファイナンス・リースに該当するものとし，それ以外のファイナンス・リースは，所有権移転外ファイナンス・リースに該当するものとしている（第70項参照）。

このうち，「特別仕様の原資産」の中には，第70項(3)において「借手の用途等に合わせて特別の仕様により製作又は建設されたもの」とされているように，専用性の高い機械装置等以外に特別仕様の建物等の不動産も含まれる。

(3) ファイナンス・リース

（貸手における収益配分の基本的な考え方）

BC111. ファイナンス・リースは，通常の売買取引に係る方法に準じた会計処理を行う（会計基準第45項）。本適用指針では，貸手の会計処理について，基本的に企業会計基準適用指針第16号の定めを踏襲する一方，収益認識会計基準との整合性を図ることとしている（会計基準BC13項）。

（基本となる会計処理）

BC112．企業会計基準適用指針第16号では，ファイナンス・リース取引の会計処理について，次の３つの方法を定めていた。

(1)　リース取引開始日に売上高と売上原価を計上する方法

(2)　リース料受取時に売上高と売上原価を計上する方法

(3)　売上高を計上せずに利息相当額を各期へ配分する方法

BC113．会計基準第45項では，ファイナンス・リースについては，通常の売買取引に係る方法に準じて会計処理を行うとされており，本適用指針では，リースの取引実態に応じて会計処理を行うこととしている（本適用指針第71項及び第72項並びに第78項参照）。

BC114．製造又は販売を事業とする貸手が当該事業の一環で行うリース（本適用指針第71項(1)参照）は，主として製造業，卸売業等を営む企業が製品又は商品を販売する手法として行うリースを想定している。当該リースは，製品又は商品の販売とは必ずしも同一ではないが，両者の経済的実質は，取引の対象となる資産を使用する権利が移転される点で類似している。このようなリースについては，原資産の引渡時に貸手は売上高を計上し同時に販売益相当額を計上することが，収益認識会計基準における収益認識の時期に関する取扱いと整合的になるものと考えられる。したがって，本適用指針では，製造又は販売を事業とする貸手が当該事業の一環で行うリースについては，企業会計基準適用指針第16号で定められていた販売益相当額を繰り延べて会計処理を行う方法は踏襲せず，リース開始日に貸手のリース料からこれに含まれている利息相当額を控除した金額で売上高を計上し，原資産の帳簿価額により売上原価を計上することとした（本適用指針第71項(1)①参照）。

また，利息相当額の取扱いについても，収益認識会計基準における重要な金融要素に関する取扱いと整合的になるように，原則として，リース開始日に貸手のリース料からこれに含まれている利息相当額を控除した金額で売上高を計上し，受取リース料のうち当該利息相当額を各期の損益として処理することとした（本適用指針第71項(1)①及び②参照）。ただし，当該処理が煩雑になる場合があると考えられることから，企業会計基準適用指針第16号では，売上高と売上原価の差額である販売益相当額が貸手のリース料に占める割合に重要性が乏しい場合，当該販売益相当額を利息相当額に含めて処理する簡便的な取扱いを認めていた。本適用指針では，当該簡便的な取扱いを認めることにより本適用指針の適用によるコストの増加に対応できること及び貸手の会計処理については基本的に企業会計基準適用指針第16号の取扱いを踏襲していることから，当該簡便的な取扱いを踏襲することとした（本適用指針第71項(1)①ただし書き参照)。

BC115. 製造又は販売以外を事業とする貸手が当該事業の一環で行うリースに係る会計処理については，リース取引が有する複合的な性格の中でも，金融的な側面に着目し，リース料総額とリース物件の現金購入価額の差額を受取利息相当額として取り扱い，リース期間にわたり各期へ配分するという企業会計基準適用指針第16号で定められていた会計処理を基本的に踏襲している（本適用指針第71項(2)参照)。

BC116. 企業会計基準適用指針第16号では，本適用指針第71項の基本となる会計処理のみが定められていたと考えられる。

公開草案に寄せられたコメントの中には，例えば，貸手が主たる事業の一環以外で行う不動産を原資産とするファイナンス・リースのように，原資産の取得日とリース開始日が近接しないことにより原資産の帳簿価額と借手に対する現金販売価額との差があるリースに係る会計処理を明らかにすべきとの意見があった。当該リースにおいては，原資産の帳簿価額と借手に対する現金販売価額の差額である販売益相当額は，製造又は販売を事業とする貸手が当該事業の一環で行うリースと同様，リースの開始日に損益として計上することになると考えられることから，本適用指針では貸手が事業の一環以外で行うリースの会計処理を明らかにしている（本適用指針第72項参照)。

BC117. 企業会計基準適用指針第16号では，リース期間中の各期の受取リース料を売上高として計上する方法（本適用指針BC112項(2)参照）が定められていた。

本適用指針では，収益認識会計基準において対価の受取時にその受取額で収益を計上することが認められなくなったことを契機としてリースに関する収益の計上方法を見直した結果，当該方法を廃止することとした。

（利息相当額の各期への配分)

BC118. 所有権移転ファイナンス・リースは，原資産の売却とリース債権の回収取引と考えられるため，各期のリース債権残高に対して一定の利益率になるように利息法により受取利息相当額を配分することとしている（第79項参照)。

BC119. 一方，所有権移転外ファイナンス・リースの場合，その金融的な側面に着目すると，所有権移転ファイナンス・リースと同様に利息法により受取利息相当額を配分することが整合的であり，また，貸手の原価の大半が資金調達コストである場合には，その費用配分処理と整合的な処理となる。したがって，所有権移転外ファイナンス・リースについても，受取利息相当額を利息法で配分することを原則的な取扱いとしている（本適用指針第73項参照)。

しかしながら，企業会計基準適用指針第16号では，リースを主たる事業としていない企業による所有権移転外ファイナンス・リース取引について，すべての収益配分が各期の投資額に対して一定の利益率になるようにされているわけではないものとして，重要性が乏しく，一定の要件を満たした場合には，定額法による受取利息相当額の配分を簡便的な取扱いとして認めていた。本適用指針では，当該簡便的な取扱いを認めることで本適用指針の適用によるコストの増加に対応できること及び貸手の会計処理については基本的に企業会計基準適用指針第16号を踏襲していることから，当該簡便的な取扱いを踏襲することとした（本適用指針第74項及び第75項参照）。なお，当該簡便的な取扱いを適用する貸手としてのリースに重要性が乏しいかどうかを判断する割合については，次のことを考慮し算定することが考えられる。

⑴　本適用指針第73項に従い利息相当額を利息法により各期に配分しているリースに係るものがある場合，これを未経過の貸手のリース料及び見積残存価額の合計額の期末残高から除く。

⑵　営業債権の期末残高について未経過の貸手のリース料の期末残高と二重になる場合，未経過の貸手のリース料及び営業債権の期末残高の合計額の算定上，二重にならないように調整を行う。

⑶　本適用指針第75項でいう営業債権には契約資産（収益認識会計基準第10項）が含まれる。

⑷　オペレーティング・リース

BC120. 貸手は，オペレーティング・リースについて，通常の賃貸借取引に係る方法に準じた会計処理を行うこととしている（会計基準第48項）。企業会計基準適用指針第16号は，ファイナンス・リース取引の会計処理のみを示し，オペレーティング・リース取引の会計処理は示していなかった。この点，貸手のオペレーティング・リースは，通常，貸手のリース期間にわたり時の経過とともに収益を計上することが取引実態を表すと考えられるため，原則として定額法により収益を計上することとしている（本適用指針第82項参照）。

BC121. また，審議の過程で，実務においては，フリーレント（契約開始当初数か月間賃料が無償となる契約条項）やレントホリデー（例えば，数年間賃貸借契約を継続する場合に一定期間賃料が無償となる契約条項）等の無償賃貸期間に関する会計処理が必ずしも明らかでなく，企業会計基準第13号におけるオペレーティング・リース取引の会計処理の実務に多様性が生じており，企業間の比較可能性が損なわれているとの意見が聞かれた。

貸手のオペレーティング・リースの会計処理について，収益認識会計基準との整合性を図り，取引価格に相当する貸手のリース料を貸手のリース期間にわたり原則として定額法により収益に計上することは，リースの会計処理について企業間の比較可能性を高めることになると考えられる。また，リースの定義を満たさずに収益認識会計基準の適用範囲に含まれるリースと経済実態が類似した契約の会計処理との整合性が図られることとなる。さらに，リース事業における企業の主たる営業活動の成果であるリースの収益が，収益認識会計基準の適用範囲に含まれる他の事業における企業の主たる営業活動の成果である収益と比較可能性が高まることも望ましいと考えられる。

ここで，貸手のリース期間については，借手のリース期間と同様に決定する方法（会計基準第32項(1)）と借手が原資産を使用する権利を有する解約不能期間にリースが置かれている状況からみて借手が再リースする意思が明らかな場合の再リース期間を加えて決定する方法（会計基準第32項(2)）のいずれかを選択して決定することを認めている。我が国におけるオペレーティング・リースについては解約不能期間が著しく短い契約も見受けられることから，企業が後者の会計基準第32項(2)の方法を選択する場合に契約に無償賃貸期間が含まれるときは，当該解約不能期間を基礎としてオペレーティング・リースの収益を計上することは取引実態を正しく反映しない可能性がある。

これらを踏まえ，貸手は，オペレーティング・リースによる貸手のリース料について貸手のリース期間にわたり原則として定額法で計上することとし，貸手のリース期間について会計基準第32項(2)の方法を選択して決定する場合に当該貸手のリース期間に無償賃貸期間が含まれるときは，貸手は，契約期間における使用料の総額（ただし，将来の業績等により変動する使用料を除く。）について契約期間にわたり計上することとした（本適用指針第82項参照）。

(5) 建設協力金等の預り預託保証金

BC122. 本適用指針BC59項に記載のとおり，建設協力金等及び敷金については，これらの項目が，主にリースの締結により生じる項目であるため，これらの具体的な会計処理の定めについては，金融商品実務指針から削除し，本適用指針に定めることとした（本適用指針第83項から第86項参照）。貸手の会計処理については，基本的に企業会計基準第13号の定めを踏襲することとした（会計基準BC13項）ことから，預り預託保証金に関する貸手の会計処理は，金融商品実務指針の定めを踏襲することとした。

5．サブリース取引

(1) 基本となる会計処理

BC123. 中間的な貸手がサブリースの貸手におけるリースの分類を行うにあたり，IFRS第16号ではヘッドリースに係る使用権資産を参照して分類するのに対してTopic 842ではヘッドリースの原資産を参照して分類する違いがある。

本適用指針では，次の理由によりIFRS第16号と同様に中間的な貸手は，サブリースの貸手におけるリースの分類を行うにあたり，ヘッドリースに係る使用権資産を参照して分類することとした（本適用指針第91項参照）。

(1) 貸手が所有している資産そのものをリースする場合と中間的な貸手が使用権資

産をサブリースする場合では経済実態が異なると考えられる。中間的な貸手がリスクと経済価値のほとんどすべてを移転するかどうかを判断する対象は当該中間的な貸手が貸借対照表に計上している資産となると考えられるため，原資産ではなく使用権資産のリスクと経済価値がどの程度借手に移転しているかによりリースを分類することが適切であると考えられる。

(2)　借手の会計処理についてIFRS第16号と同様の単一の会計処理モデルによる（会計基準BC39項）ことと整合的な取扱いとなると考えられる。

BC124.　サブリース取引については，ヘッドリースとサブリースの契約は一般的に別個に交渉されており，中間的な貸手にとってヘッドリースから生じる義務は，一般にサブリースの契約条件によって消滅することはないことから，原則として，ヘッドリースとサブリースを２つの別個の契約として借手と貸手の両方の会計処理を行うこととした（第89項参照）。

BC125.　IFRS第16号においては，前項の会計処理に対する例外は設けられていないが，本適用指針の審議の過程では，一部のサブリース取引について，サブリースの締結後もヘッドリースが有効であることからサブリース取引には該当するものの，中間的な貸手がヘッドリースとサブリースを２つの別個の契約として借手と貸手の両方の会計処理を行うことが適切ではない場合があるとの意見が聞かれ，サブリース取引の例外的な定めとして，中間的な貸手がヘッドリースに対してリスクを負わない場合の取扱いと転リース取引の取扱いを定めることとした（第92項及び第93項参照）。

BC126.　中間的な貸手がヘッドリースに対してリスクを負わない場合の取扱いと転リース取引の取扱いは，それぞれの取扱いにおける適用の要件を定めており，あるサブリース取引が，中間的な貸手がヘッドリースに対してリスクを負わない場合の取扱いと転リース取引の取扱いの両方の要件に該当することは想定していない。

BC127.　本適用指針では，サブリースがファイナンス・リースに該当する場合，中間的な貸手はサブリース取引に係る損益を原則として純額で計上することとしている（第89項(1)参照）。ただし，例えば中間的な貸手が財の販売やサービスの提供を行う中でサブリースを組み合わせて利用するようなときに，財又はサービスに係る収益とサブリースに係る収益を整合的に計上する観点から中間的な貸手はサブリース取引に係る損益を総額で計上する方が適切であると考えられる場合がある。

(2)　中間的な貸手がヘッドリースに対してリスクを負わない場合

BC128.　典型的には我が国の不動産取引において，法的にヘッドリースとサブリースがそれぞれ存在する場合であっても，中間的な貸手がヘッドリースとサブリースを２つの別個の契約として借手と貸手の両方の会計処理を行い，貸借対照表において資産及び負債を計上することが取引の実態を反映しない場合があるとの意見が聞かれた。

BC129. 審議の結果，中間的な貸手が，サブリース取引について，法的に別個に存在する借手及び貸手としての契約を貸借対照表において別個の契約とせずに資産及び負債を計上しないことができる例外を定めることを目的として，国際的な比較可能性を大きく損なわせない範囲で我が国における例外的な取扱いを定めるため，次の３つの要件をいずれも満たす取引のみを例外的な取扱いの対象とすることとした（第92項参照）。

(1) 中間的な貸手は，サブリースの借手からリース料の支払を受けない限り，ヘッドリースの貸手に対してリース料を支払う義務を負わない。

(2) 中間的な貸手のヘッドリースにおける支払額は，サブリースにおいて受け取る金額にあらかじめ定められた料率を乗じた金額である。

(3) 中間的な貸手は，次のいずれを決定する権利も有さない。

① サブリースの契約条件（サブリースにおける借手の決定を含む。）

② サブリースの借手が存在しない期間における原資産の使用方法

(1)及び(2)の要件について，サブリース取引の中には，ヘッドリースにおける支払条件として，サブリースの借手からリース料の支払を受けない限りヘッドリースの貸手に対してリース料を支払う義務を負わず，かつ，サブリースにおいて受け取る金額にあらかじめ定められた料率を乗じた金額とされる場合がある。中間的な貸手におけるヘッドリースへの支払義務が，サブリースからの支払を受けた場合にのみ，その一定割合の金額について生じるとする要件を設けることで，中間的な貸手がヘッドリースに対して一切のリスクを負わず貸借対照表においてヘッドリースのリース負債を計上しないことが適切である限定的な取引を特定することとした。

(3)の要件について，サブリース取引の中には，サブリースの条件についての最終決定権をヘッドリースの貸手が有する場合や，ヘッドリースの契約が存在している期間においても，中間的な貸手がサブリースの対象となる原資産の使用方法を自由に決定できない場合がある。中間的な貸手が，サブリースの契約条件及びサブリースの借手が存在しない期間における原資産の使用方法を決定する権利を有さないとする要件を設けることで，中間的な貸手のヘッドリースに対する権利が限定的であり，貸借対照表において使用権資産を計上しないことが適切である取引を特定することとした。

BC130. 中間的な貸手がヘッドリースに対してリスクを負わない場合の取扱いは，前項のとおり貸借対照表において別個の契約とせずに資産及び負債を計上しないことができる特例を定めるものである。しかしながら，前項の要件はヘッドリースに対して一切のリスクを負わないとする取引を特定するための要件であり，例えば，収益認識適用指針において「企業が在庫リスクを有していること」が本人の指標とされていること（収益認識適用指針第47項(2)）などに鑑みれば代理人として会計処理を行う場合と同様に純額表示することが適切となるとの意見も聞かれたため，次の(1)及び(2)の会計処理を行うことを認めることとした（本適用指針第92項参照）。

(1) 貸借対照表においてヘッドリースにおける使用権資産及びリース負債を計上しない。
(2) 損益計算書において貸手として受け取るリース料と借手として支払うリース料の差額を損益に計上する。

BC131. 収益及び費用の認識時点について，これらの認識は発生時に行うことが原則であるが，当該例外的な取扱いにおける会計処理を定めるにあたっては，サブリースの借手からリース料の支払を受けない限り，中間的な貸手がヘッドリースの貸手にリース料を支払う義務を負わないことをこの例外的な取扱いの要件としたことから，当該要件に合わせる形で，サブリースにおいて受け取るリース料の発生時又はリース料の受領時のいずれか遅い時点で，貸手として受け取るリース料と借手として支払うリース料との差額を損益に計上する会計処理を行うこととした（第92項参照）。

(3) 転リース取引

BC132. 主に機器等のリースについて仲介の役割を果たす中間的な貸手の会計処理として実務に浸透している企業会計基準適用指針第16号における転リース取引の取扱いは，次の理由から，サブリース取引の例外的な取扱いとして，本適用指針において企業会計基準適用指針第16号の定めを変更せずに踏襲することとした（本適用指針第93項参照）。
(1) 貸借対照表上はリース債権又はリース投資資産とリース負債の双方を計上した上で，収益及び費用を純額とする定めであり，借手のすべてのリースについて資産及び負債の計上を求めるとする本適用指針の主たる改正目的についての例外を定めるものではないこと
(2) サブリース取引の会計処理による財務諸表作成者の負担の増加への対応となること

BC133. 企業会計基準適用指針第16号において，転リース取引は，借手としてのリース取引及び貸手としてのリース取引の双方がファイナンス・リース取引に該当する取引を対象としており，本適用指針においてもこの範囲を踏襲することとした。本適用指針においては，借手のリースは分類しないこととしたため，貸手としてのリースがヘッドリースの原資産を参照して分類する場合にファイナンス・リースに該当する場合として定めることとした（本適用指針第93項参照）。

BC134. 企業会計基準適用指針第16号は，「セール・アンド・リースバック取引によるリース物件を，さらに概ね同一の条件で第三者にリースした場合で，当該転リース取引の貸手としてのリース取引がファイナンス・リース取引に該当し，かつ，その取引の実態から判断して当該物件の売買損益が実現していると判断されるときは，その売買損益は繰延処理せずに損益に計上することができる」取扱いを定めていた。
本適用指針では，セール・アンド・リースバック取引が本適用指針第55項を満た

す場合，金融取引として会計処理を行うこととしている。この場合，当該貸手は，このような一連の取引のうちセール・アンド・リースバック取引を金融取引として会計処理を行った上で，当該貸手が第三者との間で行うサブリース取引をファイナンス・リースとして会計処理を行うこととなるものと考えられる。したがって，本適用指針の定めを適用すると，このような一連の取引においては転リース取引にならないと考えられるため，企業会計基準適用指針第16号における当該取扱いを踏襲していない。

BC135. 中間的な貸手がヘッドリースに対してリスクを負わない場合の取扱いと転リース取引の取扱いは，IFRS第16号では定められていないため，IFRS任意適用企業がIFRS第16号の定めを個別財務諸表に用いても基本的に修正を不要とする開発の基本的な方針（BC４項参照）を考慮して，中間的な貸手がヘッドリースに対してリスクを負わない場合の取扱いと転リース取引の取扱いの適用は任意とすることとした（第92項及び第93項参照）。

⑷ サブリースしている場合のヘッドリースに関する簡便的な取扱い

BC136. IFRS第16号においては，借手が資産をサブリースしている場合，ヘッドリースについて少額リースに関する簡便的な取扱いを適用することができない取扱いとされているが，本適用指針においては，実務負担の増加への対応から，当該取扱いは取り入れないこととした。

Ⅳ. 開　示

１．注記事項

⑴ 開示目的

BC137. 会計基準第54項の開示目的を達成するために必要な情報はリースの類型により異なるものであるため，注記する情報は会計基準第55項に掲げる注記事項に限定せずに，会計基準第54項の開示目的を達成するために必要な情報を記載する（本適用指針第94項参照）。借手及び貸手のいずれにも該当する企業は，借手及び貸手としてそれぞれ記載する情報を検討するにあたって，借手及び貸手のそれぞれの立場から開示目的を達成するかどうかを判断する。

IFRS第16号では，多くのリースは，変動リース料，解約及び延長オプション，残価保証など複雑な要素を含んでおり，すべての企業に対する標準的な開示要求のみでは財務諸表利用者のニーズを満たさない可能性が高いことから，開示目的を満たすために必要な追加の定性的情報及び定量的情報の例が示されていることが説明されている。本適用指針においても，リースはさまざまな要素を含む場合があり，標準的な開示要求に加えて，開示目的に照らした追加の情報の注記を求めることとした。また，財務諸表作成者及び監査人の負担の増加を考慮して，追加の情報の注記が必要とされる事項の例を示すこととした（本適用指針第95項及び第96項参照）。

ここで，追加の情報を「リース特有の取引に関する情報」として注記することとしているのは，追加の情報の注記に関して，連結財務諸表を作成している場合の個別財務諸表における注記事項の取扱いを明確にするためである（本適用指針第110項参照）。

⑵ 借手及び貸手の注記

（借手の注記）

会計方針に関する情報

BC138. 重要な会計方針の注記について，企業会計原則注解（注１－２）においては，「財務諸表には，重要な会計方針を注記しなければならない。会計方針とは，企業が損益計算書及び貸借対照表の作成に当たつて，その財政状態及び経営成績を正しく示すために採用した会計処理の原則及び手続並びに表示の方法をいう。」とされている。また，企業会計基準第24号第４－４項は，「財務諸表には，重要な会計方針を注記する。」と定めている。重要な会計方針として注記する内容については，原則として，企業会計原則注解及び企業会計基準第24号に照らして企業が判断するものである。

BC139. 一方，収益認識会計基準においては，少なくとも，企業の主要な事業における主な履行義務の内容及び企業が当該履行義務を充足する通常の時点（収益を認識する通常の時点）について，重要な会計方針として注記することを求めている（収益認識会計基準第80-２項及び第163項）。リースに関する会計方針については，次の理由から，すべての企業について自動的に企業会計原則注解及び企業会計基準第24号に定める「重要な会計方針」として識別される項目はないものと考えた。

⑴ 企業によりリースの利用度合いは異なり，リースの重要性は異なる。

⑵ 会計基準における選択肢の多くは，重要性が乏しい場合を対象としている。

BC140. しかしながら，「重要な会計方針」に該当するか否かにかかわらず，企業による選択を注記することが，財務諸表利用者が企業の財政状態，経営成績及びキャッシュ・フローを評価する上で有用な会計方針については，「リースに関する注記」として注記することが有用な場合があると考え，次の会計処理を選択した場合，「リースに関する注記」において，会計方針に関する情報として注記することを求めることとした（第97項参照）。

⑴ リースを構成する部分とリースを構成しない部分とを分けずに，リースを構成する部分と関連するリースを構成しない部分とを合わせてリースを構成する部分として会計処理を行う選択

⑵ 指数又はレートに応じて決まる借手の変動リース料に関する例外的な取扱いの選択

(3) 借地権の設定に係る権利金等に関する会計処理の選択

リース特有の取引に関する情報

BC141.「リース特有の取引に関する情報」においては，リースが企業の財政状態又は経営成績に与える影響を理解するための情報を注記することとしている（第98項参照）。

BC142. 第99項(1)に掲げる，対応する原資産を自ら所有していたと仮定した場合の表示科目ごとの使用権資産の帳簿価額の開示は，借手のリース活動の性質を理解する上で，また，資産をリースしている企業と資産を購入している企業とを比較する上で有用な情報を提供すると考えられるため，求めることとした。なお，当該開示を行うにあたっては，表示科目との関係が明らかである限りにおいて，より詳細な区分により開示を行うことを妨げないものとした。また，土地及び建物に係るリースについてそれぞれが独立したリース（第16項参照）ではない場合，当該リースについて土地と建物に区分せずに注記することが考えられる。

BC143. 第99項(2)及び(3)並びに第101項(2)②及び③に掲げる次の開示は，企業が代替的な会計処理を選択した場合に求める開示であり，当該注記は，財務諸表利用者が企業の財務諸表の分析を行うことを可能とし，財務諸表利用者が，企業の財政状態，経営成績及びキャッシュ・フローを評価する上で有用であると考えられるため，求めることとした。

(1) 第26項の定めを適用し指数又はレートに応じて決まる借手の変動リース料に関する例外的な取扱いにより会計処理を行ったリースに係るリース負債が含まれる科目及び金額（第99項(2)参照）

(2) 借地権について，第27項ただし書き又は第127項の定めを適用する場合，償却していない旧借地権の設定に係る権利金等又は普通借地権の設定に係る権利金等が含まれる科目及び金額（第99項(3)参照）

(3) 第92項の定めを適用し中間的な貸手がヘッドリースに対してリスクを負わない場合の取扱いにより計上した損益が含まれる科目及び金額（第101項(2)②参照）

(4) 第93項なお書きの定めを適用し転リース取引に係るリース債権又はリース投資資産とリース負債を利息相当額控除前の金額で計上する場合の当該リース債権又はリース投資資産及びリース負債が含まれる科目並びに金額（第101項(2)③参照）

BC144. 本適用指針第100項に掲げる短期リースに係る費用及びリース負債に含めていない借手の変動リース料に係る費用の開示は，資産及び負債が貸借対照表に計上されていないリース料に関する情報を提供すると考えられるため，求めることとした。なお，企業結合日において残りの借手のリース期間が12か月以内であるリースについて取得原価を配分しない場合に企業結合日後に計上した費用を損益計算書において区分して表示していないとき，当該費用について，本適用指針第100項(1)に掲げる短期リースに係る費用の開示に含めて注記する（企業会計基準適用指針第10

号「企業結合会計基準及び事業分離等会計基準に関する適用指針」第61-3項)。

BC145. 短期リース及び少額リースに関する簡便的な取扱いについては，重要性が乏しいことから原則的な取扱いを求めず費用処理する簡便的な取扱いを認めているものであり，重要性が乏しい項目については開示を要求すべきではないとの意見が聞かれた。

BC146. 前項の意見を踏まえ，短期リース及び少額リースに係る費用の開示の要否について検討した。ここで，短期リースについては，借手のリース期間の判断で簡便的な取扱いの対象となるかどうかが変更になることから恣意的な操作の対象となる可能性があると考えられることや，金額的に重要性のあるリース負債がオフバランスとなる可能性があるという点から，財務諸表利用者が財政状態及び経営成績を評価するために有用な情報を提供することになると考え，短期リースに係る費用の開示を求めることとした。一方，少額リースについては，簡便的な取扱いの対象となるかどうかについて，短期リースのような判断は不要であり，また，金額的な重要性が乏しい少額リースを対象としていることから，少額リースに係る費用の開示は求めないこととした。

BC147. 公開草案に対して寄せられたコメントの中には，短期リースかつ少額リースに該当するリースについては短期リースに係る費用の発生額の注記に含めないことを認めるべきとの意見があった。前項に記載のとおり，短期リースに係る費用の開示は金額的に重要性のあるリース負債がオフバランスとなる可能性があることに着目し開示を求めている趣旨及び開示のコストと便益を考慮し，短期リースかつ少額リースに該当するリースについては短期リースに係る費用の発生額の注記に含めないことを認めることとした（第100項⑴参照)。

BC148. 第101項⑴①及び③に掲げるセール・アンド・リースバック取引から生じた売却損益並びに第56項を適用して会計処理を行ったセール・アンド・リースバック取引の主要な条件の開示は，セール・アンド・リースバック取引が有する独特の特徴及び当該取引が借手の経営成績に与える影響をより適切に理解する上で有用であると考えられるため，求めることとした。

BC149. また，第101項⑴②に掲げる第55項を適用して会計処理を行った資産の開示は，資産の処分に関して自己が所有権を有する他の資産と異なると考えられる資産が貸借対照表に計上されていることを明らかにする点で，売手である借手の財政状態を理解する上で有用であると考えられるため，求めることとした。なお，関連する債務を示す科目の名称及び金額の開示については，資産の処分に制限がある場合，債務の返済に充当することはできない点で，これらの情報の有用性が必ずしも明らかではないことから，求めないこととした。

BC150. 第101項⑵①に掲げる使用権資産のサブリースによる収益の開示は，リースに係る費用に関する開示とともに，企業のリース活動の全体的な損益計算書への影響を表し，有用であると考えられるため，求めることとした。

当期及び翌期以降のリースの金額を理解するための情報

BC151. 第102項(1)に掲げるリースに係るキャッシュ・アウトフローの合計額の注記は，リース負債からのキャッシュ・アウトフローとリース負債に計上されていないリースに係るキャッシュ・アウトフローの合計額の注記であり，財務諸表利用者にリースのキャッシュ・フローに関する有用な情報を提供する。当該注記は，財務諸表利用者が，当期及び翌期以降のリースの金額を予測するために有用と考えられるため，求めることとした。

BC152. リースに係るキャッシュ・アウトフローの合計額の注記は，会計期間中に損益計算書に計上されたリースに係る費用及び会計期間中のリース負債の減少額をリースに関するキャッシュ・アウトフローに関連付けて翌期以降のこれらの金額の予測に役立てることを目的としている。したがって，キャッシュ・アウトフローの合計額の注記は，借手のリース料の開示と整合したものとすることとした（第102項(1)参照）。

BC153. また，第102項(2)に掲げる使用権資産の増加額の注記は，使用権資産及び所有資産に対しての設備投資に関する比較可能な情報を提供し，当期及び翌期以降のリースによる設備投資の金額を理解するために有用な情報を提供すると考えられるため，求めることとした。

BC154. さらに，第102項(3)に掲げる，対応する原資産を自ら所有していたと仮定した場合に貸借対照表において表示するであろう科目ごとの使用権資産に係る減価償却の金額の注記は，借手のリース活動の性質を理解する上で，また，資産をリースしている企業と資産を購入している企業とを比較する上で有用な情報を提供すると考えられるため，求めることとした。なお，当該開示を行うにあたっては，貸借対照表において表示するであろう科目との関係が明らかである限りにおいて，より詳細な区分により開示を行うことを妨げないものとした。また，土地及び建物に係るリースについてそれぞれが独立したリース（第16項参照）ではない場合，当該リースに係る使用権資産の減価償却の金額については土地部分と建物部分に区分せずに注記することが考えられる。

（貸手の注記）

リース特有の取引に関する情報

BC155. 本適用指針第104項(1)及び(2)に掲げるリース料債権部分及び見積残存価額部分の金額並びに受取利息相当額の開示は，財務諸表利用者がリース債権及びリース投資資産の構成要素を理解することを可能にする有用な情報を提供すると考えられるため，求めることとした。なお，企業会計基準第13号においては，リース債権の構成要素に係る開示を求めていなかったが，リース投資資産とは性質の異なるリース債権について，リース料債権部分と受取利息相当額を区分した情報が財務諸表利用者にとって有用であることから，リース債権についても構成要素の開示を求めることとした。

BC156. また，第105項及び第108項に掲げる将来の業績等により変動する使用料に係る収益の開示は，ファイナンス・リースにおいてリース債権及びリース投資資産に計上されていないリース料並びにオペレーティング・リースにおいて定額法で計上する対象とならないリース料に関して，会計期間中に認識されたリース収益について構成要素に分解して開示することで，会計期間中に認識した収益の内訳を財務諸表利用者が理解することを可能にする有用な情報を提供すると考えられるため，求めることとした。

当期及び翌期以降のリースの金額を理解するための情報

BC157. 本適用指針第106項(1)及び(2)に掲げるリース債権及びリース投資資産の残高に重要な変動がある場合のその内容の開示は，収益認識会計基準において契約資産及び契約負債の残高並びにそれらに重要な変動がある場合にその内容の注記が求められていることと同様に，財務諸表利用者がリース債権及びリース投資資産の重要な変動を理解することを可能にする有用な情報を提供すると考えられるため，求めることとした。

BC158. 前項の注記については，例えば，リース債権及びリース投資資産の残高の重要な変動が１つの要因で発生している場合，金額的な影響額を開示しなくても，当該要因が重要な変動の主要因であることを開示することにより，財務諸表利用者に有用な情報が開示される場合もあると考えられるため，当該注記には必ずしも定量的情報を含める必要はないこととした（第107項なお書き参照）。

BC159. 第106項(3)及び(4)に掲げるリース料債権部分の回収予定額並びに第109項に掲げる貸手のリース料の受取予定額を一定の期間に区分した開示は，財務諸表利用者が将来のリースのキャッシュ・フローの予測と流動性の見積りを正確に行うことを可能にする有用な情報を提供すると考えられるため，求めることとした。

２．連結財務諸表を作成している場合の個別財務諸表における表示及び注記事項

BC160. これまで当委員会では，原則として，会計基準等の開発を行う際に，会計処理については，連結財務諸表と個別財務諸表の両方に同様に適用されるものとして開発してきているが，注記事項については，会計基準ごとに，個別財務諸表において連結財務諸表の内容をどの程度取り入れるかを定めてきている。

BC161. また，金融商品取引法（昭和23年法律第25号）に基づき作成される個別財務諸表については，2013年６月20日に企業会計審議会から公表された「国際会計基準（IFRS）への対応のあり方に関する当面の方針」の内容を踏まえ簡素化が図られてきている。

BC162. 連結財務諸表を作成している場合の個別財務諸表における会計基準及び本適用指針に関する表示及び注記事項については，これまでの簡素化の趣旨，財務諸表利用者が個別財務諸表におけるリースの状況を分析できるようにする観点及び財務諸表作成者の負担等を考慮し，会計基準第55項⑴①に記載した「会計方針に関する情報」について注記を求めることとした（本適用指針第110項参照)。ただし，「会計方針に関する情報」を記載するにあたり，連結財務諸表における記載を参照することができることとした（本適用指針第111項参照)。

V. 適用時期等

1. 経過措置

⑴ 企業会計基準第13号を適用する際の経過措置
（リース取引開始日が企業会計基準第13号の適用初年度開始前である所有権移転外ファイナンス・リース取引の取扱い）

BC163. 会計基準及び本適用指針の開発にあたり，企業会計基準第13号を定めたときの経過措置の取扱いについて検討を行った。

この点，借手及び貸手について，企業会計基準第13号を定めたときの経過措置を会計基準及び本適用指針においても継続する場合，借手のすべてのリースについて資産及び負債を計上するという，会計基準の主たる目的が一部のリースについて達成されないこととなる。

しかしながら，これらの経過措置は，企業会計基準第13号を定めたときに認めることとした簡便的な取扱いであり，会計基準の適用に伴い当該簡便的な取扱いを認めないことにより，これらの経過措置を適用してきたリースの会計処理についてコストが増加することが想定される。したがって，企業会計基準第13号を定めたときの経過措置を，会計基準及び本適用指針においても認めることとした（本適用指針第113項から第117項参照)。

⑵ 会計基準を適用する際の経過措置

BC164. IFRS第16号においては，適用初年度における実務上の負担を軽減するためにさまざまな経過措置が設けられている。IFRS第16号において経過措置が置かれている趣旨を考慮し，会計基準の経過措置においても，我が国の会計基準を基礎とした場合に関連すると考えられるIFRS第16号の経過措置を可能な限り取り入れることとした。IFRS第16号の経過措置を取り入れるにあたっては，企業会計基準第13号の会計処理からの移行であることを考慮し，IFRS第16号の経過措置の一部について修正を行っている（本適用指針第118項から第126項及び第131項から第133項参照)。

（リースの識別）

BC165. 会計基準におけるリースの識別の定め（会計基準第25項及び第26項）は企業会計基準第13号では置かれていなかった定めである。会計基準の適用によってこれまで企業会計基準第13号により会計処理されていなかった契約にリースが含まれると判断される場合があると考えられる。ここで，リースの識別の定めに基づき契約がリースを含むか否かの判断について，経過措置を定めない場合，新たな会計方針を過去の期間のすべてに遡及適用することになり，相当のコストが生じることとなると考えられる。したがって，本適用指針の経過措置では，リースの識別について，次の⑴及び⑵の方法のいずれか又は両方を適用することができることとした（本適用指針第119項参照）。

⑴　適用初年度の前連結会計年度及び前事業年度の期末日において企業会計基準第13号を適用しているリース取引に，会計基準第25項及び第26項並びに本適用指針第５項から第８項を適用して契約にリースが含まれているか否かを判断することを行わずに会計基準を適用すること

⑵　適用初年度の期首時点で存在する企業会計基準第13号を適用していない契約にリースが含まれているか否かを，当該時点で存在する事実及び状況に基づいて会計基準第25項及び第26項並びに本適用指針第５項から第８項を適用して判断すること

BC166. 前項に記載したリースの識別に関する経過措置に関して，IFRS第16号では，実務上の便法として，契約がリースを含むか否かを見直さないことを選択できる経過措置が置かれている。この点について，IFRS第16号の結論の根拠では，従前の基準書とIFRS第16号との適用結果の差異が限定的であり，すべてのリースを見直すことを要求することによるコストが正当化されないために，IFRS第16号の経過措置が設けられたことが説明されている。

一方，前項に記載のとおり，会計基準におけるリースの識別の定めを適用することにより，これまで企業会計基準第13号により会計処理されていなかった契約にリースが含まれると判断される場合があると考えられる。

このような我が国の会計基準とIFRSとの背景の違いを考慮した結果，本適用指針におけるリースの識別に関する経過措置について，IFRS第16号とは異なる経過措置を取り入れることとした。

（借　手）

オペレーティング・リース取引に分類していたリース等

BC167. 本適用指針第123項⑵①を適用してリース開始日から会計基準を適用されていたかのような帳簿価額を算定する場合，本適用指針第123項⑶及び⑷並びに第124項の取扱いを除き，リース開始日の使用権資産及びリース負債の計上額に係る定め並びにリース開始日後における使用権資産の償却，リースの契約条件の変更等に係

る定めを適用して算定することになると考えられる。

借地権の設定に係る権利金等

BC168. 借手の権利が強く保護されている旧借地権又は普通借地権の設定対価については，減価しない土地の一部取得に準ずるとの見方がある（本適用指針BC52項(1)参照）。これまで我が国の会計基準においては，借地権の設定に係る権利金等に係る会計処理は明らかではなかった。このため，旧借地権の設定に係る権利金等又は普通借地権の設定に係る権利金等について，仮に使用権資産の取得価額に含めて減価償却を行う原則的な会計処理（本適用指針第27項第１段落参照）を一律に求める場合，当該権利金等の支払に関する契約の締結時の企業の意図が会計処理に適切に反映されなくなる可能性がある。

また，本適用指針の適用を機に当該原則的な会計処理を行うことは，本適用指針の適用後において当該権利金等について減価償却を行わないものとして取り扱う例外的な会計処理（本適用指針第27項ただし書き参照）を認めていることから，本適用指針の適用後に新たに支払う権利金等についてのみ減価償却を行うとしても，財務報告の改善を図る一定の効果があると考えられる。

したがって，当該原則的な取扱いを適用する借手が会計基準の適用初年度の期首に計上されている旧借地権の設定に係る権利金等及び普通借地権の設定に係る権利金等を償却していなかった場合，当該権利金等を使用権資産の取得価額に含めた上で，当該権利金等のみ償却しないことができることとした（本適用指針第127項参照）。

BC169. 旧借地権の設定に係る権利金等又は普通借地権の設定に係る権利金等について，本適用指針の適用前においては償却しない会計処理を選択していた場合に，使用権資産の取得価額に含めて減価償却を行う原則的な会計処理（第27項第１段落参照）を選択するとき，第118項ただし書きの方法を適用すると，当該権利金等の適用初年度の期首残高をリース開始日から本適用指針が適用されていたかのような帳簿価額により計上することになる。旧借地権又は普通借地権が設定されている土地の賃貸借契約においては，事後的にリース開始日を確認することが実務上困難である可能性があるため，当該権利金等を計上した日から借手のリース期間の終了までの期間で償却するものとして，当該権利金等を計上した日から償却した帳簿価額で算定することができることとした（第129項参照）。

なお，第118項ただし書きの方法を適用する場合に，当該権利金等に残存価額を設定する（BC54項参照）ときには，適用初年度の期首時点において見積った残存価額によることができるものと考えられる。

建設協力金等の差入預託保証金

BC170. 本適用指針においては，将来返還される建設協力金等の差入預託保証金（敷金を除く。）及び差入預託保証金（建設協力金等及び敷金）のうち将来返還されない額について，次の理由から，本適用指針の適用前に採用していた会計処理を継続することができることとした（本適用指針第130項第１段落参照）。

(1)　本適用指針における原則的な会計処理を本適用指針の適用前に締結された契約に対して一律に求める場合，当初の企業の契約の意図が反映されなくなる可能性がある。特に，建設協力金については，2024年改正前の金融商品実務指針において，長期前払家賃を償却する期間及び返済額と建設協力金の時価との差額を受取利息として計上する期間はいずれも「契約期間」として定められており，建設協力金を伴う賃貸借契約における単一の契約期間により，長期前払家賃の償却及び受取利息の計上を行うことを前提として契約が行われている場合があると考えられる。

(2)　財務諸表作成者による遡及適用のコスト及び財務諸表利用者の便益を比較した場合，必ずしも後者が前者を上回るとは考えられない。

また，将来返還される建設協力金等の差入預託保証金（敷金を除く。）に係る長期前払家賃及び差入預託保証金（建設協力金等及び敷金）のうち将来返還されない額について，本適用指針の適用初年度の前連結会計年度及び前事業年度の期末日の帳簿価額を適用初年度の期首における使用権資産に含めて会計処理を行うことができることとした（本適用指針第130項第２段落参照）。

（貸　手）

オペレーティング・リース取引に分類していたリース等

BC171.　貸手のオペレーティング・リースの会計処理については，企業会計基準第13号においては，「通常の賃貸借取引に係る方法に準じて会計処理を行う」ことのみを定めていた。一方，本適用指針においては収益認識会計基準との整合性も考慮し，原則として定額法で会計処理を行うこととした（本適用指針第82項参照）。この会計処理の変更は，主に不動産契約におけるフリーレントやレントホリデーの会計処理に影響が生じると想定しており（本適用指針BC121項参照），オペレーティング・リース取引に分類していたリース等の経過措置を置くことで，フリーレント期間が終了している不動産契約は修正が求められないこととなる（本適用指針第132項参照）。

（国際財務報告基準を適用している企業）

BC172.　IFRSを連結財務諸表に適用している企業（又はその連結子会社）が当該企業の個別財務諸表に会計基準を適用する場合には，実務上の負担を軽減する観点から，当該企業がIFRS第16号を適用した際に適用した経過措置の定めを適用可能とするため，会計基準の適用初年度において，IFRS第16号の経過措置又はIFRS第１号の免除規定を適用することができるとの定めを本適用指針に含めることとした

(本適用指針第134項第１段落参照)。

なお，本適用指針はセール・アンド・リースバック取引についてIFRS第16号と異なる会計処理を定めているため，本適用指針第134項の経過措置を適用する場合であっても，本適用指針第126項の定めを適用することになると考えられる。

これらの定めを適用する場合，連結会社相互間におけるリースとして相殺消去されたリースに本適用指針第118項から第133項の定めを適用することができる（本適用指針第135項参照)。

設　例

本適用指針の設例は，会計基準及び本適用指針で示された内容についての理解を深めるために参考として示すものである。各設例に示されている会計処理は，本適用指針に従って具体的な会計処理や開示の実務を行うための手掛かりを与えるための例示であり，各企業のリースの実情等に応じ，以下に例示されていない会計処理も適当と判断される場合があることに留意する必要がある。

Ⅰ．リースの識別

［設例１］リースの識別に関するフローチャート

リースを含むかどうかの判断

契約の締結時に，契約の当事者は，当該契約がリースを含むか否かを判断する。契約は，⑴資産が特定され，かつ，⑵特定された資産の使用を支配する権利を移転する場合にリースを含む（第５項参照）。

⑴　資産が特定されているかどうかの判断

資産は，通常は契約に明記されることにより特定される。ただし，資産が契約に明記されている場合であっても，サプライヤーが，①使用期間全体を通じて当該資産を代替する実質上の能力を有し（第６項⑴参照），かつ，②資産の代替により経済的利益を享受する場合（第６項⑵参照），サプライヤーは資産を代替する実質的な権利を有しており，当該資産は特定された資産に該当しない。

⑵　資産の使用を支配する権利が移転しているかどうかの判断

顧客が，特定された資産の使用期間全体を通じて，①資産の使用から生じる経済的利益のほとんどすべてを享受する権利を有し（第５項⑴参照），かつ，②資産の使用を指図する権利を有する場合（第５項⑵参照），資産の使用を支配する権利が移転する。

顧客は，次のいずれかの場合に，使用期間全体を通じて特定された②資産の使用を指図する権利を有している。

㈠　顧客が使用期間全体を通じて使用から得られる経済的利益に影響を与える資産の使用方法を指図する権利を有している（第８項⑴参照）。

㈡　使用から得られる経済的利益に影響を与える資産の使用方法に係る決定が事前になされている場合に，(ⅰ)顧客のみが資産の稼働に関する権利を有しているか，又は，(ⅱ)資産の設計を行っている（第８項⑵参照）。

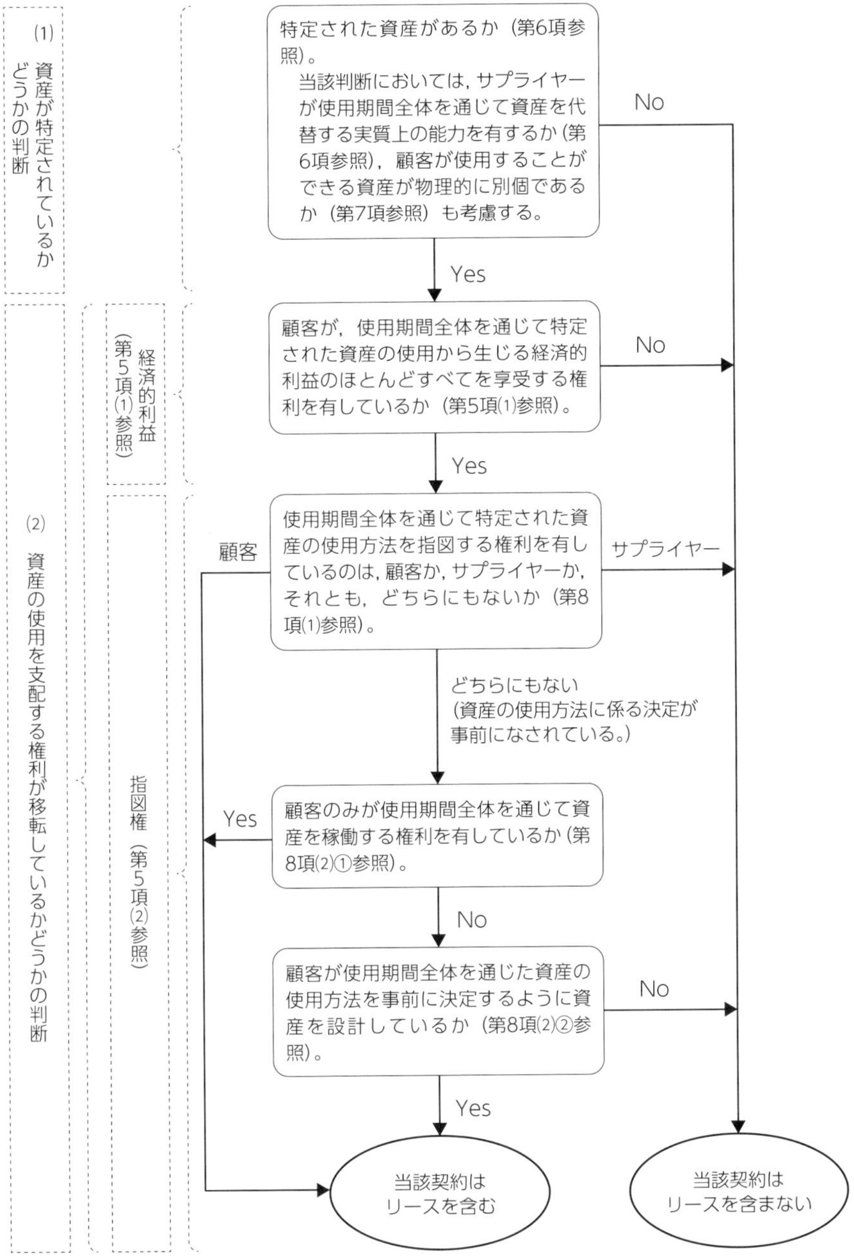
(1) 資産が特定されているかどうかの判断
特定された資産があるか（第6項参照）。
当該判断においては，サプライヤーが使用期間全体を通じて資産を代替する実質上の能力を有するか（第6項参照），顧客が使用することができる資産が物理的に別個であるか（第7項参照）も考慮する。
No
Yes
(2) 資産の使用を支配する権利が移転しているかどうかの判断
経済的利益（第5項(1)参照）
顧客が，使用期間全体を通じて特定された資産の使用から生じる経済的利益のほとんどすべてを享受する権利を有しているか（第5項(1)参照）。
No
Yes
指図権（第5項(2)参照）
使用期間全体を通じて特定された資産の使用方法を指図する権利を有しているのは，顧客か，サプライヤーか，それとも，どちらにもないか（第8項(1)参照）。
顧客
サプライヤー
どちらにもない
(資産の使用方法に係る決定が事前になされている。)
顧客のみが使用期間全体を通じて資産を稼働する権利を有しているか（第8項(2)①参照）。
Yes
No
顧客が使用期間全体を通じた資産の使用方法を事前に決定するように資産を設計しているか（第8項(2)②参照）。
No
Yes
当該契約はリースを含む
当該契約はリースを含まない

［設例２］鉄道車両（特定された資産）

［設例2-1］資産を他の資産に代替する権利が実質的である場合

前提条件

1．A社（顧客）は，５年間にわたり所定の数量の物品を所定の日程で輸送することを依頼する契約を貨物輸送業者であるB社（サプライヤー）と締結した。この輸送量は，顧客が５年間にわたって10両の鉄道車両を使用することに相当するが，契約では鉄道車両の種類のみが指定されている。

2．B社は，複数の鉄道車両を所有しており，輸送する物品の日程及び内容に応じて使用する鉄道車両を決定する。

リースを含むかどうかの判断

契約は，⑴資産が特定され，かつ，⑵特定された資産の使用を支配する権利を移転する場合にリースを含む。

⑴　資産が特定されているかどうかの判断

サプライヤーが，①使用期間全体を通じて資産を他の資産に代替する実質上の能力を有し（第６項⑴参照），かつ，②資産を代替する権利の行使により経済的利益を享受する場合（第６項⑵参照），サプライヤーは資産を代替する実質的な権利を有しており，資産は特定されていない。

①　サプライヤーが使用期間全体を通じて資産を他の資産に代替する実質上の能力

B社は，複数の鉄道車両を有しており，A社の承認なしに鉄道車両を入れ替えることができるため，B社は，使用期間全体を通じて資産を他の資産に代替する実質上の能力を有している。すなわち，第６項⑴が満たされている。

②　サプライヤーが資産を代替する権利の行使により経済的利益を享受すること

①により，第６項⑴が満たされているため，サプライヤーが資産の代替により経済的利益を享受するかを判断する。

B社はどの鉄道車両を使用するかを決定することでB社の業務の効率化を図っており，鉄道車両を他のものに代替することからもたらされる経済的利益が代替することから生じるコストを上回るように決定するため，B社は，資産を代替する権利の行使により経済的利益を享受することになる。すなわち，第６項⑵が満たされている。

①及び②により，第６項⑴及び⑵のいずれも満たされているため，A社及びB社は契約において資産は特定されていないと判断した。

⑵　資産の使用を支配する権利が移転しているかどうかの判断

⑴により，資産が特定されていないため，資産の使用を支配する権利が移転しているかどうかの判断は行わない。

⑶　リースを含むかどうかの判断

⑴により，資産が特定されていないため，A社及びB社は契約にリースは含まれていないと判断した。

［設例2-2］　資産を他の資産に代替する権利が実質的でない場合

> 前提条件
> 1．A社（顧客）は，5年間にわたり鉄道車両を使用する契約を貨物輸送業者であるB社（サプライヤー）と締結した。鉄道車両は契約で指定されている。
> 2．B社は，保守又は修理が必要な場合，鉄道車両を入れ替えることが求められるが，それ以外の場合には鉄道車両を入れ替えることはできない。
> 3．A社は，使用期間全体を通じて鉄道車両を独占的に使用することができる。
> 4．A社は，使用期間全体を通じて鉄道車両の使用を指図する権利を有している。すなわち，第5項⑵が満たされている。

リースを含むかどうかの判断

契約は，⑴資産が特定され，かつ，⑵特定された資産の使用を支配する権利を移転する場合にリースを含む。

⑴　資産が特定されているかどうかの判断

サプライヤーが，①使用期間全体を通じて資産を他の資産に代替する実質上の能力を有し（第6項⑴参照），かつ，②資産を代替する権利の行使により経済的利益を享受する場合（第6項⑵参照），サプライヤーは資産を代替する実質的な権利を有しており，資産は特定されていない。

①　サプライヤーが使用期間全体を通じて資産を他の資産に代替する実質上の能力

B社が鉄道車両の入替えを行うことができるのは，保守又は修理が必要な場合のみであるため，B社は使用期間全体を通じて資産を他の資産に代替する実質上の能力を有していない。すなわち，第6項⑴が満たされていない。

①により，第6項⑴が満たされていないため，A社及びB社は契約において資産は特定されていると判断した（第6項⑵の判断は行っていない。）。

⑵　資産の使用を支配する権利が移転しているかどうかの判断

顧客が，特定された資産の使用期間全体を通じて，①資産の使用から生じる経済的利益のほとんどすべてを享受する権利を有し（第５項⑴参照），かつ，②資産の使用を指図する権利を有する場合（第５項⑵参照），資産の使用を支配する権利が移転する。

①　顧客が資産の使用から生じる経済的利益のほとんどすべてを享受する権利

Ａ社は，５年の使用期間全体を通じて鉄道車両を独占的に使用することができるため，５年の使用期間全体を通じて特定された資産の使用から生じる経済的利益のほとんどすべてを享受する権利を有している。すなわち，第５項⑴が満たされている。

②　顧客が資産の使用を指図する権利

①により，第５項⑴が満たされているため，顧客が資産の使用を指図する権利を有するかを判断する。

ここでは，前提条件４より，Ａ社は，使用期間全体を通じて鉄道車両の使用を指図する権利を有している。すなわち，第５項⑵が満たされている。

①及び②により，使用期間全体を通じて第５項⑴及び⑵のいずれも満たされているため，Ａ社及びＢ社は鉄道車両の使用を支配する権利がＢ社からＡ社に移転していると判断した。

⑶　リースを含むかどうかの判断

⑴により，資産が特定され，かつ，⑵により，特定された資産の使用を支配する権利がＢ社からＡ社に移転しているため，Ａ社及びＢ社は契約にリースが含まれていると判断した。

［設例３］　小売区画（特定された資産）

［設例3-1］資産を他の資産に代替する権利が実質的である場合

前提条件
1．Ａ社（顧客）は，３年間にわたり，自社の商品を販売するために空港内の搭乗エリアにある区画を使用する契約を，空港運営会社であるＢ社（サプライヤー）と締結した。Ａ社が使用できる面積及び割り当てられた区画は，契約で指定されている。
2．空港内には，利用可能で契約に定める区画の仕様を満たす多くの区画が存在する。Ｂ社は，Ａ社に割り当てた区画を使用期間中いつでも変更する権利を有しており，状況変化に対応するようにＡ社に割り当てた区画を変更することで，空港内の搭乗エリアにおける区画を最も有効に利用でき，経済的利益を得ることとなる。
3．A社は，商品を販売するために，容易に移動可能な売店（A社が所有）を使用することが求められている。A社に割り当てた区画の変更に関連するB社が負担するコストは限定的であるため，区画の変更によるB社の経済的利益はコストを上回ると見込まれる。

リースを含むかどうかの判断

契約は，(1)資産が特定され，かつ，(2)特定された資産の使用を支配する権利を移転する場合にリースを含む。

(1)　資産が特定されているかどうかの判断

サプライヤーが，①使用期間全体を通じて資産を他の資産に代替する実質上の能力を有し（第6項(1)参照），かつ，②資産を代替する権利の行使により経済的利益を享受する場合（第6項(2)参照），サプライヤーは資産を代替する実質的な権利を有しており，資産は特定されていない。

①　サプライヤーが使用期間全体を通じて資産を他の資産に代替する実質上の能力

空港内の搭乗エリアには契約に定められた仕様を満たす多くの区画が存在しており，B社は，A社の承認なしにA社が使用する区画をいつでも契約に定められた仕様を満たす他の区画に変更する権利を有しているため，B社は使用期間全体を通じて資産を他の資産に代替する実質上の能力を有している。すなわち，第6項(1)が満たされている。

②　サプライヤーが資産を代替する権利の行使により経済的利益を享受すること

①により，第6項(1)が満たされているため，サプライヤーが資産の代替により経済的利益を享受するかを判断する。

前提条件3より，B社は区画の入替えを行うことで，コストを上回る経済的利益を享受すると見込まれるため，B社は資産を代替する権利の行使により経済的利益を享受することになる。すなわち，第6項(2)が満たされている。

①及び②により，第6項(1)及び(2)のいずれも満たされているため，A社及びB社は契約において資産は特定されていないと判断した。

(2)　資産の使用を支配する権利が移転しているかどうかの判断

(1)により，資産が特定されていないため，資産の使用を支配する権利が移転しているかどうかの判断は行わない。

⑶　リースを含むかどうかの判断

⑴により，資産が特定されていないため，A社及びB社は契約にリースは含まれていないと判断した（資産の使用を支配する権利が移転しているかどうかの判断は行っていない。）。

［設例3-2］資産を他の資産に代替する権利が実質的でない場合

前提条件
1．A社（顧客）は，5年間にわたり，不動産物件の小売エリア内にある区画Xを使用する契約を，当該不動産物件の所有者であるB社（サプライヤー）と締結した。A社が使用できる面積，区画の仕様及び割り当てられた区画は，契約で指定されている。 2．B社は，A社に対して割り当てた区画Xを使用期間中いつでも変更する権利を有しているが，B社は契約で定められた面積及び仕様を満たす区画を提供し，A社の移転から生じるコストを全額負担する必要がある。 3．B社が当該移転コストを上回る経済的利益を享受することができるのは，B社が新たな大口テナントと小売エリア内の区画を使用する契約を締結したときのみであり，A社との契約時点において，このような状況が生じる可能性は高くないことが見込まれる。 4．A社は，使用期間全体を通じて区画Xを独占的に使用することができる。 5．A社は，使用期間全体を通じて区画Xの使用を指図する権利を有している。すなわち，第5項⑵が満たされている。

リースを含むかどうかの判断

契約は，⑴資産が特定され，かつ，⑵特定された資産の使用を支配する権利を移転する場合にリースを含む。

⑴　資産が特定されているかどうかの判断

サプライヤーが，①使用期間全体を通じて資産を他の資産に代替する実質上の能力を有し（第6項⑴参照），かつ，②資産を代替する権利の行使により経済的利益を享受する場合（第6項⑵参照），サプライヤーは資産を代替する実質的な権利を有しており，資産は特定されていない。

①　サプライヤーが使用期間全体を通じて資産を他の資産に代替する実質上の能力

B社は，A社が使用する区画をいつでも契約に定められた仕様を満たす他の区画に変更する権利を有しているため，B社は使用期間全体を通じて資産を他の資産に代替する実質上の能力を有している。すなわち，第6項⑴が満たされている。

②　サプライヤーが資産を代替する権利の行使により経済的利益を享受すること

①により，第6項(1)が満たされているため，サプライヤーが資産の代替により経済的利益を享受するかを判断する。

B社が区画の入替えから生じるコストを上回る経済的利益を享受することができるのは，B社が新たな大口テナントと小売エリア内の区画を使用する契約を締結したときのみであり，前提条件3のとおり，その状況の生じる可能性は高くないことが見込まれることから，当該資産を他の資産に代替することからもたらされる経済的利益が，代替することから生じるコストを上回ることは見込まれない。したがって，B社は，資産を代替する権利の行使により経済的利益を享受することとならない。すなわち，第6項(2)が満たされていない。

①により，第6項(1)は満たされているが，②により，第6項(2)が満たされていないため，①及び②の両方を満たす契約ではなく，A社及びB社は契約において資産は特定されていると判断した。

(2)　資産の使用を支配する権利が移転しているかどうかの判断

顧客が，特定された資産の使用期間全体を通じて，①資産の使用から生じる経済的利益のほとんどすべてを享受する権利を有し（第5項(1)参照），かつ，②資産の使用を指図する権利を有する場合（第5項(2)参照），資産の使用を支配する権利が移転する。

①　顧客が資産の使用から生じる経済的利益のほとんどすべてを享受する権利

A社は，5年の使用期間全体を通じて区画Xを独占的に使用することができるため，5年の使用期間全体を通じて資産の使用から生じる経済的利益のほとんどすべてを享受する権利を有している。すなわち，第5項(1)が満たされている。

②　顧客が資産の使用を指図する権利

①により，第5項(1)が満たされているため，顧客が資産の使用を指図する権利を有するかを判断する。

ここでは，前提条件5より，A社は，5年の使用期間全体を通じて区画Xの使用を指図する権利を有している。すなわち，第5項(2)が満たされている。

①及び②により，使用期間全体を通じて第5項(1)及び(2)のいずれも満たされているため，A社及びB社は割り当てられた区画Xの使用を支配する権利がB社からA社に移転していると判断した。

(3)　リースを含むかどうかの判断

(1)により，資産が特定され，かつ，(2)により，特定された資産の使用を支配する権利がB社からA社に移転しているため，A社及びB社は契約にリースが含まれていると判断した。

［設例４］ガスの貯蔵タンク（特定された資産）

［設例4-1］稼働能力部分が特定された資産に該当しない場合

前提条件
1．A社（顧客）は，B社が指定する貯蔵タンクにガスを貯蔵する契約をガスの貯蔵タンクを保有するB社（サプライヤー）と締結した。 2．貯蔵タンク内は物理的に区分されておらず，A社は，契約期間にわたりB社が指定する貯蔵タンクの容量の70％まで，ガスを貯蔵する権利を有している。 3．貯蔵タンクの容量の残りの30％については，B社がガスを貯蔵することができる（他の顧客にガスを貯蔵する権利を与えることもできる。）。

リースを含むかどうかの判断

契約は，(1)資産が特定され，かつ，(2)特定された資産の使用を支配する権利を移転する場合にリースを含む。

(1) 資産が特定されているかどうかの判断

顧客が使用できる資産が物理的に別個のものではなく，資産の稼働能力の一部分である場合，当該資産の稼働能力部分は特定された資産に該当しない。ただし，顧客が使用することができる資産の稼働能力が，当該資産の稼働能力のほとんどすべてであることにより，顧客が当該資産の使用から生じる経済的利益のほとんどすべてを享受する権利を有する場合，当該資産の稼働能力部分は特定された資産に該当する（第7項参照）。

A社が使用できるB社が指定する貯蔵タンクの容量の70％は，物理的に別個のものではなく，また，貯蔵タンクの容量の70％は貯蔵タンクの容量全体のほとんどすべてに該当しない。A社が使用することができる資産の稼働能力は，当該資産の稼働能力のほとんどすべてに該当しないため，A社は貯蔵タンクの使用から生じる経済的利益のほとんどすべてを享受する権利を有することとはならない。したがって，A社及びB社は，契約においてA社が使用できる稼働能力部分は，特定された資産に該当しないと判断した。

(2) リースを含むかどうかの判断

(1)により，資産が特定されていないため，A社及びB社は契約にリースは含まれていないと判断した（資産の使用を支配する権利が移転しているかどうかの判断は行っていない。）。

［設例4-2］稼働能力部分が特定された資産に該当する場合

前提条件
1．［設例4－1］の前提条件2及び3において，A社は貯蔵タンクの容量の99.9%まで，ガスを貯蔵する権利を有しているものとし，また，その他の前提条件は［設例4－1］と同様とする。
2．A社は，使用期間全体を通じて貯蔵タンクの使用を指図する権利を有している。すなわち，第5項(2)が満たされている。

リースを含むかどうかの判断

契約は，(1)資産が特定され，かつ，(2)特定された資産の使用を支配する権利を移転する場合にリースを含む。

(1)　資産が特定されているかどうかの判断

顧客が使用できる資産が物理的に別個のものではなく，資産の稼働能力の一部分である場合，当該資産の稼働能力部分は特定された資産に該当しない。ただし，顧客が使用することができる資産の稼働能力が，当該資産の稼働能力のほとんどすべてであることにより，顧客が当該資産の使用から生じる経済的利益のほとんどすべてを享受する権利を有する場合，当該資産の稼働能力部分は特定された資産に該当する（第7項参照）。

A社が使用できるB社が指定する貯蔵タンクの容量の99.9%は，物理的に別個のものではないものの，貯蔵タンクの容量の99.9%は貯蔵タンクの容量全体のほとんどすべてに該当する。A社が使用することができる資産の稼働能力が，当該資産の稼働能力のほとんどすべてに該当することにより，A社は貯蔵タンクの使用から生じる経済的利益のほとんどすべてを享受する権利を有することとなる。したがって，A社及びB社は，契約においてA社が使用できる稼働能力部分は，特定された資産に該当すると判断した。

(2)　資産の使用を支配する権利が移転しているかどうかの判断

顧客が，特定された資産の使用期間全体を通じて，①資産の使用から生じる経済的利益のほとんどすべてを享受する権利を有し（第5項(1)参照），かつ，②資産の使用を指図する権利を有する場合（第5項(2)参照），資産の使用を支配する権利が移転する。

①　顧客が資産の使用から生じる経済的利益のほとんどすべてを享受する権利

A社が使用することができる貯蔵タンクの稼働能力は，当該資産の稼働能力のほとんどすべてであるため，A社は使用期間全体を通じて資産の使用から生じる経済的利益のほとんどすべてを享受する権利を有している。すなわち，第５項⑴が満たされている。

② 顧客が資産の使用を指図する権利

①により，第５項⑴が満たされているため，顧客が資産の使用を指図する権利を有するかを判断する。

ここでは，前提条件２より，Ａ社は，使用期間全体を通じて当該貯蔵タンクの使用を指図する権利を有している。すなわち，第５項⑵が満たされている。

①及び②により，使用期間全体を通じて第５項⑴及び⑵のいずれも満たされているため，Ａ社及びＢ社は当該貯蔵タンクの使用を支配する権利がＢ社からＡ社に移転していると判断した。

⑶ リースを含むかどうかの判断

⑴により，資産が特定され，かつ，⑵により，特定された資産の使用を支配する権利がＢ社からＡ社に移転しているため，Ａ社及びＢ社は契約にリースが含まれていると判断した。

［設例５］ネットワーク・サービス（使用を指図する権利）

［設例5-1］顧客が資産の使用を指図する権利を有していない場合

前提条件

1．Ａ社（顧客）は，２年間にわたりＢ社（サプライヤー）が提供するネットワーク・サービスを利用する契約を締結した。

2．Ｂ社は，ネットワーク・サービスを提供するために，Ａ社の敷地にサーバーを設置する。

3．Ｂ社は，Ａ社との契約で定められたネットワーク・サービスの水準を満たすようにデータの通信速度を決定し，必要に応じてサーバーの入替えを行うことができる。

4．Ａ社は，契約の締結時にネットワーク・サービスの水準を決定することができる。ただし，契約変更を行わない限り，使用期間全体を通じて，契約で定められたネットワーク・サービスの水準を変更することができない。

5．Ａ社は，サーバーを使用してどのようにデータを送信するのか，サーバーを再設定するのか，他の目的でサーバーを使用するのかどうかなどのサーバーの使用方法に関する重要な決定は行わない。

6．Ａ社は，設計に関与しておらず，サーバーを稼働する権利も有しない。

リースを含むかどうかの判断

契約は，⑴資産が特定され，かつ，⑵特定された資産の使用を支配する権利を移転する場合にリースを含む。

⑴　顧客が資産の使用を指図する権利

①使用期間全体を通じて使用から得られる経済的利益に影響を与える資産の使用方法を指図する権利を顧客が有しているか（第８項⑴参照），又は，②使用から得られる経済的利益に影響を与える資産の使用方法に係る決定が事前になされている場合に，㈠使用期間全体を通じて顧客のみが資産の稼働に関する権利を有しているとき，若しくは，㈡顧客が使用期間全体を通じた資産の使用方法を事前に決定するように資産の設計を行っているとき（第８項⑵参照）に，顧客が資産の使用を指図する権利を有している。すなわち，第５項⑵が満たされる。

ここでは，次のとおり，Ｂ社が資産の使用を指図する権利を有しており，第８項⑴及び⑵のいずれも満たされていない。したがって，Ａ社は，使用期間全体を通じて資産の使用を指図する権利を有していない。すなわち，第５項⑵が満たされていない。

- Ａ社が有する唯一の決定権は，当該ネットワーク・サービスの水準（サーバーのアウトプット）を当該ネットワーク・サービスを利用する契約の締結時に決定することのみであり，契約を変更しない限り当該水準を変更することはできない。
- Ａ社は，サーバーを使用してどのようにデータを送信するのか，サーバーを再設定するのか，他の目的でサーバーを使用するのかどうかなどのサーバーの使用方法を指図する権利を有していない（第８項⑴参照）。
- Ａ社は，サーバーを稼働する権利を有しておらず，設計にも関与していない（第８項⑵①及び②参照）。

⑵　リースを含むかどうかの判断

⑴により，顧客が資産の使用を指図する権利を有していないため，Ａ社及びＢ社は契約にリースは含まれていないと判断した（資産が特定されているかどうかの判断は行っていない。）。

[設例5-2]　顧客が資産の使用を指図する権利を有している場合

前提条件

1．Ａ社（顧客）は，Ｂ社（サプライヤー）と，３年間にわたりサーバーを使用する契約を締結した。
2．Ｂ社は，Ａ社からの指示に基づき，Ａ社の敷地にサーバーを設置し，使用期間全体を通じて，必要に応じてサーバーの修理及びメンテナンス・サービスを提供する。
3．A社は，使用期間全体を通じて，A社の事業においてサーバーをどのように使用するのかや，当該サーバーにどのデータを保管するのかについての決定を行うことができる。
4．当該サーバーは，特定された資産である。すなわち，第6項(1)及び(2)が満たされていない。

リースを含むかどうかの判断

契約は，⑴資産が特定され，かつ，⑵特定された資産の使用を支配する権利を移転する場合にリースを含む。

⑴ 資産が特定されているかどうかの判断

ここでは，前提条件4より，A社が使用するサーバーは特定されている。

⑵ 資産の使用を支配する権利が移転しているかどうかの判断

顧客が，特定された資産の使用期間全体を通じて，①資産の使用から生じる経済的利益のほとんどすべてを享受する権利を有し（第5項⑴参照），かつ，②資産の使用を指図する権利を有する場合（第5項⑵参照），資産の使用を支配する権利が移転する。

① 顧客が資産の使用から生じる経済的利益のほとんどすべてを享受する権利

A社は，3年の使用期間全体を通じて自社の敷地に設置されたサーバーを自社のために使用することができるため，使用期間全体を通じて資産の使用から生じる経済的利益のほとんどすべてを享受する権利を有している。すなわち，第5項⑴が満たされている。

② 顧客が資産の使用を指図する権利

①により，第5項⑴が満たされているため，顧客が資産の使用を指図する権利を有するかを判断する。

㈠使用期間全体を通じて使用から得られる経済的利益に影響を与える資産の使用方法を指図する権利を顧客が有しているか（第8項⑴参照），又は，㈡使用から得られる経済的利益に影響を与える資産の使用方法に係る決定が事前になされている場合に，(i)使用期間全体を通じて顧客のみが資産の稼働に関する権利を有しているとき，若しくは，(ii)顧客が使用期間全体を通じた資産の使用方法を事前に決定するように資産の設計を行っているとき（第8項⑵参照）に，顧客が資産の使用を指図する権利を有している。すなわち，第5項⑵が満たされる。

A社は，3年の使用期間全体を通じて当該サーバーの使用方法（A社の事業においてサーバーをどのように使用するのかや，当該サーバーにどのデータを保管するのか）を決定する権利を有することにより，使用期間全体を通じて資産の使用から得られる経済的利益に影響を与える資産の使用方法を指図する権利を有している。すなわち，第８項(1)が満たされている。したがって，Ａ社は，使用期間全体を通じて資産の使用を指図する権利を有している。すなわち，第５項(2)が満たされている。

①及び②により，使用期間全体を通じて第５項(1)及び(2)のいずれも満たされているため，Ａ社及びＢ社は当該サーバーの使用を支配する権利がＢ社からＡ社に移転していると判断した。

(3)　リースを含むかどうかの判断

(1)により，資産が特定され，かつ，(2)により，特定された資産の使用を支配する権利がＢ社からＡ社に移転しているため，Ａ社及びＢ社は契約にリースが含まれていると判断した。

［設例６］電力（使用を指図する権利）

［設例6-1］使用方法が契約で定められており，顧客が資産の使用を指図する権利を有していない場合

前提条件

1．Ａ社（顧客）は，Ｂ社（サプライヤー）と，Ｂ社が所有する発電所が産出する電力のすべてを３年間にわたり購入する契約を締結した。
2．Ｂ社は，業界において認められた事業慣行に従い，日々当該発電所を稼働し，維持管理を行う。
3．契約において，使用期間全体を通じた当該発電所の使用方法（産出する電力の量及び時期）が定められており，契約上，緊急の状況などの特別な状況がなければ使用方法を変更することはできないことも定められている。
4．Ａ社は当該発電所の設計に関与していない。
5．当該発電所は，特定された資産である。すなわち，第６項(1)及び(2)が満たされていない。

リースを含むかどうかの判断

契約は，(1)資産が特定され，かつ，(2)特定された資産の使用を支配する権利を移転する場合にリースを含む。

⑴　資産が特定されているかどうかの判断

ここでは，前提条件５より，Ａ社が購入する電力を産出する発電所は特定されている。

⑵　資産の使用を支配する権利が移転しているかどうかの判断

顧客が，特定された資産の使用期間全体を通じて，①資産の使用から生じる経済的利益のほとんどすべてを享受する権利を有し（第５項⑴参照），かつ，②資産の使用を指図する権利を有する場合（第５項⑵参照），資産の使用を支配する権利が移転する。

①　顧客が資産の使用から生じる経済的利益のほとんどすべてを享受する権利

Ａ社は，３年の使用期間全体を通じて当該発電所が産出する電力のすべてを得る権利を有するため，３年の使用期間全体を通じて資産の使用から生じる経済的利益のほとんどすべてを享受する権利を有している。すなわち，第５項⑴が満たされている。

②　顧客が資産の使用を指図する権利

①により，第５項⑴が満たされているため，顧客が資産の使用を指図する権利を有するかを判断する。

㋐使用期間全体を通じて使用から得られる経済的利益に影響を与える資産の使用方法を指図する権利を顧客が有しているか（第８項⑴参照），又は，㋑使用から得られる経済的利益に影響を与える資産の使用方法に係る決定が事前になされている場合に，(i)使用期間全体を通じて顧客のみが資産の稼働に関する権利を有しているとき，若しくは，(ii)顧客が使用期間全体を通じた資産の使用方法を事前に決定するように資産の設計を行っているとき（第８項⑵参照）に，顧客が資産の使用を指図する権利を有している。すなわち，第５項⑵が満たされる。

当該発電所の使用方法は契約で事前に定められており，次のとおり，第８項⑴及び⑵のいずれも満たされていない。したがって，Ａ社は，使用期間全体を通じて資産の使用を指図する権利を有していない。すなわち，第５項⑵が満たされていない。

- Ａ社は，使用期間全体を通じて当該発電所の事前に決定されている使用方法を変更することができないため，当該発電所の使用方法を指図する権利を有していない（第８項⑴参照）。
- Ａ社は，使用期間全体を通じて当該発電所を稼働する権利を有していない（第８項⑵①参照）。また，Ａ社は，当該発電所を設計していない（第８項⑵②参照）。

①により，第５項⑴が満たされているが，②により，第５項⑵が満たされていないため，Ａ社及びＢ社は当該発電所の使用を支配する権利はＢ社からＡ社に移転していないと判断した。

⑶　リースを含むかどうかの判断

⑴により，資産は特定されたが，⑵により，特定された資産の使用を支配する権利がB社からA社に移転していないため，A社及びB社は契約にリースが含まれていないと判断した。

［設例6-2］使用方法が契約で定められており，顧客が資産の使用を指図する権利を有している場合

前提条件

1．A社（顧客）は，B社（サプライヤー）と，B社が所有する発電所が産出する電力のすべてを10年間にわたり購入する契約を締結した。
2．B社は，業界において認められた事業慣行に従い，日々当該発電所を稼働し，維持管理を行う。
3．A社が当該発電所の使用方法（産出する電力の量及び時期）を決定する権利を有していることが契約で定められている。
4．また，B社が他の契約を履行するために当該発電所を使用することができないことも契約で定められている。
5．当該発電所は，特定された資産である。すなわち，第6項⑴及び⑵が満たされていない。

リースを含むかどうかの判断

契約は，⑴資産が特定され，かつ，⑵特定された資産の使用を支配する権利を移転する場合にリースを含む。

⑴　資産が特定されているかどうかの判断

ここでは，前提条件5より，A社が購入する電力を産出する発電所は特定されている。

⑵　資産の使用を支配する権利が移転しているかどうかの判断

顧客が，特定された資産の使用期間全体を通じて，①資産の使用から生じる経済的利益のほとんどすべてを享受する権利を有し（第5項⑴参照），かつ，②資産の使用を指図する権利を有する場合（第5項⑵参照），資産の使用を支配する権利が移転する。

①　顧客が資産の使用から生じる経済的利益のほとんどすべてを享受する権利

A社は，10年の使用期間全体を通じて当該発電所が産出する電力のすべてを得る権利を有するため，10年の使用期間全体を通じて資産の使用から生じる経済的

利益のほとんどすべてを享受する権利を有している。すなわち，第５項(1)が満たされている。

② 顧客が資産の使用を指図する権利

①により，第５項(1)が満たされているため，顧客が資産の使用を指図する権利を有するかを判断する。

(ア)使用期間全体を通じて使用から得られる経済的利益に影響を与える資産の使用方法を指図する権利を顧客が有しているか（第８項(1)参照），又は，(イ)使用から得られる経済的利益に影響を与える資産の使用方法に係る決定が事前になされている場合に，(i)使用期間全体を通じて顧客のみが資産の稼働に関する権利を有しているとき，若しくは，(ii)顧客が使用期間全体を通じた資産の使用方法を事前に決定するように資産の設計を行っているとき（第８項(2)参照）に，顧客が資産の使用を指図する権利を有している。すなわち，第５項(2)が満たされる。

Ａ社は，契約により当該発電所の使用方法を決定する権利を有する。すなわち，第８項(1)が満たされている。したがって，Ａ社は，使用期間全体を通じて資産の使用を指図する権利を有している。すなわち，第５項(2)が満たされている。

①及び②により，使用期間全体を通じて第５項(1)及び(2)のいずれも満たされているため，Ａ社及びＢ社は当該発電所の使用を支配する権利がＢ社からＡ社に移転していると判断した。

(3) リースを含むかどうかの判断

(1)により，資産が特定され，かつ，(2)により，特定された資産の使用を支配する権利がＢ社からＡ社に移転しているため，Ａ社及びＢ社は契約にリースが含まれていると判断した。

[設例6-3] 使用方法が設計によって事前に決定されており，顧客が資産の使用を指図する権利を有している場合

前提条件

1．Ａ社（顧客）は，Ｂ社（サプライヤー）と，Ｂ社が新設する太陽光ファームが産出する電力のすべてを20年間にわたり購入する契約を締結した。

2．Ａ社は，当該太陽光ファームを設計した。

3．Ｂ社は，Ａ社の仕様に合わせて当該太陽光ファームを建設し，建設後に当該太陽光ファームの稼働及び維持管理を行う責任を有している。

4．当該太陽光ファームの使用方法（電力を産出するかどうか，いつ，どのくらい産出するか。）は，当該太陽光ファームの設計により決定されている。

5．当該太陽光ファームは，特定された資産である。すなわち，第6項(1)及び(2)が満たされていない。

リースを含むかどうかの判断

契約は，(1)資産が特定され，かつ，(2)特定された資産の使用を支配する権利を移転する場合にリースを含む。

(1)　資産が特定されているかどうかの判断

ここでは，前提条件5より，A社が購入する電力を産出する太陽光ファームは特定されている。

(2)　資産の使用を支配する権利が移転しているかどうかの判断

顧客が，特定された資産の使用期間全体を通じて，①資産の使用から生じる経済的利益のほとんどすべてを享受する権利を有し（第5項(1)参照），かつ，②資産の使用を指図する権利を有する場合（第5項(2)参照），資産の使用を支配する権利が移転する。

①　顧客が資産の使用から生じる経済的利益のほとんどすべてを享受する権利

A社は，20年の使用期間全体を通じて当該太陽光ファームが産出する電力のすべてを得る権利を有するため，使用期間全体を通じて資産の使用から生じる経済的利益のほとんどすべてを享受する権利を有している。すなわち，第5項(1)が満たされている。

②　顧客が資産の使用を指図する権利

①により，第5項(1)が満たされているため，顧客が資産の使用を指図する権利を有するかを判断する。

(ア)使用期間全体を通じて使用から得られる経済的利益に影響を与える資産の使用方法を指図する権利を顧客が有しているか（第8項(1)参照），又は，(イ)使用から得られる経済的利益に影響を与える資産の使用方法に係る決定が事前になされている場合に，(i)使用期間全体を通じて顧客のみが資産の稼働に関する権利を有しているとき，若しくは，(ii)顧客が使用期間全体を通じた資産の使用方法を事前に決定するように資産の設計を行っているとき（第8項(2)参照）に，顧客が資産の使用を指図する権利を有している。すなわち，第5項(2)が満たされる。

当該太陽光ファームの使用方法に係る決定は，当該太陽光ファームの設計によって事前になされており，かつ，使用期間全体を通じた当該太陽光ファームの使用方法を事前に決定するように，A社が当該太陽光ファームを設計している。すなわち，第8項(2)が満たされている。したがって，A社は，使用期間全体を通じて資産の使用を指図する権利を有している。すなわち，第5項(2)が満たされている。

①及び②により，使用期間全体を通じて第５項(1)及び(2)のいずれも満たされているため，Ａ社及びＢ社は当該太陽光ファームの使用を支配する権利がＢ社からＡ社に移転していると判断した。

(3) リースを含むかどうかの判断

(1)により，資産が特定され，かつ，(2)により，特定された資産の使用を支配する権利がＢ社からＡ社に移転しているため，Ａ社及びＢ社は契約にリースが含まれていると判断した。

［設例７］ リースを構成する部分とリースを構成しない部分への対価の配分

前提条件

（契約に関する前提）

1．契約にリースを構成する部分とリースを構成しない部分（借手のリース期間及び貸手のリース期間にわたる役務提供）が含まれると判断した。
2．借手のリース期間及び貸手のリース期間　５年
3．契約対価　81,000千円　各半期末に8,100千円ずつ支払
4．リースを構成する部分の貸手による独立販売価格
72,000千円（借手が把握している独立価格と等しい。）
5．リースを構成しない部分（役務提供）の貸手による独立販売価格
18,000千円（借手が把握している独立価格と等しい。）
6．上記３に含まれる原資産に係る固定資産税及び保険料
3,000千円（借手も当該金額を把握している。）
7．上記の他に借手に財又はサービスを移転しない活動及びコストはないものとする。

（リースに関する前提）

1．貸手のリースは，所有権移転外ファイナンス・リースに該当するものとする。
2．貸手は，製造又は販売以外を事業としており，当該事業の一環でリースを行っている。
3．リース開始日　Ｘ１年４月１日
4．貸手による原資産の現金購入価額　53,100千円（借手において当該価額は明らかではないため，借手は貸手の計算利子率を知り得ない。）
5．原資産の経済的耐用年数　６年
6．借手の減価償却方法　定額法

7．借手の支払う付随費用　ゼロ
8．貸手の見積残存価額　ゼロ
9．決算日　3月31日
10. 中間決算及び年度決算の年2回の決算を実施している。
11. 単純化のため，借手においては，割引の影響を無視している。また，貸手においては，利息相当額を各期に定額で配分している。
12. リースを構成しない部分の費用は契約期間に応じて毎月定額で会計処理する。

1．借　手

(1) リースを構成する部分とリースを構成しない部分とに分けて会計処理する場合（会計基準第28項）

① リースを構成する部分とリースを構成しない部分への対価の配分

借手は，契約における対価の金額について，リースを構成する部分とリースを構成しない部分とに配分するにあたって，それぞれの部分の独立価格の比率に基づいて配分する。契約における対価の中に，借手に財又はサービスを移転しない活動及びコストについて借手が支払う金額が含まれる場合，借手は，当該金額を契約における対価の一部としてリースを構成する部分とリースを構成しない部分とに配分する。借手は，固定資産税及び保険料の金額を把握していたとしても，これを対価から控除することはしない（本適用指針第11項また書き及びBC18項参照）。

（単位：千円）

契約における対価の配分		
リースを構成する部分	64,800	（＝81,000×72,000（＊2）/90,000（＊1））
リースを構成しない部分	16,200	（＝81,000×18,000（＊3）/90,000（＊1））
契約における対価の金額	81,000	

（＊1）独立価格の合計額（＝72,000千円＋18,000千円）
（＊2）リースを構成する部分の独立価格
（＊3）リースを構成しない部分の独立価格

② 会計処理

X1年4月1日（リース開始日）

（単位：千円）

（借）使用権資産（＊1）	64,800	（貸）リース負債（＊1）	64,800

（＊1） 契約における対価のうち，リースを構成する部分に配分した金額でリース負債及び使用権資産を計上する。

X1年9月30日（第1回支払日・中間決算日）

（単位：千円）

（借）	リース負債（＊2）	6,480	（貸）	現金預金	8,100
	費用（＊3）	1,620			
（借）	減価償却費（＊4）	6,480	（貸）	減価償却累計額	6,480

（＊2） リース負債の返済額（64,800千円×1年/5年×6か月/12か月＝6,480千円）

（＊3） 契約における対価のうち，リースを構成しない部分に配分した金額（16,200千円×1年/5年×6か月/12か月＝1,620千円）は，その内容を示す科目で費用に計上する。

（＊4） 減価償却費は借手のリース期間を耐用年数とし，残存価額をゼロとして計算する。
（64,800千円×1年/5年×6か月/12か月＝6,480千円）

以後も同様な会計処理を行う。

(2) リースを構成する部分と関連するリースを構成しない部分とを合わせてリースを構成する部分として会計処理する場合（会計基準第29項）

① リースを構成する部分とリースを構成しない部分への対価の配分

リースを構成する部分と関連するリースを構成しない部分とを合わせてリースを構成する部分として会計処理するため，対価の配分は不要となる。

② 会計処理

X1年4月1日（リース開始日）

（単位：千円）

（借）	使用権資産（＊1）	81,000	（貸）	リース負債（＊1）	81,000

（＊1） 契約における対価の全額を，リースを構成する部分として，リース負債及び使用権資産を計上する。

X1年9月30日（第1回支払日・中間決算日）

（単位：千円）

（借）	リース負債（＊2）	8,100	（貸）	現金預金	8,100
（借）	減価償却費（＊3）	8,100	（貸）	減価償却累計額	8,100

（＊2） リース負債の返済額（81,000千円×1年/5年×6か月/12か月＝8,100千円）

（＊３）　減価償却費は借手のリース期間を耐用年数とし，残存価額をゼロとして計算する。
（81,000千円×１年/５年×６か月/12か月＝8,100千円）

以後も同様な会計処理を行う。

2．貸　手

(1)　借手に財又はサービスを移転しない活動及びコストを契約における対価の一部としてリースを構成する部分とリースを構成しない部分とに配分する場合（本適用指針第13項(1)参照）

①　リースを構成する部分とリースを構成しない部分への対価の配分

リースを構成する部分とリースを構成しない部分の独立販売価格の比率に基づいて，借手に財又はサービスを移転しない活動及びコスト（固定資産税及び保険料）を含む契約における対価の金額について，リースを構成する部分とリースを構成しない部分とに配分する。このとき，固定資産税及び保険料に相当する額を対価に含めていたとしても，別個に会計処理を行うことはしない。

（単位：千円）

契約における対価の配分		
リースを構成する部分	64,800	（＝81,000×72,000（＊2）/90,000（＊1））
リースを構成しない部分	16,200	（＝81,000×18,000（＊3）/90,000（＊1））
契約における対価の金額	81,000	

（＊１）　貸手による独立販売価格の合計額（＝72,000千円＋18,000千円）
（＊２）　リースを構成する部分の貸手による独立販売価格
（＊３）　リースを構成しない部分の貸手による独立販売価格

②　会計処理

X１年４月１日（リース開始日）

（単位：千円）

（借）リース投資資産（＊1）	53,100	（貸）買掛金	53,100

（＊１）　リース投資資産は，原資産の現金購入価額で計上する。

X１年９月30日（第１回回収日・中間決算日）

（単位：千円）

（借）現金預金	8,100	（貸）リース投資資産（＊2）	5,310
		受取利息（＊2）	1,170
		収益（＊3）	1,620

（＊２） 単純化のため受取利息を定額で配分している。
リース投資資産（53,100千円×１年/５年×６か月/12か月＝5,310千円）
受取利息（(64,800千円－53,100千円）×１年/５年×６か月/12か月＝1,170千円）

（＊３） 契約における対価のうち，リースを構成しない部分に配分した金額（16,200千円×１年/５年×６か月/12か月＝1,620千円）は，該当する他の会計基準等に従って会計処理を行う。

以後も同様な会計処理を行う。

(2) 維持管理費用相当額を契約における対価から控除する場合（本適用指針第13項(2)参照）

① リースを構成する部分とリースを構成しない部分への対価の配分

リースを構成する部分とリースを構成しない部分の独立販売価格の比率に基づいて，契約における対価の金額から維持管理費用相当額（固定資産税及び保険料）を控除した金額について，リースを構成する部分とリースを構成しない部分とに配分する。

なお，ここでは，維持管理費用相当額がリースを構成する部分の金額に占める割合に重要性が乏しいとはいえないと判断している。

（単位：千円）

契約における対価の配分		
リースを構成する部分	62,400	（＝78,000×72,000（＊3）/90,000（＊2))
リースを構成しない部分	15,600	（＝78,000×18,000（＊4）/90,000（＊2))
契約における対価の金額	78,000	（＊1）

（＊１） 契約における対価の金額から維持管理費用相当額を控除した金額（＝81,000千円－3,000千円）

維持管理費用相当額を控除した契約における対価を配分するため，契約における対価の金額である81,000千円に含まれる維持管理費用相当額3,000千円を控除している。

（＊２） 貸手による独立販売価格の合計額（＝72,000千円＋18,000千円）

（＊３） リースを構成する部分の貸手による独立販売価格

（＊４） リースを構成しない部分の貸手による独立販売価格

②　会計処理

X１年４月１日（リース開始日）

（単位：千円）

（借）リース投資資産（＊1）	53,100	（貸）買掛金	53,100

（＊１）　リース投資資産は，原資産の現金購入価額で計上する。

X１年９月30日（第１回回収日・中間決算日）

（単位：千円）

（借）現金預金	8,100	（貸）リース投資資産（＊2）	5,310
		受取利息（＊2）	930
		収益（＊3）	1,560
		収益（又は費用の控除）（＊4）	300

（＊２）　単純化のため受取利息を定額で配分している。
リース投資資産（53,100千円×１年/５年×６か月/12か月＝5,310千円）
受取利息（(62,400千円－53,100千円）×１年/５年×６か月/12か月＝930千円）

（＊３）　契約における対価のうち，リースを構成しない部分に配分した金額（15,600千円×１年/５年×６か月/12か月＝1,560千円）は，該当する他の会計基準等に従って会計処理を行う。

（＊４）　契約における対価から控除した維持管理費用相当額（3,000千円×１年/５年×６か月/12か月＝300千円）は，収益に計上するか又は貸手の費用の控除額として処理する。

以後も同様な会計処理を行う。

Ⅱ．借手のリース期間

［設例８］普通借地契約及び普通借家契約における借手のリース期間

［設例８］の普通借地契約及び普通借家契約の設例における解約不能期間の判断，経済的インセンティブの分析，シナリオ，借手のリース期間の判断等については，借手のリース期間の決定に至る思考プロセスや借手のリース期間の判断のための手掛かりの例示であり，前提条件や企業のビジネスモデルが異なる場合には結論も異なり得ることに留意する必要がある。また，各設例は，会計基準及び本適用指針における借手のリース期間の判断に資するために示すものであり，借地借家法等の法的解釈を示すものではない。

[設例8-1] 普通借家契約（延長オプションを含むか否かの判断）

前提条件
1．A社（借手）は，B社（貸手）と建物の賃貸借契約（普通借家契約）を締結した。
2．A社は，第5項に従って，当該契約がリースを含むと判断した。
3．当該賃貸借契約の契約期間は1年である。ただし，A社が3か月前に解約の旨を通知すれば契約を解約できる。
4．貸手は，借地借家法上，正当な事由があると認められる場合，契約期間満了の6か月前までの間に借手に契約を更新しない旨の通知をすることができるが，B社が更新を拒絶する正当な事由があると認められるとは考えられない。
5．上記以外に考慮すべき要因はないものとする。

延長オプションを含むか否かの判断
(1) 契約期間は1年であるが，借地借家法により，貸手は，正当な事由があると認められる場合でなければ，更新の拒絶の通知を行うことができない。
(2) 前提条件4より，B社が更新を拒絶する正当な事由があると認められるとは考えられないとされており，A社は，借地借家法を根拠として，契約期間である1年を超える期間について借手のリース期間を決定するための延長オプションを有すると判断した。
(3) A社は，借手のリース期間を決定するにあたっては，解約不能期間である3か月を超えて，借手が行使することが合理的に確実であるリースの延長オプションの対象期間及び借手が行使しないことが合理的に確実であるリースの解約オプションの対象期間を考慮することとなる（会計基準第31項）。
(4) A社が延長オプションを行使すること又は解約オプションを行使しないことが合理的に確実であるかどうかは，経済的インセンティブを生じさせる要因の有無を総合的に勘案して評価し，判断する必要がある（[設例8-2] から [設例8-5]）。

[設例8-2] 普通借家契約（延長オプションを行使することが合理的に確実である場合(1)）

前提条件
1．A社（借手）は，X事業の店舗として使用するため，B社（貸手）が保有する建物の店舗用スペースについて，B社と賃貸借契約（普通借家契約）を締結した。
2．A社は，第5項に従って，当該契約がリースを含むと判断した。
3．当該賃貸借契約の契約期間は1年であり，A社は1年間の途中で当該契約を解約することはできない。A社は，1年が経過した後は，更新時の市場レートの賃料で当該契約を毎年更新することができる。また，延長オプションの行使条件は付されておらず，延長オプションの対象期間に係るその他の契約条件については特に設定されていない。
4．A社は，リース開始日において当該店舗に対して重要な建物附属設備を設置した。A社は，当該建物附属設備の物理的使用可能期間を10年と見積っている。
5．A社のX事業では，営業上の観点から定期的なリニューアルを必要としており，概ね5年で当該建物附属設備の一部について入替えのための除却と追加コストが発生する。
6．当該店舗は戦略的に重要な店舗ではなく，損益の状況によっては撤退することがあり得る。

借手のリース期間の決定
（解約不能期間の決定）
(1)　前提条件3より，A社は，賃貸借契約の契約期間である1年間の途中で解約することはできないため，当該契約における解約不能期間は1年であると判断した。また，1年経過後，当該契約を毎年更新することができるため，1年を超える期間について借手のリース期間を決定するために考慮すべき延長オプションを有すると判断した。これを踏まえて，A社は，借手のリース期間の決定にあたって，当該解約不能期間を超えて，借手が行使することが合理的に確実であるリースの延長オプションの対象期間及び借手が行使しないことが合理的に確実であるリースの解約オプションの対象期間を考慮することとなる（会計基準第31項）。

（前提条件の分析）
(2)　A社は，行使することが合理的に確実である延長オプション又は行使しないことが合理的に確実である解約オプションの対象期間を決定するにあたって，例えば，次の要因を考慮する（本適用指針第17項参照）。
①　延長オプション又は解約オプションの対象期間に係る契約条件（リース料，違約金，残価保証，購入オプションなど）
②　大幅な賃借設備の改良の有無
③　リースの解約に関連して生じるコスト
④　企業の事業内容に照らした原資産の重要性
⑤　延長オプション又は解約オプションの行使条件

⑶　⑵①（本適用指針第17項⑴）の要因については，前提条件３のとおり，Ａ社は，更新時の市場レートの賃料で当該契約を更新することができ，また，延長オプションの対象期間に係るその他の契約条件が特に付されていないことから，Ａ社は経済的インセンティブの観点から特に考慮すべきものはないと判断した。

⑷　⑵②及び③（本適用指針第17項⑵及び⑶）の要因については，前提条件４のとおり，Ａ社は，リース開始日において当該店舗に対して重要な建物附属設備を設置していることから，大幅な賃借設備の改良を行っていると考えた。また，この状況において延長オプションを行使しない場合には建物附属設備が除却されるため，延長オプションを行使する経済的インセンティブがあると判断した。一方，前提条件５のとおり，Ａ社のX事業では，営業上の観点から定期的に店舗のリニューアルを行う必要があり，概ね５年で当該建物附属設備の一部について入替えのため除却と追加コストの発生が見込まれる。したがって，Ａ社は経済的インセンティブの観点から当該店舗の損益状況によってはリニューアルを行ってまで延長オプションを行使しない可能性があると判断した。

⑸　⑵④（本適用指針第17項⑷）の要因については，前提条件６のとおり，当該店舗は戦略的に重要な店舗ではなく，損益の状況によっては撤退することがあり得るため，Ａ社は企業の事業内容に照らした原資産の重要性は必ずしも高くないと判断した。

⑹　⑵⑤（本適用指針第17項⑸）の要因については，前提条件３のとおり，延長オプションの行使条件は付されていないため，Ａ社は経済的インセンティブの観点から特に考慮すべきものはないと判断した。

（借手のリース期間の決定）

⑺　Ａ社は，リース開始日において借手のリース期間として確実である１年の解約不能期間を出発点として，⑶から⑹の経済的インセンティブを生じさせる要因の有無を総合的に勘案して評価し，その期間までは延長する可能性が合理的に確実といえるまで高いが，その期間を超えると合理的に確実よりは延長する可能性が低下すると判断するその期間を借手のリース期間として決定する。

⑻　ここで，Ａ社は，自社のビジネスモデルに基づき現実的に想定し得る次の２つのシナリオについて検討を行った。

（シナリオ１）５年経過時点まで延長オプションを行使する。

（シナリオ２）10年経過時点まで延長オプションを行使する。

⑼　まずシナリオ１について，当該店舗に対して重要な建物附属設備を設置している状況において早期に延長オプションを行使しない場合には建物附属設備が除却されるため，解約不能期間の経過後，店舗のリニューアルを行う前までの期間（５年間）については，延長オプションを行使する可能性は合理的に確実よりも高いと判断した。

⑽　次にシナリオ２について，５年経過後に店舗のリニューアルを行い追加コストが必要となるが，当該店舗は戦略的に重要な店舗ではなく企業の事業内容に照らした原資産の重要性は必ずしも高くない状況において店舗のリニューアルを行ってまで延長オプションを行使するかどうかは当該店舗の損益の状況次第であることから，A社は，シナリオ２の10年経過時点まで延長オプションを行使する可能性は，シナリオ１の５年経過時点まで延長オプションを行使する可能性よりも相対的に低く，合理的に確実よりも低いと判断した。

⑾　以上から，A社は，借手のリース期間を５年と決定した。これを図示すると，次の［図８-２］のとおりとなる。

［図８-２］借手のリース期間の決定

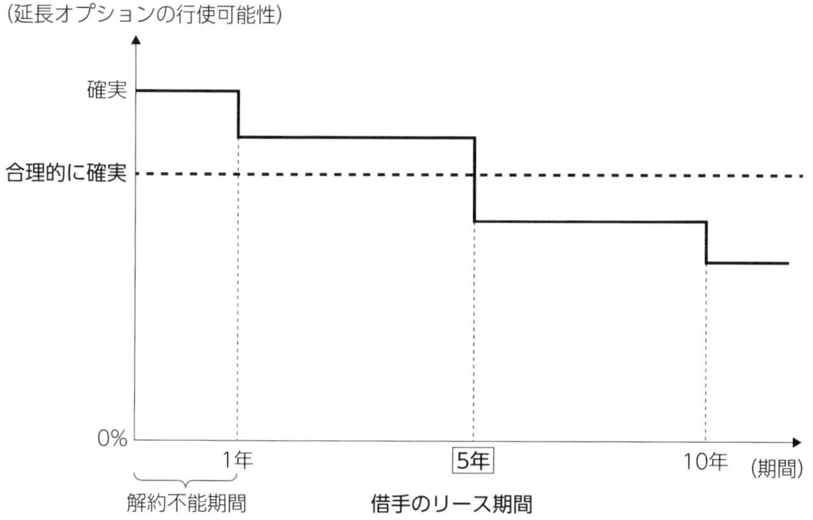

[設例8-3] 普通借家契約（延長オプションを行使することが合理的に確実である場合(2)）

前提条件
1．A社（借手）は，X事業の店舗として使用するため，B社（貸手）が保有する建物の店舗用スペースについて，B社と賃貸借契約（普通借家契約）を締結した。
2．A社は，第5項に従って，当該契約がリースを含むと判断した。
3．当該賃貸借契約の契約期間は1年であり，A社は1年間の途中で当該契約を解約することはできない。A社は，1年が経過した後は，更新時の市場レートの賃料で当該契約を毎年更新することができる。また，延長オプションの行使条件は付されておらず，延長オプションの対象期間に係るその他の契約条件については特に設定されていない。
4．A社は，リース開始日において当該店舗を戦略的に重要な店舗の一つと位置付けており，他の店舗に比べて多額の投資を行い重要な建物附属設備を設置した。A社は，当該建物附属設備の物理的使用可能期間を10年と見積っている。また，当該店舗での営業を10年目以後も継続する場合には，改めて同様の建物附属設備の設置が必要となる。
5．A社のX事業では，営業上の観点から定期的なリニューアルを必要としており，概ね5年で当該建物附属設備の一部について入替えのための除却と追加コストが発生する。
6．当該店舗の立地は現在のA社のX事業にとって最良と考えられるため，A社は戦略的に重要な店舗の一つとして営業することを想定しており，店舗の損益の状況のみで撤退の判断は行わないとしている。

借手のリース期間の決定

（解約不能期間の決定）

(1) 前提条件3より，A社は賃貸借契約の契約期間である1年間の途中で解約することはできないため，当該契約における解約不能期間は1年であると判断した。また，1年経過後は当該契約を毎年更新することができるため，1年を超える期間について借手のリース期間を決定するために考慮すべき延長オプションを有すると判断した。これを踏まえて，A社は借手のリース期間の決定にあたって，当該解約不能期間を超えて，借手が行使することが合理的に確実であるリースの延長オプションの対象期間及び借手が行使しないことが合理的に確実であるリースの解約オプションの対象期間を考慮することとなる（会計基準第31項）。

（前提条件の分析）

⑵　A社は，行使することが合理的に確実である延長オプション又は行使しないことが合理的に確実である解約オプションの対象期間を決定するにあたって，例えば，本適用指針第17項に例示する要因を考慮する。

⑶　本適用指針第17項⑴の要因については，前提条件3のとおり，A社は更新時の市場レートの賃料で当該契約を更新することができ，また，延長オプションの対象期間に係るその他の契約条件が特に付されていないことから，A社は経済的インセンティブの観点から特に考慮すべきものはないと判断した。

⑷　本適用指針第17項⑵及び⑶の要因については，前提条件4のとおり，A社は，リース開始日において当該店舗を戦略的に重要な店舗の一つと位置付けており，他の店舗に比べて多額の投資を行い重要な建物附属設備を設置していることから，大幅な賃借設備の改良を行っていると考えた。また，この状況において延長オプションを行使しない場合には建物附属設備が除却されるため，延長オプションを行使する経済的インセンティブがあると判断した。一方，前提条件5のとおり，A社のX事業では，営業上の観点から定期的なリニューアルを行う必要があり，概ね5年で当該建物附属設備の一部について入替えのための除却と追加コストの発生が見込まれる。したがって，A社は経済的インセンティブの観点から延長オプションを行使しない可能性があると判断した。

⑸　本適用指針第17項⑷の要因については，前提条件6のとおり，店舗の立地がX事業にとって最良であり，A社は戦略的に重要な店舗の一つとして営業することを想定していることに加え，損益の状況のみで撤退の判断を行わないとしていることから，A社は企業の事業内容に照らした原資産の重要性は高いと判断した。

⑹　本適用指針第17項⑸の要因については，前提条件3のとおり延長オプションの行使条件は付されていないため，A社は経済的インセンティブの観点から特に考慮すべきものはないと判断した。

（借手のリース期間の決定）

⑺　A社は，リース開始日において借手のリース期間として確実である1年の解約不能期間を出発点として，⑶から⑹の経済的インセンティブを生じさせる要因の有無を総合的に勘案して評価し，その期間までは延長する可能性が合理的に確実といえるまで高いが，その期間を超えると合理的に確実よりは延長する可能性が低下すると判断するその期間を借手のリース期間として決定する。

⑻　ここで，A社は，自社のビジネスモデルに基づき現実的に想定し得る次の3つのシナリオについて検討を行った。

（シナリオ1）5年経過時点まで延長オプションを行使する。
（シナリオ2）10年経過時点まで延長オプションを行使する。
（シナリオ3）20年経過時点まで延長オプションを行使する。

⑼　まずシナリオ１について，Ａ社は当該店舗について戦略的に重要な店舗の一つと位置付けており，他の店舗に比べて多額の投資を行い重要な建物附属設備を設置している状況において早期に延長オプションを行使しない場合には，他の店舗よりも大規模に建物附属設備が除却されることとなる。また，当該店舗は損益の状況のみで撤退の判断を行わない戦略的に重要な店舗の一つであることからも，Ａ社は解約不能期間の経過後，店舗のリニューアルを行う前までの期間（５年間）については，延長オプションを行使する可能性は合理的に確実よりも高いと判断した。

⑽　次にシナリオ２について，Ａ社は当該店舗については損益の状況のみで撤退の判断を行わない戦略的に重要な店舗の一つと位置付けていることから，延長オプションを行使しない場合に他の店舗に比べて大規模の除却が行われ，かつ，その戦略的な位置付けからリニューアルによる建物附属設備の一部について入替えのための除却と追加コストが発生したとしても延長オプションを行使する可能性は合理的に確実よりも高いと判断した。また，さらにその後５年間が経過するまでの期間については，経済的インセンティブの観点から考慮すべきものは特にないことから，Ａ社は，重要な建物附属設備の物理的使用可能期間である10年まで延長オプションを行使する可能性は合理的に確実よりも高いと判断した。

⑾　一方，シナリオ３について，Ａ社が建物附属設備の物理的使用可能期間の10年目以後も店舗の営業を継続する場合には，全面的に建物附属設備を再設置することが必要となる。当該店舗は損益の状況のみで撤退の判断を行わない戦略的に重要な店舗で原資産の重要性はあるが，全面的な建物附属設備の再設置を行ってまで延長オプションを行使するかどうかは再設置に要する金額やその時点の経済状況などによるため，Ａ社は，シナリオ３において20年経過時点まで延長オプションを行使する可能性は，シナリオ２において10年経過時点まで延長オプションを行使する可能性よりも相対的に低く，合理的に確実よりも低いと判断した。

⑿　以上から，Ａ社は，借手のリース期間を10年と決定した。これを図示すると，次の［図８－３］のとおりとなる。

［図8－3］　借手のリース期間の決定

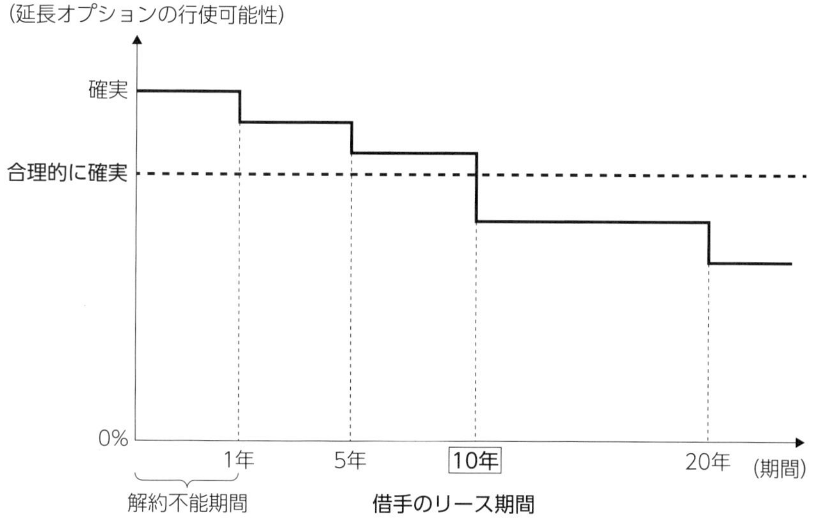

［設例8-4］　普通借地契約（解約オプションを行使しないことが合理的に確実である場合）

前提条件

1．A社（借手）は，安定的に展開しているX事業における新店舗を出店するために，店舗として使用する建物を建設するための土地について，B社（貸手）と賃貸借契約（普通借地契約）を締結した。

2．A社は，第5項に従って，当該契約がリースを含むと判断した。

3．当該賃貸借契約の契約期間は40年である。ただし，A社が6か月前に解約の旨を通知すれば契約を解約できる。また，解約オプションの行使条件は付されておらず，解約オプションの対象期間に係るその他の契約条件については特に設定されていない。

4．A社は，建物の物理的使用可能期間を20年と見積っている。

5．A社は，20年後に同様の建物に建て替えることが可能であるが，当該賃貸借契約の開始時と同程度の投資が必要であり，建替えの計画については，今後検討する予定である。

6．A社のX事業における店舗の平均賃借期間は25年である。

7．A社は，当該賃貸借契約の開始時点における事業計画において，X事業を10

年以上継続することを見込んでいる。X事業の収益は安定しているため，事業計画を達成する可能性は高いと考えている。

8．新店舗の立地は，交通の便の良い繁華街であり，他の事業に容易に転用することができる。また，これまでX事業を中心に展開してきた地域ではあるが，戦略的に重要な店舗ではないため，A社は，店舗の収益が計画どおりに上がらない場合，建物の解体費用など解約に関連するコストを考慮して店舗の残りの物理的使用可能期間について転貸することを予定している。

借手のリース期間の決定

（解約不能期間の決定）

⑴　前提条件3より，A社が6か月前に解約の旨を通知すれば契約を解約できるとされることから，当該賃貸借契約における解約不能期間は6か月であると判断した。また，6か月を超える期間について借手のリース期間を決定するために考慮すべき解約オプションを有すると判断した。これを踏まえて，A社は，借手のリース期間の決定にあたって，当該解約不能期間を超えて，借手が行使することが合理的に確実であるリースの延長オプションの対象期間及び借手が行使しないことが合理的に確実であるリースの解約オプションの対象期間を考慮することとなる（会計基準第31項）。

（前提条件の分析）

⑵　A社は，行使することが合理的に確実である延長オプション又は行使しないことが合理的に確実である解約オプションの対象期間を決定するにあたって，例えば，本適用指針第17項に例示する要因を考慮する。

⑶　本適用指針第17項⑴の要因については，前提条件3のとおり，A社は6か月前に解約の旨を通知すれば契約を解約することができ，また，解約オプションの対象期間に係るその他の契約条件が特に付されていないことから，A社は経済的インセンティブの観点から特に考慮すべきものはないと判断した。

⑷　本適用指針第17項⑵及び⑶の要因については，前提条件1のとおり，A社は当該土地に店舗用の建物を建設しており，途中で賃貸借契約を解約した場合には建物を除却し，その解体費用が発生する。この状況においてこれらのコストを負担してまで解約するかどうかという観点からA社は解約オプションを行使しない経済的インセンティブがあると判断した。加えて，前提条件8のとおり，新店舗の立地は交通の便の良い繁華街であり，他の事業に容易に転用することができるため，当該観点からもA社は解約オプションを行使しない経済的インセンティブがあると判断した。

⑸　本適用指針第17項⑷の要因については，前提条件8のとおり，当該店舗はX事業にとって戦略的に重要な店舗ではないため，A社は企業の事業内容に照らした原資

産の重要性は必ずしも高くないと判断した。

⑹　本適用指針第17項⑸の要因については，前提条件３のとおり，解約オプションの行使条件は付されていないため，Ａ社は経済的インセンティブの観点から特に考慮すべきものはないと判断した。

⑺　その他，前提条件７に示されたとおり，Ａ社はX事業を10年以上継続することを見込んでいる。また，前提条件５に示されたとおり，Ａ社は20年後に同様の建物に建て替えることが可能であるが，建替えの計画については今後検討する予定である。

（借手のリース期間の決定）

⑻　Ａ社は，リース開始日において借手のリース期間として確実である６か月の解約不能期間を出発点として，⑶から⑹の経済的インセンティブを生じさせる要因の有無を総合的に勘案して評価し，その期間までは解約しない可能性が合理的に確実といえるまで高いが，その期間を超えると合理的に確実よりは解約しない可能性が低下すると判断するその期間を借手のリース期間として決定する。

⑼　ここでＡ社は，自社のビジネスモデルに基づき現実的に想定し得る次の２つのシナリオについて検討を行った。

（シナリオ１）20年経過時点まで解約オプションを行使しない。

（シナリオ２）20年経過時点を超えて解約オプションを行使せず契約を継続する。

⑽　まずシナリオ１について，20年経過時点までに解約オプションを行使した場合には建物の解体に関連するコストが発生する。また，収益が計画どおりに上がらない場合には建物を残りの物理的使用可能期間について転貸することを予定している。このため，Ａ社は，建物の物理的使用可能期間である20年間は現在のX事業又は転貸により建物を使用するとして，20年経過時点まで解約オプションを行使しない可能性は合理的に確実よりも高いと判断した。

⑾　次にシナリオ２について，20年を超えて当該土地の使用を続ける場合，店舗建物の建替えが必要となり，当該建替えコストを考慮するとシナリオ２の20年経過時点を超えて解約オプションを行使しない可能性は，シナリオ１の20年経過時点まで解約オプションを行使しない可能性よりも相対的に低く，合理的に確実よりも低いと判断した。

⑿　以上から，Ａ社は，借手のリース期間を20年と決定した。これを図示すると，次の［図８-４］のとおりとなる。

[図８－４］借手のリース期間の決定

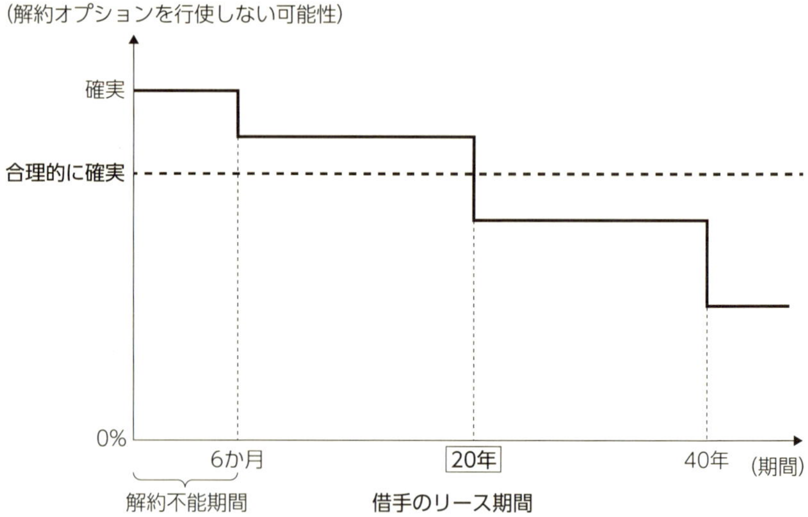

[設例8-5］普通借家契約（経済的インセンティブとして考慮すべきものが特にない場合）

前提条件

1．A社（借手）は，B社（貸手）とオフィス（建物）の賃貸借契約（普通借家契約）を締結した。

2．A社は，第５項に従って，当該契約がリースを含むと判断した。

3．当該賃貸借契約の契約期間は５年であり，A社は５年間の途中で当該契約を解約することはできない。A社は，５年が経過した後は，更新時の市場レートの賃料で当該契約を更新することができる。また，延長オプションの行使条件は付されておらず，延長オプションの対象期間に係るその他の契約条件は特に設定されていない。

4．A社は，当該オフィスに対して重要な建物附属設備の設置は行わない。

5．当該オフィスの立地は，現在のA社の事業に適しているものの，他に代替する立地を探すことも可能である。A社は，過去に他の立地においてオフィスを10年間賃借していた経験を有する。

借手のリース期間の決定

（解約不能期間の決定）

⑴　前提条件３より，Ａ社は賃貸借契約の契約期間である５年間の途中で解約することはできないため，当該契約における解約不能期間は５年であると判断した。また，５年経過後，当該契約を更新することができるため，５年を超える期間について借手のリース期間を決定するために考慮すべき延長オプションを有すると判断した。これを踏まえて，Ａ社は借手のリース期間の決定にあたって，当該解約不能期間を超えて，借手が行使することが合理的に確実であるリースの延長オプションの対象期間及び借手が行使しないことが合理的に確実であるリースの解約オプションの対象期間を考慮することとなる（会計基準第31項）。

（前提条件の分析）

⑵　Ａ社は，行使することが合理的に確実である延長オプション又は行使しないことが合理的に確実である解約オプションの対象期間を決定するにあたって，例えば，本適用指針第17項に例示する要因を考慮する。

⑶　本適用指針第17項⑴の要因については，前提条件３のとおり，Ａ社は更新時の市場レートの賃料で当該契約を更新することができ，また，延長オプションの対象期間に係るその他の契約条件が特に付されていないことから，Ａ社は経済的インセンティブの観点から特に考慮すべきものはないと判断した。

⑷　本適用指針第17項⑵及び⑶の要因については，前提条件４のとおり，Ａ社は重要な建物附属設備の設置は行わないため，Ａ社は経済的インセンティブの観点から特に考慮すべきものはないと判断した。

⑸　本適用指針第17項⑷の要因については，前提条件５のとおり，オフィスの立地は現在のＡ社の事業に適しているものの，他に代替する立地を探すことが可能であるため，Ａ社は企業の事業内容に照らした原資産の重要性は必ずしも高くないと判断した。

⑹　本適用指針第17項⑸の要因については，前提条件３のとおり，賃貸借契約には延長オプションの行使条件は付されておらず，Ａ社は経済的インセンティブの観点から特に考慮すべきものはないと判断した。

⑺　その他，前提条件５に示されたとおり，Ａ社は過去に他の立地においてオフィスを10年間賃借していた経験を有する。

（借手のリース期間の決定）

⑻　Ａ社は，リース開始日において借手のリース期間として確実である５年の解約不能期間を出発点として，⑶から⑹の経済的インセンティブを生じさせる要因の有無を総合的に勘案して評価し，その期間までは延長する可能性が合理的に確実といえるまで高いが，その期間を超えると合理的に確実よりは延長する可能性が低下する

と判断するその期間を借手のリース期間として決定する。

⑼　ここで，A社は過去に他の立地においてオフィスを10年間賃借していた経験があるが，他に代替する立地を探すことが可能である状況も踏まえ，将来の見積りに焦点を当てると経済的インセンティブを生じさせる要因として考慮すべきものが特にないため，A社は，解約不能期間である５年を超えてリースの延長オプションを行使する可能性は合理的に確実より低いと判断した。

⑽　以上から，A社は，借手のリース期間を５年と決定した。

Ⅲ．借手及び貸手のリース

［設例９］借手のリース及び貸手の所有権移転外ファイナンス・リース

［設例9-1］リース料が当月末払いとなる場合

前提条件

1．顧客（借手）及びサプライヤー（貸手）は，第５項に従って，契約はリースを含むと判断した。

2．所有権移転条項　なし

3．割安購入選択権　なし

4．原資産は特別仕様ではない。

5．リース開始日　X1年4月1日

6．借手のリース期間及び貸手のリース期間　５年

7．貸手は，製造又は販売以外を事業としており，当該事業の一環でリースを行っている。

8．貸手による原資産の現金購入価額　48,000千円（借手において当該価額は明らかではないため，借手は貸手の計算利子率を知り得ない。）

9．リース料

　　月額　1,000千円　支払は毎月末

　　借手のリース期間及び貸手のリース期間の月額リース料の合計額　60,000千円

10．原資産（機械装置）の経済的耐用年数　８年

11．借手の減価償却方法　定額法（減価償却費は，四半期ごとに計上するものとする。）

12．借手の追加借入利子率　年８％（借手は貸手の計算利子率を知り得ない。）

13．借手の付随費用　ゼロ

14．貸手の見積残存価額　ゼロ

15. 決算日　3月31日

会計処理

⑴　借　手

①　利息相当額を利息法で会計処理する場合（会計基準第36項）（本適用指針第39項参照）

借手は貸手の計算利子率を知り得ないため，借手の追加借入利子率である年8％を用いて借手のリース料60,000千円を現在価値に割り引くと，次のとおり49,318千円がリース開始日におけるリース負債及び使用権資産の計上額となる（本適用指針第37項参照）。

$$\frac{1{,}000}{(1+0.08\times 1/12)}+\frac{1{,}000}{(1+0.08\times 1/12)^{2}}+\cdots\cdots+\frac{1{,}000}{(1+0.08\times 1/12)^{60}}=49{,}318\text{千円}$$

リース負債の返済スケジュールは，［表9－1－1］のとおりである。

［表9－1－1］

（単位：千円）

回数	返済日	前月末元本	返済合計	元本分	利息分	月末元本
1	X1.4.30	49,318	1,000	671	329	48,647
2	X1.5.31	48,647	1,000	675	325	47,972
3	X1.6.30	47,972	1,000	681	319	47,291
⋮	⋮	⋮	⋮	⋮	⋮	⋮
9	X1.12.31	43,822	1,000	708	292	43,114
10	X2.1.31	43,114	1,000	713	287	42,401
11	X2.2.28	42,401	1,000	717	283	41,684
12	X2.3.31	41,684	1,000	722	278	40,962
⋮	⋮	⋮	⋮	⋮	⋮	⋮
57	X5.12.31	3,934	1,000	974	26	2,960
58	X6.1.31	2,960	1,000	980	20	1,980
59	X6.2.28	1,980	1,000	987	13	993
60	X6.3.31	993	1,000	993	7	—
	合　計	—	60,000	49,318	10,682	—

（注）適用利率年8％。利息の計算は，月数割りによっている。

例えば，X1年4月30日返済合計の内訳と月末元本の計算は次のとおりである。
利息分　49,318千円×8％×1か月/12か月＝329千円
元本分　1,000千円－329千円＝671千円
月末元本　49,318千円－671千円＝48,647千円

X1年4月1日（リース開始日）

（単位：千円）

（借）	使用権資産	49,318	（貸）	リース負債	49,318

X1年4月30日（第1回支払日）

（単位：千円）

（借）	リース負債（＊1）	671	（貸）	現金預金	1,000
	支払利息（＊1）	329			

（＊1）　リース負債の元本返済額及び支払利息は，［表9－1－1］より。

X1年6月30日（第3回支払日・第1四半期決算日）

（単位：千円）

（借）	リース負債（＊2）	681	（貸）	現金預金	1,000
	支払利息（＊2）	319			
（借）	減価償却費（＊3）	2,466	（貸）	減価償却累計額	2,466

（＊2）　リース負債の元本返済額及び支払利息は，［表9－1－1］より。
（＊3）　減価償却費は，借手のリース期間を耐用年数とし，残存価額をゼロとして計算する（会計基準第38項)。
49,318千円×1年/5年×3か月/12か月＝2,466千円

X2年3月31日（第12回支払日・決算日）

（単位：千円）

（借）	リース負債（＊4）	722	（貸）	現金預金	1,000
	支払利息（＊4）	278			
（借）	減価償却費（＊5）	2,466	（貸）	減価償却累計額	2,466

（＊4）　リース負債の元本返済額及び支払利息は，［表9－1－1］より。
（＊5）　減価償却費は，借手のリース期間を耐用年数とし，残存価額をゼロとして計算する。
49,318千円×1年/5年×3か月/12か月＝2,466千円

以後も同様な会計処理を行う。

X６年３月31日（最終回の支払と原資産の返却）

（単位：千円）

（借）	リース負債（＊6）	993	（貸）	現金預金	1,000
	支払利息（＊6）	7			
（借）	減価償却費（＊7）	2,466	（貸）	減価償却累計額	2,466
（借）	減価償却累計額	49,318	（貸）	使用権資産	49,318

（＊６）　リース負債の元本返済額及び支払利息は，［表９－１－１］より。

（＊７）　減価償却費は，借手のリース期間を耐用年数とし，残存価額をゼロとして計算する。

49,318千円×１年/５年×３か月/12か月＝2,466千円

② 借手のリース料から利息相当額の合理的な見積額を控除しないで会計処理する場合（本適用指針第40項(1)参照）

X１年４月１日（リース開始日）

（単位：千円）

（借）	使用権資産（＊1）	60,000	（貸）	リース負債（＊1）	60,000

（＊１）　使用権資産及びリース負債は，借手のリース料で計上する。

X１年４月30日（第１回支払日）

（単位：千円）

（借）	リース負債	1,000	（貸）	現金預金	1,000

X１年６月30日（第３回支払日・第１四半期決算日）

（単位：千円）

（借）	リース負債	1,000	（貸）	現金預金	1,000
（借）	減価償却費（＊2）	3,000	（貸）	減価償却累計額	3,000

（＊２）　減価償却費は，借手のリース期間を耐用年数とし，残存価額をゼロとして計算する。

60,000千円×１年/５年×３か月/12か月＝3,000千円

X２年３月31日（第12回支払日・決算日）

（単位：千円）

（借）	リース負債	1,000	（貸）	現金預金	1,000
（借）	減価償却費（＊3）	3,000	（貸）	減価償却累計額	3,000

（＊３）　減価償却費は，借手のリース期間を耐用年数とし，残存価額をゼロとして計算する。

60,000千円×１年/５年×３か月/12か月＝3,000千円

以後も同様な会計処理を行う。

X６年３月31日（最終回の支払と原資産の返却）

（単位：千円）

（借）	リース負債	1,000	（貸）	現金預金	1,000
（借）	減価償却費（＊4）	3,000	（貸）	減価償却累計額	3,000
（借）	減価償却累計額	60,000	（貸）	使用権資産	60,000

（＊４）　減価償却費は，借手のリース期間を耐用年数とし，残存価額をゼロとして計算する。

60,000千円×１年/５年×３か月/12か月＝3,000千円

③　利息相当額の総額を借手のリース期間中の各期にわたり定額で配分する場合（本適用指針第40項⑵参照）

X１年４月１日（リース開始日）

（単位：千円）

（借）	使用権資産（＊1）	49,318	（貸）	リース負債	49,318

（＊１）　リース開始日におけるリース負債及び使用権資産の計上額は，①の利息相当額を利息法で会計処理する場合のX１年４月１日（リース開始日）の仕訳と同じ。

X１年４月30日（第１回支払日）

（単位：千円）

（借）	リース負債（＊3）	822	（貸）	現金預金	1,000
	支払利息（＊2）	178			

（＊２）　支払利息は，利息相当額の総額10,682千円を，借手のリース期間中の各期にわたり定額で配分する。利息相当額の総額10,682千円は，［表９－１－１］より。

10,682千円×１年/５年×１か月/12か月＝178千円

（＊3）　1,000千円－178千円＝822千円

X1年6月30日（第3回支払日・第1四半期決算日）

（単位：千円）

（借）	リース負債（＊5）	822	（貸）	現金預金	1,000
	支払利息（＊4）	178			
（借）	減価償却費（＊6）	2,466	（貸）	減価償却累計額	2,466

（＊4）　10,682千円×1年/5年×1か月/12か月＝178千円
（＊5）　1,000千円－178千円＝822千円
（＊6）　減価償却費は，借手のリース期間を耐用年数とし，残存価額をゼロとして計算する。
　49,318千円×1年/5年×3か月/12か月＝2,466千円

X2年3月31日（第12回支払日・決算日）

（単位：千円）

（借）	リース負債（＊8）	822	（貸）	現金預金	1,000
	支払利息（＊7）	178			
（借）	減価償却費（＊9）	2,466	（貸）	減価償却累計額	2,466

（＊7）　10,682千円×1年/5年×1か月/12か月＝178千円
（＊8）　1,000千円－178千円＝822千円
（＊9）　減価償却費は，借手のリース期間を耐用年数とし，残存価額をゼロとして計算する。
　49,318千円×1年/5年×3か月/12か月＝2,466千円

以後も同様な会計処理を行う。

X6年3月31日（最終回の支払と原資産の返却）

（単位：千円）

（借）	リース負債（＊11）	822	（貸）	現金預金	1,000
	支払利息（＊10）	178			
（借）	減価償却費（＊12）	2,466	（貸）	減価償却累計額	2,466
（借）	減価償却累計額	49,318	（貸）	使用権資産	49,318

（＊10）　10,682千円×1年/5年×1か月/12か月＝178千円
（＊11）　1,000千円－178千円＝822千円
（＊12）　減価償却費は，借手のリース期間を耐用年数とし，残存価額をゼロとして計算する。
　49,318千円×1年/5年×3か月/12か月＝2,466千円

⑵ 貸 手

① リースの分類

ア．現在価値基準による判定（本適用指針第62項⑴参照）

貸手のリース料を現在価値に割り引く利率は，貸手のリース料の現在価値と見積残存価額の現在価値の合計額が，当該原資産の現金購入価額と等しくなるような貸手の計算利子率によること（本適用指針第66項参照）になるが，見積残存価額がゼロであり，現金購入価額が48,000千円であることから年9.154％となる（［表９－１－２］及び②ア参照）。原資産の見積残存価額がゼロであるため，貸手のリース料を年9.154％で割り引いた現在価値48,000千円は，貸手の現金購入価額48,000千円と等しくなる。

現在価値48,000千円/現金購入価額48,000千円＝100％≧90％

したがって，このリースはファイナンス・リースに該当する。

イ．経済的耐用年数基準による判定（本適用指針第62項⑵参照）

このリースは，アにより，ファイナンス・リースに該当すると判断されたため，経済的耐用年数基準による判定は不要となる。なお，経済的耐用年数基準による判定を必要とする場合の計算結果は次のとおりとなる。

貸手のリース期間５年/経済的耐用年数８年＝62.5％＜75％

ウ．ファイナンス・リースの分類

所有権移転条項又は割安購入選択権がなく，また，原資産は特別仕様ではないため，所有権移転ファイナンス・リースには該当しない（本適用指針第70項参照）。

したがって，ア及びウにより，このリースは所有権移転外ファイナンス・リースに該当する。

② 会計処理

ア．利息相当額を利息法で会計処理する場合（本適用指針第73項参照）

貸手の計算利子率は，現在価値の算定を行うにあたって用いられる利率である（本適用指針第66項参照）。

$$\frac{1{,}000}{(1+r\times 1/12)}+\frac{1{,}000}{(1+r\times 1/12)^{2}}+\cdots\cdots+\frac{1{,}000}{(1+r\times 1/12)^{60}}=48{,}000\text{千円}$$

$r=9.154\%$

リース投資資産の回収スケジュールは，［表９－１－２］のとおりである。

[表9-1-2]

（単位：千円）

回数	回収日	前月末元本	回収合計	元本分	利息分	月末元本
1	X1.4.30	48,000	1,000	634	366	47,366
2	X1.5.31	47,366	1,000	639	361	46,727
3	X1.6.30	46,727	1,000	643	357	46,084
⋮	⋮	⋮	⋮	⋮	⋮	⋮
9	X1.12.31	42,792	1,000	674	326	42,118
10	X2.1.31	42,118	1,000	678	322	41,440
11	X2.2.28	41,440	1,000	684	316	40,756
12	X2.3.31	40,756	1,000	689	311	40,067
⋮	⋮	⋮	⋮	⋮	⋮	⋮
36	X4.3.31	22,682	1,000	827	173	21,855
⋮	⋮	⋮	⋮	⋮	⋮	⋮
57	X5.12.31	3,925	1,000	970	30	2,955
58	X6.1.31	2,955	1,000	978	22	1,977
59	X6.2.28	1,977	1,000	985	15	992
60	X6.3.31	992	1,000	992	8	—
	合　計	—	60,000	48,000	12,000	—

（注）適用利率年9.154%。利息の計算は，月数割りによっている。

X１年４月１日（リース開始日）

（単位：千円）

（借）リース投資資産（＊1）	48,000	（貸）買掛金	48,000

（＊１）　リース投資資産は，原資産の現金購入価額で計上する（本適用指針第71項⑵①参照）。

X１年４月30日（第１回回収日）

（単位：千円）

（借）現金預金	1,000	（貸）リース投資資産（＊2）	634
		受取利息（＊2）	366

（＊２）　受取リース料から利息相当額を差し引いた額がリース投資資産の回収額となる（本適用指針第71項⑵②参照）。

X１年６月30日（第３回回収日・第１四半期決算日）

（単位：千円）

（借）	現金預金	1,000	（貸）	リース投資資産	643
				受取利息	357

X２年３月31日（第12回回収日・決算日）

（単位：千円）

（借）	現金預金	1,000	（貸）	リース投資資産	689
				受取利息	311

以後も同様な会計処理を行う。

X６年３月31日（最終回の回収）

（単位：千円）

（借）	現金預金	1,000	（貸）	リース投資資産	992
				受取利息	8

イ．利息相当額の総額を貸手のリース期間中にわたり定額で配分する場合（本適用指針第74項参照）

X１年４月１日（リース開始日）

（単位：千円）

（借）	リース投資資産（＊1）	48,000	（貸）	買掛金	48,000

（＊１）リース投資資産は，原資産の現金購入価額で計上する（本適用指針第71項⑵①参照）。

X１年４月30日（第１回回収日）

（単位：千円）

（借）	現金預金	1,000	（貸）	リース投資資産（＊2）	800
				受取利息（＊2）	200

（＊２）受取リース料から利息相当額を差し引いた額がリース投資資産の回収額となる（本適用指針第71項⑵②参照）。

利息相当額：12,000千円×１年/５年×１か月/12か月＝200千円

リース投資資産：1,000千円－200千円＝800千円

X1年6月30日（第3回回収日・第1四半期決算日）

（単位：千円）

（借）現金預金	1,000	（貸）	リース投資資産	800
			受取利息	200

X2年3月31日（第12回回収日・決算日）

（単位：千円）

（借）現金預金	1,000	（貸）	リース投資資産	800
			受取利息	200

以後も同様な会計処理を行う。

X6年3月31日（最終回の回収）

（単位：千円）

（借）現金預金	1,000	（貸）	リース投資資産	800
			受取利息	200

ウ．中途解約の場合（本適用指針第77項参照）

前提条件
本設例の前提条件に追加して，次の前提条件を置く。
1．X4年3月31日に，リースが中途解約された。これに伴い，借手は貸手に対し規定損害金23,000千円を支払うことになった。
2．利息相当額は利息法で会計処理している。

X4年3月31日（第36回の回収と中途解約）

（単位：千円）

（借）現金預金	1,000	（貸）	リース投資資産	827
			受取利息	173

（借）現金預金	23,000	（貸）	リース投資資産	21,855
			解約益（＊1）	1,145

（＊1）　リース投資資産残高と規定損害金との差額を，受取額の確定時における損益として処理する（本適用指針第77項参照）。

解約益：23,000千円－21,855千円＝1,145千円

［設例9-2］リース料が前払い又は後払いとなる場合

前提条件
1．支払日
　　前払いの場合　当月分を前月末に支払
　　後払いの場合　当月分を翌月初に支払
2．その他の条件は［設例9－1］と同一とし，利息相当額は利息法で会計処理する。

会計処理
(1)　借　手
①　前払いの場合
当月分を前月末に支払う場合（前払いの1つの例）について，借手の追加借入利子率である年8％を用いて借手のリース料60,000千円を現在価値に割り引くと，次のとおり49,647千円がリース開始日におけるリース負債及び使用権資産の計上額となる（ただし，計算の便宜のため，月末と月初の1日の違いについて利息計算上無視する。）。

$$1{,}000+\frac{1{,}000}{(1+0.08\times 1/12)}+\cdots\cdots+\frac{1{,}000}{(1+0.08\times 1/12)^{59}}=49{,}647\text{千円}$$

借手のリース料の支払が前払いとなる場合のリース負債の返済スケジュールは，［表9－2－1］のとおりである。

［表9－2－1］

（単位：千円）

回数	返済日	前回支払後元本	返済合計	元本分	利息分	支払後元本
1	X1.4.1	49,647	1,000	1,000	—	48,647
2	X1.4.30	48,647	1,000	675	325	47,972
3	X1.5.31	47,972	1,000	681	319	47,291
4	X1.6.30	47,291	1,000	684	316	46,607
⋮	⋮	⋮	⋮	⋮	⋮	⋮
10	X1.12.31	43,114	1,000	713	287	42,401
11	X2.1.31	42,401	1,000	717	283	41,684

12	X2.2.28	41,684	1,000	722	278	40,962
13	X2.3.31	40,962	1,000	727	273	40,235
⋮	⋮	⋮	⋮	⋮	⋮	⋮
58	X5.12.31	2,960	1,000	980	20	1,980
59	X6.1.31	1,980	1,000	987	13	993
60	X6.2.28	993	1,000	993	7	―
	X6.3.31	―	―	―	―	―
	合　計	―	60,000	49,647	10,353	―

（注）適用利率年８％。利息の計算は，月数割りによっている。

X１年４月１日（リース開始日・第１回支払日）

（単位：千円）

（借）使用権資産	49,647	（貸）リース負債	49,647
（借）リース負債	1,000	（貸）現金預金	1,000

X１年４月30日（第２回支払日）

（単位：千円）

（借）リース負債	675	（貸）現金預金	1,000
支払利息	325		

X１年６月30日（第４回支払日・第１四半期決算日）

（単位：千円）

（借）リース負債	684	（貸）現金預金	1,000
支払利息	316		
（借）減価償却費（＊1）	2,482	（貸）減価償却累計額	2,482

（＊１）　49,647千円×１年/５年×３か月/12か月＝2,482千円

以後も同様な会計処理を行う。

②　後払いの場合

当月分を翌月初に支払う場合（後払いの１つの例）について，借手の追加借入利子率である年８％を用いて借手のリース料60,000千円を現在価値に割り引くと，次のとおり49,318千円がリース開始日におけるリース負債及び使用権資産の計上額となる（ただし，計算の便宜のため，月末と月初の１日の違いについて利息計

算上無視する。)。

$$\frac{1{,}000}{(1+0.08\times 1/12)}+\frac{1{,}000}{(1+0.08\times 1/12)^{2}}+\cdots\cdots+\frac{1{,}000}{(1+0.08\times 1/12)^{60}}=49{,}318\text{千円}$$

借手のリース料の支払が後払いとなる場合のリース負債の返済スケジュールは，［表９-２-２］のとおりである。

［表９-２-２］

（単位：千円）

回数	返済日	前回支払後元本	返済合計	元本分	利息分	支払後元本
1	X1.5.1	49,318	1,000	671	329	48,647
2	X1.6.1	48,647	1,000	675	325	47,972
3	X1.7.1	47,972	1,000	681	319	47,291
⋮	⋮	⋮	⋮	⋮	⋮	⋮
9	X2.1.1	43,822	1,000	708	292	43,114
10	X2.2.1	43,114	1,000	713	287	42,401
11	X2.3.1	42,401	1,000	717	283	41,684
12	X2.4.1	41,684	1,000	722	278	40,962
⋮	⋮	⋮	⋮	⋮	⋮	⋮
57	X6.1.1	3,934	1,000	974	26	2,960
58	X6.2.1	2,960	1,000	980	20	1,980
59	X6.3.1	1,980	1,000	987	13	993
60	X6.4.1	993	1,000	993	7	—
	合　計	—	60,000	49,318	10,682	—

（注）適用利率年８％。利息の計算は，月数割りによっている。

X１年４月１日（リース開始日）

（単位：千円）

(借)	使用権資産	49,318	(貸)	リース負債	49,318

X１年５月１日（第１回支払日）

（単位：千円）

(借)	リース負債	671	(貸)	現金預金	1,000
	支払利息	329			

Ｘ１年６月30日（第１四半期決算日）

（単位：千円）

（借）	支払利息（＊1）	319	（貸）	未払利息（＊1）	319
（借）	減価償却費（＊2）	2,466	（貸）	減価償却累計額	2,466

（＊１）　支払日は未到来であるが，決算修正仕訳として，経過利息分（［表９-２-２］より）を未払利息として計上する。

（＊２）　49,318千円×１年/５年×３か月/12か月＝2,466千円

Ｘ１年７月１日（第２四半期期首・第３回支払日）

（単位：千円）

（借）	未払利息（＊3）	319	（貸）	支払利息（＊3）	319
（借）	リース負債	681	（貸）	現金預金	1,000
	支払利息	319			

（＊３）　決算修正仕訳を洗い替える。

以後も同様な会計処理を行う。

(2)　貸　手

①　リースの分類

貸手の計算利子率は次のように算定される（ただし，計算の便宜のため，月末と月初の１日の違いについて利息計算上無視する。）。

ア．前払いの場合

$$1{,}000 + \frac{1{,}000}{(1+r\times 1/12)} + \cdots\cdots + \frac{1{,}000}{(1+r\times 1/12)^{59}} = 48{,}000\text{千円}$$

$r = 9.492\%$

イ．後払いの場合

$$\frac{1{,}000}{(1+r\times 1/12)} + \frac{1{,}000}{(1+r\times 1/12)^{2}} + \cdots\cdots + \frac{1{,}000}{(1+r\times 1/12)^{60}} = 48{,}000\text{千円}$$

$r = 9.154\%$

これらの場合は，上記の貸手の計算利子率で割り引いた貸手のリース料の現在価値（48,000千円）が，貸手の現金購入価額（48,000千円）の90％以上であるた

め，ファイナンス･リースに該当する（第62項参照）。

さらに，所有権移転条項又は割安購入選択権がなく，また，原資産は特別仕様ではないため，所有権移転ファイナンス・リースには該当しない（第70項参照）。

したがって，これらのリースは所有権移転外ファイナンス・リースに該当する。この場合，貸手は，原資産の現金購入価額48,000千円でリース投資資産を計上する。

② 会計処理

ア．前払いの場合

貸手のリース料の支払が前払いとなる場合のリース投資資産の回収スケジュールは，［表９－２－３］のとおりである。

[表9-2-3]

（単位：千円）

回数	回収日	前回回収後元本	回収合計	元本分	利息分	回収後元本
1	X1.4.1	48,000	1,000	1,000	—	47,000
2	X1.4.30	47,000	1,000	628	372	46,372
3	X1.5.31	46,372	1,000	633	367	45,739
4	X1.6.30	45,739	1,000	639	361	45,100
⋮	⋮	⋮	⋮	⋮	⋮	⋮
10	X1.12.31	41,833	1,000	669	331	41,164
11	X2.1.31	41,164	1,000	675	325	40,489
12	X2.2.28	40,489	1,000	679	321	39,810
13	X2.3.31	39,810	1,000	685	315	39,125
⋮	⋮	⋮	⋮	⋮	⋮	⋮
58	X5.12.31	2,953	1,000	976	24	1,977
59	X6.1.31	1,977	1,000	985	15	992
60	X6.2.28	992	1,000	992	8	—
	X6.3.31	—	—	—	—	—
	合　計	—	60,000	48,000	12,000	—

（注）適用利率年9.492％。利息の計算は，月数割りによっている。

Ｘ１年４月１日（リース開始日・第１回回収日）

（単位：千円）

（借）	リース投資資産	48,000	（貸）	買掛金	48,000
（借）	現金預金	1,000	（貸）	リース投資資産	1,000

Ｘ１年４月30日（第２回回収日）

（単位：千円）

（借）	現金預金	1,000	（貸）	リース投資資産	628
				受取利息	372

Ｘ１年６月30日（第４回回収日・第１四半期決算日）

（単位：千円）

（借）	現金預金	1,000	（貸）	リース投資資産	639
				受取利息	361

以後も同様な会計処理を行う。

Ｘ６年２月28日（最終回回収日）

（単位：千円）

（借）	現金預金	1,000	（貸）	リース投資資産	992
				受取利息	8

この回収で，元本はすべて回収されるため，Ｘ６年３月は受取利息は計上されないこととなる。

Ｘ６年３月31日（原資産の返却日）

仕訳なし

イ．後払いの場合

貸手のリース料の支払が後払いとなる場合のリース投資資産の回収スケジュールは，［表９－２－４］のとおりである。

［表９－２－４］

（単位：千円）

回数	回収日	前回回収後元本	回収合計	元本分	利息分	回収後元本
1	X1.5.1	48,000	1,000	634	366	47,366
2	X1.6.1	47,366	1,000	639	361	46,727
3	X1.7.1	46,727	1,000	643	357	46,084
⋮	⋮	⋮	⋮	⋮	⋮	⋮
9	X2.1.1	42,792	1,000	674	326	42,118
10	X2.2.1	42,118	1,000	678	322	41,440
11	X2.3.1	41,440	1,000	684	316	40,756
12	X2.4.1	40,756	1,000	689	311	40,067
⋮	⋮	⋮	⋮	⋮	⋮	⋮
57	X6.1.1	3,925	1,000	970	30	2,955
58	X6.2.1	2,955	1,000	978	22	1,977
59	X6.3.1	1,977	1,000	985	15	992
60	X6.4.1	992	1,000	992	8	—
	合　計	—	60,000	48,000	12,000	—

（注）適用利率年9.154％。利息の計算は，月数割りによっている。

Ｘ１年４月１日（リース開始日）

（単位：千円）

（借）リース投資資産	48,000	（貸）買掛金	48,000

Ｘ１年５月１日（第１回回収日）

（単位：千円）

（借）現金預金	1,000	（貸）リース投資資産	634
		受取利息	366

Ｘ１年６月30日（第１四半期決算日）

（単位：千円）

（借）リース投資資産（＊1）	357	（貸）受取利息（＊1）	357

（＊１）　決算修正仕訳として，Ｘ１年６月分の利息相当額を計上する。相手勘定科目は，ここでは，便宜的に，リース投資資産としている。

X１年７月１日（第２四半期期首・第３回回収日）

（単位：千円）

（借）	受取利息（＊2）	357	（貸）	リース投資資産（＊2）	357
（借）	現金預金	1,000	（貸）	リース投資資産	643
				受取利息	357

（＊２）決算修正仕訳を洗い替える。

以後も同様な会計処理を行う。

X６年３月31日（決算日）

（単位：千円）

（借）	リース投資資産（＊3）	8	（貸）	受取利息（＊3）	8

（＊３）決算修正仕訳として，X６年３月分の利息相当額を計上する。相手勘定科目は，ここでは，便宜的に，リース投資資産としている。

X６年４月１日（最終回回収日）

（単位：千円）

（借）	受取利息（＊4）	8	（貸）	リース投資資産（＊4）	8
（借）	現金預金	1,000	（貸）	リース投資資産	992
				受取利息	8

（＊４）決算修正仕訳を洗い替える。

［設例9-3］貸手の見積残存価額がある場合

前提条件

1．貸手による原資産の現金購入価額　50,000千円（借手において当該価額は明らかではないため，借手は貸手の計算利子率を知り得ない。）
2．貸手の見積残存価額　4,000千円（借手による残価保証はない。）
3．その他の条件は［設例９－１］と同一とし，利息相当額は利息法で会計処理する。

会計処理

⑴　借　手

［設例９－１］⑴借手と同様な会計処理を行う。

(2) 貸　手

① リースの分類

貸手の計算利子率は次のように算定される。

$$\frac{1{,}000}{(1+r\times 1/12)}+\frac{1{,}000}{(1+r\times 1/12)^{2}}+\cdots\cdots+\frac{(1{,}000+4{,}000)}{(1+r\times 1/12)^{60}}=50{,}000\text{千円}$$

$r=9.587\%$

この貸手の計算利子率を用いて貸手のリース料60,000千円を現在価値に割り引くと，

$$\frac{1{,}000}{(1+0.09587\times 1/12)}+\frac{1{,}000}{(1+0.09587\times 1/12)^{2}}+\cdots\cdots+\frac{1{,}000}{(1+0.09587\times 1/12)^{60}}$$

$=47{,}519$千円

現在価値47,519千円/現金購入価額50,000千円＝95.0％≧90％

したがって，このリースはファイナンス・リースに該当する（第62項参照）。

さらに，所有権移転条項又は割安購入選択権がなく，また，原資産は特別仕様ではないため，所有権移転ファイナンス・リースには該当しない（第70項参照）。

以上により，このリースは所有権移転外ファイナンス・リースに該当する。この場合，貸手は計算利子率年9.587％を適用利率としてリース投資資産の回収スケジュールを作成し，［設例９−１］(2)貸手と同様な会計処理を行うことになる。

② 会計処理

リース投資資産の回収スケジュールは，［表９−３］のとおりである。

［表９−３］

（単位：千円）

回数	回収日	前月末元本	回収合計	元本分	利息分	月末元本
1	X1.4.30	50,000	1,000	601	399	49,399
2	X1.5.31	49,399	1,000	605	395	48,794
3	X1.6.30	48,794	1,000	610	390	48,184
4	X1.7.31	48,184	1,000	615	385	47,569
5	X1.8.31	47,569	1,000	620	380	46,949
6	X1.9.30	46,949	1,000	625	375	46,324
7	X1.10.31	46,324	1,000	630	370	45,694

8	X1.11.30	45,694	1,000	635	365	45,059
9	X1.12.31	45,059	1,000	640	360	44,419
10	X2.1.31	44,419	1,000	645	355	43,774
11	X2.2.28	43,774	1,000	650	350	43,124
12	X2.3.31	43,124	1,000	656	344	42,468
⋮	⋮	⋮	⋮	⋮	⋮	⋮
58	X6.1.31	6,858	1,000	945	55	5,913
59	X6.2.28	5,913	1,000	953	47	4,960
60	X6.3.31	4,960	5,000	4,960	40	—
	合　計	—	64,000	50,000	14,000	—

（注）　適用利率年9.587%。利息の計算は，月数割りによっている。
　　　　また，X6.3.31の回収額には，貸手の見積残存価額4,000千円が含まれている。

X１年４月１日（リース開始日）

（単位：千円）

（借）リース投資資産（＊1）	50,000	（貸）買掛金	50,000

（＊１）　リース投資資産は，原資産の現金購入価額で計上する。

X６年３月31日（最終回の回収と原資産の受領）

（単位：千円）

（借）現金預金	1,000	（貸）リース投資資産	4,960
貯蔵品（＊2）	4,000	受取利息	40

（＊２）　見積残存価額により，その後の保有目的に応じ貯蔵品又は固定資産等に計上する（第76項参照）。

《貸手の注記－リース投資資産の内訳（X２年３月31日）（第104項⑴参照）》

	（単位：千円）	
リース料債権部分	48,000	
見積残存価額部分	4,000	
受取利息相当額	△9,532	（＊3）
リース投資資産	42,468	

（＊３）　算出方法
　　　　［表９－３］にある利息分合計14,000千円－X１年４月１日からX２年３月31日の利息分4,468千円＝9,532千円

[設例10] 借手のリース及び貸手の所有権移転ファイナンス・リース

前提条件

1．顧客（借手）及びサプライヤー（貸手）は，第５項に従って，契約はリースを含むと判断した。
2．５年の契約期間終了時に借手が原資産を1,000千円で購入できる購入オプション（割安購入選択権）が付与されている。借手にとって，借手が当該購入オプションを行使することは合理的に確実である。貸手にとって，借手による当該割安購入選択権の行使が確実に予想されている。
3．リース開始日　X１年４月１日
4．借手のリース期間及び貸手のリース期間　５年
5．貸手は，製造又は販売以外を事業としており，当該事業の一環でリースを行っている。
6．貸手による原資産の現金購入価額　48,000千円（借手において当該価額は明らかではないため，借手は貸手の計算利子率を知り得ない。）
7．リース料
　月額　1,000千円　支払は毎月末
　借手のリース期間及び貸手のリース期間に係る月額リース料の合計額　60,000千円
8．原資産の経済的耐用年数　８年
9．借手の減価償却方法　定額法（減価償却費は，四半期ごとに計上するものとする。）
10．借手の見積残存価額　10％
11．借手の追加借入利子率　年８％（借手は貸手の計算利子率を知り得ない。）
12．借手の付随費用　ゼロ
13．決算日　３月31日

1．借　手

借手が購入オプションを行使することが合理的に確実であり，契約上の諸条件に照らして原資産の所有権が借手に移転すると認められるリースに該当するため，耐用年数を経済的使用可能予測期間，残存価額を合理的な見積額として，使用権資産の減価償却費について，原資産を自ら所有していたと仮定した場合に適用する減価償却方法と同一の方法により算定する（会計基準第37項）こと及び購入オプションによるリース料の差異以外は，［設例９-１］⑴借手と同様である。

2．貸　手

(1)　リースの分類

①　現在価値基準による判定（本適用指針第62項(1)参照）

貸手の計算利子率は次のように算定される。

$$\frac{1{,}000}{(1+r\times 1/12)}+\frac{1{,}000}{(1+r\times 1/12)^{2}}+\cdots\cdots+\frac{(1{,}000+1{,}000)}{(1+r\times 1/12)^{60}}=48{,}000\text{千円}$$

r＝9.710％

この貸手の計算利子率を用いて貸手のリース料61,000千円（貸手のリース期間の月額リース料の合計額60,000千円に，行使が確実に予想される割安購入選択権によるリース料1,000千円を加えた金額）を現在価値に割り引くと，

$$\frac{1{,}000}{(1+0.09710\times 1/12)}+\frac{1{,}000}{(1+0.09710\times 1/12)^{2}}+\cdots\cdots+\frac{(1{,}000+1{,}000)}{(1+0.09710\times 1/12)^{60}}$$

＝48,000千円

現在価値48,000千円/現金購入価額48,000千円＝100％≧90％
したがって，このリースはファイナンス・リースに該当する。

②　ファイナンス・リースの分類

前提条件２により，借手は割安購入選択権を有し，その行使が契約時において確実に予想されるリースに該当する（本適用指針第70項参照）。

①及び②により，このリースは所有権移転ファイナンス・リースに該当する。

(2)　会計処理（本適用指針第78項参照）

リース債権の回収スケジュールは，［表10］のとおりである。

［表10］

（単位：千円）

回数	回収日	前月末元本	回収合計	元本分	利息分	月末元本
1	X1.4.30	48,000	1,000	612	388	47,388
2	X1.5.31	47,388	1,000	616	384	46,772
3	X1.6.30	46,772	1,000	622	378	46,150

⋮	⋮	⋮	⋮	⋮	⋮	⋮
9	X1.12.31	42,966	1,000	652	348	42,314
10	X2.1.31	42,314	1,000	658	342	41,656
11	X2.2.28	41,656	1,000	663	337	40,993
12	X2.3.31	40,993	1,000	668	332	40,325
⋮	⋮	⋮	⋮	⋮	⋮	⋮
57	X5.12.31	4,889	1,000	961	39	3,928
58	X6.1.31	3,928	1,000	968	32	2,960
59	X6.2.28	2,960	1,000	976	24	1,984
60	X6.3.31	1,984	2,000	1,984	16	—
	合　計	—	61,000	48,000	13,000	—

（注）適用利率年9.710%。利息の計算は，月数割りによっている。

X１年４月１日（リース開始日）

（単位：千円）

（借）リース債権（＊1）	48,000	（貸）買掛金	48,000

（＊１） リース債権は，原資産の現金購入価額で計上する（本適用指針第78項参照）。

X１年６月30日（第３回回収日・第１四半期決算日）

（単位：千円）

（借）現金預金	1,000	（貸）リース債権	622
		受取利息	378

以後も同様な会計処理を行う。

X６年３月31日（最終回の回収と借手による購入オプション（割安購入選択権）の行使）

（単位：千円）

（借）現金預金	1,000	（貸）リース債権	984
		受取利息	16
（借）現金預金	1,000	（貸）リース債権	1,000

［設例11］残価保証がある場合

前提条件

1．顧客（借手）及びサプライヤー（貸手）は，第５項に従って，契約はリースを含むと判断した。
2．所有権移転条項　なし
3．割安購入選択権　なし
4．原資産は特別仕様ではない。
5．当該契約には契約期間終了時に借手が原資産の処分価額を5,000千円まで保証する条項（残価保証）が付されている。借手は残価保証による支払見込額を3,000千円と見積っている。
6．リース開始日　X１年４月１日
7．借手のリース期間及び貸手のリース期間　５年
8．貸手は，製造又は販売以外を事業としており，当該事業の一環でリースを行っている。
9．貸手による原資産の現金購入価額　53,000千円（借手において当該価額は明らかではないため，借手は貸手の計算利子率を知り得ない。）
10．リース料
　　月額　1,000千円　支払は半年ごと（半期分を期首に前払い）
　　借手のリース期間及び貸手のリース期間に係る月額リース料の合計額60,000千円
11．原資産の経済的耐用年数　６年
12．借手のリース期間及び貸手のリース期間終了後に原資産は2,000千円で処分された。
13．借手の減価償却方法　定額法
14．借手の追加借入利子率　年８％（借手は貸手の計算利子率を知り得ない。）
15．借手の付随費用　ゼロ
16．決算日　３月31日
17．中間決算及び年度決算の年２回の決算を実施している。

1．借　手

会計処理

借手は貸手の計算利子率を知り得ないため，借手の追加借入利子率である年８％を用いて借手のリース料63,000千円（借手のリース期間の月額リース料の合計額60,000

千円に借手の残価保証による支払見込額3,000千円を加えた金額）を現在価値に割り引くと，次のとおり52,639千円がリース開始日におけるリース負債及び使用権資産の計上額となる（会計基準第35項(3)）（本適用指針第37項参照）。

$$6{,}000+\frac{6{,}000}{(1+0.08\times 1/2)}+\cdots\cdots+\frac{6{,}000}{(1+0.08\times 1/2)^{9}}+\frac{3{,}000}{(1+0.08\times 1/2)^{10}}=52{,}639\text{千円}$$

リース負債の返済スケジュールは，［表11-1］のとおりである。

［表11-1］

（単位：千円）

回数	返済日	前回支払後元本	返済合計	元本分	利息分	支払後元本
1	X1.4.1	52,639	6,000	6,000	—	46,639
2	X1.10.1	46,639	6,000	4,135	1,865	42,504
3	X2.4.1	42,504	6,000	4,300	1,700	38,204
4	X2.10.1	38,204	6,000	4,471	1,529	33,733
5	X3.4.1	33,733	6,000	4,651	1,349	29,082
6	X3.10.1	29,082	6,000	4,837	1,163	24,245
7	X4.4.1	24,245	6,000	5,030	970	19,215
8	X4.10.1	19,215	6,000	5,231	769	13,984
9	X5.4.1	13,984	6,000	5,441	559	8,543
10	X5.10.1	8,543	6,000	5,658	342	2,885
	X6.3.31	2,885	3,000	2,885	115	—
	合　計	—	63,000	52,639	10,361	—

（注）　適用利率年８％。利息の計算は，月数割りによっている。
　　　　また，X6.3.31の支払額は，残価保証による借手の支払見込額3,000千円である。

X１年４月１日（リース開始日・第１回支払日）

（単位：千円）

（借）使用権資産	52,639	（貸）リース負債	52,639
（借）リース負債	6,000	（貸）現金預金	6,000

X１年９月30日（中間決算日）

（単位：千円）

（借）支払利息	1,865	（貸）未払利息	1,865
（借）減価償却費（＊1）	5,264	（貸）減価償却累計額	5,264

（＊１）　52,639千円×１年/５年×６か月/12か月＝5,264千円

X１年10月１日（下期首・第２回支払日）

（単位：千円）

（借）	未払利息	1,865	（貸）	支払利息	1,865
（借）	リース負債	4,135	（貸）	現金預金	6,000
	支払利息	1,865			

以後も同様な会計処理を行う。

X６年３月31日（決算日）

（単位：千円）

（借）	支払利息	115	（貸）	未払利息	115
（借）	減価償却費	5,264	（貸）	減価償却累計額	5,264

X６年３月31日（原資産の返却）

（単位：千円）

（借）	減価償却累計額	52,639	（貸）	使用権資産	52,639

借手のリース期間終了後（残価保証支払額の確定時）

（単位：千円）

（借）	リース負債	2,885	（貸）	未払金（＊2）	3,000
	未払利息	115			

（＊２）　残価保証額5,000千円－処分額2,000千円＝3,000千円

なお，残価保証支払額の確定時に一括して，次のような会計処理を行うこともできる。

（単位：千円）

（借）	減価償却累計額	52,639	（貸）	使用権資産	52,639
	リース負債	2,885		未払金	3,000
	未払利息	115			

2．貸　手

⑴　リースの分類

①　現在価値基準による判定（本適用指針第62項⑴参照）

貸手の計算利子率は次のように算定される（貸手のリース料には残価保証額を含む（本適用指針第64項参照）。）。

$$6{,}000+\frac{6{,}000}{(1+r\times 1/2)}+\cdots\cdots+\frac{6{,}000}{(1+r\times 1/2)^{9}}+\frac{5{,}000}{(1+r\times 1/2)^{10}}=53{,}000\text{千円}$$

$r=8.853\%$

この計算利子率を用いて貸手のリース料65,000千円（残価保証額を含む。）を現在価値に割り引くと53,000千円となる。

現在価値53,000千円/現金購入価額53,000千円＝100％≧90％

したがって，このリースはファイナンス・リースに該当する。

②　ファイナンス・リースの分類

所有権移転条項又は割安購入選択権がなく，また，原資産は特別仕様ではないため，所有権移転ファイナンス・リースには該当しない（本適用指針第70項参照）。

①及び②により，このリースは所有権移転外ファイナンス・リースに該当する。

⑵　会計処理

リース投資資産の回収スケジュールは，［表11－２］のとおりである。

［表11－２］

（単位：千円）

回数	回収日	前回回収後元本	回収合計	元本分	利息分	回収後元本
1	X1.4.1	53,000	6,000	6,000	—	47,000
2	X1.10.1	47,000	6,000	3,920	2,080	43,080
3	X2.4.1	43,080	6,000	4,093	1,907	38,987
4	X2.10.1	38,987	6,000	4,274	1,726	34,713
5	X3.4.1	34,713	6,000	4,463	1,537	30,250
6	X3.10.1	30,250	6,000	4,661	1,339	25,589
7	X4.4.1	25,589	6,000	4,867	1,133	20,722

8	X4.10.1	20,722	6,000	5,083	917	15,639
9	X5.4.1	15,639	6,000	5,308	692	10,331
10	X5.10.1	10,331	6,000	5,543	457	4,788
	X6.3.31	4,788	5,000	4,788	212	—
	合　計	—	65,000	53,000	12,000	—

（注）　適用利率年8.853%。利息の計算は，月数割りによっている。
　　　　また，X6.3.31の回収額は，残価保証額5,000千円である。

X１年４月１日（リース開始日・第１回回収日）

（単位：千円）

（借）リース投資資産	53,000	（貸）買掛金	53,000
（借）現金預金	6,000	（貸）リース投資資産	6,000

X６年３月31日（貸手のリース期間終了と原資産の受領時）

（単位：千円）

（借）貯蔵品	5,000	（貸）リース投資資産	4,788
		受取利息	212

原資産処分額及び残価保証受取額の確定時

（単位：千円）

（借）貯蔵品売却損	3,000	（貸）貯蔵品	5,000
売掛金（＊1）	2,000		
（借）売掛金（＊2）	3,000	（貸）貯蔵品売却損	3,000

（＊１）　原資産処分先に対するもの
（＊２）　借手に対するもの（残価保証の履行額）

［設例12］製造又は販売を事業とする貸手が当該事業の一環で行うリース

前提条件
1．サプライヤー（貸手）は，第５項に従って，契約はリースを含むと判断した。
2．所有権移転条項　なし
3．割安購入選択権　なし
4．原資産は特別仕様ではない。

5．リース開始日　X１年４月１日
6．貸手のリース期間　５年
7．原資産の帳簿価額　46,800千円
8．借手に対する現金販売価額　48,000千円
9．リース料
月額1,000千円　支払は毎年３月31日
借手のリース期間及び貸手のリース期間に係る月額リース料の合計額 60,000千円
10．原資産の経済的耐用年数　８年
11．貸手の見積残存価額　4,000千円
12．決算日　３月31日
13．製造又は販売を事業とする貸手が当該事業の一環としてリースを行っている。

1．リースの分類

(1) 現在価値基準による判定（第62項(1)参照）

貸手の計算利子率は次のように算定される。

$$\frac{12{,}000}{(1+r)}+\cdots\cdots+\frac{12{,}000+4{,}000}{(1+r)^5}=48{,}000\text{千円}$$

$$r=9.979\%$$

この計算利子率を用いて貸手のリース料を現在価値に割り引くと，

$$\frac{12{,}000}{(1+0.09979)}+\cdots\cdots+\frac{12{,}000}{(1+0.09979)^5}=45{,}514\text{千円}$$

現在価値45,514千円/現金販売価額48,000千円＝94.8％≧90％
したがって，このリースはファイナンス・リースに該当する。

(2) ファイナンス・リースの分類

所有権移転条項又は割安購入選択権がなく，また，原資産は特別仕様ではないため，所有権移転ファイナンス・リースには該当しない（第70項参照）。

(1)及び(2)により，このリースは所有権移転外ファイナンス・リースに該当する。

2．会計処理

(1)　原則的な取扱い

リース投資資産の回収スケジュールは，［表12-1］のとおりである。

［表12-1］

（単位：千円）

回数	回収日	期首元本	回収合計	元本分	利息分	期末元本
1	X2.3.31	48,000	12,000	7,210	4,790	40,790
2	X3.3.31	40,790	12,000	7,930	4,070	32,860
3	X4.3.31	32,860	12,000	8,721	3,279	24,139
4	X5.3.31	24,139	12,000	9,591	2,409	14,548
5	X6.3.31	14,548	16,000	14,548	1,452	—
	合　計	—	64,000	48,000	16,000	—

（注）　適用利率年9.979％。X6.3.31の回収額には，貸手の見積残存価額4,000千円が含まれている。

X１年４月１日（リース開始日）

（単位：千円）

（借）リース投資資産（＊2）	45,514	（貸）売上高（＊1）	45,514
売上原価（＊3）	46,800	棚卸資産	46,800
リース投資資産（＊2）	2,486	売上原価（＊3）	2,486

（＊１）　貸手のリース料60,000千円からこれに含まれている利息相当額を控除した金額で売上高を計上する（第71項(1)参照）。貸手のリース料から利息相当額を控除した金額，すなわち，貸手のリース料の現在価値は45,514千円となる（1.(1)参照）。

（＊２）　リース投資資産は，売上高（＊１）と見積残存価額の現在価値の合計額となる。見積残存価額の現在価値2,486千円をリース投資資産として計上する。

なお，見積残存価額の現在価値は以下のように算定される。

$$\frac{4{,}000}{(1+0.09979)^{5}}=2{,}486\text{千円}$$

（＊３）　原資産の帳簿価額46,800千円から見積残存価額の現在価値2,486千円を控除した金額で売上原価を計上する。

X２年３月31日（第１回回収日・決算日）

（単位：千円）

（借）	現金預金	12,000	（貸）	リース投資資産	7,210
				受取利息	4,790

X６年３月31日（貸手のリース期間終了と原資産の受領時）

（単位：千円）

（借）	現金預金	12,000	（貸）	リース投資資産	14,548
	貯蔵品	4,000		受取利息	1,452

(2)　販売益相当額に重要性がない場合の簡便的な取扱い（※）（第71項(1)①ただし書き参照）

（※）　本設例は，あくまで販売益相当額に重要性がないケースの取扱いを例示するものであり，本設例で示された販売益相当額が貸手のリース料に比して重要性が乏しいことを示すものではない。

販売益相当額を利息相当額に含めて処理するため，貸手の計算利子率は次のように算定される。

$$\frac{12{,}000}{(1+r)}+\cdots\cdots+\frac{12{,}000+4{,}000}{(1+r)^{5}}=46{,}800\text{千円}$$

$$r=10.938\%$$

この計算利子率を用いて貸手のリース料を現在価値に割り引くと，

$$\frac{12{,}000}{(1+0.10938)}+\cdots\cdots+\frac{12{,}000}{(1+0.10938)^{5}}=44{,}420\text{千円}$$

リース投資資産の回収スケジュールは，［表12-２］のとおりである。

［表12-２］

（単位：千円）

回数	回収日	期首元本	回収合計	元本分	利息分	期末元本
1	X2.3.31	46,800	12,000	6,881	5,119	39,919
2	X3.3.31	39,919	12,000	7,634	4,366	32,285
3	X4.3.31	32,285	12,000	8,468	3,532	23,817

4	X5.3.31	23,817	12,000	9,395	2,605	14,422
5	X6.3.31	14,422	16,000	14,422	1,578	—
	合　計	—	64,000	46,800	17,200	—

（注）　適用利率年10.938％。X6.3.31の回収額には，貸手の見積残存価額4,000千円が含まれている。

X１年４月１日（リース開始日）

（単位：千円）

(借)	リース投資資産（＊2）	44,420	(貸)　売上高（＊1）	44,420
	売上原価（＊3）	46,800	棚卸資産	46,800
	リース投資資産（＊2）	2,380	売上原価（＊3）	2,380

（＊１）　貸手のリース料60,000千円からこれに含まれている利息相当額を控除した金額で売上高を計上する（第71項(1)参照）。貸手のリース料から利息相当額を控除した金額，すなわち，貸手のリース料の現在価値は44,420千円となる（販売益相当額は計上されない。）。

（＊２）　リース投資資産は，売上高（＊１）と見積残存価額の現在価値の合計額となる。見積残存価額の現在価値2,380千円をリース投資資産として計上する。

なお，見積残存価額の現在価値は以下のように算定される。

$$\frac{4,000}{(1+0.10938)^5}=2,380\text{千円}$$

（＊３）　原資産の帳簿価額46,800千円から見積残存価額の現在価値2,380千円を控除した金額で売上原価を計上する。

X２年３月31日（第１回回収日・決算日）

（単位：千円）

(借)	現金預金	12,000	(貸)　リース投資資産	6,881
			受取利息	5,119

X６年３月31日（貸手のリース期間終了と原資産の受領時）

（単位：千円）

(借)	現金預金	12,000	(貸)　リース投資資産	14,422
	貯蔵品	4,000	受取利息	1,578

［設例13］ 借手の変動リース料

前提条件

1．A社（借手）は，B社（貸手）と不動産賃貸借契約を締結した。

2．A社は，第5項に従って，契約はリースを含むと判断した。

3．リース開始日　X1年4月1日

4．借手のリース期間及び貸手のリース期間　10年

5．リース料

支払は毎年4月1日

リース料の当初年額50,000千円（毎年4月1日に公表される直前12か月の消費者物価指数（以下「CPI」という。）の変動に基づいて，同日より年間リース料が変更されると定められている。）

6．直前12か月のCPIの推移

リース開始日　125

X2年4月1日　150

7．X2年4月1日において，直近12か月のCPIが20％上昇しているため，リース料は年額10,000千円増額され年額60,000千円に見直された。

8．上記5のリース料に加え，A社が原資産の使用から得られる各年度（4月1日から3月31日）における売上高の1％をリース料として翌年の4月1日に追加で支払うことが定められている。なお，X1年度の売上高は800,000千円であった。

9．A社は前提条件5及び8のリース料が借手の変動リース料に該当すると判断した。

10．本設例では割引の影響を無視している。

会計処理

X1年4月1日（リース開始日）

（単位：千円）

（借）使用権資産	500,000	（貸）リース負債（＊1）	450,000
		現金	50,000

（＊1）　リース料の当初年額50,000千円×残存支払回数9回＝450,000千円

リース開始日には，借手のリース期間にわたりリース開始日現在の指数又はレートに基づきリース料を算定する（第25項参照）。

X２年３月31日（期末日）

（単位：千円）

（借）支払リース料（＊2）	8,000	（貸）未払費用	8,000

（＊２）　X１年度売上高800,000千円×１％＝8,000千円
リース負債の計上額に含めなかった借手の変動リース料（売上に連動する借手の変動リース料）は，当該借手の変動リース料の発生時に損益に計上する（第51項参照)。

使用権資産の償却に係る会計処理は，［設例９－１］⑴借手と同様であることから，説明は省略している。

X２年４月１日（X２年期首・リース負債の見直し）

（単位：千円）

（借）使用権資産	90,000	（貸）リース負債（＊3）	90,000

（＊３）　見直し後のリース負債（＊４）540,000千円－見直し前のリース負債450,000千円＝90,000千円
（＊４）　見直されたリース料年額60,000千円×残存支払回数９回＝540,000千円
指数又はレートが変動し，そのことにより，今後支払うリース料に変動が生じたときにのみ，残りの借手のリース期間にわたり，変更後の指数又はレートに基づきリース料及びリース負債を修正し，リース負債の修正額に相当する金額を使用権資産に加減する（第48項参照)。

X２年４月１日（X２年期首・リース料の支払）

（単位：千円）

（借）リース負債	60,000	（貸）現金預金	68,000
未払費用	8,000		

［設例14］建設協力金

前提条件
1．A社（借手）は，X１年４月１日に，次の条件を含む契約を地主B社（貸手）と締結した。
①　A社は，A社がテナントとして入居予定のビル建設に要する資金20,000千円をB社に建設協力金として支払う。
②　A社は，当該ビルの完成後に当該ビルに入居する。

2．A社は，第５項に従って，当該契約がリースを含むと判断した。
3．借手のリース期間及び建設協力金の回収期間　10年
4．借手の支払利息　当初５年間は無利息，その後は年２％
5．返済条件　X７年３月31日からX11年３月31日までの毎年３月31日に4,000千円ずつを利息とともに返済
6．割引率　５％（すべての期間において適用）
7．リース開始日　X１年４月１日
8．借手の減価償却方法　定額法

会計処理

将来返還される建設協力金等の差入預託保証金に係る当初認識時の時価は，返済期日までのキャッシュ・フローを割り引いた現在価値である。借手は，当該差入預託保証金の支払額と当該時価との差額を使用権資産の取得価額に含める（第29項参照）。

前提条件6より，年５％を用いてビル建設に要する資金20,000千円の契約上のキャッシュ・フローを現在価値に割り引くと，次のとおり14,410千円となる。

$$\frac{0}{(1+0.05)}+\cdots\cdots+\frac{0}{(1+0.05)^{5}}+\frac{4{,}000+400\ (*1)}{(1+0.05)^{6}}+\cdots\cdots+\frac{4{,}000+80\ (*1)}{(1+0.05)^{10}}$$

＝14,410千円

（＊１）　各年度の受取利息の回収額（［表14］参照）

X１年４月１日（建設協力金の支払日）

（単位：千円）

（借）	長期貸付金	14,410	（貸）	現金預金	20,000
	使用権資産（＊2）	5,590			

（＊２）　建設協力金の支払額20,000千円と返済期日までのキャッシュ・フローを割り引いた現在価値14,410千円との差額

また，各年度の利息計上額，長期貸付金の帳簿価額等は次の［表14］のとおりである。

[表14]

（単位：千円）

	キャッシュ・フロー	うち元本回収	うち利息回収	利息計上額	帳簿価額加算額	帳簿価額
	a	b	c	d=f'×0.05	e=d-c	f=f'+e-b
X1.4.1	△20,000					14,410
X2.3.31	−	−	−	720	720	15,130
X3.3.31	−	−	−	757	757	15,887
X4.3.31	−	−	−	794	794	16,681
X5.3.31	−	−	−	834	834	17,515
X6.3.31	−	−	−	876	876	18,391
X7.3.31	4,400	4,000	400	920	520	14,911
X8.3.31	4,320	4,000	320	745	425	11,336
X9.3.31	4,240	4,000	240	567	327	7,663
X10.3.31	4,160	4,000	160	383	223	3,886
X11.3.31	4,080	4,000	80	194	114	−

（注）f'は，帳簿価額fの前期末残高である。

建設協力金等の差入預託保証金は返済期日に回収されるため，当初時価と返済額との差額は，弁済期又は償還期に至るまで毎期一定の方法で受取利息として計上する（第29項参照）。

無利息期間中のX２年３月期，元本分割返済と２％の利息支払が開始されるX７年３月期及び元本最終償還期であるX11年３月期について，仕訳で示すと次のとおりである。

なお，長期貸付金の１年以内償還部分の短期への振替は省略している。

X２年３月31日（無利息期間）

（単位：千円）

（借）長期貸付金	720	（貸）受取利息	720
（借）減価償却費（＊3）	559	（貸）減価償却累計額	559

（＊３）5,590千円（使用権資産）×１年/10年＝559千円

Ｘ７年３月31日（元本分割返済及び利息支払開始時）

（単位：千円）

（借）	長期貸付金	520	（貸）	受取利息	920
	現金預金	400			
（借）	現金預金	4,000	（貸）	長期貸付金	4,000
（借）	減価償却費	559	（貸）	減価償却累計額	559

X11年３月31日（最終償還期）

（単位：千円）

（借）	長期貸付金	114	（貸）	受取利息	194
	現金預金	80			
（借）	現金預金	4,000	（貸）	長期貸付金	4,000
（借）	減価償却費	559	（貸）	減価償却累計額	559
（借）	減価償却累計額	5,590	（貸）	使用権資産	5,590

［設例15］リースの契約条件の変更

［設例15-1］独立したリースとして会計処理する場合

前提条件

1．A社（借手）は，2,000平方メートルの事務所スペースに係る，不動産賃貸借契約をＢ社（貸手）と締結した。
2．A社は，第５項に従って，当該契約はリースを含むと判断した。
3．リース開始日　Ｘ１年４月１日
4．借手のリース期間　10年
5．Ｘ6年４月１日に，Ａ社とＢ社は，契約条件を次のように変更することに合意する。
　①　残りの５年間について同じ建物の追加の3,000平方メートルの事務所スペースを契約に含める。
　②　Ｂ社がＡ社による①の追加のスペースの使用を可能にする日は，Ｘ６年９月30日である。
　③　追加の3,000平方メートルの事務所スペースに対するリース料の増額は，当該スペースの市場賃料に契約の状況を反映するための調整を加えたものである。

会計処理

前提条件５の変更は，リースの契約条件の変更に該当し，次の⑴及び⑵のいずれも満たすため，Ａ社は，当該リースの契約条件の変更について，独立したリースとして取り扱い，当該独立したリースのリース開始日に，リースの契約条件の変更の内容に基づくリース負債を計上し，当該リース負債にリース開始日までに支払った借手のリース料，付随費用等を加減した額により使用権資産を計上する（第44項参照）。

⑴　１つ以上の原資産を追加することにより，原資産を使用する権利が追加され，リースの範囲が拡大されること

⑵　借手のリース料が，範囲が拡大した部分に対する独立価格に特定の契約の状況に基づく適切な調整を加えた金額分だけ増額されること

Ａ社は，独立したリースのリース開始日（Ｘ６年９月30日）に，追加の3,000平方メートルの事務所スペースのリースに係る使用権資産及びリース負債を計上する。Ａ社は，変更前の2,000平方メートルの事務所スペースのリースの会計処理について修正を行わない。

[設例15-2] リース料の単価の増額を伴いリースの範囲が縮小される場合

前提条件

1．Ａ社（借手）は，5,000平方メートルの事務所スペースに係る，不動産賃貸借契約をＢ社（貸手）と締結した。
2．Ａ社は，第５項に従って，当該契約はリースを含むと判断した。
3．リース開始日　Ｘ１年４月１日
4．借手のリース期間　10年
5．リース料
　年額　50,000千円　支払は毎年３月末
6．借手の追加借入利子率　年６％（借手は貸手の計算利子率を知り得ない。）
7．Ｘ６年４月１日に，Ａ社とＢ社は，契約条件を次のように変更することに合意する。
　①　同日に変更前のスペースから，2,500平方メートルのみに縮小する。
　②　年間リース料を30,000千円に変更する。
8．Ｘ６年４月１日現在の借手の追加借入利子率　年５％
9．Ａ社は，リースの範囲の縮小については変更前の割引率を使用し，リース料の単価の増額については変更後の割引率を使用する。

会計処理

前提条件７の変更は，リースの契約条件の変更に該当し，リース料の単価の増額を

伴い，かつ，事務所スペースの縮小によりリースの範囲が縮小されるものである。A社は，当該リースの契約条件の変更に関して，事務所スペースの縮小とリース料の単価の増額のそれぞれについて，別個に会計処理を行う（第45項参照）。

リースの契約条件の変更前の使用権資産及びリース負債は，［表15-２］のとおりである。

［表15-２］

（単位：千円）

	使用権資産			リース負債			
年	期首残高	減価償却費	期末残高	期首残高	リース料	利息	期末残高
X1	368,004（＊1）	36,800	331,204	368,004（＊1）	50,000	22,080	340,084
X2	331,204	36,801	294,403	340,084	50,000	20,405	310,489
X3	294,403	36,800	257,603	310,489	50,000	18,630	279,119
X4	257,603	36,800	220,803	279,119	50,000	16,747	245,866
X5	220,803	36,801	184,002 ②	245,866	50,000	14,752	210,618 ①

（＊１） リース開始日（X１年４月１日）における使用権資産及びリース負債の計上額：

$$\frac{50{,}000}{(1+0.06)}+\frac{50{,}000}{(1+0.06)^{2}}+\cdots\cdots+\frac{50{,}000}{(1+0.06)^{10}}=368{,}004\text{千円}$$

(1) 事務所スペースの縮小

事務所スペースを縮小する変更は，リースの契約条件の変更に該当し，リースの範囲が縮小されるものである。A社は，当該リースの契約条件の変更について，当該リースの契約条件の変更の発効日に，変更後の条件を反映してリース負債を修正し，リースの一部又は全部の解約を反映するように使用権資産の帳簿価額を減額する。このとき，使用権資産の減少額とリース負債の修正額とに差額が生じた場合は，当該差額を損益に計上する（第45項(1)及び(2)①参照）。本設例では，前提条件９により，変更前の割引率を使用する。

X６年４月１日（リースの契約条件の変更の発効日）

（単位：千円）

（借）リース負債（＊2）	105,309	（貸）使用権資産（＊3）	92,001
		利益（＊4）	13,308

（＊２）　リース負債の減少額：210,618千円（［表15-２］の①）×50％（2,500平方メートル/5,000平方メートル）＝105,309千円
（＊３）　使用権資産の減少額：184,002千円（［表15-２］の②）×50％（2,500平方メートル/5,000平方メートル）＝92,001千円
（＊４）　105,309千円（＊２）－92,001千円（＊３）＝13,308千円

(2)　リース料の単価の増額

リース料の単価が増額される変更は，リースの契約条件の変更に該当するものの，①１つ以上の原資産を追加するリースの範囲の拡大ではなく（第44項参照），また，②リースの範囲の縮小にも該当しない（第45項(2)①参照），リース料の変更である（第45項(2)②参照）。Ａ社は，当該リースの契約条件の変更について，当該リースの契約条件の変更の発効日に，変更後の条件を反映してリース負債を修正し，当該リース負債の修正額に相当する金額を使用権資産に加減する（第45項(1)及び(2)②参照）。本設例では，前提条件９により，変更後の割引率を使用する。

Ｘ６年４月１日（リースの契約条件の変更の発効日）

（単位：千円）

（借）使用権資産（＊6）	24,575	（貸）リース負債（＊5）	24,575

（＊５）　単価の増額に対応した修正後のリース負債（変更後の年間リース料30,000千円の５年分を変更後の割引率の年５％で割り引いた現在価値）：

$$\frac{30{,}000}{(1+0.05)}+\frac{30{,}000}{(1+0.05)^2}+\cdots\cdots+\frac{30{,}000}{(1+0.05)^5}=129{,}884\text{千円}$$

リース負債の増加額：129,884千円－（210,618千円（［表15-２］の①）－105,309千円（＊２））＝24,575千円
（＊６）　リース負債の修正額に相当する金額

［設例15-3］リースの範囲の拡大と縮小の両方が生じる場合

前提条件
1．Ａ社（借手）は，2,000平方メートルの事務所スペースに係る，不動産賃貸借契約をＢ社（貸手）と締結した。
2．Ａ社は，第５項に従って，当該契約はリースを含むと判断した。
3．リース開始日　Ｘ１年４月１日
4．借手のリース期間　10年
5．リース料

年額　100,000千円　支払は毎年３月末

6．借手の追加借入利子率　年６％（借手は貸手の計算利子率を知り得ない。）

7．X６年４月１日に，Ａ社とＢ社は，契約条件を次のように変更することに合意する。

① X６年４月１日から，1,500平方メートルの事務所スペースを追加する。

② 合計3,500平方メートルに係る年間リース料を150,000千円とする。なお，リース料は，毎年３月末に支払う。

③ 対応するリース料の増額は，範囲が拡大した部分に対する独立価格に特定の契約の状況に基づく適切な調整を加えた金額分だけ増額しているものではない。

④ 契約期間を10年から８年に短縮する。

8．X６年４月１日現在のＡ社の追加借入利子率は，年７％である。

9．Ａ社は，次のとおり割引率を使用する。

① 契約期間の短縮によるリースの範囲の縮小について変更前の割引率を使用し，その後，変更後の割引率を使用してリース負債の修正を行う。

② 事務所スペースの追加によるリースの範囲の拡大について変更後の割引率を使用する。

会計処理

前提条件７の変更は，リースの契約条件の変更に該当し，変更前の事務所スペースに係る契約期間の短縮によるリースの範囲の縮小と，事務所スペースの追加によるリースの範囲の拡大の両方を生じさせるものである。Ａ社は，当該リースの契約条件の変更に関して，変更前の事務所スペースに係る契約期間の短縮と事務所スペースの追加のそれぞれについて，別個に会計処理を行う（第45項参照）。

リースの契約条件の変更前の使用権資産及びリース負債は，［表15-３］のとおりである。

［表15-３］

（単位：千円）

	使用権資産			リース負債			
年	期首残高	減価償却費	期末残高	期首残高	リース料	利息	期末残高
X1	736,009（＊1）	73,601	662,408	736,009（＊1）	100,000	44,160	680,169
X2	662,408	73,601	588,807	680,169	100,000	40,810	620,979
X3	588,807	73,601	515,206	620,979	100,000	37,259	558,238

X4	515,206	73,601	441,605	558,238	100,000	33,494	491,732
X5	441,605	73,601	368,004 ②	491,732	100,000	29,504	421,236 ①

（＊1）　リース開始日（X1年4月1日）における使用権資産及びリース負債の計上額：

$$\frac{100{,}000}{(1+0.06)}+\frac{100{,}000}{(1+0.06)^{2}}+\cdots\cdots+\frac{100{,}000}{(1+0.06)^{10}}=736{,}009\text{千円}$$

(1)　変更前の事務所スペースに係る契約期間の短縮（リースの範囲の縮小）

変更前の2,000平方メートルの事務所スペースに係る契約期間が短縮される変更は，リースの契約条件の変更に該当し，リースの範囲が縮小されるものである。A社は，当該リースの契約条件の変更について，当該リースの契約条件の変更の発効日に，変更後の条件を反映してリース負債を修正し，リースの一部又は全部の解約を反映するように使用権資産の帳簿価額を減額する。このとき，使用権資産の減少額とリース負債の修正額とに差額が生じた場合は，当該差額を損益に計上する（第45項(1)及び(2)①参照）。本設例では，前提条件9により，変更前の割引率を使用する。その後，変更後の割引率を使用してリース負債を修正し，当該リース負債の修正額に相当する金額を使用権資産に加減する（第45項(1)及び(2)②参照）。

X6年4月1日（リースの契約条件の変更の発効日）

（単位：千円）

（借）	リース負債（＊2）	153,935	（貸）使用権資産（＊3）	147,202
			利益（＊4）	6,733
（借）	リース負債（＊5）	4,870	（貸）使用権資産（＊6）	4,870

（＊2）　契約期間の短縮によるリースの範囲の縮小に対応したリース負債（変更前の年間リース料100,000千円の変更後の残りの借手リース期間3年分を変更前の割引率の年6％で割り引いた現在価値）：

$$\frac{100{,}000}{(1+0.06)}+\frac{100{,}000}{(1+0.06)^{2}}+\frac{100{,}000}{(1+0.06)^{3}}=267{,}301\text{千円（＊7）}$$

リース負債の減少額：421,236千円（［表15-3］の①）－267,301千円＝153,935千円

（＊3）　使用権資産の減少額：368,004千円（［表15-3］の②）×40％（2年/5年）＝147,202千円

（＊4）　153,935千円（＊2）－147,202千円（＊3）＝6,733千円

（＊5）　割引率の変更による修正後のリース負債（変更前の年間リース料100,000千円

の変更後の残りの借手のリース期間３年分を変更後の割引率の年７％で割り引いた現在価値）：

$$\frac{100{,}000}{(1+0.07)}+\frac{100{,}000}{(1+0.07)^2}+\frac{100{,}000}{(1+0.07)^3}=262{,}431\text{千円}$$

リース負債の減少額：267,301千円（＊７）－262,431千円＝4,870千円

（＊６） リース負債の修正額に相当する金額

⑵ 事務所スペースの追加（リースの範囲の拡大）

追加の1,500平方メートルの事務所スペースに係る変更は，１つ以上の原資産の追加により原資産を使用する権利が追加され，リースの範囲が拡大されているものの，対応するリース料の増額は，範囲が拡大した部分に対する独立価格に特定の契約の状況に基づく適切な調整を加えた金額分だけ増額しているものではない。したがって，Ａ社は，追加の1,500平方メートルの事務所スペースに係る変更について独立したリースとして会計処理しない（第44項参照）。すなわち，Ａ社は，当該リースの契約条件の変更について，当該リースの契約条件の変更の発効日に，変更後の条件を反映してリース負債を修正し，当該リース負債の修正額に相当する金額を使用権資産に加減する（第45項⑴及び⑵②参照）。本設例では，前提条件９により，変更後の割引率を使用する。

Ｘ６年４月１日（リースの契約条件の変更の発効日）

（単位：千円）

（借）使用権資産（＊9）	131,216	（貸）リース負債（＊8）	131,216

（＊８） 事務所スペースの追加によるリースの範囲の拡大に対応したリース負債の増加額（追加の事務所スペースに係る年間リース料50,000千円（150,000千円－100,000千円）の３年分を変更後の割引率の年７％で割り引いた現在価値）：

$$\frac{50{,}000}{(1+0.07)}+\frac{50{,}000}{(1+0.07)^2}+\frac{50{,}000}{(1+0.07)^3}=131{,}216\text{千円}$$

（＊９） リース負債の修正額に相当する金額

［設例15-4］ 契約期間が延長される場合

前提条件

1．Ａ社（借手）は，5,000平方メートルの事務所スペースに係る，不動産賃貸借契約をＢ社（貸手）と締結した。
2．Ａ社は，第５項に従って，当該契約はリースを含むと判断した。

3．リース開始日　X1年4月1日
4．借手のリース期間　10年
5．リース料
　　年額　100,000千円　支払は毎年3月末
6．借手の追加借入利子率年6％（借手は貸手の計算利子率を知り得ない。）
7．X7年4月1日に，A社とB社は，契約期間を4年延長することによって契約条件を変更することに合意する。年間リース料は変わらない。X7年4月1日現在のA社の追加借入利子率は，年7％である。
8．A社は，当該リースの契約条件の変更に伴い適用する割引率について変更後の割引率を使用する。

会計処理

前提条件7の変更は，リースの契約条件の変更に該当するものの，①1つ以上の原資産を追加するリースの範囲の拡大ではなく（第44項参照），また，②リースの範囲の縮小にも該当しない（第45項(2)①参照），リース料及び契約期間の変更である（第45項(2)②参照）。A社は，当該リースの契約条件の変更について，当該リースの契約条件の変更の発効日に，変更後の条件を反映してリース負債を修正し，当該リース負債の修正額に相当する金額を使用権資産に加減する（第45項(1)及び(2)②参照）。本設例では，前提条件8により，変更後の割引率を使用する。

リースの契約条件の変更前の使用権資産及びリース負債は，［表15-4］のとおりである。

［表15-4］

（単位：千円）

	使用権資産			リース負債			
年	期首残高	減価償却費	期末残高	期首残高	リース料	利息	期末残高
X1	736,009（＊1）	73,601	662,408	736,009（＊1）	100,000	44,160	680,169
X2	662,408	73,601	588,807	680,169	100,000	40,810	620,979
X3	588,807	73,601	515,206	620,979	100,000	37,259	558,238
X4	515,206	73,601	441,605	558,238	100,000	33,494	491,732
X5	441,605	73,601	368,004	491,732	100,000	29,504	421,236
X6	368,004	73,601	294,403	421,236	100,000	25,275	346,511 ①

（＊1）リース開始日（X1年4月1日）における使用権資産及びリース負債の計上

額：

$$\frac{100{,}000}{(1+0.06)}+\frac{100{,}000}{(1+0.06)^2}+\cdots\cdots+\frac{100{,}000}{(1+0.06)^{10}}=736{,}009\text{千円}$$

X７年４月１日（リースの契約条件の変更の発効日）

（単位：千円）

（借）使用権資産（＊3）	250,619	（貸）リース負債（＊2）	250,619

（＊２）　修正後のリース負債（年間リース料100,000千円の変更後の残りの借手のリース期間８年分を変更後の割引率の年７％で割り引いた現在価値）：

$$\frac{100{,}000}{(1+0.07)}+\frac{100{,}000}{(1+0.07)^2}+\cdots\cdots+\frac{100{,}000}{(1+0.07)^{8}}=597{,}130\text{千円}$$

リース負債の増加額：597,130千円－346,511千円（［表15-４］の①）＝250,619千円

（＊３）　リース負債の修正額に相当する金額

［設例15-5］契約上のリース料のみが変更される場合

前提条件

1．A社（借手）は，5,000平方メートルの事務所スペースに係る，不動産賃貸借契約をB社（貸手）と締結した。
2．A社は，第５項に従って，当該契約はリースを含むと判断した。
3．リース開始日　X１年４月１日
4．借手のリース期間　10年
5．X６年４月１日に，A社とB社は，残りの５年間の契約条件を変更して，年間リース料（毎年３月末に支払）を100,000千円から95,000千円に減額することに合意する。
6．リース開始日現在の借手の追加借入利子率　年６％（借手は貸手の計算利子率を知り得ない。）
7．X６年４月１日現在の借手の追加借入利子率　年７％
8．A社は，当該リースの契約条件の変更について変更後の割引率を使用する。

会計処理

前提条件５の変更は，リースの契約条件の変更に該当するものの，①１つ以上の原資産を追加するリースの範囲の拡大ではなく（第44項参照），また，②リースの範囲の縮小にも該当しない（第45項(2)①参照），契約上のリース料のみの変更である（第

45項(2)②参照)。Ａ社は，当該リースの契約条件の変更について，当該リースの契約条件の変更の発効日に，変更後の条件を反映してリース負債を修正し，当該リース負債の修正額に相当する金額を使用権資産に加減する（第45項(1)及び(2)②参照)。本設例では，前提条件８により，変更後の割引率を使用する。

リースの契約条件の変更前の使用権資産及びリース負債は，［表15-５］のとおりである。

［表15-５］

（単位：千円）

	使用権資産			リース負債			
年	期首残高	減価償却費	期末残高	期首残高	リース料	利息	期末残高
X1	736,009（＊1）	73,601	662,408	736,009（＊1）	100,000	44,160	680,169
X2	662,408	73,601	588,807	680,169	100,000	40,810	620,979
X3	588,807	73,601	515,206	620,979	100,000	37,259	558,238
X4	515,206	73,601	441,605	558,238	100,000	33,494	491,732
X5	441,605	73,601	368,004	491,732	100,000	29,504	421,236 ①

（＊1）　リース開始日（X１年４月１日）における使用権資産及びリース負債の計上額：

$$\frac{100{,}000}{(1+0.06)}+\frac{100{,}000}{(1+0.06)^2}+\cdots\cdots+\frac{100{,}000}{(1+0.06)^{10}}=736{,}009\text{千円}$$

X６年４月１日（リースの契約条件の変更の発効日）

（単位：千円）

（借）	リース負債（＊2）	31,717	（貸）使用権資産（＊3）	31,717

（＊２）　修正後のリース負債（変更後の年間リース料95,000千円の５年分を変更後の割引率の年７％で割り引いた現在価値）：

$$\frac{95{,}000}{(1+0.07)}+\frac{95{,}000}{(1+0.07)^2}+\cdots\cdots+\frac{95{,}000}{(1+0.07)^5}=389{,}519\text{千円}$$

リース負債の減少額：421,236千円（［表15-５］の①）－389,519千円＝31,717千円

（＊３）　リース負債の修正額に相当する金額

［設例16］リースの契約条件の変更を伴わないリース負債の見直し

前提条件

1．A社（借手）は，建物の１フロアについて解約不能期間が10年で，５年間の延長オプション付きの賃貸借契約をB社（貸手）と締結した。
2．A社は，第５項に従って，当該契約はリースを含むと判断した。
3．リース開始日　X１年４月１日
4．リース開始日において，A社は，リースを延長するオプションを行使することが合理的に確実ではないと判断し，借手のリース期間は10年と決定した。
5．リース料

　支払は毎年４月１日
　解約不能期間中の年額　50,000千円
　延長オプション期間中の年額　55,000千円

6．借手の追加借入利子率　年５％（借手は貸手の計算利子率を知り得ない。）
7．A社は，X８年３月31日に新規事業に携わる新規スタッフを採用することを，X７年３月31日に決定する。新規スタッフの採用後に，A社はスタッフの増加に見合った建物の２フロアを必要とするため，X８年３月31日をリース開始日として，既にリースしている建物の別のフロアについて契約期間が８年のリースを締結する。
8．新規のスタッフをA社が既にリースしている建物と同じ建物に配置することにより，スタッフを同じ建物に集約して生産性を高めるために，A社がリースを10年の解約不能期間の終了時に延長する経済的インセンティブが生じる。
9．新規スタッフの採用及び配置はA社の統制下にあり，かつ，延長オプションを行使することが合理的に確実かどうかのA社の決定に影響を与える重要な事象である。このため，X７年３月31日に，A社は，新規スタッフの採用及び配置に関する決定の結果として，リースを延長するオプションを行使することが合理的に確実になっていると判断する。
10．X７年３月31日におけるA社の追加借入利子率　年６％
11．A社は，上記９における延長オプションを行使することが合理的に確実であるかどうかについての見直しにより，変更後の割引率を使用する。

会計処理

延長オプションを行使することが合理的に確実であるかどうかについての見直し前の使用権資産及びリース負債は［表16］のとおりである。

[表16]

（単位：千円）

	使用権資産			リース負債			
年	期首残高	減価償却費	期末残高	期首残高	リース料	利息	期末残高
X1	405,391（＊1）	40,539	364,852	405,391（＊1）	50,000	17,770	373,161
X2	364,852	40,539	324,313	373,161	50,000	16,158	339,319
X3	324,313	40,539	283,774	339,319	50,000	14,466	303,785
X4	283,774	40,539	243,235	303,785	50,000	12,689	266,474
X5	243,235	40,539	202,696	266,474	50,000	10,823	227,297
X6	202,696	40,539	162,157	227,297	50,000	8,865	186,162 ①

（＊1）リース開始日（X1年4月1日）における使用権資産及びリース負債の計上額：

$$50{,}000 + \frac{50{,}000}{(1+0.05)} + \cdots\cdots + \frac{50{,}000}{(1+0.05)^9} = 405{,}391\text{千円}$$

前提条件9における延長オプションを行使することが合理的に確実であるかどうかについての見直しは，リースの契約条件の変更を伴わない借手のリース期間の変更である。A社は，当該変更に関して，当該変更が生じた日にリース負債について当該変更の内容を反映した借手のリース料の現在価値まで修正し，当該リース負債の修正額に相当する金額を使用権資産に加減する（第46項参照）。なお，本設例では，前提条件11により，変更後の割引率を使用する。

X7年3月31日（変更が生じた日）

（単位：千円）

（借）使用権資産（＊3）	192,012	（貸）リース負債（＊2）	192,012

（＊2）見直し後のリース負債（解約不能期間の年間リース料50,000千円の4年分及び延長オプション期間の年間リース料55,000千円の5年分をすべて変更後の割引率の年6％で割り引いた現在価値）：

$$50{,}000 + \frac{50{,}000}{(1+0.06)} + \cdots\cdots + \frac{50{,}000}{(1+0.06)^3} + \frac{55{,}000}{(1+0.06)^4} + \frac{55{,}000}{(1+0.06)^5}$$

$$+ \cdots\cdots + \frac{55{,}000}{(1+0.06)^8} = 378{,}174\text{千円}$$

リース負債の増加額：378,174千円－186,162千円（［表16］の①）＝192,012千円

（＊3） リース負債の修正額に相当する金額

［設例17］ 使用権資産総額に重要性が乏しいと認められなくなった場合

前提条件

リースの借手であるＡ社は，前事業年度末まで使用権資産総額に重要性が乏しいと認められる場合の取扱いである第40項(2)を適用し，利息相当額の総額を借手のリース期間中の各期に配分する方法として，定額法（利息相当額の総額を借手のリース期間中の各期にわたり定額で配分する方法）を採用していた。

Ａ社は，前事業年度の期首（Ｘ１年４月１日）に機械装置のリースを開始していたが，当事業年度の期首（Ｘ２年４月１日）に同種の機械装置のリースを開始した。この新たなリースを開始した結果，未経過の借手のリース料の期末残高が当該期末残高，有形固定資産及び無形固定資産の期末残高の合計額に占める割合が10パーセント以上となったため，当期より利息法を採用することとした。その他，リース開始日以外の条件は［設例９−１］と同じである。

Ｘ１年４月１日に開始した機械装置のリースに関する返済スケジュールは［表17−１］のとおりである。

［表17−１］

（単位：千円）

回数	返済日	前月末元本	返済合計	元本分	利息分	月末元本
1	X1.4.30	49,318	1,000	671	329	48,647
2	X1.5.31	48,647	1,000	675	325	47,972
3	X1.6.30	47,972	1,000	681	319	47,291
4	X1.7.31	47,291	1,000	684	316	46,607
5	X1.8.31	46,607	1,000	690	310	45,917
6	X1.9.30	45,917	1,000	694	306	45,223
7	X1.10.31	45,223	1,000	698	302	44,525
8	X1.11.30	44,525	1,000	703	297	43,822
9	X1.12.31	43,822	1,000	708	292	43,114
10	X2.1.31	43,114	1,000	713	287	42,401
11	X2.2.28	42,401	1,000	717	283	41,684
12	X2.3.31	41,684	1,000	722	278	40,962
13	X2.4.30	40,962	1,000	727	273	40,235

14	X2.5.31	40,235	1,000	732	268	39,503
15	X2.6.30	39,503	1,000	736	264	38,767
⋮	⋮	⋮	⋮	⋮	⋮	⋮
57	X5.12.31	3,934	1,000	974	26	2,960
58	X6.1.31	2,960	1,000	980	20	1,980
59	X6.2.28	1,980	1,000	987	13	993
60	X6.3.31	993	1,000	993	7	―
	合　計	―	60,000	49,318	10,682	―

（注）　適用利率年８％。利息の計算は，月数割りによっている。

Ｘ２年４月１日に開始した機械装置のリースに関する返済スケジュールは［表17-２］のとおりである。

［表17-２］

（単位：千円）

回数	返済日	前月末元本	返済合計	元本分	利息分	月末元本
1	X2.4.30	49,318	1,000	671	329	48,647
2	X2.5.31	48,647	1,000	675	325	47,972
3	X2.6.30	47,972	1,000	681	319	47,291
4	X2.7.31	47,291	1,000	684	316	46,607
5	X2.8.31	46,607	1,000	690	310	45,917
6	X2.9.30	45,917	1,000	694	306	45,223
7	X2.10.31	45,223	1,000	698	302	44,525
8	X2.11.30	44,525	1,000	703	297	43,822
9	X2.12.31	43,822	1,000	708	292	43,114
10	X3.1.31	43,114	1,000	713	287	42,401
11	X3.2.28	42,401	1,000	717	283	41,684
12	X3.3.31	41,684	1,000	722	278	40,962
⋮	⋮	⋮	⋮	⋮	⋮	⋮
57	X6.12.31	3,934	1,000	974	26	2,960
58	X7.1.31	2,960	1,000	980	20	1,980
59	X7.2.28	1,980	1,000	987	13	993
60	X7.3.31	993	1,000	993	7	―
	合　計	―	60,000	49,318	10,682	―

（注）　適用利率年８％。利息の計算は，月数割りによっている。

この場合，すべてのリースを利息法で処理する方法と新たなリースのみを利息法で処理する方法が考えられる。

1．すべてのリースを利息法で処理する方法

(1)　前事業年度

X１年４月１日（リース開始日）

（単位：千円）

（借）	使用権資産	49,318	（貸）リース負債	49,318

X１年６月30日（第３回支払日・第１四半期決算日）

（単位：千円）

（借）	リース負債（＊2）	822	（貸）現金預金	1,000
	支払利息（＊1）	178		
（借）	減価償却費（＊3）	2,466	（貸）減価償却累計額	2,466

（＊１）　支払利息は，利息相当額の総額10,682千円を，借手のリース期間中の各期にわたり定額で配分する。

10,682千円×１年/５年×１か月/12か月＝178千円

（＊２）　1,000千円－178千円＝822千円

（＊３）　減価償却費は，借手のリース期間を耐用年数とし，残存価額をゼロとして計算する。

49,318千円×１年/５年×３か月/12か月＝2,466千円

X２年３月31日（第12回支払日・決算日）

（単位：千円）

（借）	リース負債	822	（貸）現金預金	1,000
	支払利息	178		
（借）	減価償却費	2,466	（貸）減価償却累計額	2,466

(2)　当事業年度

X２年４月１日（新リース開始日）

（単位：千円）

（借）	使用権資産（＊4）	49,318	（貸）	リース負債	49,318
（借）	支払利息（＊5）	1,508	（貸）	リース負債	1,508

（＊４）　新リース分

（＊５）　過年度の支払利息を利息法で計算した場合と過年度に定額法で計上した支払利息との差額を計上する。

過年度の支払利息を利息法で計算した場合：［表17-１］より329千円＋・・・＋278千円＝3,644千円

過年度の支払利息を定額法で計算した場合：10,682千円×１年/５年＝2,136千円3,644千円－2,136千円＝1,508千円

X２年６月30日（各第15回／第３回支払日・第１四半期決算日）

（単位：千円）

（借）	リース負債（＊7）	1,417	（貸）	現金預金	2,000
	支払利息（＊6）	583			
（借）	減価償却費（＊8）	4,932	（貸）	減価償却累計額	4,932

（＊６）　264千円（［表17-１］より）＋319千円（［表17-２］より）＝583千円

（＊７）　1,000千円×２－583千円＝1,417千円

（＊８）　減価償却費は，借手のリース期間を耐用年数とし，残存価額をゼロとして計算する。

（49,318千円×１年/５年×３か月/12か月）×２台＝4,932千円

以後も同様な会計処理を行う。

２．新たなリースのみを利息法で処理する方法

(1)　前事業年度

X１年４月１日（リース開始日）

（単位：千円）

（借）	使用権資産	49,318	（貸）	リース負債	49,318

X１年６月30日（第３回支払日・第１四半期決算日）

（単位：千円）

（借）	リース負債（＊2）	822	（貸）	現金預金	1,000
	支払利息（＊1）	178			
（借）	減価償却費（＊3）	2,466	（貸）	減価償却累計額	2,466

（＊１）　支払利息は，利息相当額の総額10,682千円を，借手のリース期間中の各期にわたり定額で配分する。
10,682千円×１年/５年×１か月/12か月＝178千円

（＊２）　1,000千円－178千円＝822千円

（＊３）　減価償却費は，借手のリース期間を耐用年数とし，残存価額をゼロとして計算する。49,318千円×１年/５年×３か月/12か月＝2,466千円

X２年３月31日（第12回支払日・決算日）

（単位：千円）

（借）	リース負債	822	（貸）	現金預金	1,000
	支払利息	178			
（借）	減価償却費	2,466	（貸）	減価償却累計額	2,466

⑵　当事業年度

X２年４月１日（新リース開始日）

（単位：千円）

（借）	使用権資産（＊4）	49,318	（貸）	リース負債	49,318

（＊４）　新リース分

X２年６月30日（各第15回／第３回支払日・第１四半期決算日）

（単位：千円）

（借）	リース負債（＊6）	1,503	（貸）	現金預金	2,000
	支払利息（＊5）	497			
（借）	減価償却費（＊7）	4,932	（貸）	減価償却累計額	4,932

（＊５）　それぞれの利息相当額の総額10,682千円は，従来からのリースについては借手のリース期間中の各期にわたり定額で配分し，新たなリースについては利息法で計上する。
　従来からのリース分：10,682千円×１年/５年×１か月/12か月＝178千円
　新リース分：319千円（［表17-２］より）
178千円＋319千円＝497千円

（＊６）　1,000千円×２－497千円＝1,503千円
（＊７）　減価償却費は，借手のリース期間を耐用年数とし，残存価額をゼロとして計算する。
　　（49,318千円×１年/５年×３か月/12か月）×２台＝4,932千円

以後も同様な会計処理を行う。

Ⅳ．サブリース取引

［設例18］サブリース取引

［設例18-1］サブリースがファイナンス・リースに該当する場合

前提条件
1．ヘッドリース
　①　所有権移転条項　なし
　②　割安購入選択権　なし
　③　原資産は特別仕様ではない。
　④　リース開始日　X１年４月１日
　⑤　借手のリース期間及び貸手のリース期間　５年
　⑥　リース料
　　　月額1,000千円　支払は毎月末
　　　借手のリース期間に係る月額リース料の合計額　60,000千円
　⑦　借手の減価償却方法　定額法（減価償却費は，四半期ごとに計上するものとする。）
　⑧　借手の追加借入利子率　年８％（借手は貸手の計算利子率を知り得ない。）
　⑨　借手の付随費用　ゼロ
　⑩　決算日　３月31日
2．サブリース
　①　所有権移転条項　なし
　②　割安購入選択権　なし
　③　原資産は特別仕様ではない。
　④　リース開始日　X２年４月１日（X２年度期首にサブリースを締結）
　⑤　借手のリース期間及び貸手のリース期間　４年
　⑥　リース料
　　　月額1,200千円　支払は毎月末
　　　借手のリース期間及び貸手のリース期間に係る月額リース料の合計額

57,600千円
⑦　貸手の見積残存価額　ゼロ
⑧　サブリースの計算利子率を算定することは容易ではない。

会計処理

(1)　X２年３月31日まで

①　ヘッドリースの借手（中間的な貸手）

ヘッドリースの借手（中間的な貸手）は，ヘッドリースの貸手の計算利子率を知り得ないため，借手の追加借入利子率である年８％を用いて借手のリース料60,000千円を現在価値に割り引くと，次のとおり49,318千円がリース開始日に算定されたリース負債及び使用権資産の計上額となる（第37項及び第89項参照）。

$$\frac{1{,}000}{(1+0.08\times 1/12)}+\frac{1{,}000}{(1+0.08\times 1/12)^{2}}+\cdots\cdots+\frac{1{,}000}{(1+0.08\times 1/12)^{60}}=49{,}318\text{千円}$$

リース負債の返済スケジュールは，［表18-１-１］のとおりである。

［表18-１-１］

（単位：千円）

回数	返済日	前月末元本	返済合計	元本分	利息分	月末元本
1	X1.4.30	49,318	1,000	671	329	48,647
2	X1.5.31	48,647	1,000	675	325	47,972
3	X1.6.30	47,972	1,000	681	319	47,291
⋮	⋮	⋮	⋮	⋮	⋮	⋮
9	X1.12.31	43,822	1,000	708	292	43,114
10	X2.1.31	43,114	1,000	713	287	42,401
11	X2.2.28	42,401	1,000	717	283	41,684
12	X2.3.31	41,684	1,000	722	278	40,962
13	X2.4.30	40,962	1,000	727	273	40,235
14	X2.5.31	40,235	1,000	732	268	39,503
15	X2.6.30	39,503	1,000	736	264	38,767
⋮	⋮	⋮	⋮	⋮	⋮	⋮
57	X5.12.31	3,934	1,000	974	26	2,960
58	X6.1.31	2,960	1,000	980	20	1,980
59	X6.2.28	1,980	1,000	987	13	993

60	X6.3.31	993	1,000	993	7	—
	合　計	—	60,000	49,318	10,682	—

（注）　適用利率年８％。利息の計算は，月数割りによっている。

X１年４月１日（ヘッドリースの開始日）

（単位：千円）

（借）使用権資産	49,318	（貸）リース負債	49,318

X２年３月31日（ヘッドリースの第12回支払日・決算日）

（単位：千円）

（借）リース負債（＊1）	722	（貸）現金預金	1,000
支払利息（＊1）	278		
（借）減価償却費（＊2）	2,466	（貸）減価償却累計額	2,466

（＊１）　リース負債の元本返済額及び支払利息は，［表18-１-１］より。

（＊２）　減価償却費は，借手のリース期間を耐用年数とし，残存価額をゼロとして計算する。

49,318千円×１年/５年×３か月/12か月＝2,466千円

(2)　X２年４月１日以降

①　サブリースの貸手（中間的な貸手）

ア．サブリースの分類（第91項参照）

サブリース期間４年/ヘッドリース期間の残存期間４年＝100％≧75％

このリースはファイナンス・リースに該当する。

なお，サブリースにおける貸手のリース期間による判定でファイナンス・リースに該当しない場合，現在価値基準における判定を行う。

前提条件２①から③より，サブリースに所有権移転条項又は割安購入選択権がなく，また，原資産は特別仕様ではないため，所有権移転ファイナンス・リースには該当しない。したがって，サブリースは，所有権移転外ファイナンス・リースに該当する。

イ．サブリースの会計処理（第89項(1)参照）

サブリースの貸手（中間的な貸手）がヘッドリースに使用した借手の追加借入利子率である年８％を用いて貸手のリース料を現在価値に割り引いた金額である49,154千円が，リース投資資産の計上額となる。

$$\frac{1{,}200}{(1+0.08\times1/12)}+\frac{1{,}200}{(1+0.08\times1/12)^2}+\cdots\cdots+\frac{1{,}200}{(1+0.08\times1/12)^{48}}=49{,}154\text{千円}$$

この場合のリース投資資産の回収スケジュールは，［表18-1-2］のとおりである。

[表18-1-2]

（単位：千円）

回数	回収日	前月末元本	回収合計	元本分	利息分	月末元本
1	X2.4.30	49,154	1,200	873	327	48,281
2	X2.5.31	48,281	1,200	878	322	47,403
3	X2.6.30	47,403	1,200	884	316	46,519
⋮	⋮	⋮	⋮	⋮	⋮	⋮
9	X2.12.31	42,010	1,200	920	280	41,090
10	X3.1.31	41,090	1,200	926	274	40,164
11	X3.2.28	40,164	1,200	932	268	39,232
12	X3.3.31	39,232	1,200	938	262	38,294
⋮	⋮	⋮	⋮	⋮	⋮	⋮
45	X5.12.31	4,721	1,200	1,169	31	3,552
46	X6.1.31	3,552	1,200	1,176	24	2,376
47	X6.2.28	2,376	1,200	1,184	16	1,192
48	X6.3.31	1,192	1,200	1,192	8	—
	合　計	—	57,600	49,154	8,446	—

（注）適用利率年８％。利息の計算は，月数割りによっている。

X２年４月１日（サブリースの開始日）

（単位：千円）

（借）リース投資資産（＊1）	49,154	（貸）使用権資産（＊2）	49,318
減価償却累計額（＊3）	9,864	利益	9,700

（＊１）リース投資資産は，［表18-1-2］より。

（＊２）X１年４月１日の使用権資産残高

（＊３）49,318千円×１年/５年（X１年４月１日からX２年３月31日までの減価償却費）

X２年４月30日（サブリースの第１回回収日）

（単位：千円）

（借）現金預金	1,200	（貸）	リース投資資産（＊4）	873
			受取利息（＊4）	327

（＊４）リース投資資産の元本回収額及び受取利息は，［表18-１-２］より。

以後も同様な会計処理を行う。

② ヘッドリースの借手（中間的な貸手）

X２年４月30日（ヘッドリースの第13回支払日）

（単位：千円）

（借）リース負債（＊5）	727	（貸）	現金預金	1,000
支払利息（＊5）	273			

（＊５）リース負債の元本返済額及び支払利息は，［表18-１-１］より。

以後も同様な会計処理を行う。

［設例18-2］サブリースがオペレーティング・リースに該当する場合

前提条件

［設例18-１］の前提条件の２⑤及び⑥に替えて，次の前提条件を置く。その他の条件は［設例18-１］と同一とする。

２．サブリース

⑤ 借手のリース期間及び貸手のリース期間　１年

⑥ リース料

月額　1,200千円　支払は毎月末

借手のリース期間及び貸手のリース期間に係る月額リース料の合計額 14,400千円

会計処理

(1) X２年３月31日まで

① ヘッドリースの借手（中間的な貸手）

［設例18-１］と同様な会計処理を行う。

⑵　X２年４月１日以降

①　サブリースの貸手（中間的な貸手）

ア．サブリースの分類（第91項参照）

サブリース期間１年/ヘッドリース期間の残存期間４年＝25％＜75％

なお，サブリースにおける貸手のリース期間に係る貸手のリース料の現在価値と独立第三者間取引における使用権資産のリース料の比較においては，経済的利益とコストのほとんどすべてが移転しないことは明らかである。

したがって，サブリースはオペレーティング・リースに該当する。

イ．サブリースの会計処理（第89項⑵参照）

X２年４月１日（サブリースの開始日）

仕訳なし

X２年４月30日（サブリースの第１回回収日）

（単位：千円）

（借）	現金預金	1,200	（貸）	受取リース料（＊1）	1,200

（＊１）　オペレーティング・リースの会計処理を行う。

以後も同様な会計処理を行う。

②　ヘッドリースの借手（中間的な貸手）

X２年６月30日（ヘッドリースの第15回支払日・第１四半期決算日）

（単位：千円）

（借）	リース負債（＊2）	736	（貸）	現金預金	1,000
	支払利息（＊2）	264			
（借）	減価償却費（＊3）	2,466	（貸）	減価償却累計額	2,466

（＊２）　リース負債の元本返済額及び支払利息は，［表18−１−１］より。

（＊３）　減価償却費は，借手のリース期間を耐用年数とし，残存価額をゼロとして計算する。49,318千円×１年/５年×３か月/12か月＝2,466千円

［設例19］転リース取引

前提条件

１．B社はA社から賃借し，同時にC社に転貸する転リース取引を実施している。

２．A社からの賃借（［設例９−１］と同様）

① 所有権移転条項　なし
② 割安購入選択権　なし
③ 原資産は特別仕様ではない。
④ リース開始日　X１年４月１日
⑤ 借手のリース期間　５年
⑥ リース料
　月額1,000千円　支払は毎月末
　借手のリース期間に係る月額リース料の合計額　60,000千円
⑦ 原資産（機械装置）の経済的耐用年数　８年
⑧ 減価償却方法　定額法
⑨ Ｂ社の追加借入利子率　年８％（Ｂ社はＡ社の計算利子率を知り得ない。）
⑩ Ｂ社の付随費用　ゼロ

３．Ｃ社への転貸
① 所有権移転条項　なし
② 割安購入選択権　なし
③ 原資産は特別仕様ではない。
④ リース開始日　X１年４月１日
⑤ 貸手のリース期間　５年
⑥ リース料
　月額1,005千円　支払は毎月末
　貸手のリース期間に係る月額リース料の合計額　60,300千円
　貸手と借手のリース料の差額300千円が，Ｂ社の手数料となる。
⑦ Ｂ社による原資産の見積現金購入価額　48,000千円
⑧ 貸手の見積残存価額　ゼロ

４．その他
① 転リース取引における利息相当額の各期への配分は，利息法によっている。
② 決算日　３月31日

1．リースの分類

Ｂ社の貸手としてのリースは，ヘッドリースの原資産の見積残存価額がゼロであるため，貸手のリース料を貸手の計算利子率で割り引いた現在価値は，貸手による原資産の見積現金購入価額と等しくなる。なお，当該現在価値は［設例９－１］と同様，48,000千円となる。

現在価値48,000千円/見積現金購入価額48,000千円＝100％≧90％

前提条件３①から③より，Ｂ社の貸手としてのリースに所有権移転条項又は割安購

入選択権がなく，また，原資産は特別仕様ではないため，所有権移転外ファイナンス・リースに該当する。

2．会計処理

B社の借手としてのリース負債の算定方法は，［設例９－１］⑴借手と同様である。

リース投資資産の回収スケジュール及びリース負債の返済スケジュールは，［表19］のとおりである。

［表19］

（単位：千円）

回数	回収日（貸手）返済日（借手）	前月末元本（貸手）（借手）	回収合計（貸手）	手数料収入（貸手）	返済合計（借手）	元本分（貸手）（借手）	利息分（貸手）（借手）	月末元本（貸手）（借手）
1	X1.4.30	49,318	1,005	5	1,000	671	329	48,647
2	X1.5.31	48,647	1,005	5	1,000	675	325	47,972
3	X1.6.30	47,972	1,005	5	1,000	681	319	47,291
⋮	⋮	⋮	⋮	⋮	⋮	⋮	⋮	⋮
9	X1.12.31	43,822	1,005	5	1,000	708	292	43,114
10	X2.1.31	43,114	1,005	5	1,000	713	287	42,401
11	X2.2.28	42,401	1,005	5	1,000	717	283	41,684
12	X2.3.31	41,684	1,005	5	1,000	722	278	40,962
⋮	⋮	⋮	⋮	⋮	⋮	⋮	⋮	⋮
57	X5.12.31	3,934	1,005	5	1,000	974	26	2,960
58	X6.1.31	2,960	1,005	5	1,000	980	20	1,980
59	X6.2.28	1,980	1,005	5	1,000	987	13	993
60	X6.3.31	993	1,005	5	1,000	993	7	—
	合　計	—	60,300	300	60,000	49,318	10,682	—

（注）　適用利率年８％。利息の計算は，月数割りによっている。

X１年４月１日（リース開始日）

（単位：千円）

（借）リース投資資産（＊1）	49,318	（貸）リース負債（＊1）	49,318

（＊１）　ここでは，利息相当額控除後の金額で計上している（第93項参照）。

Ｘ１年４月30日（第１回回収日）

（単位：千円）

（借）現金預金（＊2）	1,005	（貸）	リース投資資産（＊3）	671
			預り金（＊4）	329
			転リース差益（＊5）	5

（＊２）　C社からの回収額

（＊３）　リース投資資産の減少額は，［表19］より。

（＊４）　この転リース取引において手数料収入以外の利益は生じないため，利息相当額については預り金として処理している。

（＊５）　貸手のリース料60,300千円と借手のリース料60,000千円との差額300千円を毎月，定額（５千円）で手数料として配分する（第93項参照）。

Ｘ１年４月30日（第１回支払日）

（単位：千円）

（借）リース負債（＊7）	671	（貸）	現金預金（＊6）	1,000
預り金	329			

（＊６）　Ａ社への返済額

（＊７）　リース負債の減少額

以後も同様な会計処理を行う。

なお，第93項に従い，リース投資資産とリース負債を利息相当額控除前の金額で計上する場合，Ｘ１年４月30日（第１回回収日・第１回支払日）において，上記の預り金部分を，リース投資資産の回収及びリース負債の返済として処理することとなる。

V．経過措置

［設例20］企業会計基準第13号においてオペレーティング・リース取引に分類していたリース

前提条件

1．リース開始日　Ｘ１年４月１日

2．借手のリース期間　５年

3．リース料

　　年額10,000千円　支払は毎年３月末

借手のリース期間に係る年額リース料の合計額　50,000千円
4．借手の減価償却方法　定額法
5．借手の追加借入利子率　年５％（X２年４月１日時点）
6．借手の付随費用　ゼロ
7．決算日　３月31日
8．会計基準及び本適用指針（以下「会計基準等」という。）を，X２年４月１日以後開始する事業年度から適用する。
9．企業会計基準第13号においてオペレーティング・リース取引に分類していたリースについて，本適用指針第123項の経過措置を適用する。

リース開始日から５年間にわたる借手のリース期間の借手のリース料を会計基準等の適用初年度の期首時点の借手の追加借入利子率（５％）を用いて割り引いた場合のリース負債の返済スケジュールは，［表20］のとおりである。

［表20］

（単位：千円）

回数	返済日	期首元本	返済合計	元本分	利息分	期末元本
1	X2.3.31	43,295	10,000	7,835	2,165	35,460
2	X3.3.31	35,460	10,000	8,228	1,772	27,232
3	X4.3.31	27,232	10,000	8,638	1,362	18,594
4	X5.3.31	18,594	10,000	9,070	930	9,524
5	X6.3.31	9,524	10,000	9,524	476	—
	合　計	—	50,000	43,295	6,705	—

（注）　適用利率年５％

借　手

⑴　X２年３月31日以前（会計基準等の適用開始日前）に計上された仕訳の合計

（単位：千円）

（借）支払リース料（＊1）	10,000	（貸）現金預金	10,000

（＊１）　10,000千円×１年＝10,000千円

⑵　会計基準等の適用初年度の会計処理

①　本適用指針第123項⑵①を適用して，会計基準が使用権資産についてリース開始日から適用されていたかのような帳簿価額とした場合

（単位：千円）

（借）使用権資産（＊2）	34,636	（貸）リース負債（＊1）	35,460
利益剰余金	824		

（＊１）　会計基準等の適用初年度の期首時点における残りの借手のリース料を当該適用初年度の期首時点の借手の追加借入利子率を用いて割り引いた現在価値によるリース負債計上額（［表20］より）

（＊２）　会計基準等がリース開始日から適用されていたかのような帳簿価額（適用初年度の期首時点の借手の追加借入利子率を用いて割り引く。）：リース取引開始日の使用権資産計上額43,295千円（［表20］より）－過年度減価償却費8,659千円（43,295千円×１年/５年）＝34,636千円

②　本適用指針第123項⑵②を適用して，使用権資産をリース負債と同額にした場合

（単位：千円）

（借）使用権資産（＊2）	35,460	（貸）リース負債（＊1）	35,460

（＊１）　会計基準等の適用初年度の期首時点における残りの借手のリース料を当該適用初年度の期首時点の借手の追加借入利子率を用いて割り引いた現在価値によるリース負債の計上額（［表20］より）

（＊２）（＊１）で算定されたリース負債と同額

参　考

1993年リース取引会計基準で必要とされていた注記事項

（借　手）

1．本適用指針第114項に定める1993年リース取引会計基準で必要とされていた注記事項とは，次の事項をいう。（注１）

(1)　リース物件の取得価額相当額，減価償却累計額相当額，減損損失累計額相当額及び期末残高相当額

①　リース物件の取得価額相当額は，リース取引開始時に合意されたリース料総額から，これに含まれている利息相当額の合理的な見積額を控除した額に基づいて算定する。（注２）

②　リース物件の減価償却累計額相当額は，通常の減価償却の方法に準じて算定する。（注３）

③　リース物件の期末残高相当額は，当該リース物件の取得価額相当額から減価償却累計額相当額及び減損損失累計額相当額を控除することによって算定する。

④　リース物件の取得価額相当額，減価償却累計額相当額，減損損失累計額相当額及び期末残高相当額は，リース物件の種類別に記載する。リース物件の種類は，貸借対照表記載の固定資産の科目に準じて分類する。

(2)　未経過リース料期末残高相当額等

①　未経過リース料期末残高相当額は，期末現在における未経過リース料（貸借対照表日後のリース期間に係るリース料をいう。以下同じ。）から，これに含まれている利息相当額の合理的な見積額を控除することによって算定する。（注２）

②　未経過リース料期末残高相当額は，貸借対照表日後１年以内のリース期間に係るリース料の額と１年を超えるリース期間に係るリース料の額とに分けて記載する。

③　リース資産減損勘定（リース資産に配分された減損損失に対応する負債をいう。以下同じ。）

(3)　当期の支払リース料，リース資産減損勘定の取崩額，減価償却費相当額，支払利息相当額及び減損損失（注２）

(4)　減価償却費相当額及び利息相当額の算定方法

利息相当額の算定方法には，利息相当額の合理的な見積額の算定方法及び当該利息相当額の各期への配分方法を記載する。

（貸　手）

2．本適用指針第116項に定める1993年リース取引会計基準で必要とされていた注記事項とは，次の事項をいう。

(1)　リース物件の取得価額，減価償却累計額，減損損失累計額及び期末残高

貸借対照表記載の固定資産に含まれているリース物件の取得価額，減価償却累計額，減損損失累計額及び期末残高をリース物件の種類別に記載する。リース物件の種類は，貸借対照表記載の固定資産の科目に準じて分類する。

期末残高を算定するにあたっては，減損損失累計額を控除する。

(2)　未経過リース料期末残高相当額

①　未経過リース料期末残高相当額は，期末現在における未経過リース料及び見積残存価額の合計額から，これに含まれている利息相当額を控除することによって算定する。（注４）（注５）

②　未経過リース料期末残高相当額は，貸借対照表日後１年以内のリース期間に係るリース料の額と１年を超えるリース期間に係るリース料の額とに分けて記載する。

(3)　当期の受取リース料，減価償却費及び受取利息相当額（注５）

(4)　利息相当額の算定方法

利息相当額の算定方法には，利息相当額の各期への配分方法を記載する。

（注１）　リース期間が１年未満のリース取引及び企業の事業内容に照らして重要性の乏しいリース取引でリース契約１件当たりの金額が少額なリース取引（リース契約１件当たりのリース料総額（維持管理費用相当額のリース料総額に占める割合が重要な場合には，その合理的見積額を除くことができる。）が300万円以下のものとする。ただし，１つのリース契約に科目の異なる有形固定資産（有形固定資産以外の資産をファイナンス・リース取引の対象とする場合は，当該資産を含む。）が含まれている場合は，異なる科目ごとに，その合計金額によることができる。）については，注記を省略することができる。

（注２）　未経過リース料の期末残高（通常の売買取引に係る方法に準じて会計処理されている部分を除く。）が当該期末残高及び有形固定資産の期末残高の合計額（有形固定資産以外の資産をファイナンス・リース取引の対象とする場合には，当該資産の属する科目の期末残高を含む。以下同じ。）に占める割合に重要性が乏しい場合には，リース物件の取得価額相当額及び未経過リース料期末残高相当額の算定に当たり，リース取引開始時に合意されたリース料総額及び期末現在における未経過リース料から，これらに含まれている利息相当額の合理的な見積額を控除しない方法（以下「支払利子込み法」という。）によることができる。上記算式により算出した割合に重要性が乏しい場合とは，当該割合が10パーセント未満の場合とする。

ただし，前段落の規定にかかわらず，ファイナンス・リース取引の対象となる資産の属する科目が当該会社の事業内容に照らして重要性が乏しい場合において，当該期末における当該科目に属するリース物件に係る未経過リース料の期末残高が当該未経過リース料の期末残高及び有形固定資産の期末残高の合計額に占める割合に重要性が乏しい場合には，当該科目に属するリース物件に係る取得価額相当額及び未経過リース料残高相当額を支払利子込み法により算定することができる。上記算式により算出

した割合に重要性が乏しい場合とは，当該割合が５パーセント未満の場合とする。

上記の未経過リース料の期末残高には，次のようなリース取引に係るものは含まれないものとする。

① 売買処理が行われているリース取引

② リース期間が１年未満のリース取引

③ （注１）により重要性が乏しいものとして注記をしないものとしたリース取引

④ 利息相当額の合理的な見積額を控除する方法によっているリース取引

（注３） リース契約上の諸条件に照らしてリース物件の所有権が借手に移転すると認められるもの以外のファイナンス・リース取引に係るリース物件の減価償却費相当額は，リース期間を耐用年数とし，残存価額をゼロとして算定する。

（注４） 利息相当額の総額は，リース開始時に合意されたリース料総額及び見積残存価額の合計額から，これに対応するリース物件の取得価額を控除することによって算定する。

（注５） 未経過リース料及び見積残存価額の合計額の期末残高が当該期末残高及び営業債権の期末残高の合計額に占める割合に重要性が乏しい場合には，リース物件に係る未経過リース料期末残高相当額の算定に当たり，期末現在における未経過リース料及び見積残存価額の合計額から，これに含まれている利息相当額を控除しない方法によることができる。上記の算式により算出した割合に重要性が乏しい場合とは，当該割合が10パーセント未満の場合とする。

なお，上記の未経過リース料及び見積残存価額の合計額には，次のようなリース取引に係るものは含まれないものとする。

① 売買処理が行われているリース取引

② 利息相当額の合理的な見積額を控除する方法によっているリース取引

以　上

公益財団法人　財務会計基準機構
(Financial Accounting Standards Foundation)
URL：https://www.fasf-j.jp/jp/

【設　　立】2001年７月26日
【住　　所】〒100-0011　東京都千代田区内幸町２-２-２　富国生命ビル20階
TEL　03（5510）2711
【基本財産】10億円（出捐者：一般事業会社・公認会計士・銀行・証券・保険会社・調査・投信等・学会・個人　計375者）(2001年10月31日現在)
【会　　員】法人会員　4,106法人　個人会員　218人（2024年12月27日現在）
【理 事 長】佐藤　雅之
【企業会計基準委員会委員長】川西　安喜
【事　　業】1　一般に公正妥当と認められる会計基準及びサステナビリティ報告基準の調査研究及び開発
2　国際的な会計基準及びサステナビリティ報告基準の開発への貢献
3　ディスクロージャー及び会計に関する諸制度の調査研究
4　１～３の事業の成果を踏まえた提言及び広報・研修活動
5　上記に掲げるもののほか，この法人の目的を達成するために必要な事業

[FASFブックス]
詳解 リース会計基準

2025年3月30日　第1版第1刷発行

編　者　企業会計基準委員会事務局
公益財団法人
財務会計基準機構
発行者　山本継
発行所　㈱中央経済社
発売元　㈱中央経済グループパブリッシング

〒101-0051　東京都千代田区神田神保町1-35
電話　03 (3293) 3371(編集代表)
03 (3293) 3381(営業代表)
https://www.chuokeizai.co.jp
印刷／東光整版印刷㈱
製本／㈲井上製本所

Ⓒ 2025
Printed in Japan

＊頁の「欠落」や「順序違い」などがありましたらお取り替えいたしますので発売元までご送付ください。(送料小社負担)
ISBN978-4-502-53721-9　C3034

JCOPY〈出版者著作権管理機構委託出版物〉本書を無断で複写複製（コピー）することは，著作権法上の例外を除き，禁じられています。本書をコピーされる場合は事前に出版者著作権管理機構（JCOPY）の許諾を受けてください。
JCOPY〈https://www.jcopy.or.jp　e メール：info@jcopy.or.jp〉

■おすすめします■

学生・ビジネスパーソンに好評

■最新の会計諸法規を収録■

新版 会計法規集

中央経済社編

会計学の学習・受験や経理実務に役立つことを目的に，
最新の会計諸法規と企業会計基準委員会等が公表した
会計基準を完全収録した法規集です。

《主要内容》

会計諸基準編＝企業会計原則／外貨建取引等会計基準／連結キャッシュ・フロー計算書等の作成基準／研究開発費等会計基準／税効果会計基準／減損会計基準／IFRSへの当面の方針／自己株式会計基準／１株当たり当期純利益会計基準／役員賞与会計基準／純資産会計基準／株主資本等変動計算書会計基準／事業分離等会計基準／ストック・オプション会計基準／棚卸資産会計基準／金融商品会計基準／関連当事者会計基準／四半期会計基準／リース会計基準／持分法会計基準／セグメント開示会計基準／資産除去債務会計基準／賃貸等不動産会計基準／企業結合会計基準／連結財務諸表会計基準／研究開発費等会計基準の一部改正／会計方針の開示，変更・誤謬の訂正会計基準／包括利益会計基準／退職給付会計基準／法人税等会計基準／税効果会計基準の一部改正／収益認識会計基準／時価算定会計基準／会計上の見積り開示会計基準／原価計算基準／監査基準他

会 社 法 編＝会社法・施行令・施行規則／会社計算規則

金 商 法 規 編＝金融商品取引法・施行令／企業内容等開示府令／財務諸表等規則・ガイドライン／連結財務諸表規則・ガイドライン他

関 連 法 規 編＝税理士法／討議資料・財務会計の概念フレームワーク他

■中央経済社■